列车设计与系统集成

张济民 邓海 叶都玮 编著

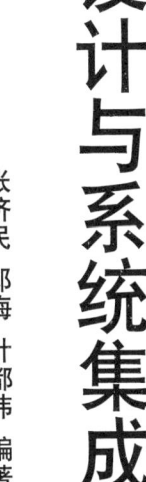
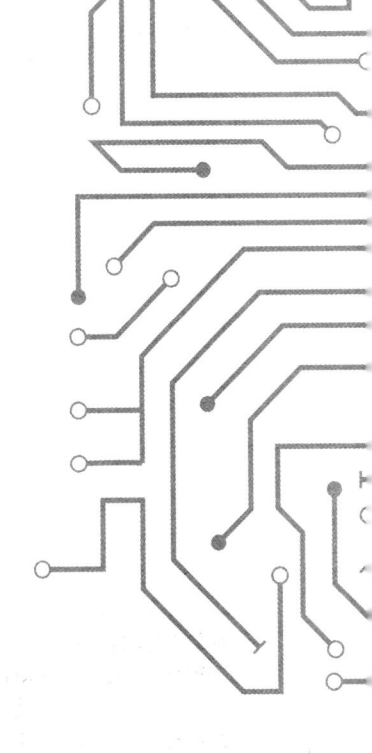

上海科学技术文献出版社
Shanghai Scientific and Technological Literature Press

图书在版编目（CIP）数据

列车设计与系统集成 / 张济民，邓海，叶都玮编著. —上海：
上海科学技术文献出版社，2020
ISBN 978-7-5439-8039-6

Ⅰ.①列… Ⅱ.①张… ②邓… ③叶… Ⅲ.①轻轨车辆—设计—研究②轻轨车辆—系统集成技术—研究 Ⅳ.① U270.9

中国版本图书馆 CIP 数据核字（2019）第 278672 号

责任编辑：王　珺
封面设计：合育文化

列车设计与系统集成
LIECHE SHEJI YU XITONG JICHENG
张济民　邓　海　叶都玮　编著
出版发行：上海科学技术文献出版社
地　　址：上海市长乐路 746 号
邮政编码：200040
经　　销：全国新华书店
印　　刷：常熟市人民印刷有限公司
开　　本：787×1092　1/16
印　　张：24
字　　数：452 000
版　　次：2020 年 1 月第 1 版　2020 年 1 月第 1 次印刷
书　　号：ISBN 978-7-5439-8039-6
定　　价：68.00 元
http://www.sstlp.com

序言 Foreword

现代轨道交通系统(如高速铁路、城市轨道交通)是一个复杂的高安全快捷交通系统,涉及的学科专业众多,对具有轨道交通装备系统集成、运行控制专业工程知识、系统安全和管理知识的复合型人才需求越来越迫切。基于上述理由编写的本书,即可作为学生教材,也可作为专业工程技术人员的参考用书。

本书特点主要体现在以列车(车辆)设计理论及方法为主,具体结构及元件简单介绍,采用总—分—总的结构模式:以目前系统复杂的动车组组成为主线,同时兼顾机车、非动力普通旅客列车(车辆)、货运列车(车辆),从列车总体设计入手,进而讲述各子系统的设计理论及方法,最后从列车层面讲述其综合性能的分析方法。主要内容:1)进行静态、动态限界计算分析,确定列车及车辆总体界面尺寸;列车牵引计算和制动计算,确定列车牵引功率,确定是否动力集中或分散式,并依次确定动车、拖车数量以及牵引电机的选用;2)车体设计,分析车辆承受的各种载荷,车体承受的载荷,各型列车主要结构形式、高速动车组车头头型的设计原则,车体的轻量化设计,车体结构设计理论、设计原理以及车辆结构强度;3)转向架承受的载荷、转向架应具备的性能、转向架设计理论及方法、典型转向架结构、性能分析,一系、二系悬挂系统特性及设计方法;4)电传动增加传动系统的设计计算,并简要讲述轮轨接触理论;5)列车网络通信及列车控制系统,在列车控制系统中主要增加电机控制算法;6)车体连接装置车钩,考虑其在纵向动力学中的影响,车钩的主要参数及选择依据;7)动车组及机车领域应用较多的三项特殊工程的设计及仿真方法;8)列车纵向动力学模型建立及相关影响因素。

  本书由长期从事轨道交通车辆(列车)研究及教学,制造行业的知名专家联合编写:同济大学张济民教授组织编写了第1、3、4、5、7章;中车长春轨道客车有限责任公司邓海教授级高级工程师编写第2、6章;上海轨道交通发展有限公司叶都玮高级工程师编写了第7、9章;同济大学周和超博士编写了第8、10章。此外,西南交通大学王开文教授对本书进行了全面、细致认真的审核,并提出了许多宝贵意见,在此表示深深的感谢。

  编写过程中,同济大学博士研究生王承萍、任乔、薛兆,硕士研究生钟旭婕、罗晋楠、包泽宇、梅名苏、许立超协助完成相关章节的编写工作:王承萍第4章,任乔第2章,薛兆第1、10章,钟旭婕第9章,罗晋楠第5、8章,包泽宇第6章,梅名苏第3章,许立超第7章。他们为本书付出了辛勤的劳动,在此表示衷心感谢。

  轨道列车是一个很复杂的系统,例如高速动车组基本组成初分有九大子系统和十大配套技术,每一个子系统及每一个配套技术都可以写出多本专著,所以本书不想也不可能囊括所有的与列车(车辆)设计相关的知识,仅提供了编者认为列车(车辆)设计及系统集成最基本的理论和方法,同时文后提供了参考书,感兴趣的读者可以此作为进一步学习的资料。

  本书参考了国内外文献资料,参阅了许多专家的研究成果,在此谨向文献资料作者、译者及出版单位表示衷心感谢。

  本书获得了上海市重点课程建设项目"列车设计与系统集成"、同济大学车辆工程(四年制)专业建设、同济大学思政建设项目"民族自强思想在列车设计与系统集成课程教学中的实现"、同济大学教学改革项目的经费支持,在此一并表示感谢。

  编者学识有限,有误及不当之处在所难免,还请各位技术专家及广大读者海涵并提出批评、指正。

  有"中国铁路之父""中国近代工程之父"之称的铁路前辈詹天佑曾言"镜以淬而日明,钢以炼而益坚,凡诸学术,进境无穷,驾轻就熟,乃有发明",愿本书能成为一个引子,为轨道交通行业特别是装备行业创新人才的涌现贡献一份微薄之力。

编者
2019-09-15

目录 Contents

第1章 概述

1.1 国内外轨道交通发展概况 > 2

1.2 列车的组成、结构及其技术特点 > 3

  1.2.1 机辆模式列车的组成与结构 > 3

  1.2.2 动车组的结构与技术特点 > 5

  1.2.3 主要类型列车的技术特点 > 9

1.3 我国几种典型列车简介 > 13

  1.3.1 大秦线重载单元列车与组合列车 > 13

  1.3.2 准高速旅客列车 > 14

  1.3.3 "和谐号"与"复兴号"动车组 > 14

  1.3.4 北京地铁大兴机场线列车 > 18

  1.3.5 磁悬浮列车 > 18

复习思考题 > 19

第2章 列车总体设计

2.1 列车总体设计 > 20

  2.1.1 车辆主要技术参数 > 20

  2.1.2 列车总体布置 > 22

2.2 限界 > 27

2.2.1 限界概述 > 27
2.2.2 限界计算方法 > 30
2.2.3 车辆相关部件之间间隙的确定 > 37
2.3 动车(机车)牵引力计算 > 41
2.3.1 动车(机车)牵引力概述 > 41
2.3.2 电力机车牵引力及牵引特性 > 45
2.3.3 内燃机车牵引力及牵引特性 > 48
2.3.4 动车组及其牵引特性 > 52
2.4 动车(机车)制动力计算 > 57
2.4.1 动车(机车)制动力概述 > 58
2.4.2 闸瓦摩擦系数和闸瓦压力 > 60
2.4.3 列车制动力的实算法和换算法 > 64
2.4.4 列车制动力计算的等效二次换算法 > 68
复习思考题 > 70

第3章 轨道车辆车体设计理论及方法

3.1 车体综述 > 71
3.2 车体主体结构设计 > 73
3.2.1 机车车体结构 > 73
3.2.2 货车车体 > 75
3.2.3 客车车体 > 82
3.2.4 高速动车组车体 > 86
3.2.5 城市轨道车辆车体 > 95
3.2.6 高速磁浮列车车体 > 97
3.3 列车车体的轻量化设计 > 98
3.3.1 车体结构的轻量化技术 > 98
3.3.2 车内设备的轻量化技术 > 99
3.4 车体结构强度 > 100
3.4.1 作用在车辆上的载荷 > 100
3.4.2 作用在车体上的载荷 > 101
3.4.3 不同车体结构承载形式 > 108

3.4.4　车体强度分析　＞　111

　复习思考题　＞　119

第4章　转向架设计理论与方法

　4.1　转向架原理与基本结构　＞　120
　　　4.1.1　概述　＞　120
　　　4.1.2　转向架的运行性能　＞　125
　　　4.1.3　车辆系统的振动　＞　128
　4.2　轮轨接触关系　＞　140
　　　4.2.1　轮轨的基本特征及参数　＞　140
　　　4.2.2　轮轨接触几何关系　＞　141
　　　4.2.3　轮轨接触滚动力学特征　＞　146
　　　4.2.4　磁悬浮列车悬浮原理　＞　152
　4.3　转向架悬挂系统　＞　152
　　　4.3.1　弹性悬挂装置　＞　153
　　　4.3.2　减振装置　＞　164
　4.4　转向架结构设计与方法　＞　165
　　　4.4.1　作用于转向架上的载荷　＞　165
　　　4.4.2　转向架强度分析　＞　173
　　　4.4.3　转向架整体设计　＞　182
　复习思考题　＞　183

第5章　列车牵引供电及传动

　5.1　列车牵引供电系统　＞　184
　　　5.1.1　牵引供电系统　＞　184
　　　5.1.2　接触网的构成　＞　187
　5.2　列车高压电器　＞　189
　　　5.2.1　受电弓　＞　190
　　　5.2.2　主断路器　＞　193
　　　5.2.3　高压隔离开关　＞　194
　　　5.2.4　电压互感器　＞　195

5.2.5　电流互感器 ▷ 196

　　　5.2.6　避雷器 ▷ 196

　5.3　牵引传动系统 ▷ 197

　　　5.3.1　牵引动力的配置 ▷ 197

　　　5.3.2　电力牵引传动系统类型 ▷ 199

　　　5.3.3　直流牵引系统 ▷ 202

　　　5.3.4　交流牵引系统 ▷ 207

　复习思考题 ▷ 210

第6章　列车连接装置

　6.1　车钩缓冲装置 ▷ 211

　　　6.1.1　车钩缓冲装置的组成及功能 ▷ 211

　　　6.1.2　车钩缓冲装置在车辆上的安装及尺寸要求 ▷ 212

　　　6.1.3　车钩的开启方式及复原装置 ▷ 213

　　　6.1.4　车钩的类型、组成及三态作用 ▷ 215

　　　6.1.5　缓冲器的类型及性能 ▷ 218

　　　6.1.6　列车冲击时车钩力与缓冲器性能的关系 ▷ 223

　6.2　列车风挡与渡板 ▷ 228

　　　6.2.1　列车风挡的类型、结构与性能 ▷ 228

　　　6.2.2　列车渡板 ▷ 234

　6.3　车端电气连接装置 ▷ 235

　6.4　压缩空气连接装置 ▷ 237

　复习思考题 ▷ 239

第7章　列车制动

　7.1　制动控制系统 ▷ 240

　　　7.1.1　空气制动控制系统 ▷ 240

　　　7.1.2　电空制动控制系统 ▷ 245

　7.2　基础制动 ▷ 248

　　　7.2.1　单元制动装置 ▷ 248

　　　7.2.2　摩擦制动材料 ▷ 251

7.3 非黏着制动 > 257
    7.3.1 磁轨制动 > 257
    7.3.2 线性涡流制动 > 258
    7.3.3 旋转式涡流制动 > 259

7.4 制动减速力和常用制动限速 > 259
    7.4.1 列车运行阻力及其算式 > 259
    7.4.2 基本阻力 > 260
    7.4.3 附加阻力 > 261

7.5 制动距离的计算 > 263
    7.5.1 空走时间与空走距离的计算 > 263
    7.5.2 有效制动距离的计算 > 264

7.6 列车制动计算实例 > 267
    7.6.1 车辆参数信息 > 267
    7.6.2 不同工况下的列车制动计算 > 268

复习思考题 > 270

第8章 列车微控制系统

8.1 微控制系统结构 > 271

8.2 列车通信网络(TCN) > 272
    8.2.1 TCN 标准 > 272
    8.2.2 相关总线 > 277
    8.2.3 TCMS 系统 > 286

8.3 车载微机 MCV > 291
    8.3.1 MCV 功能结构 > 291
    8.3.2 MCV 机械结构 > 294
    8.3.3 MCV 软件结构 > 296

复习思考题 > 297

第9章 列车环境友好型设计

9.1 列车防火设计 > 298
    9.1.1 火灾基本理论 > 298

9.1.2　防火及火灾控制　▷　302
9.2　列车电磁兼容设计　▷　305
　　9.2.1　电磁干扰及控制基本原理　▷　305
　　9.2.2　电磁兼容设计　▷　308
　　9.2.3　列车电磁兼容设计　▷　312
9.3　列车噪声控制　▷　318
　　9.3.1　噪声的声学量化　▷　318
　　9.3.2　噪声来源及控制　▷　319
　　9.3.3　噪声计算及仿真　▷　321
　　9.3.4　噪声测试　▷　324
复习思考题　▷　329

第10章　列车纵向动力学

10.1　轨道车辆的牵引制动与黏着控制　▷　330
　　10.1.1　牵引与黏着力　▷　331
　　10.1.2　机车牵引时的黏着控制与动态模型　▷　337
　　10.1.3　制动防滑系统　▷　345
10.2　列车纵向动力学基础　▷　351
　　10.2.1　概况　▷　351
　　10.2.2　车钩缓冲装置特性　▷　353
　　10.2.3　稳态下纵向移动的列车模型　▷　355
10.3　调车作业中的非稳态冲击工况　▷　356
　　10.3.1　调车中两车冲撞时的缓冲器作用　▷　357
　　10.3.2　调车作业引起的纵向作用力　▷　358
10.4　列车非稳态运行时的纵向动力学　▷　361
　　10.4.1　动态列车纵向动力学模型　▷　361
　　10.4.2　列车纵向动力学动态仿真与试验　▷　362
　　10.4.3　列车在纵向冲动中产生的横向作用力　▷　369
复习思考题　▷　370

参考资料

第1章 概 述

列车是指为一定目的连挂在一起的一列车辆,通常可以用于客运、货运、工程建设、抢险救援等。根据承载和导向方式的不同,列车主要分为两类。第一类是轨道列车,在特定的轨道上行驶,通过轨道承载列车的重量并进行导向,如铁路列车、地铁列车、轻轨列车、单轨列车、磁浮列车等,目前在运输领域已得到广泛应用。第二类是公路列车,在公路上行驶,列车重量由公路承载,依靠车辆自身的导向机构进行导向,如卡车列车、智轨列车等,目前与轨道列车相比,公路列车的应用较少。

铁路列车根据动力配置方式的不同,可分为动力集中式列车和动力分散式列车;按照列车的具体结构形式,可分为机辆模式列车和动车组两种类型。机辆模式列车由机车和若干车辆组成,机车为整列车提供牵引力,但不承担列车的功能,车辆不带有动力,用于实现列车的功能,因此机辆模式列车的动力配置方式均为动力集中式。常见的普速旅客列车、货物列车、工程列车等均为机辆模式列车。动车组由若干带有动力的车辆(称为动车,在动力集中式动车组中也称为机车)和不带有动力的车辆(称为拖车)编组而成,动车和拖车均可承担列车的功能。现阶段动车组主要用于客运,货运动车组发展尚未成熟。目前世界各国的地铁列车、轻轨列车和大多数高速列车均采用动力分散动车组的形式,部分高速列车采用动力集中动车组的形式。

轨道列车是人类历史上最重要的交通工具之一,以其运输速度高、能耗低、占地面积小、运量大、安全性高、受气象条件影响小等优点,在世界范围内得到了持续发展和广泛应用,已成为目前应对油气资源紧张问题与环境污染严重问题最好的交通工具,具有绿色交通与节能意义的现代轨道交通日益成为陆上交通运输的主要组成部分。

具有近两百余年悠久历史的轨道交通已从单一铁路发展为普速铁路、高速铁路、重载铁路、现代地铁、轻轨与独轨、磁悬浮交通和新交通系统等多种型式并存的局面。目前我国已成为世界上经济增长最快的地区之一，长期以来铁路运输在我国的交通运输体系中占有重要地位，城市轨道交通也已成为缓解城市拥堵、推动城市化进程的有效途径和重要动力，高速铁路、磁悬浮交通等先进轨道交通在我国得到快速发展或积极尝试。随着轨道交通事业的深入发展和不断创新，一些过去未知的新问题出现在我们面前，因而必须重视轨道交通领域的理论研究、技术创新和工程实践应用。

轨道车辆动力学是轨道交通学科的基础。轨道车辆动力学是对运行中的轨道车辆之间、车辆与线路之间、车辆各主要运动部件之间的相互作用机理进行系统研究的理论，其基本任务是弄清与解决列车或车辆在运行时面临的安全性、平稳性和稳定性等一系列复杂的机理性问题。现代轨道车辆动力学在综合研究的基础上剖析现有轨道车辆技术，改进或创新更先进及实用的轨道车辆结构形式，以系统理论来指导设计、研究、试验与维护。在我国跨越到高速与重载运输并持续发展的形势下，面对列车与线路的振动、冲击和动态载荷不断增大引起的矛盾，轨道车辆动力学应从确保运行安全平稳方面着手，以提高疲劳强度、减少磨损、延长寿命、降低维护费用为目标，研究与之相关的各类交叉问题，提出减少动态载荷、改善车辆间、车线间、部件间作用的有效措施。

1.1 国内外轨道交通发展概况

目前世界各国铁路和城市轨道交通的总里程超过 90 万公里，运行着成千上万的货运、客运、通勤等列车。在二百余年的发展历史中，世界铁路经历了兴起、蓬勃发展、衰退、再蓬勃发展的螺旋式发展过程。

1804 年，英国人特里维西克用蒸汽机制造出了世界上第一台行驶于轨道上的蒸汽机车，并能牵引 5 节车厢行驶，由此拉开了铁路列车的发展序幕。1825 年，英国人史蒂芬孙利用其制造的"火箭号"蒸汽机车开通了由利物浦至曼彻斯特的铁路线，世界上铁路运输的发展就此起步。在此后的近一个半世纪中，铁路运输和铁路列车显示出其巨大潜力，得到了蓬勃发展，成为了最重要的交通运输方式，极大地推动了人类工业化进程，促进了人类社会的发展进步。

由于蒸汽机车对煤和水的消耗量大，且热效率低，牵引能力有限，限制了铁路运输能力的进一步提高,因此,伴随着第二次工业革命中电力和内燃机的应用,工程技术人员转向研制电力机车和内燃机车。1879年,德国西门子电气公司研制了第一台电力机车,但只在柏林贸易展览会上做了一次表演。1903年10月27日,西门子与通用电气公司研制的第一台实用电力机车投入使用,其最高时速达到200公里。1894年,德国成功研制了第一台汽油内燃机车,并将其应用于铁路运输,开创了铁路牵引动力的新纪元。但这种机车消耗汽油,耗费太高,不易推广。1924年,德、美、法等国成功研制了柴油内燃机车,并在世界上得到广泛使用。

随着铁路机车的发展,各种类型的铁路车辆也相应得到了发展和完善,形成了敞车、篷车、罐车、平车等货运车辆和座车、卧铺车等客运车辆,以及工程车、特种车等多个门类。

到了二十世纪五十年代,随着内燃机技术和汽车行业的逐渐成熟,公路运输得到了迅速发展。在这一阶段,在欧美发达国家,公路运输的运输速度、灵活性均高于铁路运输,对燃油的消耗更低,噪音低振动小,对环境的影响更小,且更易于实现平民化,因而得到了广泛应用,取代了铁路的作用和地位,成为了最主要的交通方式。铁路在与公路的竞争中处于下风,发展缓慢甚至衰退,一度被称为"夕阳产业"。

自二十世纪六十年代起,随着高速铁路的兴起和发展,铁路运输重新爆发出巨大的潜力,并持续蓬勃发展至今。

1.2 列车的组成、结构及其技术特点

列车系统是轨道交通系统的核心,直接承担了轨道交通系统的功能。现代轨道列车是一个复杂的系统,集机械、电气、电子信息、材料等多个技术领域之大成。若要进行列车的研发、设计、子系统选型和集成等工作,首先应清晰地了解各种列车的结构组成、技术特点和性能要求。下面,将分别对机辆模式列车和动车组,介绍其基本结构组成和技术、性能特点。

1.2.1 机辆模式列车的组成与结构

机辆模式列车由机车和若干车辆组成,机车为整列车提供牵引力,车辆用于实现列车的功能。机辆模式列车中,机车与车辆、车辆与车辆之间通过车钩缓冲装置进行连接,连挂和解挂较为方便,便于调车作业,可以根据实际需求在机车牵引能力允许的范围内灵活地

改变列车编组数量;但是由于列车的牵引力集中于机车,使得在起动和制动阶段车辆之间容易产生较大的冲击。

1. 机车的结构组成

铁路机车根据动力来源主要可以分为内燃机车和电力机车两类,根据用途可以分为货运机车、客运机车、调车机车、通用机车、工矿机车等多种类型。其中货运机车具有较大的牵引力,用以牵引吨位较大的货物列车;客运机车具有较高的运行加速度和起动加速度,用以牵引速度较高的旅客列车;调车机车用于车列的解体、编组和牵出、转线等作业,需要频繁地起动和停车;通用机车是客货两用的内燃机车,既能适应货运工况,又能适应客运工况,以扩大机车的使用范围;工矿机车主要用于厂矿企业的内部运输以及森林铁路、地方铁路等,运用范围小。

各种类型机车的组成结构基本类似,但是由于动力来源的不同又存在差异。下面,对内燃机车和电力机车两类机车分别简要介绍其基本结构组成。

内燃机车的基本结构有车体、走行部、内燃机、传动装置、制动装置、辅助装置等。

其中,车体是机车的骨架和基础,承载机车上的各种装置和设备。

走行部一般称为转向架,俗称台车,是能相对车体回转的一种走行装置,承受着机车车体及以上部分的自重,产生牵引力和制动力并牵引列车行驶在钢轨上。

内燃机是机车的动力装置,目前大多数内燃机车使用柴油机提供动力,部分内燃机车使用燃气轮机作为动力来源。

传动装置用于将内燃机输出的动力转换为可以驱动轮对转动的转矩,内燃机车传动装置的形式主要有机械传动、液力传动和电传动三种类型。机械传动的结构简单、传动效率高,但功率利用系数低,换挡时功率中断,易引起冲动,目前已不再采用;液力传动的重量轻、耗铜少、牵引性能好,且便于频繁起动和停止,易换向,但是在整个运用范围内平均效率较低,对制造工艺的要求也较高,目前多用于牵引吨位不大的调车机车;电力传动又分为直—直流传动、交—直流传动和交—直—交流传动,其牵引特性好、效率高、运用可靠,但是重量大、耗铜多,目前广泛应用于干线客、货运机车。

制动装置包括空气制动机、基础制动装置等,用于实现机车的制动动作,并控制机车所牵引的车辆的制动。

辅助装置用于维持内燃机和传动系统的正常运行,包括燃油系统、机油系统、冷却系统、预热系统、辅助传动装置、蓄电池等。

电力机车由机械部分、电气部分和空气管路三部分组成。

机械部分包括车体、转向架、车钩缓冲装置等。

电气部分包括机车上的各种电气设备及其连接导线,主要有受电弓、主断路器、牵引变压器、硅整流装置、平波电抗器、牵引电机和制动电阻柜等。另外,为了保证机车的正常运行,机车上还有许多辅助电气设备和控制电器。

空气管路系统包括空气制动机管路系统、控制气路系统和辅助气路系统三部分,分别实现机车的空气制动及车上各种设备的风动控制,并向各种风动器械供风。

2. 车辆的结构组成

铁路车辆种类繁多,有客车、货车、特种车等,其中客车又分为硬座车、软座车、硬卧车、软卧车、餐车等,货车包括敞车、平车、棚车、罐车等,特种车有钳夹车、落下孔车等。但无论是何种车辆,其结构都大同小异,一般均由车体、走行部、车钩缓冲装置、制动装置、车内设备五部分组成。

车体是一个大型容器,既能容纳旅客、装载货物及整备品等,又是安装、连接车辆其他组成部分的基础,它坐落在走行部之上。

走行部一般称为转向架,是能够相对车体回转的一种走行装置,承受着车体的自重和载重,并由机车牵引行驶在钢轨上。一般客货车辆的走行部大都由两台二轴转向架组成。

车钩缓冲装置是将机车与车辆、车辆与车辆互相连接起来的装置,安装在车体底架两端的牵引梁上用于传递和缓冲列车运行中的纵向力。

制动装置一般位于车体下部,是车辆气制动作用的一套机构,包括空气制动机、手制动机和基础制动装置等部分,它通过压缩空气或人体推动基础制动装置,使闸瓦压紧车轮或制动盘来实现制动动作,可保证高速运行中的列车能按需要实现减速、在规定距离内停车或防止静止车辆溜走。

车内设备是设于车体内的一些固定附属装置,以便更好地为运输对象服务。比如,客车内部有座席或卧铺、茶桌、行李架以及盥洗、给水、取暖、通风、照明、空调等设备。货车由于类型不同,内部设备也千差万别,但一般比客车简单。

1.2.2 动车组的结构与技术特点

1. 动车组的结构组成

动车组由若干动车和拖车编组而成,而每节动车或拖车又由多个系统或部件组成。动车组兼具了机车、客车两者的功能和特征,综合了机车、客车的基本组成结构;但由于动车组与传统客运列车相比开行密度更大、运用强度更大、自动化程度更高,且对设计、制造的要求更为严格和精密,因此其各组成部分的标准规范、结构细节、性能要求等较机车、客车更为细致和严格。下面以我国"复兴号"高速动车组为例,简要介绍其系统基本组成,如

图 1-1 所示。

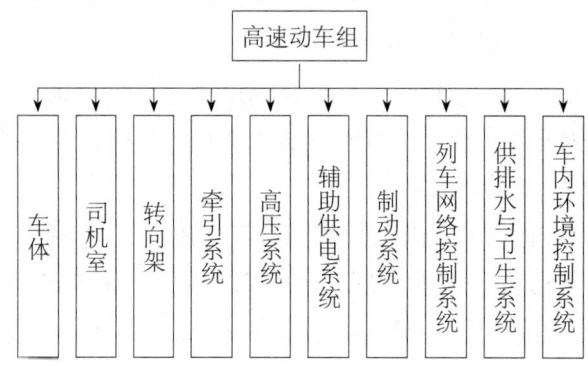

图 1-1 动车组的基本组成

车体是容纳乘客和设备的空间,分为带司机室的头车车体和中间车体两种。狭义上的车体一般指钢结构或者轻金属结构组成,广义上的车体还包含车内装饰及车内外相关服务或辅助设施,如车门、车窗、行李架、窗帘、洗脸间、卫生间、风挡等,本书后续章节主要从广义上的车体进行介绍。

司机室是为列车驾驶操控所提供的专属空间,配置有驾驶操作相关的显示与控制操作设备,并设置操纵台与驾驶座椅,为司机提供作业条件。

转向架又称"走行部",是高速列车的走行机构,相当于人的腰和腿,我国高速列车每节车厢都设有两台转向架,安装在车体两端下部,既对车厢起支撑作用,又能够牵引引导车体沿两条平行轨道行驶。

牵引系统在牵引工况下将电能转化为机械能来牵引列车行驶,在制动时将机械能转化为电能反馈给供电的电网。该系统一般包括牵引变压器、牵引变流器、牵引电机等部件。

高压系统,高速列车从接触网受流获取电能,由于接触网电压高达 25 kV,须经一系列高压设备将电能传递至牵引变压器,牵引系统才能开始工作。高压系统作用是将接触网的电能进行高压隔离,从而保证乘客安全。其主要部件有受电弓、真空断路器、车顶隔离开关、电流互感器、电压互感器等。

辅助供电系统主要由辅助变流器、充电机和蓄电池设备等组成,主要功能是为空调、通风机、空气压缩机、蓄电池、网络控制系统、照明及影视广播等辅助用电设备供电;另外,作为辅助供电的应急补充,充电机向蓄电池充电并向低压负载供电,紧急时可由蓄电池供电。

制动系统用于列车的减速与调速控制,是保证列车安全运行的关键系统之一。制动系统在列车正常运行时提供减速及停车所需的制动力,并在意外故障发生时或其他紧急情况下,能够保证列车在规定的紧急制动距离内安全停车。

列车网络控制系统(TCMS)通过车载计算机,来实现列车上各个系统之间的信息交换,对车辆运行状态和车载设备信息进行集中管理,为司机和乘务员的操作提供有效的指导,对列车状况进行监测和诊断,确保列车高速运行的安全,为设备的维修保养和乘客的服务提供支持。

供排水与卫生系统为卫生间及水阀等用水部件供水且用于收集污物与废水,主要包含给水装置、温水器、开水器以及排污系统等,它是与乘客生活息息相关的车载生活配套设施。

车内环境控制系统的功能是通过对客室的空气质量、温度与湿度、微风速等进行控制调节,以及对车内外压差的控制,为旅客提供一个良好的空气环境。该系统通常由空调控制器、通风系统、制冷系统、供热系统、加(减)湿系统以及车内外压差控制系统等组成。

除了高速列车,地铁列车、轻轨列车、单轨列车等城市轨道交通列车大多数也采用动车组的结构形式,其组成部分或系统与上述高速动车组的基本一致,只是具体标准和性能要求存在差异,同时由于其运行距离较短,可以不考虑供排水与卫生系统。

2. 动车组的动力配置形式

按照动力配置方式分类,可以将动车组分为动力集中型动车组和动力分散型动车组,如图1-2所示。

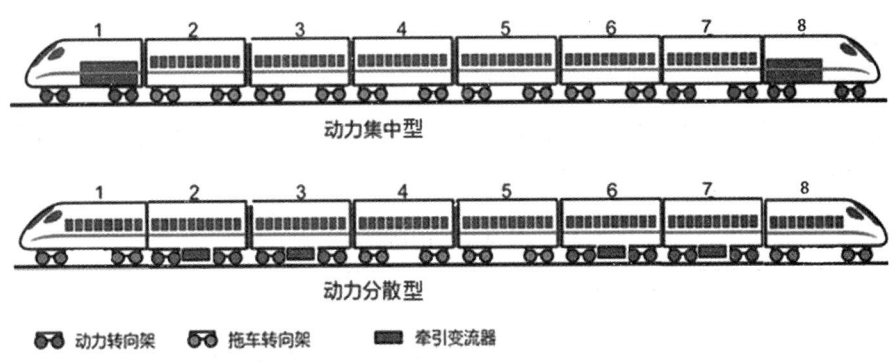

图 1-2　动力集中和动力分散动车组示意图

(1) 动力集中型动车组

"火车跑得快,全靠车头带",这一谚语说的就是动力集中型动车组。动力集中型是传统列车的主要牵引组成方式,是指将动力装置集中安装在列车的一端或两端的动力车上。

动力车的轮对有电机驱动,可以驱动列车向前运行,而其他车辆的轮对无电机驱动。动力车一般不载客,非动力车辆只能载客而不具备牵引能力。

动力集中型动车组的受流装置、牵引变压器、牵引变流器、牵引电机等动力装置全部集中在动力车,其他车辆均无动力装置,列车维护量少,车辆数量调整方便。但由于动力过于集中,受到线路黏着等条件限制,列车的运行能力也受到限制;作为头车的动力车由于要安装许多大型设备而使其轴重相对较大,这对线路带来的磨耗、冲击等都相对较大,会使线路的维护成本提高。但是,相对于动力分散型动车组,其制造成本较低。

(2) 动力分散型动车组

动力分散型动车组的动力则不局限于头车,其他车也可配置有动力,不带动力的车辆称为"拖车",带动力车辆称为"动车",动车车下安装有牵引电机和牵引传动系统其他装置(如变流器、变压器等),由牵引电机驱动轮对推动列车行驶。

动力分散型高速列车动力装置分布在多节车辆上,每辆车的动力设备体积较小、重量较轻,多轮对分散驱动,黏着利用率好,提高了列车启动、运行、制动能力;动力分散型高速列车虽然造价相对高些,但对线路的损伤较小,从全寿命周期来看,维护成本低。

动力分散型动车组又可分为两种模式,分别是完全分散模式和相对分散模式。完全分散模式指动车组编组中的车辆全部为动力车,没有拖车,如日本的 0 系、500 系列车,16 辆编组中全部是动力车。相对分散模式指动车组编组既有动力车,也有拖车,如我国的"复兴号"CR400 高速动车组,列车 8 节编组中有 4 辆动力车、4 辆拖车。

动力集中和动力分散两种类型的动车组都具有自身的特点和发展过程。从其产生和发展历史来看,某个国家或某条高速铁路采用什么类型的高速列车,与它们的运用条件、运用经验和传统技术有关。因此在选择和比较它们的优劣时不能一概而论。只有详细分析它们的技术特性,结合具体的运用要求和使用条件才能得出比较明确的结论和选型方案。这里就动力集中型与动力分散型高速列车的特点进行分析,结果见表1-1。

表1-1 两种类型的动车组比较

比较项点	动力集中型	动力分散型
综合成本	与传统的机车牵引列车相似,便于按习惯进行运行管理和维修管理	与传统运营、维修管理体制和习惯不适应,必须建立一套新的维修保养体系
	动力车轴重大,对线路结构要求高,但列车造价成本相对较低	造价成本相对较高,但对线路的损伤较小,从全寿命周期来看,维护成本低
运营特点	动力头车不能载客,相对减少了载客量	动力车可以容纳旅客,增加动车组载客量

续表

比较项点	动力集中型	动力分散型
技术特点	设备集中在头车,占用空间大,但便于设备监测和技术保养,系统冗余性相对较差	动力设备安装在车下,要求体积小;但动力设备数量多,系统冗余性好
	动力设备与载客车厢相隔离,对载客车厢内动力噪声、振动影响较小	客室地板下部需要安装各类设备,振动和噪声会影响车厢内的乘坐舒适度
	动力头车集中了全部动力设备,轴重较大	将动力设备分散到各个车辆负担,轴重较小
	动力集中在头车,轴重大才能产生足够大的黏着牵引能力,不利于轻量化	牵引力分散在各个动力车厢,黏着利用条件好,有利于发挥更大牵引能力
	由于动力轴数量少,在大编组高速运行时牵引和制动能力受到黏着的限制。需要拖车分担部分制动功率,不能充分利用电制动,能量回收效率较低,不利于节能	动力轴数量多,黏着利用率高,可以充分利用动力制动功率,制动性能较好,能量回收利用效率高,有利于节能

1.2.3 主要类型列车的技术特点

1. 高速动车组的技术特点

（1）头型流线化

随着列车运行速度的提高,周围空气的动力作用一方面对列车和列车运行性能产生影响;同时,列车高速运行引起的气动现象对周围环境也产生影响。对于高速列车来说,列车头型设计非常重要,好的头型设计可以有效地减少运行空气阻力、列车交会压力波和解决好运行稳定性等问题。

（2）车体结构轻量化

为了节省牵引功率,降低高速所引起的动力作用对线路结构、机车车辆结构产生的损伤,以及提高旅客乘坐舒适度,需要最大限度地降低高速列车的轴重。因此,世界各国列车车体的主要材料是铝合金和不锈钢,从发展趋势看,铝合金将成为列车车体的主导材料。

（3）高性能转向架技术

提高列车运行速度首先遇到的问题是转向架运行平稳性和安全性,所以,提高列车运行速度应具有高性能的转向架。对于高速转向架要求具有高速运行的稳定性、良好的曲线通过性能,满足乘客乘坐舒适度的要求。

（4）复合制动技术

列车的制动能量与速度的平方成正比,因此,传统的纯空气制动能力已不能满足需要。

因此列车必须采用能提供强大制动力并更好利用黏着的复合制动系统。该复合制动系统通常由制动控制系统、动力制动、空气制动(包括盘形制动和踏面制动)系统、微机控制的防滑器和非黏着制动装置等组成。

(5) 密接式车钩缓冲装置

目前世界各国列车(如日本、德国)普遍采用密接式车钩连接装置,该装置两车钩连接面的纵向间隙一般都小于 2 mm,上下、左右偏移也很小,对提高列车的运行平稳性和电气线路、风管的自动对接提供了保证。

(6) 交流传动技术

早期的电力牵引传动系统均采用交—直传动,用直流电动机驱动。由于直流电动机的单位功率重量较大,使列车既要大功率驱动又要求减轻轴重,形成难以克服的矛盾。

在交流转动系统中,交流牵引电动机较传统的直流牵引电动机具有结构简单、运行可靠、体积小、重量轻及造价低等一系列优点。交流牵引电动机没有整流子结构对电动机功率的限制,牵引功率可以得到进一步提高。

(7) 列车自动控制及故障诊断技术

列车自动控制系统对列车的安全运行有重要作用,世界各国在发展高速铁路时都十分重视列车自动控制系统的研究和开发,许多国家为先进列车控制系统(Advanced Train Control Systems)研制了多种基础技术设备,例如列车超速防护系统、卫星定位系统、车载智能控制系统、车载微机自动监测和诊断系统等。

目前在世界高速铁路上的自动控制方式主要分为两类,一类是以设备为主、人控为辅的控制方式,以日本新干线采用的 ATC(列车自动控制)方式为代表。另一类是人机共用、人控为主的方式,以法国 TGV 列车为代表,主要采用有 TVM300 型安全防护系统及改进的 TVM430 型安全防护系统,还有德国 ICE 列车采用的 FRS 速差式机车信号和 LZB 型双轨条交叉电缆传输式列车控制设备等。

(8) 倾摆式车体技术

列车通过曲线时,未被平衡的离心加速度超过允许限度时乘客会产生不舒适感。这种未被平衡的离心加速度与列车速度的平方成正比,由此限制了列车通过曲线时的速度。采用摆式列车可以在既有线路条件下使列车通过曲线时的速度提高约 30%。

高速动车组的技术体系十分复杂,涵盖机械、冶金、电力电子、化工、材料、信息等多个技术领域,为了便于理解,通常可总结为"九大关键技术"和"十大配套技术"。"九大关键技术"和"十大配套技术"是高速动车组系统的技术核心,见图1-3和图1-4。

① 九大关键技术

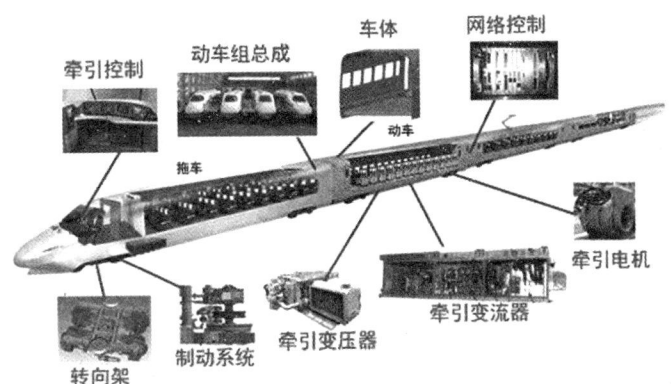

图1-3　高速动车组的九大关键技术

归纳起来,高速动车组的关键技术主要包括如下9个方面:动车组总成(系统集成)、车体、转向架、牵引变压器、牵引变流器、牵引电机、牵引控制、网络控制、制动系统等。

② 十项配套技术

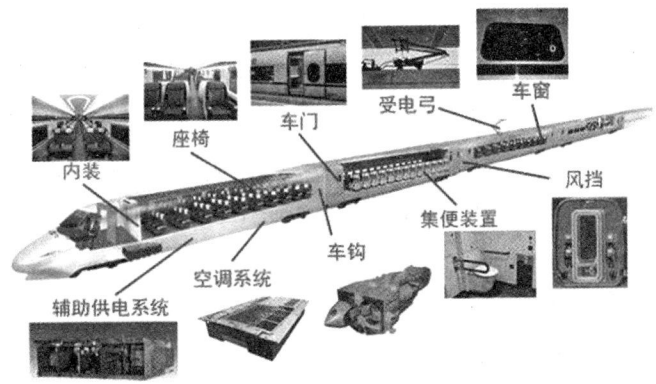

图1-4　高速动车组的十大配套技术

高速动车组的十项配套技术包括:空调系统、集便装置、车门、车窗、风挡、车钩缓冲装置、受电弓、辅助供电系统、车内装饰材料和座椅。

2. 城市轨道交通列车的技术特点

城市轨道交通列车包括地铁列车、轻轨列车、单轨列车等,由于这些列车都采用了动车组的结构形式,因此其技术特点与高速动车组相类似,只是由于运用需求、运行特点等的不同,在各项技术的性能要求上与高速动车组有所差异。

城市轨道交通列车也具有轻量化的车体结构,通常采用不锈钢作为车体的主要材料;具有高性能的转向架,对于城市轨道交通列车,通常其线路曲线半径较小且车内立席多于座席,因此同样要求转向架具有良好的运行稳定性、平稳性、安全性和良好的曲线通过性能;具有密接式车钩缓冲装置。由于城市轨道交通列车站间距较小,起停频繁,因此对起动、制动性能要求更多。我国的地铁列车、轻轨列车均采用750 V 或 1 500 V 直流牵引和直流传动,在制动技术方面均采用高性能的复合制动技术。城市轨道交通列车的开行密度大、行车间隔小,尤其是地铁系统,最小发车间隔可低至 2 分钟,因此对列车自动控制技术的要求非常高。但是与高速铁路系统相比,城市轨道交通系统的线路长度短、不同线路之间相对独立、列车运行模式单一,基本不存在跨线、越行等情况,因此其更容易实现列车运行的自动控制,在我国部分城市的地铁线路上,如北京地铁燕房线,已经实现了全自动无人驾驶。由于绝大多数城市轨道交通列车的运行速度远不及高速动车组,因此其不采用倾摆式车体技术。

3. 货物列车的技术特点

货物列车由货运机车和货车组成。货运机车通常具有较大的牵引功率,能够提供较大的起动牵引力和持续牵引力,但对运行速度的要求不高,我国主要货运机车的设计速度为 100 km/h 或 120 km/h。铁路货车需要满足装载不同类型货物的需求,有敞车、棚车、平车、罐车等多种结构形式,同时,为了满足特定种类货物或超重超限货物的运输,还发展出了集装箱专用车、汽车运输专用车、保温车等专用货车和钳夹车、落下孔车等特种车。随着铁路的运力需求的提高,对货车的载重量要求逐步增加,货车的轴重也逐步提高。目前,我国正在开发的 C100 型敞车的载重达到 100 吨,轴重达到 30 吨级。此外,用于特种货物运输的更大轴重的列车也有运用。

在未来,随着电商、物流行业的发展和铁路货运改革的深入,铁路货运将从以煤炭、矿石、粮食等大宗货物运输为主向运输小件电商产品、高附加值产品转型,并参与快递运输领域。这将带来铁路货运体系的变革,并使货物列车向高速度、低轴重、货物装卸自动化等方面发展。

4. 普速旅客列车的技术特点

普速旅客列车通常由客运机车和客车组成。客运机车通常也具有较大的牵引功率,但与货运机车不同,客运机车的牵引功率主要用于维持列车以较高的速度运行,我国主要客运机车的设计速度为 120—170 公里/时,部分机车还承担向客车供电的功能。同时,客运机车还具有平稳的起动、制动性能。铁路客车需要为旅客提供安全、舒适的乘车环境,对车辆运行安全性、平稳性、舒适性等的要求较货车更高,并需要考虑座席、卧铺、行李、空调、通风、照明、用电、娱乐、给排水、卫生等客运服务设施。在我国青藏铁路上运行的25T型高原客车还具有防紫外线车窗和供氧设备。

1.3 我国几种典型列车简介

1.3.1 大秦线重载单元列车与组合列车

大秦铁路西起山西大同，东至河北秦皇岛，将山西腹地的煤炭产区与秦皇岛港煤码头相连，是我国第一条重载铁路，也是晋煤外运的主要通道。为了提高煤炭运输量，以满足全国各地对能源的需求，并充分发挥线路的运输能力，我国在大秦线开行了1万吨单元列车和2万吨组合列车。

单元列车指的是采用固定机车、固定车辆、固定编组、固定发站和到站、运输单一品种物品(如煤炭)的列车，它在装卸点间往返循环运行，途中不进行改编作业。把两列符合运行图规定的重量和长度、开往同一方向的列车首尾相接连结成一列列车，机车分别位于该列车的头部和中部，运行到前方某站再分解的，为组合式列车。大秦线开行的1万吨单元列车由1台HXD1或HXD2型大功率交流传动电力机车牵引102辆载重80吨的C80型运煤专用敞车组成，2万吨组合列车由两列1万吨单元列车首尾相连组成，即列车编组为"1×HXD1(HXD2) + 102×C80 + 1×HXD1(HXD2) + 102×C80"。其中，2万吨列车总长度超过2.6公里，装载煤炭16 300余吨，牵引总重20 400余吨，机车、车辆加煤炭的总价值达到3亿元人民币。在大秦线，这样的列车每12分钟就要开出一列。

为了保证组合列车中的各台机车间的同步控制，大秦线采用Locotrol列车同步操纵技术与GSM-R通信技术有机结合，首次实现网络化机车同步操纵命令无线传输，在0.2秒内实现主控、从控机车的同步操纵、制动等，通信延时在0.6秒以内，有效保证了组合列车的运行安全。列车载煤时最高运行速度为80公里/时，空载时为90公里/时。

2014年4月2日，在大秦铁路组织实施的牵引重量3万吨重载列车运行试验取得圆满成功。试验列车由4台HXD1型电力机车牵引，总编组320辆，总长3971米，满载了3万吨煤炭，历时12小时25分，运行了738.4公里。此次试验的成功，标志着我国实现了铁路重载列车牵引重量从2万吨到3万吨的跨跃，使我国成为世界上仅有的几个掌握3万吨铁路重载技术的国家之一，这是我国铁路重载技术创新的重大突破，对提高铁路运输能力、满足日益增长的铁路运输需求具有重要现实意义。

在重载单元列车和组合列车的加持下,大秦线以不足我国铁路1%的营业里程完成了全国铁路20%、全国13%的煤炭运量,如一条从西向东的煤河以6.3吨/秒的流速绵延不断地将"三西"煤炭输送到渤海之滨,为我国经济持续发展提供着源源不断的动能,我国五大发电集团、349家主要电厂、10大钢铁公司、26个省市自治区6 000多家大中型企业和上亿居民的生产生活都依赖大秦线;大秦线也连续保持并不断刷新着列车运营密度最高、运输效率最高、单条铁路年运量最大等多项重载铁路世界纪录。

1.3.2 准高速旅客列车

准高速旅客列车是我国在高速铁路网络建成前,为满足城际短途快速旅客运输和主要城市间点对点长距离快速旅客运输的需要,利用既有线开行的列车。准高速旅客列车通常由SS7E、SS8、SS9、HXD1D、HXD3D等型号准高速电力机车或DF11G型准高速内燃机车牵引25T型铁路客车组成,机车和客车的构造速度均达到或超过160公里/时,实际运行时列车的最高时速为160公里/时。

准高速旅客列车的等级通常为Z字头直达特快列车或T字头特快列车,列车运行途中不停站或只在少数枢纽车站停靠,旅行速度超过100公里/时,实现了公交化开行或夕发朝至的运行模式,较为典型的有广州往返于深圳、香港九龙之间的列车、北京往返于长江中下游城市群的列车。在我国高速铁路尚未建成的时期,准高速旅客列车以其旅行速度高、乘坐舒适度高的特点,为城际旅客运输和长途旅客运输提供了巨大的便利,在准高速旅客列车开行最密集的时期,每日夜间有多达13对夕发朝至列车往返于北京和长江中下游的上海、南京、杭州、合肥等城市之间。同时,SS9、DF11G等型号准高速机车和25T型客车也代表了当时我国铁路机车车辆领域的最高技术水平。

现阶段,随着我国高速铁路网的完善和发展,大部分准高速旅客列车已被高速列车和城际动车组取代,但是在运行距离超过2 500公里的线路上,准高速旅客列车仍然占有一定地位。

在未来,由准高速机车和25T型客车编组的准高速列车将逐步被更易于操作和维护的"复兴号"动力集中动车组代替。

1.3.3 "和谐号"与"复兴号"动车组

中国的高速列车发展晚于日本及各欧洲国家,于20世纪90年代才开始研究高速铁路车辆技术,但是自2004年起,十多年来的发展之迅速令人觉得不可思议。日前,批量运营的中国高速列车主要有 CRH 系列和 CR 系列,其中 CRH 是 China railway high-speed 的缩写,即中国高速铁路,CR 是 China railway 的缩写,即中国铁路。如今,中国高速铁路无论里程和时速都排在世界前列。

中国高速列车批量运营源于 2002 年 12 月建成的秦沈客运专线,运营速度为 200 km/h。而后是 2007 年 4 月 18 日铁路第六次大提速,当时的列车最高运营速度达到 250 km/h。2008 年 8 月 1 日京津城际高速铁路开通运营,创造了时速 350 公里的世界高速铁路商业运营速度纪录。目前,我国历经十余年的创新发展,各式各样的高速列车群英荟萃,已建立了自己的高速列车家族。

我国的高速列车有 CRH"和谐号"和 CR"复兴号"两个系列。CRH"和谐号"是原铁道部在将国外先进技术引进、消化、吸收、再创新过程中生产研发的动车组,包括 CRH1、CRH2、CRH3、CRH5、CRH6 及 CRH380 型动车组。

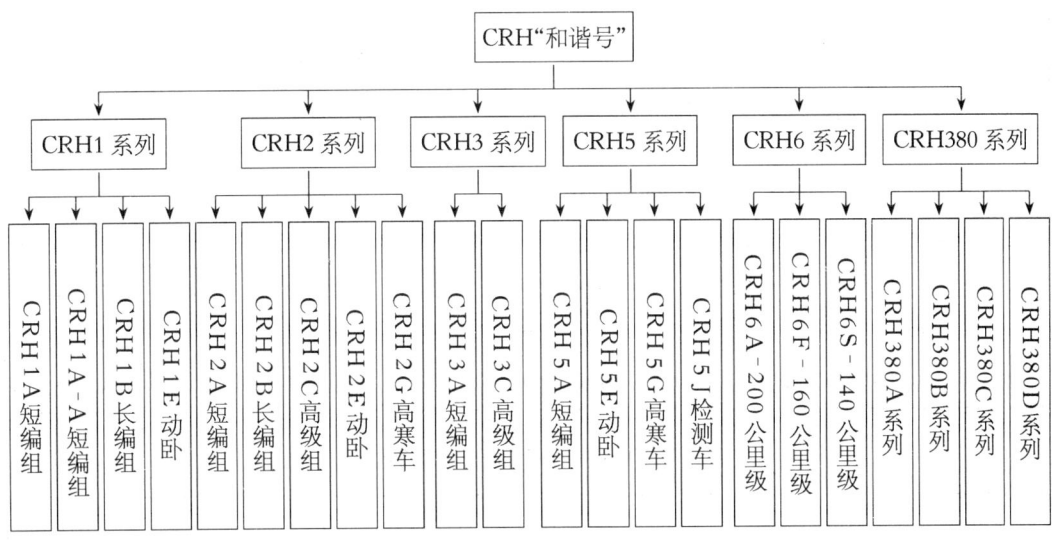

图 1-5　CRH 成员类型一览图

现有的 CRH 系列各型动车组的主要技术参数见表 1-2 和表 1-3。

表 1-2　CRH 系列(CRH1—CRH6)动车组主要技术参数

序号	车　型	列车总长(m)	编组	速度等级(km/h)	试验速度(km/h)	牵引功率(kW)	车轮直径(mm)	车体材质	车体宽×高(mm)
1	CRH1A	213.5	5M3T	200—250	250	5 500	915/835	不锈钢	3 330×4 040
2	CRH1B	426.3	10M6T	200—250	275	11 000	915/835	不锈钢	3 330×4 040

续表

序号	车型	列车总长(m)	编组	速度等级(km/h)	试验速度(km/h)	牵引功率(kW)	车轮直径(mm)	车体材质	车体宽×高(mm)
3	CRH1E	428.9	10M6T	250	275	11 000	915/835	不锈钢	3 330×4 040
4	CRH1A-A	213.5	5M3T	250	275	5 500	915/835	铝合金	3 358×4 160
5	CRH2A	201.4	4M4T	200—250	275	4 560	860/790	铝合金	3 380×3 700
6	CRH2B	401.4	8M8T	200—250	275	9 120	860/790	铝合金	3 380×3 700
7	CRH2E	401.4	8M8T	200—250	275	9 120	860/790	铝合金	3 380×3 700
8	CRH2C	201.4	6M2T	300—350	385	7 728	860/790	铝合金	3 380×3 700
9	CRH2G	201.4	4M4T	200—250	275	5 480	860/790	铝合金	3 300×3 860
10	CRH2J	201.4	4M4T	200—250	275	4 800	860/790	铝合金	3 380×3 700
11	CRH3A	209.75	4M4T	250	275	5 500	920/830(动) 920/860(拖)	铝合金	3 300×3 900
12	CRH3C	200.67	4M4T	300—350	385	8 800	920/830(动) 920/860(拖)	铝合金	3 257×3 890
13	CRH5A	211.5	5M3T	200—250	275	5 500	890/820	铝合金	3 200×4 270
14	CRH5E	418.3	10M6T	250	275	11 000	890/820	铝合金	3 300×3 900
15	CRH5G	211.5	5M3T	200—250	275	5 500	890/820	铝合金	3 200×4 270
16	CRH5J	211.5	5M3T	200—250	275	5 500	890/820	铝合金	3 200×4 270
17	CRH6A/6F	201.4	4M4T	160—200	220	5 520	860/790	铝合金	3 330×3 860

表 1-3 CRH380 型高速动车组技术参数

序号	车型	列车总长(m)	编组	速度等级(km/h)	试验速度(km/h)	牵引功率(kW)	车轮直径(mm)	车体材质	车体宽×高(mm)
1	CRH380A	203	7M1T	350	385	11 760	860/790	铝合金	3 380×3 700
		203	6M2T	350	385	9 120	860/790	铝合金	3 380×3 700
2	CRH380AL	403	14M2T	350	385	21 560	860/790	铝合金	3 380×3 700
3	CRH380AJ	203	7M1T	350	385	11 760	860/790	铝合金	3 380×3 700
4	CRH380AM	153.5	6M	350	385	8 800	920/850	铝合金	2 950×3 650
5	CRH380B	200.67	4M4T	350	385	9 200	920/830(动) 920/860(拖)	铝合金	3 257×3 890

续表

序号	车型	列车总长(m)	编组	速度等级(km/h)	试验速度(km/h)	牵引功率(kW)	车轮直径(mm)	车体材质	车体宽×高(mm)
6	CRH380BL	399.27	8M8T	350	385	18 400	920/830(动) 920/860(拖)	铝合金	3 257×3 890
7	CRH380BG	200.67	4M4T	350	385	9 200	920/830(动) 920/860(拖)	铝合金	3 257×3 890
8	CRH380BJ-A	202.95	4M4T	350	385	9 200	920/830(动) 920/860(拖)	铝合金	3 257×3 890
9	CRH380CL	400.47	8M8T	350	385	19 200	920/830(动) 920/860(拖)	铝合金	3 257×3 890
10	CRH380D	215.3	4M4T	350	385	10 000	920/850	铝合金	3 358×4 160

CR"复兴号"是中国标准动车组的中文命名,是由原中国铁路总公司牵头组织研制、具有自主知识产权、达到世界先进水平的新一代动车组。"复兴号"采用全新自主设计,车辆总体设计以及车体、转向架、牵引、制动、网络等关键技术均为自主研发,具有完整的自主知识产权;并大量采用中国国家标准、行业标准、中国铁路总公司企业标准等技术标准,同时采用了一批国际标准和国外先进标准,具有良好的兼容性能。

"复兴号"动车组有三个速度级别 CR400/300/200,持续运营时速分别对应 350 公里、250 公里和 160 公里,适用于我国高速铁路(高铁)、快速铁路(快铁)、城际铁路(城铁)等不同的运输需求。目前已定型的"复兴号"有 CR400AF、CR400BF 和 CR200J 三种主要型号及其衍生型号。

CR400 系列高速动车组包括 CR400AF 和 CR400BF 及二者的衍生型号。CR400AF 和 CR400BF 的顶层设计指标一致,编组形式、平面布置、旅客界面、司乘操作模式、性能标准、外部接口、检修维护体系保持一致,外观和内饰风格不同。CR400AF/BF 型动车组采用 8 辆编组,4 动 4 拖,其主要性能参数见表 1-4。

表 1-4 CR400AF/BF 型动车组的主要性能参数

列车总长(m)	编组	速度等级(km/h)	最高试验速度(km/h)	牵引功率(kW)	车轮直径(mm)	车体材质	车体宽×高(mm)
209	4M4T	350	385	10 000	920/860	铝合金	3 360×4 050

CR200J 型动车组是"复兴号"家族中的第一款动力集中式电力动车组,基于 HXD 系列准高速客运电力机车和 25T 型铁路客车而开发,最高运营速度为 160 公里/时,主要应用

于在既有电气化铁路和新建客货混跑铁路上开行城际列车和长途列车,并逐步取代现有的机辆模式旅客列车。CR200J 型动车组有长、短两种编组。短编组列车为 1 动 8 拖,由 1 辆带驾驶室的拖车、7 辆不带驾驶室的拖车和 1 辆 FXD1J 或 FXD3J 型机车组成,动力车可在编组最前端牵引运行,也可在编组尾端推行运行。长编组列车通常为 2 动 18 拖,由首尾两端的 2 辆 FXD1J 或 FXD3J 机车和中间 18 节拖车组成,动力车分列编组的前后两端进行推挽运行。另外,长编组列车可根据客流、开行时间等因素,将拖车的编组数量在 9—18 辆的范围内灵活改变。

1.3.4　北京地铁大兴机场线列车

北京地铁大兴机场线是北京大兴国际机场的配套工程,将于 2019 年 9 月底与大兴机场同步开通运营,线路一期工程北起草桥站,南至大兴机场北航站楼,全长 41.36 公里,设计时速 160 公里/时,全程运行时间仅需 19 分钟。

大兴机场线采用的列车"白鲸号",设计时速 160 公里,大大高于我国绝大多数地铁列车 80 公里的设计时速,是目前我国设计时速最高的地铁列车。为了满足速度提高带来的安全性、平稳性、舒适性等方面的要求,列车在成熟可靠的 CRH6F 城际动车组平台上进行开发,既具有城际动车组的高速运行性能,又兼顾了地铁列车的起停频繁的特点。同时,大兴机场线采用了全自动驾驶系统,可以实现列车无人驾驶和车辆自动唤醒、休眠、检修等功能。列车采用 8 节编组,包括 7 辆旅客车厢和 1 辆行李车。

1.3.5　磁悬浮列车

1. 上海高速磁浮列车

上海高速磁浮示范线于 2007 年 4 月 27 日正式开通,是世界上第一条投入商业运营的磁浮线路,也是目前世界上商业运行速度最高的磁浮线路。线路西起龙阳路站,东至浦东国际机场,全长约 30 公里,列车最高运行速度达到 430 公里/时,全程运行只需不到 8 分钟。

上海磁浮示范线采用了德国的相关技术,列车与德国 TR08 型磁浮列车基本一致。采用常导电磁悬浮方式和长定子直线同步电机牵引。列车为 3—5 节编组,可分为首、尾端车和中间车,主要结构包括悬浮架及其上安装的电磁铁、二次悬挂系统、直线电机等和车体,此外还有车载蓄电池、应急制动系统和悬浮控制系统等。

2. 长沙中低速磁浮列车

长沙磁浮快线是湖南省长沙市的一条城市轨道交通线路,是我国首条具有完全自主知识产权的中低速磁浮铁路,于 2016 年 5 月 6 日开通运营。线路西起长沙南站,东至长沙黄花国际机场,全长 18.55 千米,设计速度为 100 公里/时。

长沙磁浮快线使用我国自主研发的中低速磁浮列车。列车全长约 48 米,宽 2.8 米,高 3.7 米,采用 3 节编组,其中有半节车厢预留给值机行李托运,列车最大载客量为 363 人。列车采用常导电磁悬浮方式和直线感应电机牵引,每节车底部的悬浮架上安装 20 组电磁铁、20 个悬浮稳定器,以保证车辆与轨道之间保持 8 毫米的稳定间隙。

2018 年 6 月 6 日,长沙磁浮快线的列车自动驾驶系统投入运行,实现了列车行驶、精确停站、站台作业等功能的自动控制。

复习思考题

1. 请简述内燃机车和电力机车的基本组成结构。
2. 请简述车辆的基本组成结构。
3. 请总结高速铁路客运的特点。
4. 请简述高速动车组的主要组成部分和主要技术特点。

第 2 章 列车总体设计

2.1 列车总体设计

2.1.1 车辆主要技术参数

车辆技术参数是概括地反映车辆技术规格的指标,是从总体上对车辆性能及结构的表征,也是总体设计的重要依据。车辆技术参数一般分性能参数与几何尺寸两大类。

1. 车辆主要性能参数

(1) 自重、载重及容积。自重为车辆本身的全部质量;载重为车辆允许的正常最大装载质量,均以 t 为单位。容积是车辆可供装载货物(或行李、邮件),以 m^3 为单位。

(2) 构造速度。指车辆设计时,按安全及结构强度等条件所允许的车辆最高行驶速度。车辆实际运行速度一般不允许超过构造速度。

(3) 轴重。是指按车轴型式及在某个运行速度范围内该轴允许负担的并包括轮对自身在内的最大总质量,轴重的选择与线路、桥梁及车辆走行部的设计标准有关。

(4) 每延米轨道载重。是车辆设计中与桥梁、线路强度密切相关的一个指标,同时又是能否充分利用站线长度、提高运输能力的一个指标,其数值是车辆总质量与车辆全长之比。该参数通常按轨道车辆设计任务书规定。

(5) 通过最小曲线半径。指配用某种型式转向架的车辆在站场或厂、段内调车时所能安全通过的最小曲线半径。当车辆在此曲线区段上行驶时不得出现脱轨、倾覆等危及行车安全的事故，也不允许转向架与车体底架或与车下其他悬挂物相碰。

(6) 轴配置或轴列数。指车辆所配转向架动轴或非动轴配置情况。例如，4 轴动车，设两台动力转向架，则轴配置记为 B-B。6 轴单铰轻轨车，两端为动力转向架，中间为非动力铰接转向架，其轴配置记为 B-2-B。

(7) 加速度。有最大起动加速度、平均起动加速度和最大制动减速度。

(8) 每吨自重的功率指标。一般在 10—15 kW/t。

(9) 供电电压；最大网电流；牵引电机功率。

(10) 制动形式。有摩擦制动、再生制动、电阻制动以及磁轨制动等多种形式。

(11) 座席数及每平方米地板面积站立人数。

2. 车辆的几何尺寸参数及其确定

(1) 车辆最大宽度，最大高度。车辆最大宽度指车体最宽部分的尺寸；车辆最大高度指车辆顶部最高点离钢轨水平面之间的距离。这两个尺寸均需符合车辆限界的要求。

(2) 车辆长、宽、高。车辆长度可分为全长、外长与内长；车宽与高义有外部与内部之别，车体内部的长、宽、高必须满足旅客乘坐或货物装载等要求。

(3) 车辆全长指车辆前后两车钩连挂中心线之间的距离，如图 2-1 中的 C。车辆外长指车体两外端间的距离。车辆的内长也即车体内长，它与运输对象密切相关，对于客车来说主要由客室长度(等于若干个间隔距离之和)所决定。

(4) 车钩中心线距轨面高度(简称车钩高)。它是指车钩水平中心线至轨面的高度。列车车钩高的基本一致，是保证列车正常运行时不会发生脱钩事故所必需的。我国铁路规定新造或修理后的空车标准车钩高为 880 mm。

(5) 地板面高度。地板面距轨面的高度与车钩高一样，均指新造或修竣后空车的数值。它受到两方面的制约：一是车辆本身某些结构如车钩高及转向架下心盘面的高度的限制，另一方面又与站台高度标准有关。如上海地铁车辆地板面高为 1.13 m，北京地铁车为 1.053 m。

(6) 车辆定距。车体支承在前、后两转向架中心之间的距离，如图 2-1 中的 A。车辆定距的选择要考虑它对整车其他尺寸参数、质量参数和使用性能的影响。车辆定距短，车辆总长、质量和最小通过曲线半径就小一些。但定距过短也会带来系列问题，如车厢长度不足、列车振动加大、高速运行性能恶化等。因此，在选择车辆定距时应综合考虑对相关方面的影响，现有动车组车辆定距一般取 18 m 左右。

(7) 转向架固定轴距。不论是二轴转向架或多轴转向架,其最前位轮轴中心线与最后位轮轴中心线之间的距离称为转向架固定轴距,如图 2-1 中的 B。较小的转向架固定轴距可使车辆更易于通过小半径曲线,从而减少了轮轨间的磨耗,但其所带来的不利则是转向架蛇形运动临界速度降低,因而危及高速行车安全。因此,车辆转向架固定轴距应根据运行稳定性与曲线通过性能的折中予以取值。一般高速车转向架取值在 2 500—3 000 mm 之间,城市轨道车辆转向架轴距则较短,地铁车辆通常为 2 500 mm,轻轨车则多为 1 800 mm。

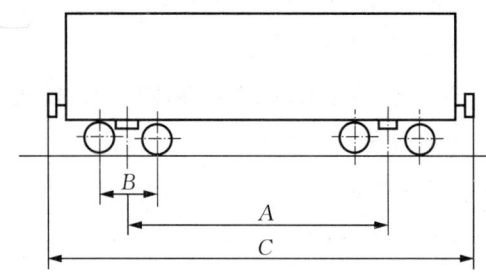

图 2-1　轮轨系统车辆纵向几何尺寸

(8) 车体重量均衡计算。车辆偏重会引起转向架弹簧受力不均,使车体发生倾斜,车辆动力性能下降。因此,设计车辆时,必须注意车辆前后和左右的重量均衡。车辆偏重主要是由车内设备和车外悬挂设备的分布不均引起的。在总体设计时,需要对重量大的设备进行合理布置,并作重量均衡的概略计算。

(9) 轻量化及轴重的限制。车辆轻量化可以减少牵引功率,降低车辆和线路的动态作用力。国际铁路联盟将动车的最大轴重限定为 17 t(最高运行速度为 160—300 km/h),拖车的最大轴重限定为 16 t,(最高运行速度为 160—250 km/h),后根据德国 ICE 高速列车的情况增补一条限定,即最高运行速度为 250 km/h 时,动车的最大轴重限定为 22.5 t。

2.1.2　列车总体布置

1. 列车/机车车辆

(1) SS_9 型电力机车

SS_9 型电力机车是一种用于 160 km/h 准高速旅客列车的 6 轴 4 800 kW 干线的主型客运电力机车,属于我国韶山型电力机车的系列产品,该型机车能满足长距离区间、长大坡道上牵引大编组旅客列车以较高速度运行的运输要求。

1) 总体布置

机车结构以横向中心线对称布置,使车体重量分配易于均衡。底架位于车体下部,是车体基础,也是主要的承载结构。车体两端是司机室。底架上面焊有设备安装骨架(简称台架),它是车内设备安装和电缆布线等的基础;车体顶部大多安装了可拆卸的大顶盖。车体底架、司机室、侧构、台架和大顶盖装置,是车体的主要承载结构件。

2) 标准化司机室

SS_J 型电力机车设有两个标准化司机室,它们的布置基本相同。司机室正、副司机侧各设有 1 扇通向车外的门,后墙中间设有 1 扇通向电气设备室的门,与车内中央走廊连通。司机室的结构和设备的布置满足 UIC617-6《机车动车司机室布置规则》的有关规定,并符合人机工程学的要求,以方便清楚地瞭望前方信号、线路,并能看清司机控制台上的仪表设备。机车按各种速度运行时,司机室的噪声不超过 78 dB。

司机室的设备布置可以分为侧墙设备布置、前墙设备布置、顶盖设备布置、后墙设备布置和操纵台设备布置等五大部分,如图 2-2 所示。

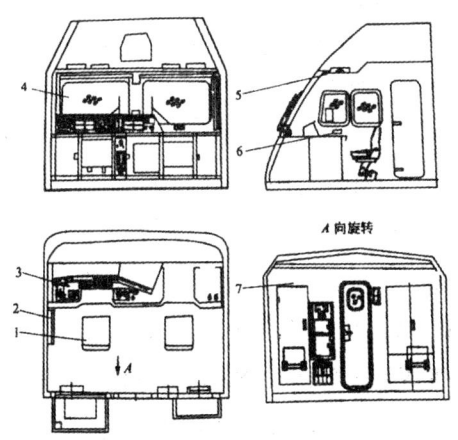

图 2-2 标准化司机室设备布置
1—司机座椅;2—左侧墙设备布置;3—控制台设备布置;
4—前墙设备布置;5—顶盖设备布置;6—右侧墙设备布置;7—后墙设备布置

(2) 高速动车组

我国前几年通过引进国外先进的动车组技术,消化吸收后自主研发了四种类型的电动车组,分别为 CRH_1 型、CRH_2 型、CRH_3 型和 CRH_5 型。这些新造动车组的运营速度为 200—300 km/h。

我国动车组主要技术参数如表 2-1 所示。

表 2-1 我国动车组主要技术参数

型号	CRH_1	CRH_2	CRH_3	CRH_5
基本编组	5动3拖	4动4拖	4动4拖	5动3拖
编组定员(人)	670(2)	609	600(2)	606(2)
编组重量(空/重)(t)	420/474	361/409	480/536	415/500
运营速度(km/h)	2 000	200	350	200
最大轴重(t)	16	14	17	17
总牵引功率(kW)	5 500	4 800	8 800	6 770
列车网络种类	分布式 TCMS	ARCNET	分布式 WTB+MVB	TCN 标准
制动方式	再生制动+空气盘形制动	再生制动+空气盘形制动	再生制动+空气制动	再生制动+空气制动
牵引方式	矢量控制	矢量控制	矢量控制	直接力矩控制

(3) 列车/非动力客车

从 20 世纪 90 年代初开始,铁路客车由 22 型向 25 型升级换代,从 25B、25G、25Z 到 25K、25T 不断发展进步,技术水平日益提高。特别 25K 型快速客车,随着中国铁路的大提速而诞生、发展,将成为中国铁路主型客车。目前我国铁路主要运营的普通客车主要有 22A、22B、25A、25B、25G、25K 和 25T。目前在用的客车中 25G 型所占比例最大,25K 和 25T 次之,22 型已逐步淘汰,25B 和 25K 已不再新造。

以 25 型铁道客车为例,具体介绍该型号车辆的总体布置。

YZ_{25G} 硬座车的平面布置为:客室的一位端设有乘务员室、配电室和茶炉室;二位端设有两个厕所和两个洗脸室;客车的中部为一个 19 m 的客室。

25 型客车系列中还有 RW_{25G} 型软卧车 YZ_{25G} 空调硬卧客车。RW_{25G} 型软卧车是一种比硬卧车更舒适的客车,全车共有 9 个包间,每个封闭式包间内有双层软垫铺位 4 个,全车共提供 36 个铺位。包间外面的走廊一侧侧墙上装有 8 个活动座椅。在车辆的一位端,设有乘务员室和电开水炉;二位端设有两个厕所及一一个洗脸间。YZ_{25G} 空调硬卧客车(不带播音室)定员 66 人,有 11 个开敞式卧室,每卧室内有上、中、下三层。两端皆设通过台,一位端设乘务员、配电室、茶炉室、开敞式洗脸间和小走廊。二位端设有两个厕所及小走廊。

(4) 列车/非动力货车

货物列车是以运送货物的车辆编成的列车,按车型分,可以分为敞车、C64K、C61、C62A、C70、棚车、P60 和平车。所谓敞车是指具有端壁、侧壁、地板而无车顶,向上敞开的货车,主要供运送煤炭、矿石、矿建物资、木材、钢材等大宗货物用,也可用来运送重量不大的机械设备。主型通用敞车有 C61、C62、C62A、C62B、C64K、C70、C70B、C70H、C80。

棚车是有侧墙、端墙、地板和车顶,在侧墙上开有滑门和通风窗的铁路货车。用以装运贵重和怕日晒雨淋的货物。平车主要用于运送钢材、木材、汽车、机械设备等体积或重量较大的货物,也可借助集装箱运送其他货物。平车还能适应国防需要,装载各种军用装备。

下面以 C80 型煤矿专用敞车为例,简要介绍其技术参数。

C80 型车主要由车体、转向架、制动装置、钩缓装置等组成。主要用于大秦线 2 万吨重载列车煤炭运输,能与秦皇岛煤码头的三、四期翻车机及附属设备相匹配,实现不摘钩连续翻卸作业;并能适应环形装车、直进直出装车、解体装车作业及运行时机车动力集中牵引要求。其主要技术参数如下表所示。

表 2-2 C80 型煤矿专用敞车主要技术参数

载重 (t)	自重 (t)	轴重 (t)	自重系数	每延米重 (t/m)	容积 (m³)	运营速度 (km/h)	车辆长度 (mm)	车辆定距 (mm)	车辆最大高度 (mm)	车辆最大宽度 (mm)
80	≤20	25	0.25	8.33	87	100	12 000	8 200	3 793	3 184

2. 城市轨道车辆

城市轨道车辆分为 A、B、C 三种形式,其中宽度是三种车型的主要特征,A 型车宽度为 3 m,B 型车宽度为 2.8 m,C 型车则在 2.6 m 左右。地铁车辆属于高密度和大运量的城市客运车辆,一般采用 A 型或 B 型,轻轨车辆和有轨电车运量较小,通常都为 C 型。C 型车又有多种车组型式,如四轴车、六轴单铰车和八轴双铰车等。

城市轨道车辆如按车体材料分,有耐候钢车、不锈钢车和铝合金车;按牵引控制系统分,又有直流变阻车、直流斩波调阻车、直流斩波调压车,交流变压变频车。另外还可按电压等级分,有直流 1 500 V 或直流 750 V;以及按受电方式分,有受电弓受电和受流器受电车等。

地铁车辆,轻轨车及有轨电车三种车如图 2-3(a)—(c)所示。

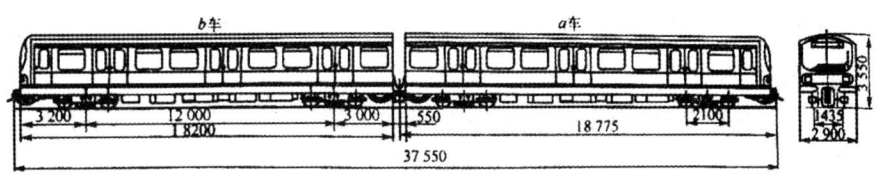

(a) 地下铁道车辆

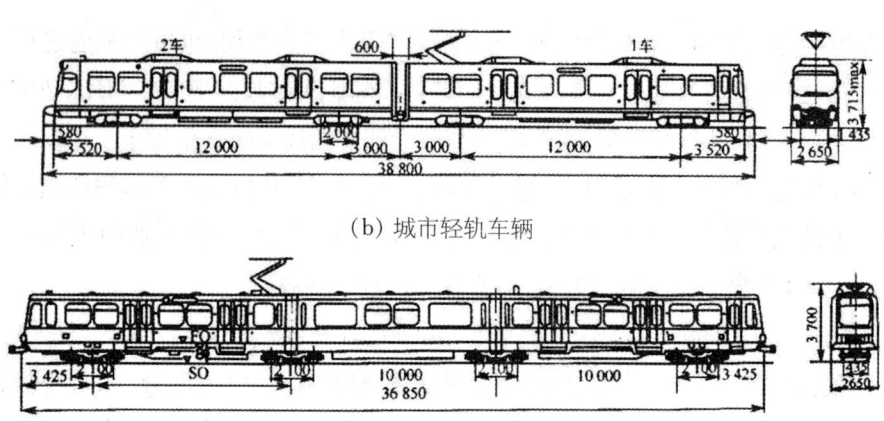

(b) 城市轻轨车辆

(c) 城市有轨电车

图 2-3 城市轨道车辆的三种主要形式

下面以上海地铁 1 号线车辆为例,简要说明其编组及布置。

上海地铁 1 号线车辆的选型以采用大型化、单元化、固定编组、动拖结合、减少车型为原则。车辆按设备配置的不同分三种形式的车,即带司机室的拖车(简称为 A 车)、带受电弓的动车(简称为 B 车),以及不带受电弓(带空气压缩机)的动车(简称 C 车)。

带受电弓动车(B 车)和带空气压缩机动车(C 车)为一固定单元,配上带司机室拖车(A 车)组成一个单元车组,它是一个能依靠本身驱动装置独立运行的最小车组,即由 A 车、B 车和 C 车组成的单元车组。其中 C 车为不带受电弓的动车,其尺寸与布置与 B 车基本相同。

当列车为 6 辆编组时,可编成—A=B*C=C*B=A—或—A=C*B=C*B=A—等多种形式。当为 8 辆编组时,可编为—A=B*C=B*C=C*B=C*B=A—或—A=B。C=C*B=B*C=A—等等。车辆之间连接装置符号:—为自动车钩;=为自动车购;*为永久车钩。

3. 高速磁浮列车

由于高速磁悬浮列车具有快捷、安全、噪音小等优点,世界很多国家都在进行高速磁悬浮列车的研究。从世界范围来看,德国的 Transrapid 常导磁悬浮列车技术,经过长期试验线试验的考验,为实际运营奠定了良好基础;日本是另一个努力发展高速磁悬浮列车技术的国家,采用超导电动式方案,载人运行速度已达 550 公里/小时,悬浮间隙达 10 厘米,因而适应性更强。我国的高速磁悬浮列车技术也取得了重大进展,以引进德国技术为主的上海浦东机场至地铁 2 号线龙阳路站全长 30 公里的高速磁悬浮列车示范运营线,下面以上海磁浮示范线为例,介绍其总体布置。

上海磁浮示范线高速磁浮列车系由德国设计制造,属于 TR08 型高速磁浮车。车辆结构有三个主要组成部分:车厢、设备夹层结构和磁铁走行机构,车厢是容纳旅客的客室主体,它与设备夹层组成车体基本结构。车体与走行机构(也称悬浮架)之间通过二系悬挂以及牵引拉杆相互连接。磁铁走行机构通过悬浮、导向、驱动和制动功能带动整个列车行驶。车辆结构采用模块化设计,头车构成的三个主要模块是车厢体(由车头、客室车厢组成)、车厢下面的夹层结构和走行机构。一列磁浮列车通常由一节端车 E1、一节端车 E2 和若干节中车 M 组成。

上海磁浮示范线列车按五节编组,列车由两节端车和三节中间车组成。首车定员为 56 人,中间车定员为 110 人,尾车定员为 78 人。根据需要,车厢可以更改为邮车或货车等车辆使用。

2.2 限界

2.2.1 限界概述

为了确保轨道车辆在线路上运行的安全,防止轨道车辆与线路邻近的设备或建筑物发生碰撞,要求线路上安装的设备或永久建筑物不能侵入一个最小的空间,同时轨道车辆轮廓不能超出一个最大的空间,在任何情况下两者间必须存在足够的安全间隙,以保证轨道车辆在线路上运行的绝对安全。目前国内外所有轨道车辆均采用限界规程对其最大轮廓尺寸进行约束,同时设备安装也遵循限界规定,通过两方面协调,保证运行安全。

我国《铁路技术管理规程》对干线铁路的机车车辆横断面最大轮廓尺寸和建筑物及安装设备不得侵入的最小横断面尺寸,采用 GB146.1-83 实施规定。前者为机车车辆限界,后者为铁路建筑接近限界,见图 2-4。

机车车辆限界是限制机车车辆横断面用的,即为机车车辆横断面的最大尺寸。机车车辆静止停在平直轨道上,无论空重状态,并考虑最大磨耗等,其轮廓均不得超出机车车辆限界,因此机车车辆设计和制造必须按机车车辆限界对轮廓尺寸进行必要控制。

建筑接近限界是线路必须提供的最小空间的横断面。凡靠近铁路线路的建筑物及安装设备的任何部分(与机车车辆有直接相互作用的设备,在使用中不得超过规定的侵入范围),在任何情况下均不得侵入建筑接近限界。

机车车辆总体设计除最大轮廓尺寸控制在机车车辆限界之内外,另须考虑通过曲线时,机车车辆的任何部分不允许超出建筑接近限界。因此,设计阶段应进行机车车辆曲线通过时的几何偏移量计算,以判断机车车辆在最小曲线上通过时,是否与建筑物或与其交会的机车车辆相接触。如果出现不能满足限界要求,应当调整总体参数(如车辆定距)或缩小宽度或长度。

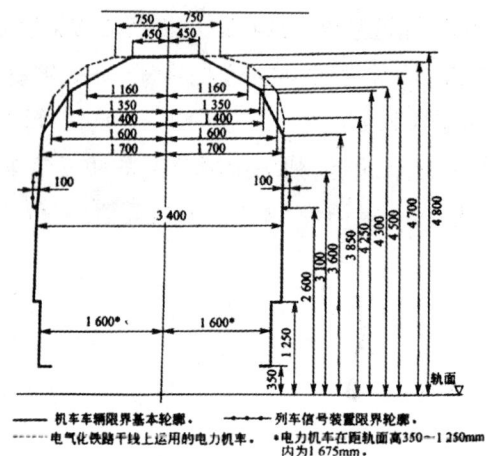

(a) 机车车辆上部限界　车限-1(甲)(单位:mm)

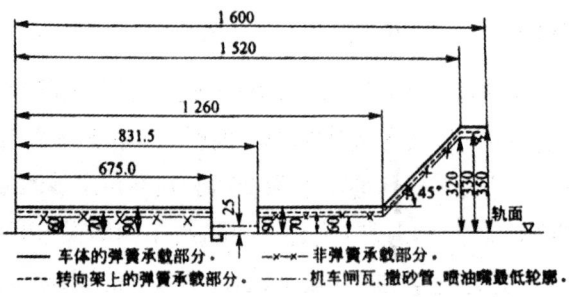

(b) 机车车辆下部限界　车限-1(乙)(单位:mm)

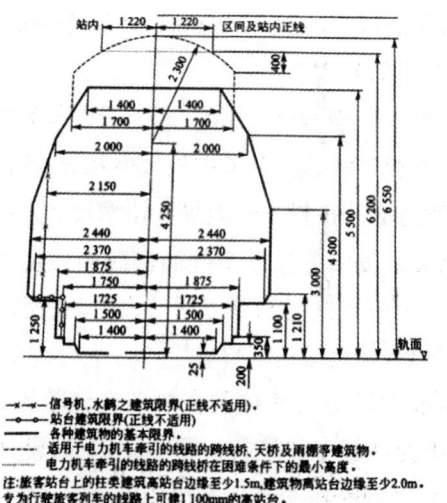

(c) 铁路建筑接近限界　建限-1($v \leqslant 160$ km/h)(单位:mm)

图 2-4　机车车辆限界和建筑接近限界

1. 限界基本术语

城轨车辆采用动态包络线制定限界标准(CJJ 96 2003),它由车辆限界、设备限界、建筑限界三者构成,限界术语定义如下：

在限界计算中定义了一些基本的术语,现简要介绍如下：

(1) 基准坐标系:采用二维平面直角坐标系,横坐标与设计轨顶面相切,纵坐标垂直于轨顶面,轨距中心点 O 为二者交点,也即是坐标原点。

(2) 计算车辆及其轮廓控制线:为了进行限界计算,假设的某种车辆,是实际车辆的抽象化,其各项构造参数、横断面轮廓尺寸及水平投影轮廓尺寸等,均是车辆限界设计计算的依据。计算车辆横断面上轮廓控制点的连线称为计算车辆轮廓控制线。

(3) 车辆限界:计算车辆在平直轨道上按规定速度运行,考虑了车辆各部分公差、轨道公差、磨耗、弹性变形及随机振动等因素,而产生的车辆控制点的坐标位置连线。

(4) 设备限界和建筑限界:设备限界考虑了车辆在一二系故障状态下运行以及车辆限界计算中未计及的因素所产生的包络线。设备限界也即其外安装的设备,即使计及了其安装误差、柔性变形也不得内侵的空间。建筑限界是设备限界外的界限。沿线任何永久性固定建筑,即使计及了施工误差、测量误差以及结构永久变形量均不得向内侵入的限界。

(5) 偏移及偏移量:基准坐标系内,在模拟实际运行的计算中,车辆轮廓控制点因各种原因偏离起始坐标位置的情况称为偏移,横向偏移值称为横向偏移量,竖向偏移值称为垂向偏移量。

(6) 曲线几何偏移:在曲线上,车辆中心线变为轨道中心线的割线。平曲线上,车辆纵向中心线水平投影线与线路中心线偏离的水平矢距为平曲线几何偏移。车辆定距线的垂直面投影弦线与竖曲线轨面之间的竖向矢距称为竖曲线几何偏移。

2. 限界计算原则

车辆限界的计算应符合下列原则：

(1) 车辆限界的计算应以列车在平直线上,并用额定速度在整体道床的轨道上运行为基本条件。根据线路环境不同分为高架线(或地面线)车辆限界和隧道内车辆限界两种基本类型。

(2) 曲线地段增加的附加因素,不应在车辆限界内考虑,应在设备限界内加宽、加高。

(3) 车辆限界的计算参数,按其概率性质应分为两大类,即随机因素和非随机因素。对非随机因素应按线性相加合成;对按高斯概率分布的随机因素应采取均方根值合成;将两大类相加形成的偏移量。

(4) 对隧道内、高架线(或地面线)两类车辆限界均应采用统一的计算方式,计算是应根据不同外部条件合理选用不同的计算参数。

(5) 车辆限界的偏移量计算应按车体、转向架、受电弓(受流器)等部分分别计算,并将计算方法按照偏移方法进行偏移。

(6) 设定工况为最高车速设定为 80 km/h,钢轮钢轨、标准轨距(1 435 mm)。在高架线上考虑了风力因素的影响。若车速超过 80 km/h,基本的计算方法仍然适用,但涉及的车辆及轨道参数需要根据实际情况改变。

3. 限界计算要素

车辆限界计算需考虑如下要素:

(1) 车辆的制造误差;

(2) 车辆的维修限度;

(3) 转向架轮对处于轨道上的最不利运行位置;

(4) 转向架构架相对于轮对的横向位移量;

(5) 车体相对于转向架构架的横向位移量;

(6) 车体相对于转向架构架的最不利倾斜位置;

(7) 车辆的空重车挠度差及竖向位移量;

(8) 因车辆制造、载荷不对称等引起的偏斜;

(9) 车辆一系悬挂及二系悬挂侧滚引起的位移量;

(10) 轨道线路的垂向及横向几何偏差、磨耗、维修限度及弹性变形量。

2.2.2 限界计算方法

现用计算方法将车辆轮廓控制点分为车体、转向架和受电弓及受流器三个部分。平直线区间车辆限界应有计算车辆轮廓线各个控制点坐标加横向及竖向车辆偏移量得到。现分别介绍三个部分偏移量的计算方法。

1. 车体部分

选择距离中心销为 n 的销外截面为推导偏移量公式的计算截面,对于车体上的销外断面,其最不利的位置是指不同转向架中的两轮对贴靠不同侧的钢轨,如图 2-5 所示,表示了轮对与转向架构架之间的横动量 q、构架与车体间的横动量 w 同时作用时车体处在"最大偏转位置"的状态。

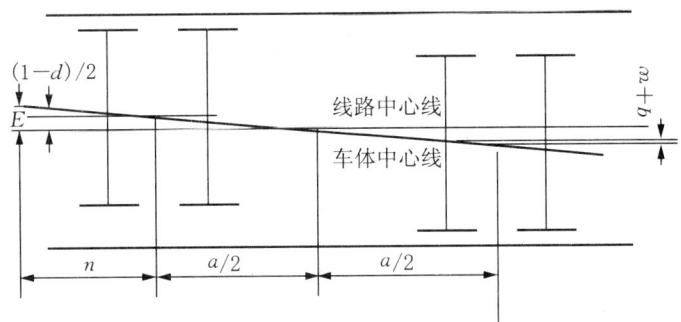

图 2-5 车体在轮对、转向架作用下偏移示意

从图中的几何关系可以得出车体偏移量计算公式：

$$E = \left(\frac{l-d}{2} + q + w\right)\left(\frac{2n+a}{a}\right) \tag{2-1}$$

车体偏移量加上以车体相对于转向架、构架相对于轮轨系统的偏转产生的偏移，就可得出车体部位的限界偏移量。列车在行进过程中除了横向的平移之外，还会发生侧滚运动，造成侧滚倾角，产生横向偏移。由于线路状况、悬挂系统等，侧滚引起的横向偏移和车体横向平移的方向可能相同，也可能不同，必须分别进行计算。

(1) 车体横向平移和车体倾角产生的横向偏移方向相同时：

车体横向偏移量的计算公式：

$$\begin{aligned}\Delta X_{BP} =& \left(\frac{l-d}{2}\cdot\frac{2n+a}{a}\right)+(\Delta q_1+\Delta q_2+\Delta q_3)\frac{2n+a}{a}+(\Delta w_1+\Delta w_2)\frac{2n+a}{a}+\\ & \Delta e+\frac{\Delta h_{c2}}{1\,500}Y(1+S)+100m_z g(1+S)\left(\frac{Y-h_{cp}}{k_{\varphi p}}+\frac{Y-h_{cs}}{k_{\varphi s}}\right)+\\ & \left\{\left(\frac{\Delta d}{2}\cdot\frac{2n+a}{a}\right)^2+\left(\Delta w_3\cdot\frac{2n+a}{a}\right)^2+(\Delta M_{t1})^2+(\Delta M_{t2})^2+(\Delta M_{t3})^2+\right.\\ & (\Delta M_{t4})^2+(\Delta M_{t5})^2+(\Delta S_{bd})^2+(\Delta c(\text{or}\Delta c'))^2+\left[\frac{\Delta x_{Bq}}{H_{cq}}(Y-h_{sj})\right]^2+\\ & \left.\left[\frac{\Delta h_{c1}}{1\,500}Z(1+S)\right]^2+[A_w\cdot P_w(1+S)C_h]^2+[m_B a_B(1+S)C_h']^2\right\}^{\frac{1}{2}} \end{aligned} \tag{2-2}$$

公式的中间变量相关解释：

$$C_h = (Y-h_{cp})\cdot\frac{h_{sw}-h_{cp}}{k_{\varphi p}}+(Y-h_{cs})\cdot\frac{h_{sw}-h_{cs}}{k_{\varphi s}} \tag{2-3}$$

$$C_h' = (Y - h_{cp}) \cdot \frac{h_{sc} - h_{cp}}{k_{\varphi p}} + (Y - h_{cs}) \cdot \frac{h_{sc} - h_{cs}}{k_{\varphi s}} \quad (2-4)$$

$$S = m_B g \left(\frac{h_{sc} - h_{cp}}{k_{\varphi p}} + \frac{h_{sc} - h_{cs}}{k_{\varphi s}} \right) \quad (2-5)$$

$$k_{\varphi p} = 0.5 n_p c_p b_p^2 \quad (2-6)$$

$$k_{\varphi s} = 0.5 n_p c_s b_p^2 + 2 k_{\varphi n} \quad (2-7)$$

当 $Y < h_{cp}$、$Y < h_{cs}$、$Y < h_{sj}$ 时 $(Y - h_{cp}) = 0$、$(Y - h_{cs}) = 0$、$(Y - h_{sj}) = 0$。以上公式中,以上公式中 c_p、c_s 可以采用非线性特性。

车体竖向偏移量主要由线路、轨道、结构、悬挂以及惯性力等引起的,按照车体控制点所处部位不同,竖向偏移应分别采用向上偏移与向下偏移进行计算。

车体竖向向上偏移量计算公式:

$$\Delta Y_{BPu} = \sqrt{(\Delta M_{t6})^2 + (\Delta M_{t8})^2 + \left(\Delta f_p \cdot \frac{2n+a}{a}\right)^2 + \left(\Delta f_s \cdot \frac{2n+a}{a}\right)^2 + \delta_c^2} + \Delta M_{t9} -$$

$$\left[\frac{\Delta h_{c2}}{1\,500}(1+S)X + 100 m_z g (1+S) \left(\frac{1}{k_{\varphi p}} + \frac{1}{k_{\varphi s}} \right) X \right] -$$

$$\sqrt{\left(\frac{\Delta x_{Bq}}{H_{cq}}X\right)^2 + \left[\frac{\Delta h_{c1}}{1\,500}(1+S)X\right]^2 + \left[(m_B a_B)(1+S)X\left(\frac{h_{sw} - h_{cs}}{k_{\varphi p}} + \frac{h_{sw} - h_{cs}}{k_{\varphi s}}\right)\right]^2} \quad (2-8)$$

车体竖向向下偏移量的计算公式:

$$\Delta Y_{BPd} = f_{01} + f_{01}' + f_1 + f_{02} + f_2 + \Delta M_{t9} + \delta_e + \delta_{wo} + \frac{\Delta h_{c2}}{1\,500}(1+S)X +$$

$$100 m_z g (1+S) \left(\frac{1}{k_{\varphi p}} + \frac{1}{k_{\varphi s}} \right) X +$$

$$\left\{ (\Delta M_{t6})^2 + (\Delta M_{t7})^2 + \left(\Delta f_p \cdot \frac{2n+a}{a}\right)^2 + \left(\Delta f_s \cdot \frac{2n+a}{a}\right)^2 + \delta_c^2 + \left(\frac{\Delta x_{Bq}}{H_{cq}}X\right)^2 + \right.$$

$$\left. \left[\frac{\Delta h_{c1}}{1\,500}(1+S)X\right]^2 + \left[(m_B a_B)(1+S)X\left(\frac{h_{sc} - h_{cp}}{k_{\varphi p}} + \frac{h_{sc} - h_{cs}}{k_{\varphi s}}\right)\right]^2 \right\}^{\frac{1}{2}} \quad (2-9)$$

(2) 车体横向平移和车体倾角产生的横向偏移方向相反时:

车体横向偏移量的计算公式:

$$\Delta X_{BP1} = \left(\frac{l-d}{2} \cdot \frac{2n+a}{a}\right) + (\Delta q_1 + \Delta q_2 + \Delta q_3)\frac{2n+a}{a} + (\Delta w_1 + \Delta w_2)\frac{2n+a}{a} +$$

$$\Delta e - \left[\frac{\Delta h_{c2}}{1\,500}Y(1+S) + 100m_z g(1+S)\left(\frac{Y-h_{cp}}{k_{\varphi p}} + \frac{Y-h_{cs}}{k_{\varphi s}}\right)\right] -$$

$$\sqrt{\left[\frac{\Delta x_{Bp}}{H_{cq}}(Y-h_{sj})\right]^2 + \left[\frac{\Delta h_{c1}}{1\,500}Y(1+S)\right]^2 + [m_B a_B(1+S)C_h']^2 +}$$

$$\left\{\left(\frac{\Delta d}{2} \cdot \frac{2n+a}{a}\right)^2 + \left(\Delta w_3 \cdot \frac{2n+a}{a}\right)^2 + (\Delta c(\text{or}\Delta c'))^2 + (\Delta M_{t1})^2 + \right.$$

$$\left. (\Delta M_{t2})^2 + (\Delta M_{t3})^2 + (\Delta M_{t4})^2 + (\Delta M_{t5})^2\right\}^{\frac{1}{2}} \tag{2-10}$$

车体竖向向上偏移量的计算公式：

$$\Delta Y_{BPu} = \left\{(\Delta M_{t6})^2 + (\Delta M_{t8})^2 + \left(\Delta f_p \cdot \frac{2n+a}{a}\right)^2 + \left(\Delta f_s \cdot \frac{2n+a}{a}\right)^2 + \delta_c^2 + \left(\frac{\Delta x_{Bq}}{H_{cq}}X\right)^2 + \right.$$

$$\left. \left[\frac{\Delta h_{c1}}{1\,500}(1+S)X\right]^2 + \left[(m_B a_B)(1+S)X\left(\frac{h_{sc}-h_{cp}}{k_{\varphi p}} + \frac{h_{sc}-h_{cs}}{k_{\varphi s}}\right)\right]^2\right\}^{\frac{1}{2}} +$$

$$\frac{\Delta h_{c2}}{1\,500}(1+S)X + 100m_z g(1+S)\left(\frac{1}{k_{\varphi p}} + \frac{1}{k_{\varphi s}}\right)X + \Delta M_{t9} \tag{2-11}$$

车体竖向向上偏移量的计算公式：

$$\Delta Y_{BPd} = f_{01} + f_{01}' + f_1 + f_{02} + f_2 + \Delta M_{t9} + \delta_e + \delta_{w} + \frac{\Delta h_{c2}}{1\,500}(1+S)X +$$

$$\sqrt{(\Delta M_{t6})^2 + (\Delta M_{t7})^2 + \left(\Delta f_p \cdot \frac{2n+a}{a}\right)^2 + \left(\Delta f_s \cdot \frac{2n+a}{a}\right)^2 + \delta_c^2 + \left(\frac{\Delta x_{Bq}}{H_{cq}}X\right)^2}$$

$$-\frac{\Delta h_{c2}}{1\,500}(1+S)X + 100m_z g(1+S)\left(\frac{1}{k_{\varphi p}} + \frac{1}{k_{\varphi s}}\right)X -$$

$$\sqrt{\left(\frac{\Delta x_{Bq}}{H_{cq}}X\right)^2 + \left[\frac{\Delta h_{c1}}{1\,500}(1+S)X\right]^2 + \left[(m_B a_B)(1+S)X\left(\frac{h_{sc}-h_{cp}}{k_{\varphi p}} + \frac{h_{sc}-h_{cs}}{k_{\varphi s}}\right)\right]^2} \tag{2-12}$$

2. 转向架部分

转向架各个部分计算方法不同，可将转向架分为构架（一系悬挂上）、簧下部分、轮缘和踏面三个部分进行分别计算。对于转向架的销外断面，最不利位置是指前后转向架中的两轮对贴靠不同侧的钢轨。

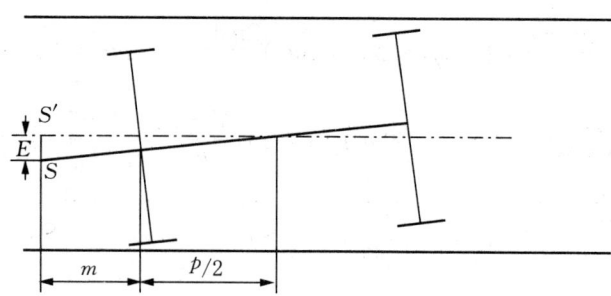

图 2-6 转向架计算断面偏斜系数的确定

如图 2-6 所示,当计算点 s 位于两轮对外侧时,最不利位置将放大偏移量,可得出计算断面转向架纵向中心线偏斜系数为:$(2m+p)/p$,其中 m 为转向架上计算断面到相邻轴的距离。加之以轨道偏差引起的偏移,得出转向架横向偏移量公式:

$$E = \left(\frac{l-d}{2}+q\right)\left(\frac{2m+p}{p}\right) + \Delta c + \Delta e \tag{2-13}$$

(1) 构架部分:

由于一系悬挂系统的存在,同车体相同,转向架部位也存在横向平移和侧滚倾角偏移方向是否相同的问题。

1) 构架横向平移和倾角产生的横向偏移量方向相同时:

构架横向偏移量的计算公式:

$$\Delta X_t = \left(\frac{l-d}{2} \cdot \frac{2m+p}{p}\right) + (\Delta q_1 + \Delta q_3)\frac{2m+p}{p} + \Delta e + \frac{\Delta h_{c2}}{1\,500}Y(1+S) + 100 m_z g(1+S)\frac{Y-h_{cp}}{k_{\varphi p}} +$$

$$\sqrt{\left(\frac{\Delta d}{2} \cdot \frac{2m+p}{p}\right)^2 + (\Delta M_{t10})^2 + \left[\frac{\Delta h_{c1}}{1\,500}Y(1+S)\right]^2 + \left[m_B a_B(1+S)(Y-h_{cp})\frac{h_{sc}-h_{cp}}{k_{\varphi p}}\right]^2 + \Delta c^2}$$

$$\tag{2-14}$$

构架竖向向上偏移量计算公式(竖向平移和倾角产生的竖向偏移方向相反):

$$\Delta Y_{tu} = \sqrt{(\Delta M_{t11})^2 + \left(\Delta f_p \cdot \frac{2m+p}{p}\right)^2 + \delta_c^2} - 100 m_z g(1+S)\frac{X}{k_{\varphi p}} - \frac{\Delta h_{c2}}{1\,500}(1+S)X -$$

$$\sqrt{\left[\frac{\Delta h_{c1}}{1\,500}(1+S)X\right]^2 + \left[(m_B a_B)(1+S)X\frac{h_{sc}-h_{cp}}{k_{\varphi p}}\right]^2} \tag{2-15}$$

构架竖向向上偏移量计算公式(竖向平移和倾角产生的竖向偏移方向相同):

$$\Delta Y_{td} = f_{01} + f'_{01} + f_1 + \delta_e + \delta_{w} + \frac{\Delta h_{c2}}{1\,500}(1+S)X + 100 m_z g(1+S)\frac{X}{k_{\varphi p}} +$$

$$\sqrt{(\Delta M_{t12})^2 + \left(\Delta f_p \cdot \frac{2m+p}{p}\right)^2 + \left[\frac{\Delta h_{c1}}{1\,500}(1+S)X\right]^2 + \left[(m_B a_B)(1+S)X\frac{h_{sc}-h_{cp}}{k_{\varphi p}}\right]^2 + \delta_c^2} \quad (2\text{-}16)$$

2) 构架横向平移和倾角产生的横向偏移量方向相反时：

构架横向偏移量的计算公式：

$$\Delta X_t = \left(\frac{l-d}{2} \cdot \frac{2m+p}{p}\right) + (\Delta q_1 + \Delta q_3)\frac{2m+p}{p} + \Delta e - \frac{\Delta h_{c2}}{1\,500}Y(1+S) +$$

$$\sqrt{\left(\frac{\Delta d}{2} \cdot \frac{2m+p}{p}\right)^2 + (\Delta M_{t10})^2 + \Delta c^2} - \left[100 m_z g(1+S)\frac{Y-h_{cp}}{k_{\varphi p}}\right] -$$

$$\sqrt{\left[\frac{\Delta h_{c1}}{1\,500}Y(1+S)\right]^2 + \left[m_B a_B(1+S)(Y-h_{cp})\frac{h_{sc}-h_{cp}}{k_{\varphi p}}\right]^2} \quad (2\text{-}17)$$

构架竖向向上偏移量计算（竖向平移和倾角产生的竖向偏移方向相同）：

$$\Delta Y_{tu} = \frac{\Delta h_{c2}}{1\,500}(1+S)X + 100 m_z g(1+S)\frac{X}{k_{\varphi p}} +$$

$$\sqrt{(\Delta M_{t11})^2 + \left(\Delta f_p \cdot \frac{2m+p}{p}\right)^2 + \delta_c^2 + \left[\frac{\Delta h_{c1}}{1\,500}(1+S)X\right]^2 + \left[(m_B a_B)(1+S)X\frac{h_{sc}-h_{cp}}{k_{\varphi p}}\right]^2} \quad (2\text{-}18)$$

构架竖向向上偏移量计算（竖向平移和倾角产生的竖向偏移方向相反）：

$$\Delta Y_{td} = f_{01} + f'_{01} + f_1 + \delta_e + \delta_{w} + \delta_{w1} - \frac{\Delta h_{c2}}{1\,500}(1+S)X +$$

$$\sqrt{(\Delta M_{t12})^2 + \left(\Delta f_p \cdot \frac{2m+p}{p}\right)^2 + \delta_c^2} - 100 m_z g(1+S)\frac{X}{k_{\varphi p}} -$$

$$\sqrt{\left[\frac{\Delta h_{c1}}{1\,500}(1+S)X\right]^2 + \left[(m_B a_B)(1+S)X\frac{h_{sc}-h_{cp}}{k_{\varphi p}}\right]^2} \quad (2\text{-}19)$$

(2) 簧下部件：

由于簧下部件不受一系二系悬挂系统的影响，故其横向偏移的计及因素较少，主要包括轮轨系统的误差、弹性变形量，两轨高差引起的横向偏移等。其横向计算计算公式为：

$$\Delta X_w = \frac{l-d}{2} + \Delta e + \frac{\Delta h_{c2}}{1\,500}(1+S)Y +$$

$$\sqrt{\left(\frac{\Delta d}{2}\right)^2 + (\Delta M_{t13})^2 + \Delta c^2 + \left[\frac{\Delta h_{c1}}{1\,500}(1+S)Y\right]^2} \qquad (2\text{-}20)$$

竖向偏移主要受轮轨磨耗、竖向弹性变形量、误差、轨道高差、线路竖向位置差等,竖向计算公式为:

$$\Delta Y_{ud} = \frac{\Delta h_{c2}}{1\,500}(1+S)X + f'_{01} + \delta_e + \delta_{w0} + \delta_{w1} +$$

$$\sqrt{(\Delta M_{t14})^2 + \left[\frac{\Delta h_{c1}}{1\,500}(1+S)X\right]^2 + \delta_c^2} \qquad (2\text{-}21)$$

(3) 轮缘踏面部分:

踏面轮缘部分横向偏移按(2-20)计算;由于受限于走行轨道,竖向偏移相对简单,按照(2-22)计算。

轮缘部分竖向偏移量的计算公式:

$$\Delta Y_f = \frac{\Delta h_{c2}}{1\,500} + \delta'_{w1} + \delta_e + \delta_{w0} + \sqrt{\left(\frac{\Delta h_{c1}}{2}\right)^2 + \delta_c^2} \qquad (2\text{-}22)$$

踏面部分竖向偏移量计算公式:

$$\Delta Y_m = \frac{\Delta h_{c2}}{2} + \delta_e + \delta_{w0} + \sqrt{\left(\frac{\Delta h_{c2}}{2}\right)^2 + \delta_c^2} \qquad (2\text{-}23)$$

3. 受电弓及受流器部分

(1) 受电弓偏移量计算:

横向偏移量:受电弓安装在车体顶部,其横向偏移量计算应采用车体横向偏移量计算公式,即(2-3)或(2-11)。

竖向向上偏移量计算:

$$\Delta Y_{gu} = \Delta J_{vd} + \Delta J_{vw} + \Delta S_{vw} \qquad (2\text{-}24)$$

式中,ΔJ_{vd} 表示架空线抬升量,ΔJ_{vw} 表示架空线磨耗量,ΔS_{vw} 表示受电弓炭精板磨耗量。

(2) 受流器偏移量计算:

地铁 B1 型车通过安装在牵引单元的一个或多个受流器从承载电能的刚性接触轨(第

三轨)接受电流驱动列车运行。受流器一般安装在车辆转向架两侧(或底部),由绝缘安装底座(或外壳)、调节组件、受流摆臂组件和起复机构、受流滑板组件熔断器组件构成。其偏移量受构架、接触轨等影响。

1) 横向偏移量为受流器横向安装误差及受流器横向尺寸公差值 ΔM_{t15},与构架横向偏移量 ΔX_t 之和。计算表达式如下:

$$\Delta X_{sd} = \Delta X_t + \Delta M_{t15} \tag{2-25}$$

2) 受流器竖向向上偏移量(上部受流工作状态):

受流器根部转轴:

$$\Delta Y_{su} = \Delta Y_{tu} + \Delta M_{t16} \tag{2-26}$$

受流器与接触轨接触点:

$$\Delta Y_{su} = \Delta C_{vt} \; (\Delta C_{vt} 取正公差) \tag{2-27}$$

受流器端部:按以上两定点用作图法求的即可。

3) 竖向向上偏移量(上部受流非工作状态):

$$\Delta Y_{su} = \Delta Y_{tu} + \Delta H_{vt} + \Delta M_{t16} \; (\Delta Y_{tu} 是构架竖向偏移) \tag{2-28}$$

4) 竖向向下偏移量(上部受流工作状态):

受流器根部转轴:

$$\Delta Y_{sd} = \Delta Y_{td} + \Delta M_{t16} \; (\Delta Y_{td} 公式中用 \delta_{w1} 用 \delta'_{w1} 代替) \tag{2-29}$$

受流器与接触轨接触点:

$$\Delta Y_{sd} = \Delta C_{vt} \; (\Delta C_{vt} 取负公差) \tag{2-30}$$

2.2.3　车辆相关部件之间间隙的确定

当列车通过曲线或变坡点时,一辆车的某些部件之间以及相邻的两车辆之间,均会产生相对的运动,故需要通过必要的计算以确定各部件间合理的间隙。这时,主要考虑以下两种情况。

1. 车辆通过平面曲线时,车体与转向架间的相对转动

车辆底架下部及转向架上部可能有些凸出物,当车辆处于直线区段时两者间有足够的间隙,但当车辆通过曲线时车体与转向架产生相对转动,此凸出部分可能与有关部位相碰。

以致损坏车辆构件或引起行车事故。因此在总体设计时应防止这种相碰的可能,为此要算出车辆过曲线时底架与转向架间的相对转角 γ。转向架在车辆通过曲线时可能形成三种位置,且当运行速度较低时必然取最大倾斜位置,车体与转向架之间相对转动的最大夹角就产生在前、后两台转向架均处于最大倾斜位置时,如图 2-7(a)所示。

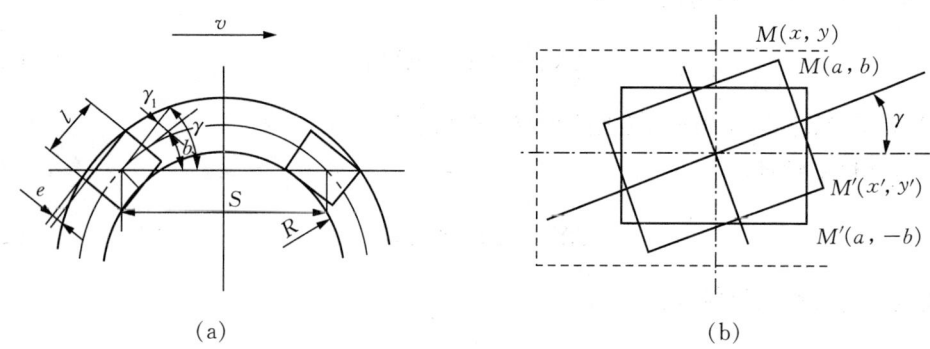

图 2-7 车体与转向架在曲线处的相对位置

当不考虑转向架本身的各种游间,即把轮对作为刚性定位考虑时可以使问题简化。此时车体与转向架之间的夹角由 γ_1 及 γ_2 两部分构成,γ_1 是转向架处于最大倾斜位置时,转向架纵向中心与线路纵向中心之间的夹角。其值可由下式求得,即

$$\gamma_1 = \frac{e}{l} \tag{2-31}$$

式中:e——曲线外轮轨间总游间;
l——转向架固定轴距。

γ_2 是线路纵向中心线与车体纵向中心线之间的夹角,可从图中的几何关系求得,即

$$\gamma_2 \approx \tan \gamma_2 \approx \frac{S}{2R} \tag{2-32}$$

S——车辆定距;
R——曲线半径。

所以,

$$\gamma = \gamma_1 + \gamma_2 = \frac{e}{l} + \frac{S}{2R} \tag{2-33}$$

求得最大夹角后即可确定车体与转向架之间横向或纵向的相对偏移量。在图 2-7(b)

中设转向架上有两个点 $M(a,b)$ 及 $M'(a,-b)$，当转向架如图反时针偏转 γ 角后，M 及 M' 的坐标可由解析几何公式求得，即

$$\begin{aligned} x &= a\cos\gamma - b\sin\gamma \\ y &= a\sin\gamma + b\cos\gamma \\ x' &= a\cos\gamma + b\sin\gamma \\ y' &= a\sin\gamma - b\cos\gamma \end{aligned} \tag{2-34}$$

以 M 点为例，它向上偏移了 $y-b$，故转向架与底架这个部位凸出物之间的横向间隙应大于 $y-b$；同理，M 点向左偏移了 $a-x$，也应保证这个部位凸出物的纵向间隙大于 $a-x$。

2. 车辆通过平面曲线时，两车端部的最小间隙及车钩的摆角

当列车通过半径为 R 的曲线区段时两相邻车辆所处的位置如图 2-8 所示，此时靠曲线内侧的两车端部互相接近，车端设有的脚蹬等，均须通过校核，以确保两相邻车辆在通过曲线时端部有关部件不会相碰。若两车车体长度、两转向架之间的中心距及车宽均不相等，且其值分别为 L_1、L_2，S_1、S_2 及 B_1、B_2。

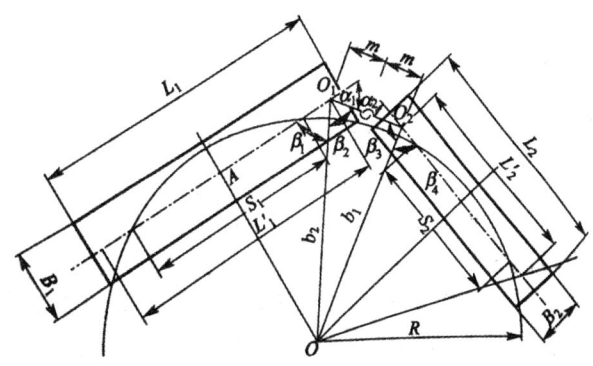

图 2-8 相邻两车辆在曲线上的位置

如不计车钩钩体与钩托板之间以及车钩铰节点处的摩擦，则车钩中心线的位置必处在通过车钩铰节点 O_1、O_2 分别与两车体的纵向中心线之间形成了 α_1 及 α_2 的夹角，其值由图可知

$$\alpha_1 = 180° - (\beta_1 + \beta_2) \tag{2-35}$$

$$\alpha_2 = 180° - (\beta_3 + \beta_4) \tag{2-36}$$

若每节车辆两车钩铰节点之间的距离分别为 L_1' 及 L_2'，同时 $OA \approx R$，则得

$$\tan\beta_1 = \frac{2R}{L_1'}, \tan\beta_4 = \frac{2R}{L_2'} \tag{2-37}$$

并由 $\triangle OO_1O_2$ 可求得 $\tan\dfrac{\beta_2}{2} = \dfrac{N}{Q-b_1}$，$\tan\dfrac{\beta_3}{2} = \dfrac{N}{Q-b_2}$

式中 $b_1 = OO_1 \approx R$；

$b_2 = OO_2 \approx R$；

$Q = \dfrac{1}{2}(b_1 + b_2 + 2m)$，即 $\triangle OO_1O_2$ 周长的一半；

$2m$——相邻两车钩铰接点中心间的距离；

$N = \sqrt{\dfrac{(Q-b_1)(Q-b_2)(Q-2m)}{Q}}$，即 $\triangle OO_1O_2$ 内接圆的半径。

当 α_1、α_2 求得之后，根据图 2-5 中的几何关系即可算出相邻两车的车端有关部件之间间隙 Δ，即

$$\Delta = 2m - \left[\cos(\delta_1-\alpha_1)\sqrt{\left(\frac{B_1}{2}\right)^2 + K_1^2} + \cos(\delta_2-\alpha_2)\sqrt{\left(\frac{B_2}{2}\right)^2 + K_2^2}\right] \tag{2-38}$$

式中，$K_1 = \dfrac{L_1 - L_1'}{2}$，$K_2 = \dfrac{L_2 - L_2'}{2}$，$\delta_1 = \arctan\dfrac{B_1}{2K_1}$，$\delta_2 = \arctan\dfrac{B_2}{2K_2}$。

如相邻的两车辆为同一类型时，上式可简化为

$$\Delta = 2\left[m - \cos(\delta-\alpha)\sqrt{\left(\frac{B}{2}\right)^2 + K^2}\right] \tag{2-39}$$

为了确保相邻两车在通过曲线时端部不会相碰，间隙 Δ 必须大于相邻两个缓冲器的全压缩行程及钩缓装置各部分最大纵向磨耗量之和，且应留有必要的安全裕量。

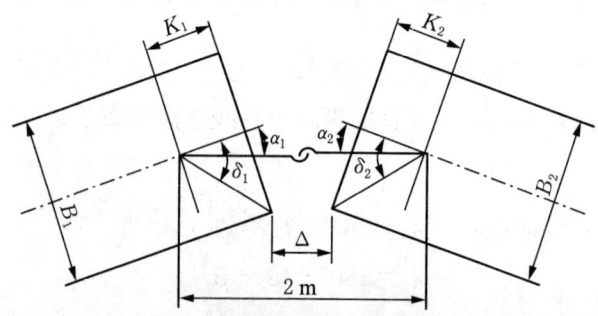

图 2-9 相邻两车间的端部间隙

2.3 动车（机车）牵引力计算

2.3.1 动车(机车)牵引力概述

1. 动车(机车)牵引力的基本概念

(1) 列车牵引力的定义

列车牵引力是由动力传动装置产生的、与列车运行方向相同、驱动列车运行并可由司机根据需要调节的外力。它是由机车动力装置发出的内力(不同类型机车的原动力装置不一样)，经传动装置传递，通过轮轨间的黏着而产生的由钢轨反作用于机车动轮周上的切线力。

(2) 列车牵引力的形成

以电力机车为例，其牵引力的产生过程为：接触网的高压交流电由机车受电弓引入主变压器的原边绕组，再经动轮、钢轨，回到牵引变电所构成回路；机车上的主变压器将高压交流电变为低压交流电，由次(副)边绕组经整流器整流后变为直流电供给牵引电动机(交直传动电力机车)，牵引电动机转轴输出转矩 M_d，并通过传动装置传递给动轮，再通过轮轨间的相互作用，引起钢轨对动轮的切向反作用力，即机车牵引力。所以，它的实质是电能变为机械能、内力引起外力的过程。如图 2-10 所示，机车通过轮对将质量 P 压在钢轨上，在轮轨接触点 C，有一个钢轨对车轮的法向反作用力 N。当牵引电动机输出转矩 M_d 时，通过大小齿轮啮合，传递给动轮一个转矩 M。当 M 驱动动轮以圆心 O 旋转时，受到轮轨接触面间摩擦的阻碍。这时车轮与钢轨间产生作用力与反作用力，M 转化为 F' 和 F'' 力偶，由 F' 作用于钢轨，得到钢轨的反作用力 F，这是一个由钢轨作用于轮对的外力。F 阻碍了动轮与轨面间的滑动，由内力 F'' 推动动轮以 C 为瞬时转动中心滚动，并将外力传给轴箱，通过转向架及车体传至车钩牵引列车前进。根据物理学知识可知，只有外力才能使物体重心发生位移，因此，这个切线外力 F 就是机车牵引力，也称为轮周牵引力。

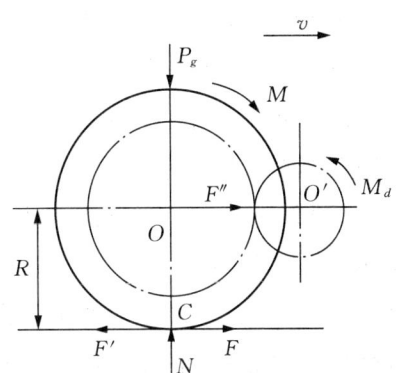

图 2-10 机车牵引力形成示意图

2. 机车牵引力分类

按照不同条件可以把机车牵引力作如下分类。

(1) 按能量传递顺序的分类

1) 指示牵引力 F_i：假定原动机(内燃牵引时就是柴油机)所做的指示功毫无损失地传到动轮上所得到的机车牵引力。指示牵引力是个假想的概念。

2) 轮周牵引力 F：实际作用在轮周上的机车牵引力，$F<F_i$。

3) 车钩牵引力 F_g：除去机车阻力的消耗，实际作用在机车车钩上的牵引力。在列车作等速运行时，车钩牵引力与轮周牵引力有如下关系：

$$F_g = F - W' \tag{2-40}$$

式中，W'——列车阻力

我国《列车牵规》规定，机车牵引力以轮周牵引力为计算标准，即以轮周牵引力来衡量和表示机车牵引力的大小。

由于动轮直径的变化会影响轮周牵引力的大小，《牵规》规定，机车牵引力按轮箍半磨耗状态计算。不论是设计还是试验资料，所提供的轮周牵引力和机车速度数据，必须换算到轮箍半磨耗状态。机车轮箍半磨耗状态的动轮直径叫做计算动轮直径。我国常速电力机车的动轮直径原形是 1 250 mm，计算动轮直径是 1 200 mm；常速内燃机车的动轮直径原形是 1 050 mm，计算动轮直径是 1 013 mm。动力分散式动车组的动轮直径与客车轮径相同，即 915 mm，计算动轮直径是 880 mm。

(2) 按能量转换过程限制关系的分类

任何机车都是把某种能量转化成牵引力所作外机械功的一种工具。这种能量转换要经过若干互相制约的环节。机车一般都有几个能量转换阶段，并相应地有几个变能部分。电力机车的电能是由牵引变电所供给，可以认为它的容量是足够大的，电力机车牵引力的发挥不会受牵引变电所电能供给者的限制，进入机车的单相交流电经过变压整流后供给牵引电动机(交直传动电力机车)，将电能转变为带动轮对转动的机械功，然后借助于轮轨间的黏着转变为动轮周上的牵引力所做的机械功，因而电力机车牵引力将要受到牵引电动机和轮轨间黏着这两个变能部分工作能力的限制；而内燃机车牵引力则受到柴油机、传动装置和轮轨间黏着的限制。对应这些限制，机车的牵引力可分为：

1) 电力机车

① 牵引电机牵引力：受牵引电机功率限制的轮周牵引力。

② 黏着牵引力：受轮轨间黏着能力限制的轮周牵引力。

2) 内燃机车
① 柴油机牵引力:受柴油机功率限制的轮周牵引力。
② 传动装置牵引力:受传动装置能力限制的轮周牵引力。
③ 黏着牵引力:受轮轨间黏着能力限制的轮周牵引力。
实际条件下,能够实现的机车牵引力是上述这些牵引力中的最小者。

3. 机车黏着牵引力

(1) 黏着牵引力

轮周上的切线力大于轮轨间的黏着力时动轮就要发生空转。在不发生空转的前提条件下所能实现的最大轮周牵引力称为黏着牵引力。其值按下式计算:

$$F_\mu = P_\mu g \mu_j \text{(kN)} \tag{2-41}$$

式中,F_μ——计算黏着牵引力,kN;

P_μ——机车计算黏着质量,t;

μ_j——计算黏着系数;

g——重力加速度,$g \approx 9.81 \text{ m/s}^2$。

(2) 计算黏着系数

计算黏着系数不同于(小于)理论黏着系数(轮轨间的静摩擦系数),它考虑了机车轴重和牵引力分配不均、运行中轴重增减载、牵引力的波动、轮轨间的滑动(纵向的和横向的)等不利因素的影响,并且主要与机车转向架结构、轮轨表面清洁状况和机车运行速度等因素有关。

影响计算黏着系数的因素比较复杂,不可能用理论方法计算,只能用专门试验得出的试验公式表达。试验公式表示在正常黏着条件下计算黏着系数和机车运行速度的关系。黏着条件不好时可以用撒砂来改善;采用交流传动以及改进机车走行部结构可以提高黏着系数;采用径向转向架可以提高曲线上的黏着系数;采用防空转装置和轴重转移补偿装置可以提高机车黏着利用程度。

我国《牵规》规定的计算黏着系数公式如下:

1) 电力机车

国产各型电力机车

$$\mu_j = 0.24 + \frac{12}{100 + 8v} \tag{2-42}$$

6K型电力机车

$$\mu_j = 0.189 + \frac{8.86}{44 + v} \tag{2-43}$$

8G 型电力机车

$$\mu_j = 0.28 + \frac{4}{50 + 6v} - 0.0006v \tag{2-44}$$

式中 v——运行速度，km/h

机车在曲线上运行时，因运动更不平稳、轮轨间的滑动加剧等原因，黏着系数比直线上有所降低，尤其在小半径曲线上更为明显，在这种情况下需要对计算黏着系数进行修正。三轴转向架电力机车在曲线半径 R 小于 600 m 的线路上运行时，曲线上的计算黏着系数 μ_r 按下式计算

$$\mu_r = \mu_j(0.67 + 0.00055R) \tag{2-45}$$

2) 内燃机车

国产各型电传动内燃机车

$$\mu_j = 0.248 + \frac{5.9}{75 + 20v} \tag{2-46}$$

ND_5 型内燃机车

$$\mu_j = 0.242 + \frac{72}{800 + 11v} \tag{2-47}$$

内燃机车载曲线半径 R 小于 550 m 的线路上运行时，曲线上的计算黏着系数 μ_r 按下式计算：

$$\mu_r = \mu_j(0.805 + 0.000355R) \tag{2-48}$$

上述式(2-42)、式(2-43)、式(2-44)、式(2-46)、式(2-47)表达的计算黏着系数与速度的关系见表 2-3。

表 2-3　各种机车不同运行速度下的计算黏着系数

机型 \ $v/\text{km} \cdot \text{h}^{-1}$	0	10	20	30	40	50	60
国产各型电力机车	0.360	0.307	0.286	0.275	0.269	0.264	0.261
6K 型电力机车	0.390	0.353	0.327	0.309	0.294	0.283	0.274
8G 型电力机车	0.360	0.310	0.292	0.279	0.270	0.261	0.254
国产电传动内燃机车	0.327	0.269	0.260	0.257	0.255	0.253	0.253
ND_5 型内燃机车	0.332	0.321	0.313	0.306	0.300	0.295	0.291

从表 2-2 可见,随着运行速度的提高,各种机车的计算黏着系数都有所下降。不同类型机车的计算黏着系数有所区别,主要原因是它们的走行部结构不同。电力机车中 6K 型机车的计算黏着系数最高,与它所采用的 $B_0\text{-}B_0\text{-}B_0$ 转向架和低位牵引拉杆等结构有关。

(3) 黏着牵引力曲线

将表 2-2 中的计算黏着系数和机车计算黏着质量代入式(2-41)中,即可得出各型机车的黏着牵引力。根据各型机车不同速度下的黏着牵引力,可以在坐标图中绘出黏着牵引力与速度的关系曲线,称为黏着牵引力曲线,如机车牵引特性曲线图中带阴影的曲线。由于客运机车的黏着牵引力一般要比传动装置牵引力大许多,机车牵引力不受黏着牵引力的限制,所以客运机车的牵引特性曲线图上通常不把黏着牵引力曲线画出来。

由上述内容可以看出:机车黏着牵引力是机车牵引力的一个限制值,牵引电机牵引力、原动机牵引力是机车本身所具有的能力,这两部分牵引力必须很好地配合才能使机车牵引力发挥在最佳状态。对电力机车来说,如牵引电动机能力过大而超过黏着牵引力,则牵引电动机功率不能充分发挥,机车真正能实现的牵引力是按黏着牵引力限制值得到的黏着牵引力;反之,如牵引电动机的牵引力小于黏着牵引力,则机车牵引力受牵引电动机能力的限制,机车能实现的牵引力为牵引电动机牵引力。总之,在不同条件下机车真正能实现的牵引力为以上两种牵引力的小者。例如 SS_4 型机车,$v = 60$ km/h 时,黏着牵引力为 470.6 kN,而牵引电动机在 32-I 级时,其牵引力为 319.8 kN,在这种情况下,轮周上得到的轮周牵引力为牵引电动机牵引力,其值是 319.8 kN。

2.3.2 电力机车牵引力及牵引特性

1. 电力机车牵引电动机牵引力

(1) 机车牵引力特性

机车牵引力特性,是指机车牵引力 F 与牵引电机电流 I_d 的关系。

机车牵引力 F 与牵引电机电流 I_d 关系,可以由电机的电磁转矩公式和牵引力转矩的关系导出。

1 台直流电机的电磁转矩公式如下:

$$M = C_m \Phi I_d \text{ (Nm)}$$

式中 Φ ——每极磁通量,Wb;

I_d ——电枢电流,A;

C_m ——电机的转矩常数(仅与电机结构有关):

$$C_m = \frac{pN}{2\pi a}$$

其中 p ——主极对数，

N ——电枢绕组导体数，

a ——电枢绕组支路对数。

机车牵引力在动轮上的转矩与牵引电机传到动轮上的转矩(乘以有关效率)相等，即

$$F\frac{D}{2}\times 1\,000 = mM\eta_d\eta_c$$

由此得

$$F = \frac{2}{1\,000D}mM\eta_d\eta_c = \frac{2}{D}mC_m\Phi I_d\eta_d\eta_c \times 10^{-3}(\text{kN}) \tag{2-49}$$

式中 D ——动轮直径，m；

m ——牵引电机个数；

η_d ——牵引电机效率；

η_c ——齿轮传动效率。

由式(2-49)可见，机车牵引力 F 和牵引电机电流 I_d 及磁通量 Φ 成正比。SS_3 型电力机车的牵引力 F 与牵引电机电流 I_d 的关系 $F = f(I_d)$ 见图 2-11。SS_8 型电力机车的牵引力 F 与牵引电机电流 I_d 的关系 $F = f(I_d)$ 见图 2-12。

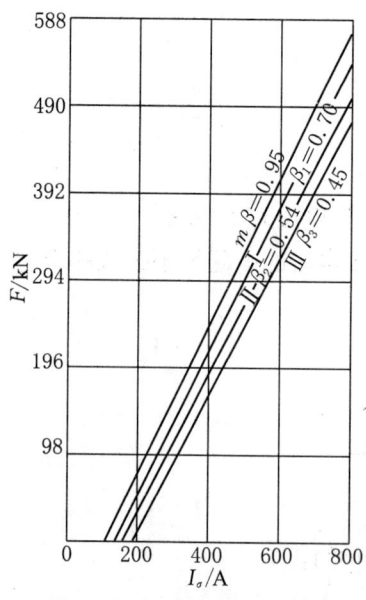

图 2-11　SS_3 型电力机车的牵引力 F 与牵引电机电流 I_d 的关系

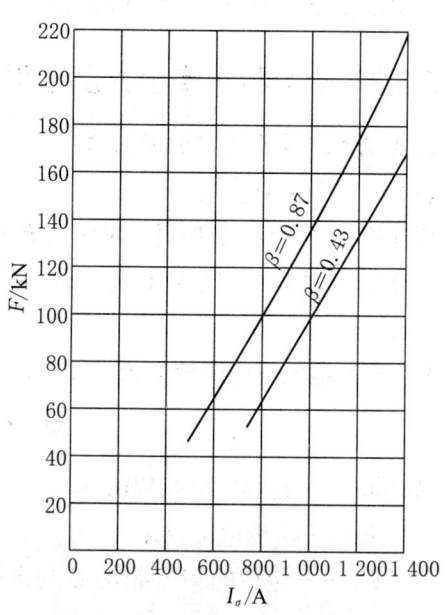

图 2-12　SS_3 型电力机车的牵引力 F 与牵引电机电流 I_d 的关系

(2) 机车牵引特性

机车牵引特性是指机车轮周牵引力 F 与运行速度 v 之间的关系,用函数关系表示为 $F = f(v)$。由于牵引力与牵引电机电流成正比,所以机车牵引力 F 与运行速度 v 之间的关系曲线 $F = f(v)$ 的形状和牵引电机电流 I_d 与运行速度 v 的关系曲线 $I_d = f(v)$ 的形状极为相似。SS_3 型电力机车的牵引力 F 与运行速度 v 的关系 $F = f(v)$ 见图 2-13。SS_8 型电力机车的牵引力 F 与运行速度 v 的关系 $F = f(v)$ 见图 2-14。

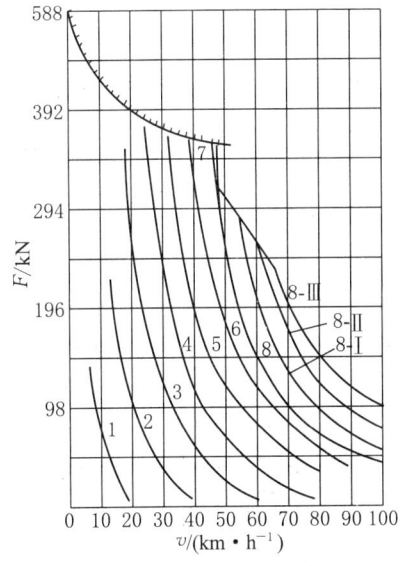

图 2-13 SS_3 型电力机车的牵引力 F 与运行速度 v 的关系

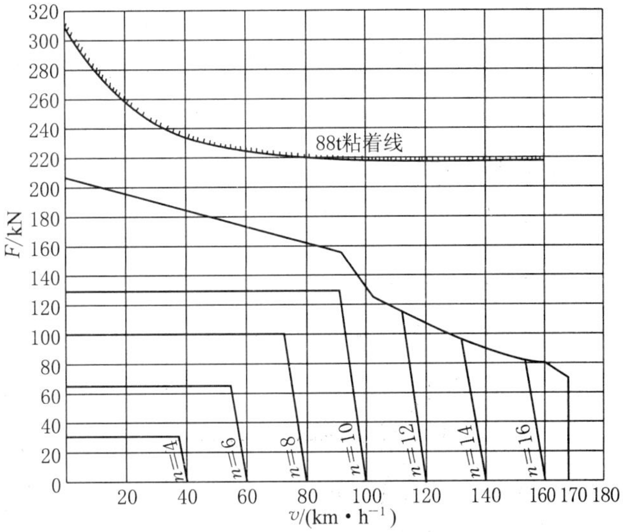

图 2-14 SS_8 型电力机车的牵引力 F 与运行速度 v 的关系

列车的牵引/制动功率决定列车的牵引特性,列车的牵引力与功率的关系为:

$$F_k = \frac{P_k \times 3.6}{v_k}$$

式中 F_k——轮缘牵引力(kN);

P_k——列车牵引功率(kW);

v_k——列车运行速度(km/h)。

列车牵引功率主要与列车运行最高速度、牵引质量、最高速度时的列车运行阻力和剩余加速度等有关,其计算公式为

$$P_k = \frac{(M\omega_0 + (1+\gamma)M \times 10^3 \times \Delta a) \cdot v_{\max} \times 10^{-3}}{3.6} \tag{2-50}$$

式中 Δa——剩余加速度(m/s^2);

v_{max}——列车运行最大速度(km/h);

M——牵引质量(t);

ω_0——基本单位阻力(N/t);

γ——回转质量系数(一般取 0.06)。

2. 电力机车牵引特性曲线

将牵引电机牵引力和黏着牵引力与速度的关系绘在一张图上,即构成电力机车牵引特性曲线。电力机车的牵引特性曲线由专门试验得出。未经试验的新造机车,可参考由生产厂家提供的通过理论计算得出的"预期特性"曲线。"预期特性"曲线一般和试验曲线相当接近。

图 2-15 和图 2-16 分别是 SS_3、SS_8 型电力机车牵引特性曲线(这些特性曲线是通过型式试验得到的,并由《牵规》公布)。图中带阴影的是黏着牵引力曲线,另有若干条标明级位的是牵引电动机牵引力曲线。

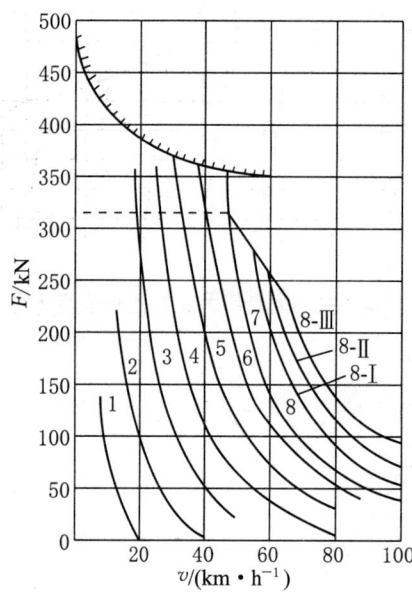

图 2-15 SS_3 型电力机车牵引特性曲线

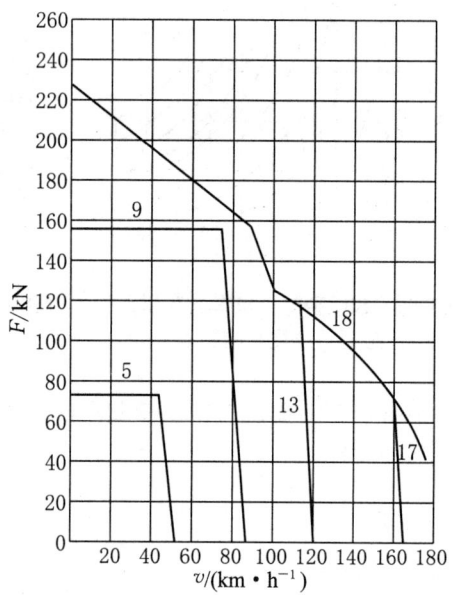

图 2-16 SS_8 型电力机车牵引特性曲线

2.3.3 内燃机车牵引力及牵引特性

1. 柴油机牵引力的计算

柴油机是内燃机车的第一个变能机构,它的功率大小从根本上限制了机车的牵引力。

受柴油机功率(或能力)限制的机车牵引力,叫柴油机牵引力。

柴油机牵引力可根据每分钟气缸中燃气所作的功,扣除机械摩擦损失及自身消耗、机车辅助装置消耗和传动损失后,与同一时间内轮周牵引力所作的功相等而求得。

每分钟柴油机全部气缸中的燃气所作的功传于动轮周的值为

$$N_c = m_c \cdot \frac{\pi d_c}{4} \cdot \frac{l}{100} \cdot p_i \cdot \frac{2n_c}{Z_c} \cdot \eta_m \cdot \beta_c \cdot \eta_c \text{(kJ/min)} \tag{2-51}$$

式中 N_c——柴油机每分钟的有效功,kJ/min;

m_c——柴油机工作缸数;

d_c——柴油机气缸直径,m;

l——柴油机活塞冲程,cm;

p_i——气缸中燃气的平均指示压力,kPa;

n_c——柴油机转速,r/min;

Z_c——柴油机一个工作循环的冲程数,二冲程柴油机 $Z_c = 2$,四冲程柴油机 $Z_c = 4$;

η_m——柴油机的机械效率,考虑了柴油机的机械摩擦损失及柴油机辅助装置消耗(如油泵、水泵及传动齿轮等消耗),一般取 $\eta_m = 0.8—0.9$;

β_c——柴油机的功率利用系数,是扣除机车辅助装置(如空压机、冷却风扇、牵引电动机的通风机、变速箱等)消耗的功率后传给传动装置的功率系数,$\beta_c = 0.9—0.95$;一般取 $\beta_c = 0.9$;

η_c——传动装置的传动效率,电传动内燃机车 $\eta_c = 0.8—0.86$(DF 型机车 $\eta_c = 0.83$,DF_4 型机车 $\eta_c = 0.84$),液力传动内燃机车 $\eta_c = 0.57—0.82$。

轮周牵引力每分钟所作的功为

$$N_c = F\pi \frac{D_j}{100} n_L \text{(kJ/min)} \tag{2-52}$$

式中 F——受柴油机功率限制的轮周牵引力,kN;

D_j——机车计算动轮直径,cm;

n_L——机车动轮转速,r/min。

由上述两式相等得

$$F = m_c \frac{d_c^2 l}{2Z_c D_j} \beta_c p_i \frac{n_c}{n_L} \eta_m \eta_c \text{(kN)}$$

对一定机车来说,m_c、d_c、l、Z_c、D_j、β_c 均为常数。如果令

$$M = m_c \frac{d_c^2 l}{2Z_c D_j} \beta_c$$

M 叫做内燃机车牵引力模数,又令 $i_c = \frac{n_c}{n_L}$,i_c 称为机车传动比,则

$$F = M p_i i_c \eta_m \eta_c \tag{2-53}$$

2. 内燃机车传动装置牵引力

(1) 传动装置牵引力概念

传动装置是机车柴油机和动轮之间的功率传递机构,柴油机的功率必须通过传动装置才能在轮轨间形成牵引力。因而,传动装置功率的大小可能成为限制机车牵引力的关键。所谓传动装置牵引力,就是受传动装置功率限制的机车牵引力。机车的传动装置功率,必须和柴油机功率相匹配,以充分发挥和利用柴油机功率。

(2) 电传动装置牵引力的计算

柴油机发出的机械功通过主发电机转化为电能,再由牵引电动机将电能转化为动轮周上的机械功。因而,电传动装置牵引力可根据轮周牵引力的功率与主发电机传至动轮周功率相等的条件来确定。

受传动装置功率限制的轮周牵引力功率(单位 kW)用下式表示:

$$N = \frac{Fv \times 1\,000}{3\,600} = \frac{1}{3.6} Fv \tag{2-54}$$

式中 N——机车轮周功率,kW;
　　　F——机车轮周牵引力,kN;
　　　v——机车运行速度,km/h。

主发电机传至动轮上的轮周功率:

直流发电机

$$N = \frac{U_f I_f}{1\,000} \eta_d \eta_c' \tag{2-55}$$

交流发电机

$$N = \frac{\sqrt{3} U_f I_f \cos\varphi}{1\,000} \eta_{z1} \eta_d \eta_c' \tag{2-56}$$

式中 U_f——主发电机端电压,V;

I_f——主发电机电流，A；

η_{z1}——整流柜效率；

η_d——牵引电动机效率；

η_c'——齿轮传动效率。

由以上两式等得到受电传动装置功率限制的轮周牵引力的表达式：

直流发电机

$$F = 0.0036 \frac{U_f I_f}{v} \eta_d \eta_c' \text{(kN)} \tag{2-57}$$

交流发电机

$$F = 0.0036 \frac{\sqrt{3} U_f I_f \cos\varphi}{v} \eta_{z1} \eta_d \eta_c' \tag{2-58}$$

若以牵引电动机的个数表示，为

$$F = 0.0036 m \frac{U_d I_d}{v} \eta_d \eta_c \text{(kN)} \tag{2-59}$$

式中 F——电传动装牵引力，kN；

U_d——牵引电动机端电压，V；

I_d——牵引电动机电流，A；

m——牵引电动机台数。

式(2-57)与式(2-58)表明，电传动装置牵引力决定于主发电机的端电压 U_f 和电流 I_f。这两个参数又决定着柴油机功率的利用程度，因而在选择主发电机时，其额定功率或容量必须充分满足利用柴油机功率的要求。

柴油机以一定功率运行时，为保持其恒功率，电传动装置功率在任何速度下均应保持 $U_f \cdot I_f$ 为一常数，因而，电传动装置牵引力与速度成反比关系。

3. 内燃机车牵引特性

内燃机车的牵引特性，指机车轮周牵引力与速度间的关系，即 $F = f(v)$，又专门试验得出。未经试验的新造机车，可用其预期特性曲线作为参考。

内燃机车按照其变能部分的能力虽然分为柴油机牵引力、传动装置牵引力和黏着牵引力，但在机车设计时，充分考虑到柴油机牵引力和传动装置牵引力的相互匹配，运行中由一系列的调控装置使其很好配合，所以实际上二者并不(也很难)严格区分。通常以不同手柄位或柴油机转速(r/min)区分为若干条曲线，加上计算黏着牵引力曲线便组成内燃机车牵引特性曲线。

由柴油机牵引力公式及式(3-57)、(3-58)的传动装置牵引力公式中,可以看出它们都是速度的函数,将机车的各种牵引力与速度的关系用比例尺在一张图上表示出来,叫机车的牵引特性曲线。图 2-17 和 2-18 分别是 DF_8、DF_{11} 型内燃机车牵引特性曲线图,它们是通过专门试验得到的并由《牵规》公布的内燃机车牵引特性曲线。

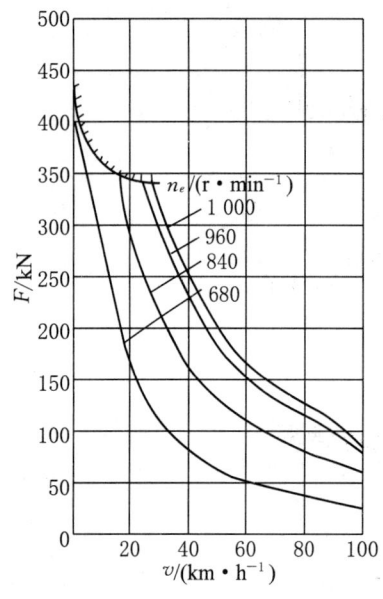

图 2-17　DF_8 型内燃机车牵引特性曲线图　　图 2-18　DF_{11} 型内燃机车牵引特性曲线图

2.3.4　动车组及其牵引特性

1. 动车组的特点、组成、种类

动车组是城际和市郊铁路实现小编组、大密度的高效运输工具,以其编组灵活、方便、快捷、安全、可靠、舒适为特点,备受世界各国铁路运输和城市轨道交通运输的青睐。

传统列车的牵引动力是集中配置的。有牵引动力装置并只承担牵引任务的称为机车,它与无牵引动力并只载客或装货的客货车辆不是长期固定连挂的。机车与其后的车辆列是在列车运行之前才连挂在一起组成列车的。

动车组没有只承担牵引任务的机车。动车组中有牵引动力装置也载客的车辆称为动车(M),无牵引动力只载客的称为拖车(T)。动车组可以由动车与拖车组成,也可以全部由动车组成,而且长期固定编组运营,运用时不解编,但同型号的动车组可以重联运行。动车组的牵引动力配置有动力集中式或动力分散式两种。

动力集中式的动车组有两种模式：一种是，两端都为带司机室的动车 Mc，中间为无牵引动力只载客的拖车 T；另一种是，只一端为带司机室的动车 Mc，另一端为带控制的拖车 Tc。动力集中式的典型代表为德国的 ICE1、ICE2 和法国的 TGV。

动力分散式的动车组把牵引动力装置分散在列车的不同位置，其动力配置也有两种：一种是完全分散，即动车组中的车辆全部为动车，如日本的 0 系高速列车，16 辆编组中全部是动车；另一种是相对分散，即高速列车编组中部分是动车，其余为无动力的拖车，如日本的 100 系、700 系高速列车(由 12 辆动车、4 辆拖车组成，即所谓的 12 动+4 拖)。

动车组按照动力类型又有电动车组和内燃动车组之分。内燃动车组按传动方式有电传动和液力传动两种。电动车组按电流制式有直流和交流两种。当今世界上运营的动车组大多为交流电动车组。

2006 年以前，我国自主研发先后投入运营的内燃动车组和电动车组有：新曙光号(NZJ_1 型)、神州号(NZJ_2)、金轮号内燃动车组，九江号和北亚号液力传动动车组，普天号摆式内燃动车组和春城号、大白鲨号、蓝箭号、先锋号、中原之星号、中华之星号电动车组。多数为动力集中式。从 2006 年开始，通过引进、消化吸收、逐步国产化的方式，我国开始生产 CRH 系列 200 km/h 及以上的高速电动车组，本节主要介绍 CRH 系列的高速动车组及其牵引特性。

2. 高速动车组牵引力性能的特点

(1) 低速区轮周牵引力恒定或随速度升高而略有下降，与高速列车的黏着牵引力随速度的变化趋势相适应。

(2) 双曲线关系下降，这点与普通的内燃、电力机车的恒功率的牵引力曲线相似；但恒功率范围略小，而且向高速区移动；对于 300 km/h 的动车组，恒功率范围起始点多在 100 km/h 以上。

(3) 动力分散的高速动车组，在正常轨面状态下，起动时及低速范围的牵引力低于黏着限制曲线较多，在动车组牵引力特性图上，画不出黏着牵引力曲线。

(4) 在高速动车组的牵引力特性图上通常不标注最低持续速度。在全功率下，即使坡度千分数在 20 以上，甚至接近 30，列车运行速度仍然在恒功率范围内，牵引电机散热能力仍在允许范围，正线运行时不会出现全功率低速持续运行的工况。

3. CRH 系列动车组及其牵引力特性

(1) CRH_1 型电动车组及其牵引力特性

CRH_1 动车组由四种形式的车辆组成：两端的带司机室的动车(Mc1, Mc2)；中间带受电弓的拖车(Tp1, Tp2)；中间的不带受电弓而带吧台的拖车(Tb)；中间的动车(M1, M2, M3)。8 辆车构成一个基本编组(5 动+3 拖)，如图 2-19 所示。两端头车每辆长度为

26.033 m，中间车每辆长度为25.910 m，动车组的总长度为207.526 m。

由图2-19可知，CRH$_1$动车组有三个列车单元：两端带司机室的动车（Mc车）、带弓拖车（Tp车）和普通动车（M车）各为一个单元；中部的普通动车（M车）和"二等车与餐车合造车"（Tb带吧拖车）为一个单元。每个单元都有基本相同的独立的牵引动力系统和辅助动力供给系统，都能独立运作，但都要受列车主控制器的协调与监控。

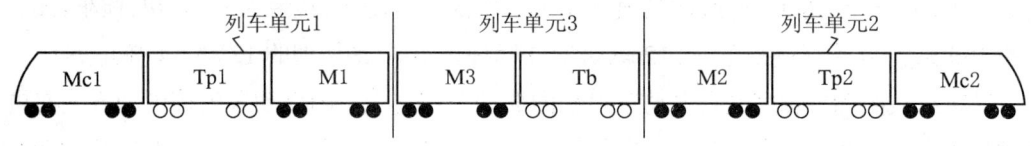

图2-19 CRH$_1$的基本编组
实心圆表示动轴；空心圆表示非动轴

CRH$_1$动车组的总功率5 300 kW，能满足最高运营速度200 km/h和最高试验速度250 km/h的要求。

CRH$_1$动车组的牵引力特性如图2-20所示。

(2) CRH$_2$型电动车组及其牵引力特性

CRH$_2$动车组牵引总功率为4 800 kW，最高运营速度为200 km/h，最该试验速度为250 km/h。通过转向架参数的调整，最高运营速度还可提高到300 km/h。

CRH$_2$采用动力分散、交流传动方式，8辆编组（4动+4拖），分两个对称布置的相对独立的列车单元。每个单元都是2动+2拖，呈T-M-M-T排列。正常情况下，两个单元都工作。如果某个单元发生故障，可自动切断其故障源，靠另一单元继续运行。两端车辆都有司机室，可双向驾驶，如图2-21所示。两端车辆长度均为25.7 m，中间车辆长度均为25 m，动车组的总长度为201.4 m。

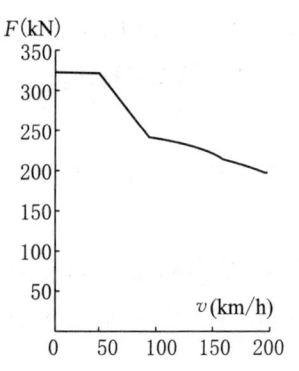

图2-20 CRH$_1$的牵引特性

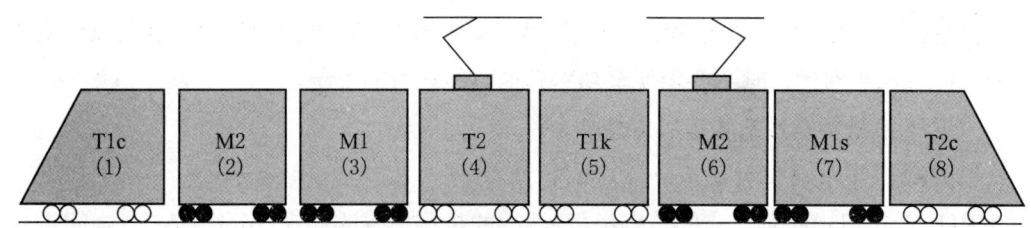

T—拖车；M—动车；C—带驾驶室；K—带餐车；S—头等车；
实心圆表示动轴；空心圆表示非动轴
图2-21 CRH$_2$的编组结构

CRH₂ 全功率的牵引特性如图 2-22 所示,其牵引力的数学表达式如下:

$$F = 175 - 0.36v \quad 0 \leqslant v \leqslant \frac{125 \text{ km}}{\text{h}} \tag{2-60}$$

$$F = \frac{16\,250}{v} \quad v > \frac{125 \text{ km}}{\text{h}} \tag{2-61}$$

在 0—125 km/h 的范围内,以 0 km/h 的牵引力 175 kN 为基点,按一定斜率呈线性下降;从 125 km/h 开始,牵引力随速度升高将呈双曲线下降,即机车按恒功率运行。

CRH₂ 损失 25％的牵引特性如图 2-23 所示。

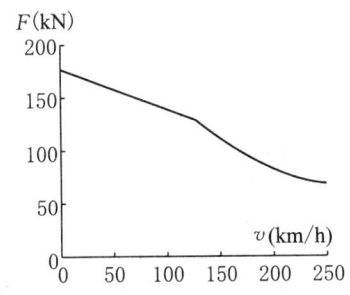
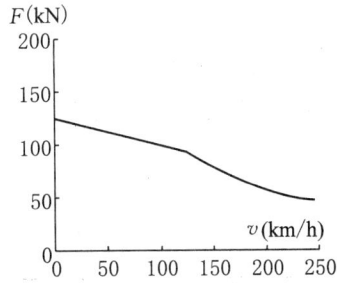

图 2-22　CRH₂ 全功率的牵引力特性　　　图 2-23　CRH₂ 损失 25％的牵引特性

(3) CRH₃ 型电动车组及其牵引力特性

CRH₃ 型动车组的车辆配置如图 2-24 所示。8 辆车分为 5 种:1)两端的头车或尾车,是带司机室的代号为 EC01 或 EC08 的控制车;2)代号为 TC02 或 TC07 的变压器车;3)代号为 IC03 或 IC06 的逆变器车;4)代号 BC04 的便餐车;5)代号 FC05 的"一等车"。

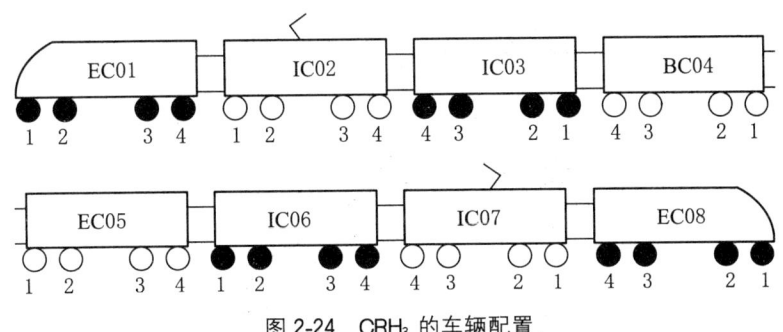

图 2-24　CRH₃ 的车辆配置
实心圆表示动轴;空心圆表示非动轴

动车组分两个相对独立对称布置的列车单元,每个列车单元有两个动力单元,每个动力单元有一个牵引变压器和一个控制单元(TCU),四个并联的牵引电动机。列车正常运行时由前端司机室操纵。两列动车组可以连挂在一起运行。

CRH_3 动车组采用交—直—交传动,牵引总功率为 8 800 kW,最大起动牵引力 300 kN,最大再生制动功率 8 000 kW,最高运营速度 300 km/h。动车组总长度约为 200 m(中间车长度 24.825 m,端车 25.860 m)。

CRH_3 正常运营的牵引力特性如图 2-25 所示。

(4) CRH_5 型电动车组及其牵引力特性

CRH_5 动车组由 8 辆车组成,5 动 3 拖,如图 2-26 所示,其中一等座车一辆,带酒吧的二等座车 1 辆、带残疾人卫生间的二等座车 1 辆、二等座车 5 辆。首尾车辆都有司机室,可双向驾驶。

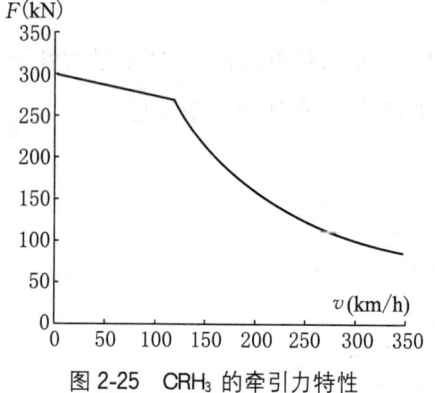

图 2-25 CRH_3 的牵引力特性

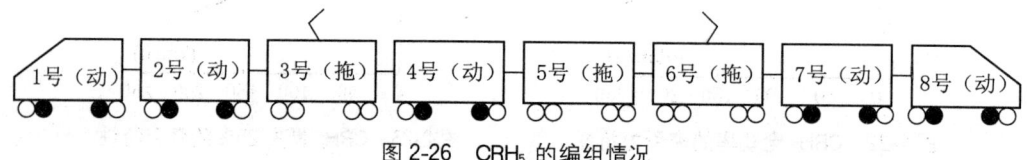

图 2-26 CRH_5 的编组情况
实心圆表示动轴;空心圆表示非动轴

动车组头车长度 27.6 m,中间车长度 25 m,总长 211.5 m。运营需要时可将 2 个 8 辆短编组的动车组连挂成 1 个 16 辆长编组来运营。动车组牵引动力系统使用交—直—交的传动方式。全功率 100% 和部分功率(80% 和 60%)条件下的牵引力特性,如图 2-27 所示。

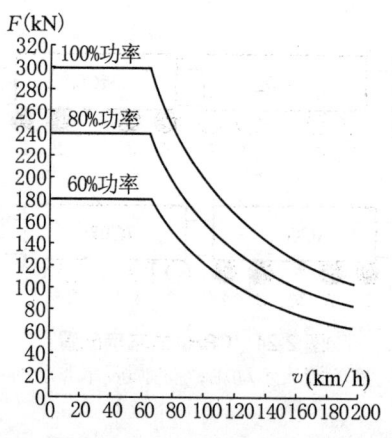

图 2-27 CRH_5 的牵引力特性

2.4 动车（机车）制动力计算

制动一般是在牵引力为零的情况下进行的。制动以前，列车靠惯性在惰行。

设一块闸瓦的压力为 K，轮、瓦的摩擦系数为 φ_k，施行制动时列车正以速度 v 在惰行，轮对以角速度 ω 在轨面上滚动。如以轮对为隔离体，并且不考虑其他力的影响，则在轮对总闸瓦压力为 $\sum K$ 的作用下，产生的摩擦力为 $\sum K \cdot \varphi_k$。

应注意的是，摩擦力 $\sum K \cdot \varphi_k$ 并不能使列车减速，而只能阻止轮对转动，但是，轮对转动一旦被阻，势必引起轮轨间相对滑动的趋势，产生轮、轨间的相互作用力：轮对轨的作用力 $\sum b'_L$ 和轨对轮的反作用力 $\sum b_L$。在静摩擦条件下，由于 $\sum b_L$ 的作用，阻止轮对滑动，从而在车辆惯性力 T 的推动下，继续滚动，但是，轮对转速 ω 将降低，列车速度 v 亦相应降低。

由此可见，$\sum b_L$ 是由 $\sum K \cdot \varphi_k$ 作用而引起的，是钢轨作用在车轮轮周上的，与列车运行方向相反的外力。这个外力才是使列车急剧减速的制动力，其大小可根据力矩平衡方程 $\sum M = 0$ 求得：

$$\sum K \cdot \varphi_k \cdot R - b_L \cdot R = I \cdot \alpha \tag{2-62}$$

式中 R ——车轮半径；

K ——一块闸瓦的压力；

$\sum K$ ——轮对所受闸瓦压力的总和；

φ_k ——轮、瓦间滑动摩擦系数；

I ——轮对的转动惯量；

α ——轮对的角减速度。

可见，闸瓦摩擦力矩可分为两部分（起两种作用）：一部分是 $\sum b_L \cdot R$，其作用是引起钢轨给车轮的纵向水平反作用力 $\sum b_L$，使列车获得减速度 a；另一部分是 $I \cdot \alpha$，其作用是使转动惯量为 I 的各轮对获得角减速度 α。后一部分占的比例不大。为简化起见，在计算制动力时通常将它忽略不计（即假定 $I = 0$），这样，制动力在数值上就等于闸瓦摩擦力，即

$$\sum b_L = \sum K \cdot \varphi_k \text{ (kN)} \tag{2-63}$$

2.4.1 动车(机车)制动力概述

1. 列车制动定义

由制动装置引起的、与列车运行方向相反的、司机可根据需要控制其大小的外力,称为制动力,用字母 B 表示。

列车制动力与机车牵引力一样,也是钢轨作用于车轮的外力,所不同的是机车牵引力仅发生在机车的动轮与钢轨间,而列车制动力则发生在全列车具有制动装置的机车、车辆的轮轨之间。

在操纵方式上,列车制动作用按用途可分为两种:常用制动和紧急制动。常用制动是正常情况下调控列车速度或停车所施行的制动,其作用较缓和,而且制动力可以调节,通常只用列车制动能力的 20%—80%,多数情况下只用 50% 左右;紧急制动是紧急情况下为使列车尽快停住而施行的制动,它不仅用上了全部的制动能力,而且作用比较迅猛。

2. 制动力产生方法

产生列车制动力的方法很多,主要可分为两类。

(1) 摩擦制动

传统的摩擦制动指的是将空气压力通过机械传动装置传到闸瓦或闸片上,利用闸瓦与车轮踏面或闸片与制动盘的摩擦而产生制动力,分为闸瓦制动和盘形制动两种。电磁轨道制动是另外一种摩擦制动。

1) 闸瓦制动:以压缩空气为动力,通过空气制动机将闸瓦压紧车轮踏面由摩擦产生制动力。是常速机车车辆采用的主要制动方式。

2) 盘形制动:以压缩空气为动力,通过空气制动机将闸片压紧装在车轴或车轮上的制动盘产生摩擦形成制动力,从而减轻车轮踏面的热负荷,延长车轮使用寿命,保证行车的安全。准高速和高速列车普遍采用这种制动方式,我国新造客车也采用盘形制动。

3) 电磁轨道制动:也叫磁轨制动,是利用装在转向架的制动电磁铁通电励磁后吸压在钢轨上,制动电磁铁在轨面上滑行,通过磨耗板与轨面的滑动摩擦产生制动力。磁轨制动力不受轮轨黏着力的限制,是一种非黏着制动方式。在紧急制动时同时附加此制动可以显著缩短制动距离。据国外实验资料报道,在列车速度为 200—210 km/h 时施行紧急制动,同时附加电磁轨道制动时的制动距离比不加此制动要缩短 25%。

(2) 动力制动

1) 动力制动是指依靠机车的动力机械通过传动装置产生的制动力,包括电阻制动、再生制动、电磁涡流制动、液力制动等。

2) 电阻制动:利用电机的可逆性,把牵引电动机变为发电机,将列车的动能转换成电能,再由制动电阻变成热能,散逸到大气中去。电磁转矩成为阻碍牵引电机转子运行的动力,从而起到制动作用。我国电力机车和电动车组普遍采用,内燃机车和内燃动车组多数采用。

3) 再生制动:与电阻制动相似,同样利用电机的可逆性,只不过将牵引电动机改作发电机产生的电能通过逆变装置回送给电网。目前,再生制动在国外高速动车组、交流传动电力机车已广泛应用,我国部分国产电力机车上已经应用。

4) 电磁涡流制动:电磁涡流制动是利用电磁铁和电磁感应体相对运动,在感应体中产生涡流,将列车的动能转换成电磁涡流并产生热能,达到制动的目的。

根据电磁铁和感应体的型式,电磁涡流制动分为电磁涡流轨道制动(线性电磁涡流制动)和电磁涡流转子制动(盘式电磁涡流制动)。电磁涡流轨道制动是将转向架上的电磁铁落至距轨面 6—7 mm 处,由电磁铁与钢轨间的相对运动在钢轨内产生感应涡流,这些涡流在磁场中运动,受到一个与运动方向相反的力的作用,形成制动力。电磁涡流转子制动是在轮轴上安装与盘形制动制动盘类似的金属圆盘,制动时金属盘在电磁铁产生的磁场中旋转,制动盘内产生涡流作用,从而产生电磁力作为制动力,起到制动作用。

电磁轨道制动和电磁涡流轨道制动不通过轮轨间的黏着起作用,属于非黏着制动,不受轮轨间黏着极限值的限制。其中电磁涡流制动优于电磁轨道制动,因为它没有任何摩擦副。电磁制动目前在国外作为高速列车的辅助制动装置。

3. 闸瓦制动力的产生

在司机的操纵下,制动缸的空气压力通过基础制动装置的传递和扩大,使闸瓦以大小为 $K(kN)$ 的压力作用于滚动的车轮踏面,引起与车轮回转方向相反的摩擦力 $K \cdot \varphi_k$(φ_k 为轮瓦间摩擦系数)。对列车来说,此摩擦力是内力,它不能使列车运动状态发生变化,但它对车轮中心形成一个力矩,从而在轮轨接触点产生一个车轮对钢轨的纵向水平作用力 $K \cdot \varphi_k$,根据作用力与反作用力原理,必然引起一个钢轨对列车作用并阻碍列车运行的外力,即制动力(图 2-28)。

每块闸瓦产生的制动力亦可写成

$$B = K \cdot \varphi_k \tag{2-64}$$

上式说明,在不超过轮轨间黏着力的范围内,制动力的大小是由 φ_k 和 K 这两个数值来决定的。

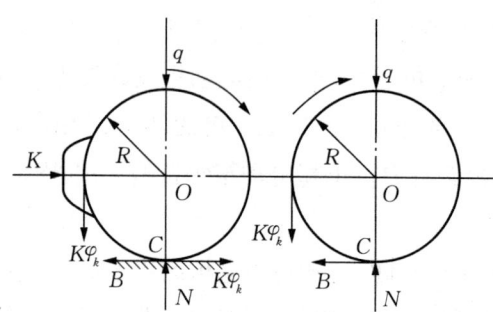

图 2-28 闸瓦制动力的形成示意图

由此可见，列车制动力与机车牵引力一样，也是发生在车轮踏面与钢轨间的外力，所不同的是，机车牵引力仅发生在机车动轮踏面与钢轨间，显然，列车制动力就有可能比机车牵引力大得多，这主要是因为两种力都受轮轨间黏着力的限制，而列车总重比机车动轮荷重大得多。

2.4.2 闸瓦摩擦系数和闸瓦压力

1. 闸瓦系数及影响因素

机车车辆闸瓦与车轮踏面间的摩擦系数简称为闸瓦摩擦系数，以 φ_k 表示。闸瓦摩擦系数是直接影响列车制动力的重要因素，在闸瓦压力一定时，制动力的大小和变化就决定于摩擦系数的大小和变化，所以要求闸瓦摩擦系数的数值要高且比较稳定。影响闸瓦摩擦系数的因素很多，主要有以下几方面：

(1) 闸瓦材质和制造工艺

闸瓦材质对摩擦系数影响很大，现在机车车辆上大多使用的是铸铁闸瓦。铸铁闸瓦中配有碳、硅、锰、硫、磷五种添加成分，其中磷是对摩擦性能起主要作用的元素，适当提高含磷量，摩擦系数与耐磨性均可相应增加。1999 年 6 月以后，我国主要使用含磷量为 2.5%—5% 的高磷闸瓦取代含磷量为 0.7%—1.0% 的中磷闸瓦。此外，闸瓦的铸造工艺也影响着摩擦系数，用铁模浇铸的铸铁闸瓦，其摩擦系数就小于用砂模浇铸的闸瓦。

随着对铸铁闸瓦研究的不断深入，据国内外一些文献报道，铸铁闸瓦的浇铸温度、浇铸方法及闸瓦中所含的杂质，都会大大降低闸瓦的耐热性与导热性，使闸瓦易于熔化，对摩擦系数也必然会有影响，从而导致同一材质的闸瓦就有可能有不同的摩擦系数。

(2) 闸瓦压力

闸瓦对车轮单位面积上的压力越大，摩擦系数越小，反之摩擦系数越大。这是因为，闸瓦压力大时，摩擦产生的热量多，闸瓦温度升高，在接触面上可能有一薄层因高温而变软，起着近似润滑剂的作用,所以降低了摩擦系数。

(3) 列车运行速度

铸铁闸瓦与车轮间的摩擦系数受列车运行速度的影响较大。列车速度高,闸瓦与车轮踏面摩擦的相对速度就越大,在摩擦过程中产生的热量多,使闸瓦温度升高,摩擦系数减小。这显然不能满足高速时需要有较大制动力的要求(列车速度降低,摩擦系数反而增大)。尤其是在速度很低时,摩擦系数急剧上升,容易发生"抱死轮"即"滑行"现象。

(4) 列车制动初速度

初速度较低时,其摩擦系数较高。当制动初速度较高时,闸瓦温度高,则摩擦系数较低。根据试验:制动初速每提高 10 km/h,铸铁闸瓦和低摩合成闸瓦的摩擦系数将降低 0.006—0.012。

2. 闸瓦摩擦系数及其算式

除了上述主要影响因素之外,闸瓦(闸片)摩擦系数还与气候条件、车轮路面清洁情况以及轮瓦新旧程度等因素有关。由于影响因素多而复杂,很难用理论方法来推导,主要靠室内 1∶1 的"制动摩擦副试验台"和在现场线路上进行成组车辆的"溜放试验"来实测。在溜放试验中由于缺乏列车运行中基础制动装置传动效率(动效率)的数据,难以准确测定出真正的闸瓦(闸片)摩擦系数值。

在制定《牵规》时,为了建立对客货车都适用的闸瓦摩擦系数公式,采用了按客货车基础制动装置复杂程度分别规定"动效率计算值"的办法:客车定为 0.85(双侧制动,较复杂);货车当时定为 0.95(单侧制动,较简单)。由此,得出中磷铸铁闸瓦的"实算摩擦系数"(根据实验得到的数据归纳出的计算用的摩擦系数)公式如下:

$$\varphi_k = 0.64 \frac{K+100}{5K+100} \cdot \frac{3.6v+100}{14v+100} + 0.0007(110-v_0) \tag{2-65}$$

《牵规》还规定有下列其他材质的闸瓦和盘形制动闸片的实算摩擦系数的算式:

高磷闸瓦

$$\varphi_k = 0.82 \frac{K+100}{7K+100} \cdot \frac{17v+100}{60v+100} + 0.0012(120-v_0) \tag{2-66}$$

低摩合成闸瓦

$$\varphi_k = 0.25 \frac{K+500}{6K+500} \cdot \frac{4v+150}{10v+150} + 0.0006(100-v_0) \tag{2-67}$$

高摩合成闸瓦与盘形制动闸片

$$\varphi_k = 0.41 \frac{K+200}{4K+200} \cdot \frac{v+150}{2v+150} \tag{2-68}$$

式中 K——每块闸瓦(或闸片)作用于车轮(或制动盘)的压力,K_n;

v——制动过程中的列车运行速度,km/h;

v_0——制动初速度,km/h。

3. 闸瓦压力的计算

(1) 闸瓦(闸片)压力的算式

机车车辆闸瓦(闸片)压力是由制动缸提供的。空气压强 p_z 作用在制动缸活塞上,使活塞杆产生推力,经过杠杆系统的放大,再传递给闸瓦(闸片)。由制动缸至闸瓦(闸片)所构成的系统,称为基础制动装置。

机车、车辆每块闸瓦的实算闸瓦力 K 按下式计算:

$$K = \frac{\frac{\pi}{4} d_z^2 \cdot p_z \cdot \eta_z \cdot \gamma_z \cdot n_z}{n_k \times 10^6} \tag{2-69}$$

盘形制动每块闸片的实算闸片压力 K' 按下式计算:

$$K' = \frac{\pi}{4} d_z^2 \cdot p_z \cdot \eta_z \cdot \gamma_z \cdot 10^{-6} (\text{kN}) \tag{2-70}$$

从制动盘折算到车轮踏面的实算闸片压力

$$K = \frac{r_z}{R_c} \cdot K' \tag{2-71}$$

式中 d_z——制动缸直径,mm;

p_z——制动缸空气压力,kPa;

η_z——基础制动装置计算传动效率;

γ_z——制动倍率;

n_z——制动缸数;

n_k——闸瓦数;

r_z——制动盘摩擦半径,mm;

R_c——车辆车轮直径,mm。

其中,d_z、γ_z、n_z、n_k、r_z、R_c 是结构参数,与车型无关,无需讨论,均可由客货车的制动倍率、制动参数表查出。下面仅就基础制动装置的传动效率 η_z 和制动缸空气压强 p_z 给予说明。

(2) 基础制动装置的传动效率 η_z

基础制动装置传动效率是实际闸瓦压力与理论计算压力的比值。机车、车辆在制动过程中,由于制动缸与缸壁的摩擦力、缓解弹簧的反拨力、基础制动装置各销套的阻力以及闸瓦垂直悬吊所造成的损失等,使各闸瓦上的实际压力小于理论的计算值,两者的比值称为实测传动效率。实测传动效率与传动装置结构和制动缸压力有关,波动范围很大,其值很难测定。《牵规》规定在制动计算中不采用实测传动效率,而采用一种人为规定的假定值,称为计算传动效率,并且规定其取值为:机车及客车闸瓦制动均取 0.85;客车盘形制动及其踏面制动单元取 0.90;货车闸瓦制动取 0.90。

在试验不同闸瓦压力 K 值下的闸瓦摩擦系数时,计算 K 值就是用的计算传动效率,所以算出的 K 值称为实算闸瓦压力(而不叫实际闸瓦压力),据此经试验得出的摩擦系数称为实算摩擦系数(而不叫实际摩擦系数),只有用计算传动效率算出的闸瓦压力才能和实算摩擦系数配套使用,而实测传动效率不管多么正确,根据它算出的(实际)闸瓦压力也不能与《牵规》公布的实算摩擦系数配套使用。

(3) 制动缸空气压强 p_z

1) 紧急制动

制动缸空气压力 p_z 与各型制动机的构造尺寸有关,运行中的列车施行紧急制动时,制动缸空气压力 p_z 见表 2-4。

表 2-4 紧急制动时制动缸空气压力

制动机类型		列车管空气压力 p	
		500	600
K_1 及 K_2 型		360	420
GK 型	重车位	360	420
	空车位	190	190
120 型	重车位	350	410
	空车位	190	190
130 型	重车位	360	420
	空车位	190	230
L_3 型、GL_3 型关闭附加风缸,104 型			420
机车各型分配网		450	450

2) 常用制动

常用制动的制动缸压力与列车管减压量 r(kPa) 有关。其关系式如下：

各型机车：

$$p_z = 2.5r \tag{2-72}$$

客货车三通阀，GK 型、120 型制动机重车位：

$$p_z = 3.25r - 100 \tag{2-73}$$

103 型制动机重车位、104 型制动机：

$$p_z = 2.6r - 10 \tag{2-74}$$

GK 型、120 型制动机空车位：

$$p_z = 1.8r - 42 \tag{2-75}$$

103 型制动机空车位：

$$p_z = 1.4r \tag{2-76}$$

2.4.3 列车制动力的实算法和换算法

列车中各制动轴产生的制动力的总和，称为列车制动力

$$B = \sum (K \cdot \varphi_k)(\text{kN}) \tag{2-77}$$

为便利起见，列车制动力也常按单位制动力进行计算，并以 b 表示（规定取至二位小数），即

$$b = \frac{B \times 10^3}{(\sum P + G)g} = \frac{1\,000 \sum (K \cdot \varphi_k)}{(\sum P + G)g}(\text{N/kN}) \tag{2-78}$$

式中 P——机车计算重量，t；

G——机车牵引重量，t。

计算列车制动力 B 或列车单位制动力 b 有两种传统方法：实算法和换算法。下面分别介绍这两种算法。

列车制动力包括机车和所有起制动作用的车辆的制动力

由式(2-77)已知，制动力

$$B = \sum(K \cdot \varphi_k)(\text{kN})$$

由式(2-65)已知,中磷铸铁闸瓦摩擦系数

$$\varphi_k = 0.64 \frac{K+100}{5K+100} \cdot \frac{3.6v+100}{14v+100} + 0.0007(110-v_0)$$

上式表明,闸瓦摩擦系数 φ_k 与闸瓦压力 K 有关。如果列车中各种车辆的闸瓦压力不一致,则计算列车制动力时,要先分别求出每一种车辆的闸瓦摩擦系数,并分别与该种车的闸瓦压力相乘,然后再将各个乘积相加。这种按实验求得的实际摩擦系数来计算列车制动力的算法称为"实算法",即列车制动力

$$B = K_1 \cdot \varphi_{k1} + K_2 \cdot \varphi_{k2} + \cdots + K_n \cdot \varphi_{kn} \tag{2-79}$$

为了简化制动力的计算,人们假定闸瓦摩擦系数与闸瓦压力无关,用一个不随闸瓦压力而变的假定的摩擦系数来代替上式中各种车辆原来的各个摩擦系数。同时,为了保持制动力计算结果等效,将各种车辆的闸瓦压力按下式换算成另一个数值:

$$K_h \cdot \varphi_h = K \cdot \varphi_k,\text{即 } K_h = K \cdot \frac{\varphi_k}{\varphi_h} \tag{2-80}$$

式中 K_h ——按制动力等效换算得到的闸瓦压力,称为"换算闸瓦压力";

φ_h ——不随闸瓦压力而变的假定的闸瓦摩擦系数,相应地称为"换算摩擦系数";

K ——各种车辆原来的闸瓦压力,称为"实算闸瓦压力";

φ_k ——各种车辆原来的闸瓦摩擦系数,称为"实算摩擦系数"。

按换算闸瓦压力和换算摩擦系数计算列车制动力的方法,称为"换算法"。它只需求一个与闸瓦压力无关的换算摩擦系数,然后与全列车闸瓦压力总和相乘大次,即列车制动力:

$$B = \varphi_h(K_{h1} + K_{h2} + \cdots + K_{hn}) = \varphi_h \cdot \sum K_h \tag{2-81}$$

列车单位制动力

$$b = \frac{B \times 10^3}{(\sum P + G)g} = \frac{10^3 \cdot \varphi_h \cdot \sum K_h}{(\sum P + G)g}(\text{N/kN}) \tag{2-82}$$

令 $\vartheta_h = \dfrac{\sum K_h}{(\sum P + G)g}$,称为列车换算制动率,则

$$b = 1\,000 \cdot \varphi_h \cdot \vartheta_h \text{ (N/kN)} \tag{2-83}$$

按 2007 年 4 月 1 日开始实行的《铁路技术管理规程》(以下简称"《技规》"),货物列车(高摩合成闸瓦)的换算制动率 ϑ_h 以不得小于 0.18,旅客列车(高磷铸铁闸瓦)不得小于 0.66(据研究,此值过高,还是第九版《技规》的 0.58 比较合适),盘形制动、高摩合成闸片的特快、快速旅客列车和特快行邮列车为 0.32,踏面制动的行包列车为 0.25,踏面制动的快速货物列车为 0.2。

按《列车牵引计算规程》(以下简称"《牵规》"):紧急制动时,列车换算制动率应取全值;解算列车进站制动时一般取全值的 50%;计算固定信号机间的距离时,取全值的 80%。在区间因调速而使用常用制动时,应根据列车管定压和列车管减压量由表 2-5 查出相应的"常用制动系数"(反映常用制动时列车制动能力利用程度的系数),将它与紧急制动时的制动率全值相乘,即为该列车在该减压量时应取的换算制动率。一般情况下,常用制动减压量在 90—100 kPa 之间,常用制动系数可近似取为 0.6。

表 2-5 常用制动系数表

列车管减压量 r/kPa	50	60	70	80	90	100	110	120	130	140	150	160	170	列车管定压 p_0/kPa
旅客列车	0.19	0.29	0.39	0.47	0.55	0.61	0.69	0.76	0.82	0.88	0.93	0.96	1.00	600
货物列车	0.17	0.28	0.37	0.46	0.53	0.60	0.67	0.73	0.78	0.83	0.88	0.93	0.96	600
	0.19	0.32	0.42	0.52	0.60	0.68	0.75	0.82	0.89	0.95	—	—	—	500

由于货车制动率一般小于机车的制动率,为简化计算,在进行般制动计算时,对线路坡度不陡于 20 的下坡道、装有空气制动机的列车,通常不计人机车(对蒸汽机车还包括煤水车)的闸瓦压力和重量,即

$$\vartheta_h = \frac{\sum K_h''}{G \cdot g} \tag{2-84}$$

式中 $\sum K_h''$ ——车辆列中所有起制动作用的车辆换算闸瓦压力总和(kN)。

必须指出,计算制动率货车制动率时的上述做法只是为简化计算,它实质上只是假定机车制动率等于货车制动率,即

$$B = b(\sum P + G) \cdot g \cdot 10^{-3} = \varphi_h \cdot \vartheta_h (\sum P + G) \cdot g = \varphi_h \cdot \frac{\sum K_h''}{G} (\sum P + G) \tag{2-85}$$

机车制动力并没有被忽略不计,只是少算了一些。所以,在实际运用中机车制动机必须发挥作用,使机车制动率不小于货车制动率,才能确保列车安全运行,不致因车辆制动机负担过重而招致摩托或烧车等事故。

在实际操作中,换算摩擦系数是将实算摩擦系数公式中的 K 值固定为某数值而求得的。这个固定 K 值原则上可任意选定,但为了能较确切地反映实际情况,尽量减少因换算带来的误差,应当采用本国客货车紧急制动时的实算闸瓦压力平均值。据我国制定第二个《牵规》时的统计,按我国各型制动机保有辆数所占比例及实算闸瓦压力值,中磷铸铁闸瓦换算摩擦系数确定按 25 kN 计算,代入式(2-65),可得

$$\varphi_h = 0.64 \times \frac{25+100}{5 \times 25+100} \times \frac{3.6v+100}{14v+100} + 0.0007(110-v_0)$$

即

$$\varphi_h = 0.356 \times \frac{3.6v+100}{14v+100} + 0.0007(110-v_0) \tag{2-86}$$

根据上式算得的不同制动初速下,随着列车运行速度的降低,在各个速度时的 φ_h 值,列于表 4-3 中。

将式(2-65)和式(2-86)代入式(2-80),可得

$$K_h = K \cdot \frac{0.64 \times \frac{K+100}{5K+100} \times \frac{3.6v+100}{14v+100} + 0.0007(110-v_0)}{0.356 \times \frac{3.6v+100}{14v+100} + 0.0007(110-v_0)}$$

为简化计算,将分子分母中的初速度修正项均略去,即都按制动初速 $v_0 = 110$ km/h 进行换算,可得中磷铸铁闸瓦换算闸瓦压力的算式如下:

$$K_h = 1.8K \cdot \frac{K+100}{5K+100} \tag{2-87}$$

尽管这样会有误差,而且误差会随制动初速的降低而有所增大。但是在进行一般计算时,这种总的来说不大的误差还是允许的。

《牵规》还给出了高磷铸铁闸瓦、低摩合成闸瓦、高摩合成闸瓦及制动合成闸片的换算摩擦系数公式,同样根据换算法原理可以得到摩擦系数与闸瓦压力的对应数值,此书中不再赘述。

表 2-6 中磷铸铁闸瓦换算摩擦系数表

v_0/km·h^{-1} \ v/km·h^{-1}	120	110	100	90	80	70	60	50	40	30	20	10
5	0.240	0.247	0.254	0.261	0.268	0.275	0.282	0.289	0.296	0.303	0.310	0.317
10	0.195	0.202	0.209	0.216	0.223	0.230	0.237	0.244	0.251	0.258	0.265	0.272
15	0.170	0.177	0.184	0.191	0.198	0.205	0.212	0.219	0.226	0.233	0.240	
20	0.154	0.161	0.168	0.175	0.182	0.189	0.196	0.203	0.210	0.217	0.224	
25	0.143	0.150	0.157	0.164	0.171	0.178	0.185	0.192	0.199	0.206		
30	0.135	0.142	0.149	0.156	0.163	0.170	0.177	0.184	0.191	0.198		
35	0.129	0.136	0.143	0.150	0.157	0.164	0.171	0.178	0.185			
40	0.125	0.132	0.139	0.146	0.153	0.160	0.167	0.174	0.181			
45	0.121	0.128	0.135	0.142	0.149	0.156	0.163	0.170				
50	0.118	0.125	0.132	0.139	0.146	0.153	0.160	0.167				
55	0.115	0.122	0.129	0.136	0.143	0.150	0.157					
60	0.113	0.120	0.127	0.134	0.141	0.148	0.155					
65	0.111	0.118	0.125	0.132	0.139	0.146						
70	0.109	0.116	0.123	0.130	0.137	0.144						
75	0.108	0.115	0.122	0.129	0.136							
80	0.106	0.113	0.120	0.127	0.134							
85	0.105	0.112	0.119	0.126								
90	0.104	0.111	0.118	0.125								
95	0.103	0.110	0.117									
100	0.102	0.109	0.116									
105	0.101	0.108										
110	0.101	0.108										
115	1.000											
120	0.099											

$$\varphi_h = 0.356 \times \frac{3.6v + 100}{14v + 100} + 0.0007(110 - v_0)$$

2.4.4 列车制动力计算的等效二次换算法

我国铁路货车采用高磷铸铁闸瓦或高摩合成闸瓦,客车采用高磷铸铁闸瓦或高摩合成闸片或粉末冶金闸片,机车采用中磷铸铁闸瓦或高摩合成闸瓦或粉末冶金闸瓦或低摩合成闸瓦等。这种多种材质闸瓦(闸片)并存的局面,使得实际运行的各种列车具有两种或更多材质闸瓦(闸片)的概率相当大,尤其是车辆与机车的闸瓦(闸片)材质不同更为多见。因为不同材质闸瓦(闸片)的换算摩擦系数 φ_h 各不相同,所以用传统的(一次)换算法计算这种列车的制动力就会出现麻烦,各种闸瓦(闸片)的机车车辆制动力先要分别计算,最后累加才能得出全列车制动力,而且不能求出全列车统一的换算制动率。这种不同材质闸瓦(闸片)并用的列车制动力就应当采用等效二次换算法(以下简称"等效法")来计算。

列车制动力计算等效法的实质是制动力等效处理原则的再次应用,其核心是选择列车中占主导地位的多数闸瓦(闸片)为基型,并假定它的换算摩擦系数与材质无关,把它作为等效摩擦系数 φ_e,从而可提到累加号之外。与此同时,将列车中其他闸瓦(闸片)的换算闸瓦压力再次根据"制动力等效"原则进行二次换算,成为等效闸瓦压力 K_e,即等效条件是

$$K_e \cdot \varphi_e = K_h \cdot \varphi_h$$

由此,

$$K_e = \frac{\varphi_h}{\varphi_e} \cdot K_h \tag{2-88}$$

令 $x = \dfrac{\varphi_h}{\varphi_e}$,称之为闸瓦(闸片)等效折算系数,则

$$K_e = x \cdot K_h \tag{2-89}$$

这样,列车制动力的算式就可以等效转换为

$$B = \varphi_e \cdot \sum (x \cdot K_h) = \varphi_e \cdot \sum K_e (\text{kN}) \tag{2-90}$$

列车单位制动力

$$b = \frac{B \cdot 10^3}{(\sum P + G) \cdot g} = \varphi_e \cdot \frac{\sum K_e}{(\sum P + G) \cdot g} \cdot 10^3$$

令 $\vartheta_e = \dfrac{\sum K_e}{(\sum P + G) \cdot g}$,称之为列车等效制动率,则

$$b = \varphi_e \cdot \vartheta_e \cdot 10^3 (\text{N/kN}) \tag{2-91}$$

单一材质闸瓦的列车,$x = 1$,$\varphi_e = \varphi_h$,$K_e = K_h$,$\vartheta_e = \vartheta_h$,则 $b = \varphi_h \cdot \vartheta_h \cdot 10^3$。可见,

列车制动力的换算法不过是等效法的一个特例。

复习思考题

1. 车辆的几何尺寸参数应该如何确定？
2. 轨道车辆为何要设置限界？机车车辆有哪几类限界？
3. 车钩牵引力与轮周牵引力之间是什么关系？
4. 动车组牵引性能有哪些特点？
5. 列车制动力的"换算法"的实质是什么？换算原则是什么？
6. 列车制动力的"等效(二次换算)法"的实质是什么？换算原则是什么？

Chapter 03
第3章 轨道车辆车体设计理论及方法

3.1 车体综述

轨道车辆是轨道交通运输的载运工具,而车体又是运输的直接载体,尤其对客车而言,其舒适性安全性等各种性能都会通过车体对旅客运输质量产生影响,因而,轨道车辆车体设计是轨道交通车辆技术的重要组成部分。车体既是容纳运输对象的地方,又是安装与连接其他四个组成部分的基础装置。车体通常通过枕梁支承在转向架上,有些新型机车车辆的车体通过旁承支承在转向架上,这种支承方式称为旁承支重。车体底架两端分别装有车钩缓冲装置,用以实现相互连接并通过曲线线路。车体下部有制动装置(见列车制动装置)等。电力机车(部分动车)车体顶部还装有受电弓和其他电器。

1. 车体材料

车体是车辆上供装载货物或乘客的部分,又是安装与连接车辆其他组成部分的基础。早期的车体除底架外多以木结构为主,辅以钢板、弓形杆等来加强;近代的车体以钢结构或轻金属结构为主,尽量使所有的车体构件均承受载荷以减轻自重;现在,铝合金成为生产高速列车车体制造的主导材料,有些高铁列车车体已用到高分子复合材料。

2. 车体功能要求

车体是轨道车辆最基本的组成部分之一。现代轨道车辆车体主要具有以下功能:

(1) 运载功能：作为运载工具，客车需要为旅客提供舒适的乘坐环境以及方便上下车的设施，机车或货车则须为动力与控制装置及其他设备或货物提供足够的装载空间；

(2) 承载安全功能：装载的车辆在运行中须承受纵向、垂向、横向以及扭转等各种载荷，并应具有减缓各种振动与噪声、抵抗变形、使用耐久性和确保乘员安全的能力；

(3) 结构有良好的工艺性、可维修性和运行可靠性；

(4) 美学功能：现代轨道车辆运行于城市之间或城市内部，作为城市景观的一部分，车体的外观造型与色彩有较高的形式美、色彩美与时代美要求，而车体的室内设计也是车辆宜人性的体现。采用艺术手段按照美学法则对车体进行工业设计，是使轨道车辆在保证使用功能的前提下，具有美的、富有时代感的审美特征的重要任务。

3. 车体组成

货车车体的主要组成部分包括侧壁(墙)、端壁(墙)、车顶等。车体的钢结构由许多纵向梁和横向梁(柱)组成，车体底架通过心盘或旁承支承在转向架上。车体钢结构承担自重、载重、整备重量及由于轮轨冲击和簧上振动而产生的垂直动载荷；列车起动、变速、上下坡道时，在车辆之间所产生的牵引和压缩冲击力等纵向载荷；以及包括风力、离心力、货物对侧壁的压力等侧向载荷。

客车车体为全金属焊接结构，由底架、侧墙、车顶和端墙等四部分焊接而成。在钢骨架外面焊有金属地板。侧墙板、车顶板和端墙板，形成一个上部带圆弧下部为矩形的封闭壳体，俗称薄壁筒形结构车体。壳体内面除用纵向杆件和横向梁、柱加强外，还采用墙板压筋方式来代替部分杆件，以增强结构的强度和刚度，形成整体承载的合理结构。客车车体必须具有良好的隔热性能。为使旅客上下车方便，客车两端设有通过台，并在通过台的外端设置折棚风挡和渡板，防止风雨及寒气侵入。车体内除设置门窗、座椅及卧铺外，还需装设卫生设备、通风装置、给水设备、车电设备、取暖设备、播音装置及空气调节装置等。

4. 车体分类

车体按用途分为客车车体、货车车体和机车车体。

客车车体是供旅客乘坐的，安装有为旅途生活所需的各项设备。客车车体和司机室具有隔声、隔热性能，以保证旅客的良好休息和乘务人员的正常工作。

货车车体用于装载各种货物。柴油机车和电力机车车体内安装有各种牵引和控制所需的机电设备，并设有司机室。车体内有保护所载旅客、货物和设备等的设施。货车车体符合货物的特性，保证所载货物在运输途中免于丢失、漏泄、损坏和遭受日晒、雨淋、风吹等，并适应装卸的需要。

5. 车体结构

车体通常为长方体，由底架(机车上的底架又称车架)、侧墙、端墙和车顶组成。但货车车体随类型而有所不同,如敞车车体没有车顶,平车车体只有底架或仅在底架上装有低矮并可放倒的活动侧板和端板,罐车车体常为平置的圆筒形,等等。

早期客货车车体都采用木结构。随着载重量的增大和列车运行速度的提高,木结构不能满足要求,先是底架,后是整个车体逐步改用钢木混合结构,由钢骨架承受载荷。现代机车车辆的车体承载部分几乎都采用全金属结构,即在钢骨架上铺以金属包板。客货车车体钢骨架下部的底架是车体的基础,由中梁、枕梁、端梁和侧梁等构件组成。中梁通常沿底架纵向中心线贯通全车,且截面较大,是底架的骨干。底架的上方是由各种梁、柱、板和门窗组成的侧墙、端墙和车顶。承载式机车车体的底架多由箱形侧梁、牵引梁、各种横梁和纵梁组成。为了减轻重量和延长使用寿命,在全金属结构中越来越多地采用高强度和耐腐蚀的低合金钢、不锈钢和铝合金。机车、客车和部分货车(棚车、保温车等)的车体,在钢结构的内侧有木结构,由木质骨架、地板、顶板和内墙板组成。这些构件也日益为塑料和铝合金制品所替代。在钢木结构之间填充隔热材料。

车体结构分为承载结构与非承载结构。承载结构是车体中抵抗外力和变形功能的部分,非承载结构是指车门及操作机构、风道和坐椅及其他内装件等附属于车体结构上但不参与承载的部分。

6. 车体受力情况

机车车辆在运用中,车体承受多种载荷,主要有:车体内装载的人员、货物和设备的重量,以及车体自身重量产生的垂直静载荷;机车车辆在运行中由于线路不平顺引起车体在弹簧上振动产生的动载荷;列车在起动、变速和制动时,相邻机车车辆之间产生于车钩上的纵向力,以及在编组场上车辆以一定速度相互连挂时产生于车钩缓冲装置上的纵向冲击力;机车车辆通过曲线时车体的离心惯性力;自然界的风力和雨雪载荷;由于支承力不均衡产生的扭曲载荷;货车所载散粒或堆装货物的侧压力;列车运行时通过牵引装置由转向架传递于机车车体上的牵引力或制动力;装在车体上的各种机电设备(如动力系统、传动系统)和制动系统等所产生的力;装卸机械作用于货车车体上的力等等。

3.2 车体主体结构设计

3.2.1 机车车体结构

我国的铁路机车主要为电力机车或内燃机车。

机车车体是机车的主要承载部件之一,通常为由板、梁组焊而成的箱形壳体。除走行部外的绝大部分机电设备和电子电器装置等都安装在车上。车体结构必须符合机车通用技术条件中的有关规定:(1)具有足够的强度和刚度,以保证机车运行的安全性和平稳性;(2)为车内设备安装提供足够的空间,并能保护各种设备免受外界条件的干扰,从而确保其正常运转;(3)为驾驶员与乘务人员提供了良好的工作场所。

机车车体结构可分为非承载式与承载式结构,车体通常由高强度低合金结构钢、耐候钢和普通碳素结构钢等钢板或钢板压型件组焊而成。曲面形状的司机室蒙皮采用便于成型的冷轧钢板,以满足司机室外表面光滑流畅的要求。

车体结构以横向中心线对称布置,使车体重量分配易于均衡。底架位于车体下部,是车体基础,也是主要的承载构架。车体两端是司机室。底架上面焊有设备安装骨架(简称台架),它是车内设备安装和电缆布线等的基础;车体顶部大多安装了可拆卸的大顶盖。车体底架、司机室、侧构、台架和大顶盖装置,是车体的主要承载结构件。

司机室前上部设有宽敞明亮的前窗,两侧设有升降式活动侧窗,视野开阔,便于司机瞭望。司机室两侧还设有固定侧窗,便于司机观察后视镜。

机车两端下部装有排障器,用来排除线路上的障碍物,保证机车运行安全。

图 2.1 为 SS9 韶山型干线客运电力机车图。

图 2.2 为 DF8 东风型干线货运内燃机车图。

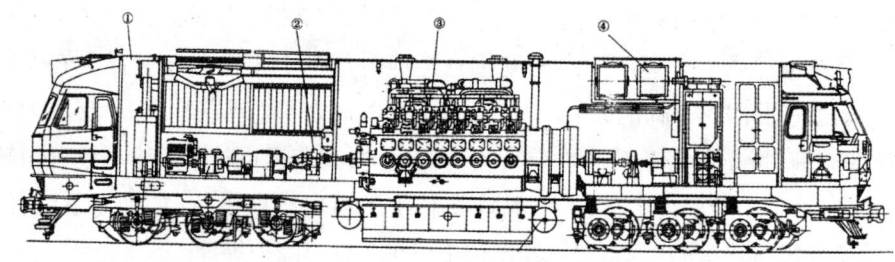

图 3-1 韶山 SS9 型电力机车
1—车顶设备安装;2—1 端司机室设备布置;3—1 端电气室设备安装;4—主变流室设备安装

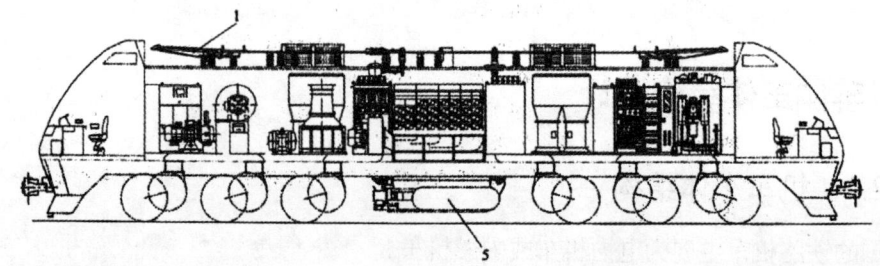

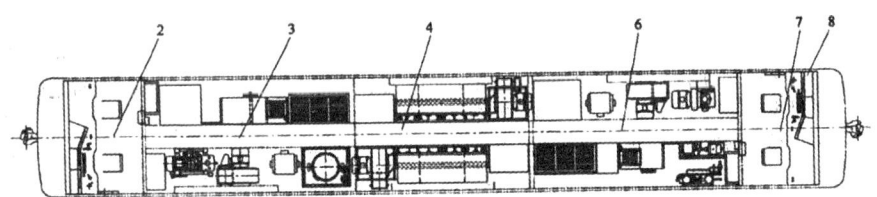

图 3-2　东风 DF8 型内燃机车
1—机车车体；2—传动机构；3—内燃发动机组；4—电器设备；5—转向架
5—辅助设备安装；6—2 端电气室设备安装；7—2 端司机室设备布置；8—机车布线

3.2.2　货车车体

货车按用途可分为通用货车和专用货车两类。通用货车有平车、敞车、棚车、罐车和保温车等。专用货车有长大货物车、漏斗车、自翻车等。

车辆供装载货物或乘坐旅客的部分称为车体。货车车体的主要组成部分包括底架、侧壁(墙)、端壁(墙)、车顶等。

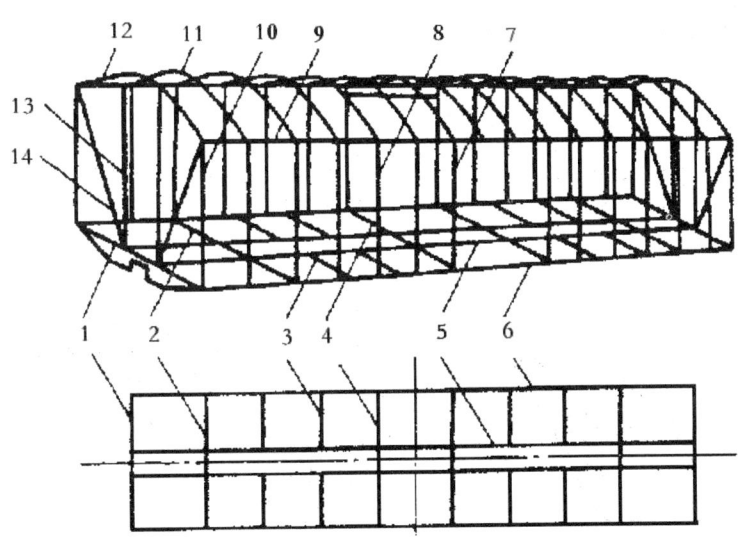

图 3-3　车体的一般结构形式
1—缓冲梁；2—枕梁；3—小横梁；4—大横梁；5—中梁；
6—侧梁；7—门柱；8—中间立柱；9—上侧梁；10—角柱；
11—车顶弯梁；12—顶端弯梁；13—端柱；14—端斜撑

车体的一般钢结构形式如图 3-3 所示，它由许多纵向梁和横向梁(柱)组成，车体底架通过心盘或旁承支承在转向架上。车体钢结构承担了作用在车体上的各种载荷。

垂向总载荷：包括车体自重、载重、整备重量以及由于轮轨冲击和簧上振动而产生的垂向动载荷。在大部分情况下，这些载荷是比较均匀地铅垂作用在地板面上（图3-4(a)），对于某些货车（如敞车和平车），有时也要考虑装运成件货物而造成的集中载荷。

纵向力：当列车起动、变速、上下坡道，特别是紧急制动和调车作业时，在车辆之间以及机车和车辆之间所产生的拉伸和压缩冲击力。此纵向力通过车钩缓冲装置作用于车辆底架的前（或后）从板座上（图3-4(b)），由于列车长度和总重量增加后，纵向力的数值可能很大，对车体来说，也是一种主要载荷。

侧向力：包括风力及离心惯性力（图3-4(c)），当货车内装运散粒货物时，还要计算散粒货物对侧壁的压力。侧向载荷比起前面两种载荷虽然小得多，但对于车体的局部结构有一定影响，例如可使侧立柱产生弯曲变形，加重侧壁各构件的弯曲作用等。

扭转载荷：当车辆通过缓和曲线区段，或在不平坦线路上运行，或车体被不均匀地顶起时（修车时常会碰到），车体将承受扭转载荷（图3-4(d)）。

此外，车体钢结构上还承受着各种局部载荷，例如：叉式起重车在车体内行走时产生的活动载荷；底架上悬挂的制动、给水、车电等装置引起的附加载荷；客车侧壁上的行李架承载物品时引起的载荷等。

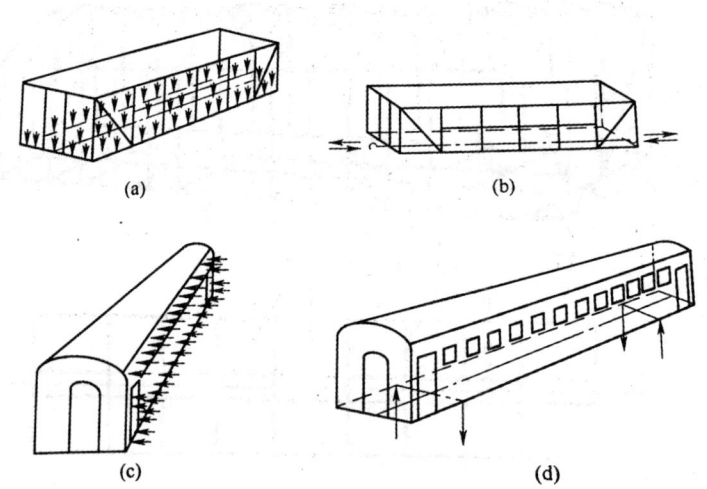

图 3-4　车体受力示意图
(a) 铅垂载荷作用；(b) 纵向载荷作用；(c) 横向载荷作用；(d) 扭转载荷作用

1. 敞车

敞车是一种具有端、侧壁而无车顶的车辆，主要供运送煤炭、矿石、矿建物资、木材、钢材等大宗货物用，也可用来运送重量不大的机械设备。敞车具有很大的通用性，在货车组成中数量最多,约占货车总数的 60% 左右。

C_{80} 车体为双浴盆式、铝合金铆接结构,主要由底架、浴盆、侧墙、端墙和撑杆等组成。其中:底架(中梁、枕梁、端梁)为全钢焊接结构;浴盆、侧墙和端墙均采用铝合金板材与铝合金挤压型材的铆接结构;浴盆、侧墙、端墙与底架之间的连接采用铆接结构。底架由中梁、枕梁、端梁等组成。中梁采用材料屈服极限为 450 MPa 的新型乙字型钢或冷弯中梁;枕梁为双腹板箱形变截面结构;采用直径为 358 mm 的 C 级钢整体式上心盘及与 16、17 号车钩相配套的 C 级钢整体式冲击座,并与牵引梁组焊在一起。浴盆由铝合金材质的弧形板、浴盆端板等组成,与底架之间采用专用拉铆钉连接,浴盆底部设有排水孔。侧墙由上侧梁、下侧梁、侧柱和侧板等组成。上侧梁、下侧梁、侧柱采用专用挤压铝型材,侧板为铝合金板。侧板与侧柱之间及侧柱与上、下侧梁之间采用专用拉铆钉连接。端墙由上端梁、端柱、侧端柱、角柱、辅助梁和端板等组成。上端梁、端柱、侧端柱、角柱、辅助梁采用专用挤压铝型材,端板为铝合金板。端板与辅助梁、侧端柱之间,上端梁、端柱、角柱与端板之间采用专用拉铆钉连接。为增强两侧墙及侧墙与底架之间的连结刚度,车内设有撑杆,其材质为挤压铝型材。该车车体使用的铝合金板材材质为 5083-H321,铝合金型材材质为 6061-T6,高强度耐候钢板材材质为 Q450NQR1,高强度中梁材质为 B450NbRE 或 PQ450NQR。

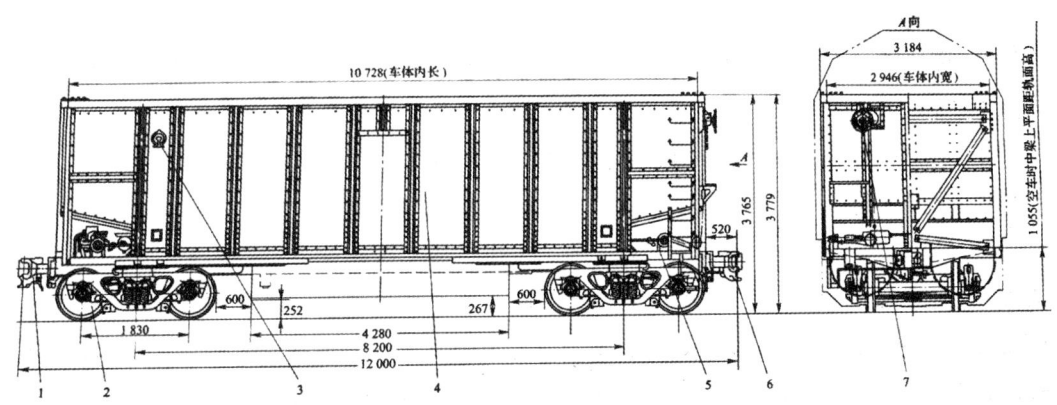

图 3-5　C_{80}(C_{80H})型敞车总图
1—转动车钩缓冲装置;2—转向架;3—标记;4—车体;
5—空气制动装置及附属件;6—固定车钩缓冲装置;7—手制动装置

2. 棚车

棚车是一种有侧墙、端墙、地板和车顶,在侧墙上开有滑门和通风窗的铁路货车,主要用以装运贵重和怕日晒雨淋的货物。有的在车内安装火炉、烟囱、床板等,必要时可以运送人员和牲畜。

列车设计与系统集成

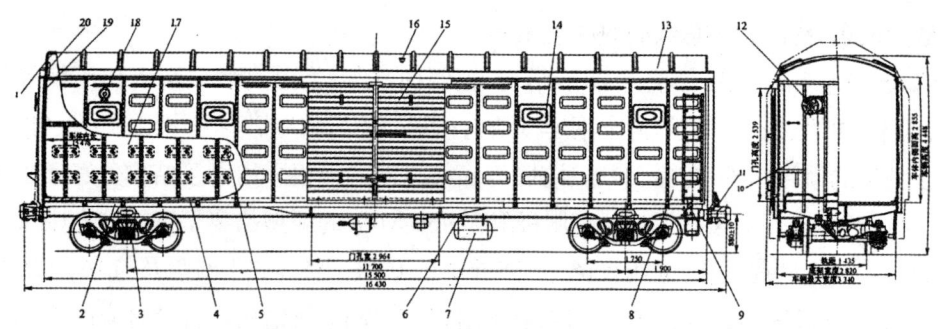

图 3-6　P$_{64GK}$型棚车总图

1—车顶木结构；2—底架组成；3—转向架；4—底架木结构；
5——位侧墙组成；6—底架附属件；7—风制动装置；
8—二位侧墙组成；9—便器组装；10—端墙组成；11—车钩缓冲装置；
12—手制动装置；13—车顶钢结构；14—车窗；15—车门；
16—烟囱座；17—侧墙木结构；18—标记；19—端墙木结构；20—电气组装

P$_{64}$型系列棚车车体底架由中梁、枕梁、下侧梁、大横梁、小横梁、端梁和纵向梁组成。侧墙为板柱式结构，由侧柱、侧墙板和侧门组成。端墙为板柱式结构，由端立柱、端墙板和上端梁等组焊而成。车顶由车顶板与上侧梁、车顶弯梁、端弯梁等组成。

3. 平车

平车主要用于运送钢材、木材、汽车、拖拉机、军用车辆、机械设备等体积或重量比较大的货物，也可借助集装箱装运其他货物。对装有活动墙板的平车也可用来装运矿石、沙土、石渣等散粒货物。

平车因没有固定的侧壁和端壁，故作用在车上的垂向载荷和纵向载荷完全由底架的各梁承担，是典型的底架承载结构。

N17A 型平车由底架和活动端墙组成。底架结构由中梁、侧梁、枕梁、端梁、横梁、小横梁和纵向辅助梁组成，由于作用在 N17A 型平车上的载荷全部由底架承担，因此底架各主要梁件具有较大的断面。N17A 型平车两端设有用厚 6 mm 的钢板压型后与 50×50×5(mm) 的角钢焊制的矮活动端墙，活动端墙能放平做渡板，便于移动装运在平车上的车辆。端墙直立时使用的止锁装置。

4. 罐车

罐车是一种车体呈罐形的车辆，用来装运各种液体、液化气体及粉末状货物等。

罐车的车型虽然很多，但均为整体承载结构，大部分罐车的车体都是由罐体和底架两大部件组成。由于罐体是一个卧式整体筒形结构，具有较大的强度和刚度，罐体不但能承受所装物体的重量，而且也可承担作用在罐体上的纵向力。因此，罐车的底架较其他种货车底架结构简单，甚至有的罐车取消了底架，称为无底架罐车。

由于罐体本身具有很大的刚度,因此罐内液体的重量主要由罐体来承担,然后通过托架及枕梁传至转向架。罐车底架主要承受水平的纵向牵引力和冲击力,因此 G17 型罐车底架结构比较简单,它由中梁、端侧梁、枕梁、罐体托架及端梁等部件组成,筒体部分由上板、底板和端板焊接而成,罐体与底架的连接是通过两枕梁处的四根罐带和罐体上鞍板与底架中梁处的下鞍板间的 32 个 M24 螺栓紧固的。

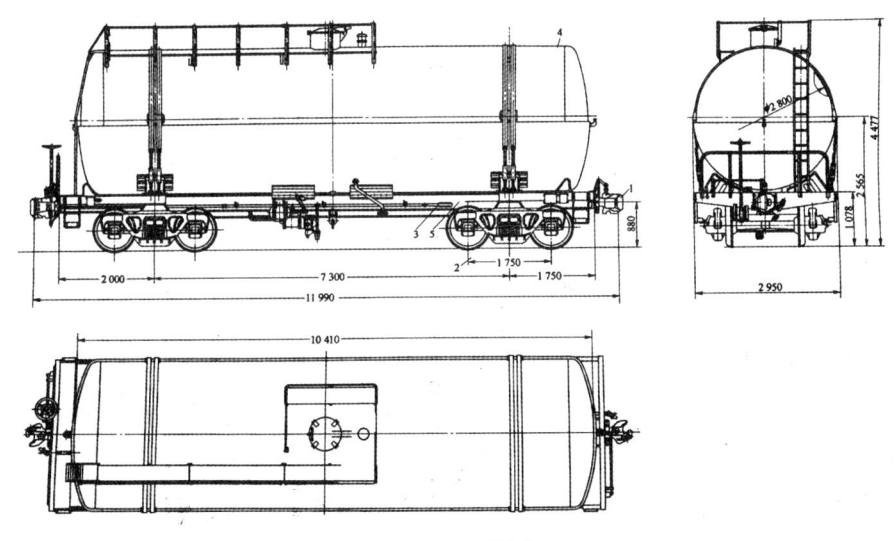

图 3-7 G_{17} 型罐车
1—车钩缓冲装置;2—转向架;3—空气制动装置;4—罐体;5—底架

5. 特种车辆

(1) 长大货物列车

大货物车是铁路运输中使用的一种特种车辆,装运各种长大重型货物。长大货物车按其结构形式可分:长大平板车、凹底平车(或称元宝车)、落下孔车和钳夹车等。由于这些车的载重量及自重较一般平车大,所以,车轴数目需要很多才能适应线路允许的轴重要求。当车辆较长时,通过曲线所产生的偏移量很大,故车辆中部的最大宽度受到车辆限界的限制需要缩小。

D_{22} 型长大平板车仅有平面底架,其承载情况与平车完全相同,但它的底架是通过中间梁支承在四台二轴转向架上,因此地板面至轨面距离较一般平车要高。由于长大平板车载重大,因此,钢结构底架中各梁件断面大,鱼腹形的中梁和侧梁的中央部分高度为 850 mm,枕梁为闭口箱形断面变截面梁,端梁为工字形断面变截面梁,全车共布置有 6 根大横梁和 10 对小横梁,大横梁上盖板穿过中梁腹板,此外,在底架两端还有两根纵向补助梁。

凹底平车车体由一个凹底架、两个中底架和四个小底架组成,凹底架直接承载货物,并通过中底架、小底架支承在四台二轴转向架上,由凹底架至转向架其载荷采取三级(或用多级)传递方式。凹底架支撑在两个中底架上,中底架由一根中梁、两根端横梁组焊而成,中梁和端横梁均由厚钢板组焊成闭口断面的箱形结构梁,中底架的主要作用是支撑凹底架,并在凹底架和小底架之间传递载荷。小底架由一根纵向梁、一根中横梁和两根端横梁组成,位于车辆两端部的小底架还各组焊一根牵引梁,并装有通过台、脚蹬、栏杆、扶手等。

落下孔车主梁中央开有装载货物方孔,因此中梁被截为两段,载重完全由两侧高大的侧梁承担。侧梁由低合金钢的厚钢板组焊成工字形断面梁,且为鱼腹形梁。底架两端通过球面心盘支承在五轴转向架上,借助冲击挡块来传递纵向牵引冲击力。

钳夹车由两节车辆组成。装运时将两节车辆分开,货物直接或通过货物承载箱(架)夹置在两节车辆中间,此时货物需带有耳环,以便与车辆钳形梁上的车耳通过销子连接成一体。钳形梁成左右两段,未装载时下部用连结板使其固定在一起,上部互相顶住;装运时货物或承载箱(架)和钳形梁一起承受垂直弯曲和纵向作用力。

(2) 漏斗车

我国铁路货运中,散装货物的运量占总量的77%左右,而其中绝大部分为煤炭和矿石等。为了加速车辆周转,对于货流量大,且装卸地点较固定的散装货物,采用漏斗车或自翻车可提高装卸效率,获得较好的经济效益。

漏斗车按其结构可分为无盖和有顶两大类。漏斗车卸货都是利用货物的重力作用从卸货门自流卸出。卸货门有集中或单独的开闭机构,其开关方式可分为风控风动、电控风动和手动三种。车内设有与水平呈一定角度的漏斗板,其倾角随所承运的货物品种而不同。卸货门设在车底部或侧部。

KZ70型石砟漏斗车车体为无中梁全钢焊接结构,由底架、侧墙、端墙、漏斗等部分组成。底架由牵引梁、侧梁、枕梁、端梁、小横梁及钢地板等组焊而成。侧板为板柱式结构,由上侧梁、侧板、侧柱等组焊而成,侧柱采用双曲面高强度冷弯型钢,上侧梁采用专用冷弯异形钢管,以防石砟残存伤及工作人员。端墙由上端梁、端板、腰带、端柱、斜撑等组焊而成,上端梁、腰带、端柱、斜撑均采用高强度冷弯型钢。漏斗由中、侧漏斗板、中、端隔板、分砟梁、流导板等组焊而成,其中调整板和流砟板用螺栓连接。

(3) 自翻车

自翻车是一种无盖的货车,大部分用于矿山,是工矿企业的专用车。在卸货地点操纵作用阀,即可利用列车管充入储风筒的压缩空气进入倾翻风缸或由车上油泵供给的高压油进入倾翻油缸顶起车体成45°倾角,同时倾翻侧的侧壁随着自动开启,货物沿着倾斜的地板卸至轨道一侧。这种卸货方式效率极高,适宜于装卸频繁的矿山运输。

KF60A型自翻车采用耐大气腐蚀高强度低合金钢铆焊混合结构,由车箱、底架、倾翻装置、转向架、风手制动装置、车钩缓冲装置等部分组成。车箱主要由车箱底架侧门及两端壁组成。车箱底架由中梁、侧梁、主横梁等组成一体构架；侧梁采用了高强度耐候钢材质的冷弯型钢，主横梁采用 H 形钢；端壁由上檐梁与端角柱组成构架，并与端壁板组焊成体。底架由两 H 形钢与上、下盖板、隔板组成箱形鱼腹形的底架中梁与端、枕梁组成主体构架。在底架中梁的两侧组焊有倾翻缸架、方支承、人字形支承和其他安装制动及倾翻管路的附件。端梁上安装扶手。

(4) 保温车

保温车(又叫冷藏车)是运送鱼、肉、鲜果、蔬菜等易腐货物的专用车辆。这些货物在运送过程中需要保持一定的温度、湿度和通风条件，因此保温车的车体装有隔热材料，车内设有冷却装置、加温装置、测温装置和通风装置等，具有制冷、保温和加温三种性能。保温车车体外表涂成银灰色，以利阳光反射，减少辐射热。中国自制的保温车有冰箱保温车和机械保温车两大类。

B11 型冰箱式冷藏加温车的车体由钢结构骨架、双层木板制成的地板、墙板、顶板和保温层组成。车体结构由底架、侧壁、端壁、车顶组焊而成。侧壁中部开有门孔，车顶上开有六个冰箱口。地板铺在底架上。地板结构如下(由下往上)：厚 18 mm 木板——厚 1 mm 油毛毡——厚 3 mm 沥青层——厚 125 mm 隔热材料——厚 3 mm 的沥青层——4 mm 空气间隔层——厚 1 mm 油毛毡——厚 45 mm 木板。此外，为了便于洗刷地板和防止车内水汽渗入地板层造成腐蚀，在上层木板的上面及内墙板下部 250 mm 以下的一段高度内铺盖一层厚 0.7—1 mm 的镀锌铁皮。地板面上放有能翻起的离水格子，货物堆放在离水格子上面。侧墙及端墙钢结构的内外层各铺设厚 20 mm 的木质墙板，中间为厚 128 mm 的隔热材料(尿醛泡沫塑料外包有塑料薄膜)，在隔热材料与内外墙板间各垫有一层油毛毡，墙板总厚度为 170 mm。在内墙板上固定有通风木条，使货物堆放时与车体墙壁间保持一定的间隙，保证车内空气的循环。车顶的铺设情况与侧墙大致相同，只是隔热材料加厚到 154 mm。在外顶板的外面，铺有一层厚 0.5 mm 的镀锌铁皮，以防雨水和冰盐对车顶的渗透。

6. 国外货车

铁路货物运输的不断增长，促进了各国车辆事业的发展。世界各国货车发展的趋势主要是：不断调整货车车种的构成，以适应本国待运货物的种类；加大载重量，改进车辆结构，减少制造和维修费用以提高铁路货运的经济性。

法国的通用货车数量较少，而向专业化货车发展。法国研制了很多种专用货车，如：用于运输托盘货物的全侧门棚车；使货物免受雨雪浸湿的机械帐篷平车；用于运输冶金产品、钢板卷和纸卷等重质货物的活顶车；专运钢板卷的钢板卷运输车；专供运输标准尺寸钢管和铸铁管的钢管运输车；装运集装箱的集装箱平车以及运输小轿车用的专用车等。

德国的专用货车也较多,仅各型漏斗车就有 3 万多辆。美国的有盖漏斗车近年来需求量也增大,1995 年占所生产货车的 30%。

为了解决小汽车运输上的问题,日本国铁开发了小汽车运输架的运输系统。该系统的主要特点是去时装运小汽车,回时每个货架可装运 2 个每辆车装运 4 个运量很大的 JR12F 型集装箱,既解决了小汽车运输系统回空问题,又能通过液压系统改变车顶(即防护罩)的高度,使公路与铁路运输换装及到站装卸较为方便。

除普通集装箱平车外,各国还研制了双层集装箱运输车,关节式集装箱运输车,驮背运输车和公铁两用车。

3.2.3 客车车体

当今世界,铁路客车依然是客运交通的重要工具。在我国客车总数中,数量最多的新造客车是 25 型客车,而且它将逐步取代目前数量较多现已停止生产的 22 型客车。一般长途旅客列车中编挂的车种有硬座车、硬卧车、软卧车、餐车、行李车、邮政车。

25 型客车车体钢结构为全钢焊接结构,由底架、侧墙、车顶和端墙等四部分焊接而成。在侧墙、端墙、车顶钢骨架外面,在底架钢骨架的上面分别焊有侧墙板、端墙板、车顶板和纵向波纹地板及平地板,形成一个上部带圆弧,下部为矩形的封闭壳体,俗称薄壁筒形车体结构。壳体内面或外面用纵向梁和横向梁、柱加强,形成整体承载的合理结构。

随着车辆的用途和生产工艺条件的不同,各种 25 型客车的结构不全相同,但其外形尺寸和结构形式则基本一致。

1. 底架

底架由牵引梁、枕梁缓冲梁、下围梁(或称下侧梁)、枕梁间的纵向金属波纹地板及枕外金属平地板等组成。

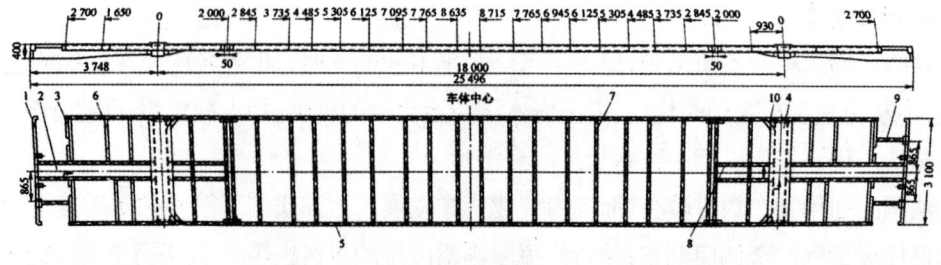

图 3-8 底架
1—缓冲梁;2—牵引梁;3—端梁;4—枕梁;5—侧梁;
6—枕外横梁;7—横梁;8—纵向加强梁;9—纵向梁;10—加强板

底架牵引梁由两根 30a 型槽钢及牵引梁上下盖板组焊而成。为适应安装车钩缓冲装置而设计,自上心盘中心到缓冲梁间的中梁称为牵引梁。在牵引梁两槽钢腹板内侧铆接有前后从板座、焊有磨耗板和防跳板。

缓冲梁由 6 mm 厚钢板压制而成的槽形断面,两腹板高 180 mm,中部腹板高 400 mm。在缓冲梁中部开有安装车钩用的缺口,缓冲梁的中央部分与牵引梁端部相互组焊在缓冲梁与端梁间有两根角断面的纵向梁,以增加其连结强度和刚度。

枕梁是由厚 8 mm、间距为 350 mm 的两重向腹板以及厚 10 mm、宽 600 mm 的下盖板,厚 8 mm、宽 600 mm 的上盖板组焊而成的闭口箱形断面,枕梁近侧梁端为小端,近牵引梁端为大端,它是一个近似的等强度鱼腹梁。在与牵引梁交叉处安装有心盘座,以提高该处的承载作用,提高枕梁和牵引梁的连接强度和刚度。在枕梁两端的上旁承安装处焊有旁承加强筋板,枕梁端部还焊有供顶车用的防滑垫板。

枕梁、缓冲梁与牵引梁组成的结构被称为牵枕缓结构。

底架两侧有沿底架两端梁间全长纵向布置的两侧梁,其断面为 18a 型槽钢。在横向,底架的枕梁及全部横梁的端部都与侧梁焊接,金属地板也与侧梁的上翼缘表面搭接;侧墙的立柱、侧墙板分别焊在侧梁的上翼缘表面和腹板外表面上,所以,侧梁是连结侧墙和底架的重要构件。

在底架缓冲梁和枕梁之间、两枕梁之间都设置有较均布的横梁。这些横梁的两端分别与下侧梁和牵引梁或是两端与下侧梁焊接。这样,底架的牵枕缓、侧梁和横梁共同形成底架钢骨架。在骨架的上面焊上金属地板。在缓冲梁和枕梁上盖板间为平地板,板厚为 2 mm;两枕梁间为纵向波纹金属地板,板厚为 1.5 mm。由底架钢结构骨架和金属地板共同组成底架钢结构。每端缓冲梁和枕梁间设有 2 对槽形断面高 180 mm、厚 4 mm(50×180×50×4(mm)等断面横梁;在两枕梁间设置有 22 根槽形断面高 150 mm、厚 4 mm 的等断面横梁(50×150×50×4(mm)型槽钢)。这些横梁的作用:一是把牵枕缓结构与侧梁连结起来形成底架钢结构骨架,从而保证底架有足够的强度和刚度,以承受作用于底架上的各种载荷;二是成为平地板和纵向波纹地板的支撑,在纵向力作用下防止平地板和纵向波纹地板的失稳,所以,横梁间距均布在 1 m 以内。由于两枕梁间无贯通的中梁,因而作用于底架上的纵向拉压力均由波纹地板和底架侧梁来承担。由车体钢结构静强度试验表明,纵向波纹地板能承受三分之一以上的总纵向拉伸或压缩力,这种结构的底架称为无中梁底架。

2. 侧墙

25 型客车车体钢结构的侧墙外表面为平板无压筋,在平整的外墙板内侧焊有垂直立柱和水平纵向梁,形成板梁式平面承载侧墙结构。

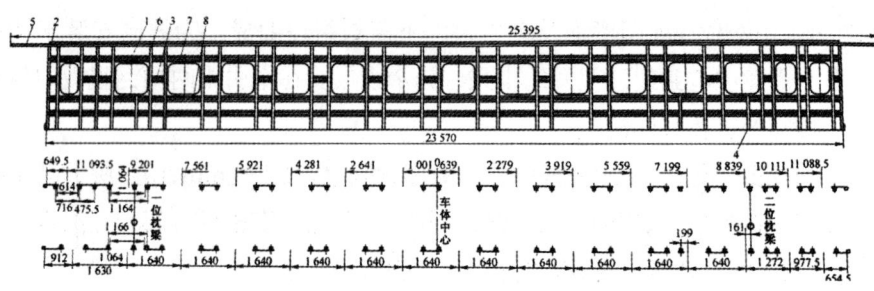

图 3-9 侧墙
1—侧墙板；2—门立柱；3—窗间纵梁；4—窗下立柱；5—上侧梁；
6—立柱；7—窗上纵向梁；8—窗下纵向梁

侧墙上侧梁(上围梁)为 $45\times90\times25\times2.5$(mm)的槽型断面梁,长度为侧墙全长。侧墙水平纵向梁共三根,窗上一根,窗下两根,其断面尺寸为 $24\times22\times46\times22\times24\times2$(mm)。这三根纵向梁起到加强侧墙的垂直弯曲强度和刚度的作用,同时也减少了钢板自由表面的面积。在侧墙窗口间有一条短的窗间小纵向梁,设置目的是为增强窗间板的强度与刚度。在窗口两侧有 31 根垂向的窗边立柱,也称为侧立柱,它们与所有纵梁、上侧梁、下侧梁连结起来,组成侧墙钢骨架,并与侧墙板焊接形成侧墙钢结构。侧墙板为厚 2.5 mm 的耐候钢(09CuPCrNi-B)。侧墙板上开有大窗孔,尺寸为宽×高,即 1064×1014(mm),共 11 个,小窗孔宽×高为 614×1014(mm)共 4 个。每侧侧墙端部有两个侧门孔。门窗开孔处是侧墙的薄弱区域,通过周边的梁柱予以加强,通过选择合适的窗角板的圆角半径来降低其应力集中,设计出合理结构。

3. 车顶

车顶由上边梁、车顶弯梁、车顶纵向梁、空调机组安装座平台、水箱盖等组成钢骨架。在骨架的外面焊有车顶板,共同组成车顶钢结构。

车顶上边梁沿车顶两侧全长为 $45\times72\times2.5$(mm)的钢板压制成角形断面。上边梁与 18a 型槽钢制成的顶端横梁组成车顶下部框架。车顶一、二位端各有一个空调机组安装座平台钢结构,作为安装空调机组的基础。二位端还有一个水箱盖组成。车顶的中间部分结构,其上焊有 30 根帽形断面车顶弯梁,其尺寸为 $26\times70\times46\times70\times26\times2$(mm)。车顶端部的弯梁为 $30\times55\times62.5\times45\times2$(mm)的折角形钢板压型件。在车顶的横断面上,除两根车顶上边梁外,还有五根乙字形车顶纵向梁,尺寸为 $30\times60\times20\times2$(mm)。

车顶板由侧顶板和中顶板两部分组成。侧顶板是冷轧型钢,将雨檐与小圆弧(R458)板及纵向梁合为一体制造成型,从而提高了侧顶板的平整度,并提高了小圆弧部分的抗弯刚度和强度,还简化了制造工艺。中顶板为大圆弧板(R2300),车顶板厚度均为 2 mm。

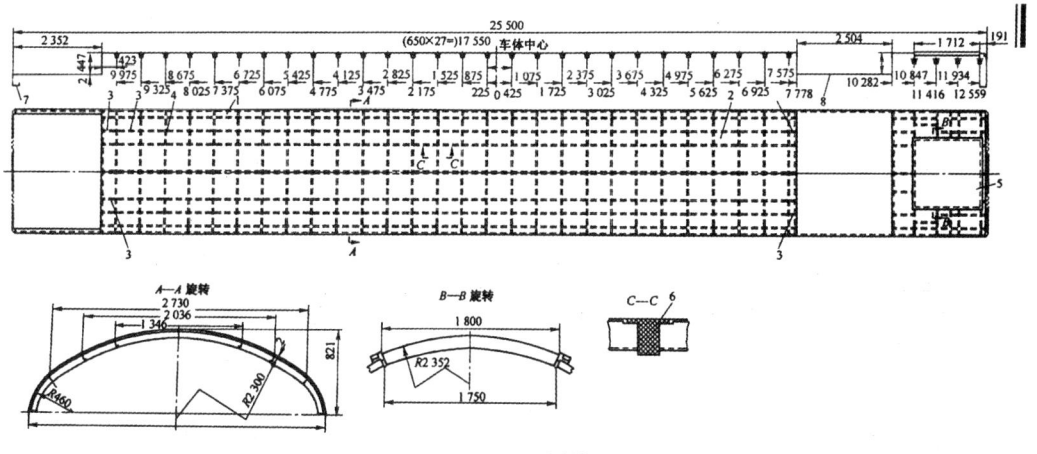

图 3-10 侧墙
1—侧板;2—中顶板;3—纵梁;4—车顶弯梁;5—水箱活塞;
6—防寒材料;7—顶端弯梁;8—平顶结构

车顶一、二位端平顶部分钢结构是安装单元式空调机组的支撑结构。

车顶两端各有一根顶端横梁,其断面为槽钢 $180 \times 70 \times 9(\mathrm{mm})$。

车顶钢结构是由纵横梁件组成的空间梁系,其上焊有曲面金属包板(端部为平板)组成的梁板结构,共同承受作用于其上的各种载荷,车顶结构具有足够的强度和刚度,并通过防漏雨试验。

4. 端墙

客车车体钢结构的两外端,通常称为外端墙。以空调硬座客车车体钢结构的一位端为例加以说明。

外端墙有两根强大的槽钢 24b 制成的折棚立柱;两根 $59.5 \times 65.5 \times 50.5 \times 61.5 \times 2(\mathrm{mm})$ 钢板压制成折角形的角柱;两根位于端门两侧的 $40 \times 70 \times 35 \times 2.5(\mathrm{mm})$ 的乙字形门边立柱,还有位于端门立柱和角柱之间的同上断面的乙形立柱。上述所有立柱的上端与车顶的顶端横梁相焊接,下端焊在底架缓冲梁的上翼缘上。在角柱与门边立柱之间焊有两根角形断面的水平横梁,门上横梁是乙形断面,上述梁柱构成端墙钢骨架。在骨架的外表面焊有 2 mm 厚的墙板,与钢骨架组成梁板组焊结构。此外,还有与端墙成垂直的门板、门上板、踏板等与风挡连接,形成由一节车向相邻车通过的安全通道。在外端墙板内外面还焊装一些如电线槽、角铁、电力连结器座、连接器座、风挡缓冲杆座、扶手等附件。

端墙结构应具有足够的强度和刚度,特别是抗纵向冲击的强度。

为了防止风沙、雨水侵入车内及运行时便于旅客安全地在列车内通行,在车辆两端连接处装有风挡装置,也称折棚装置。

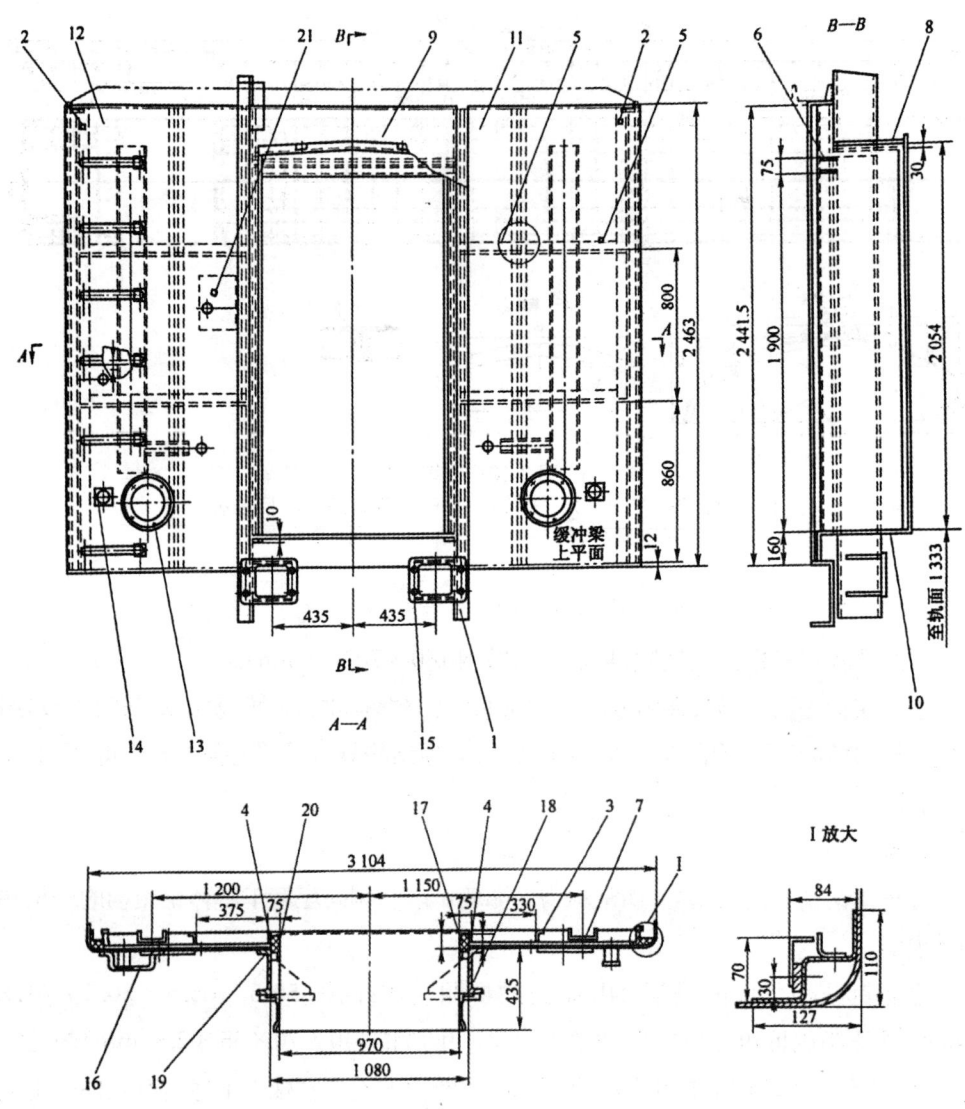

图 3-11 端墙
1—折棚柱;2—角柱;3—立柱;4—门立柱;5—横梁;6—门上横梁;
7—线槽;8—门上板;9—上墙板;10—踏板;11—右墙板;12—左墙板;
13—电力连结器座;14—连结器座;15—风挡缓冲座;16—扶手;
17—右门板组成;18—角铁;19—防寒材料;20—左门板组成;21—垫板

3.2.4 高速动车组车体

1. 流线型车体结构

其他形式列车对流线型车体也有要求,但随着列车运行速度提高,空气阻力将增加,当列车速度超过 200 km/h 后,其将成为列车运行阻力的主要部分,空气阻力可以占列车行驶阻力的 75% 以上。因此设计者通常需要利用空气动力学原理,通过流线化车头、车身、车体附属部分来尽量减少空气阻力。

(1) 列车空气动力学

随着列车运行速度的提高,周围空气的动力作用一方面对列车和列车运行性能产生影响;另一方面,列车高速运行引起的气动现象对周围环境也产生影响,这就是列车的空气动力学问题。

1) 运行中列车的表面压力

从风洞试验结果来看,列车表面压力可以分为三个区域:

① 头车鼻尖部位正对来流方向为正压区;

② 车头部附近的高负压区:从鼻尖向上及向两侧,正压逐渐减小变为负压,到接近与车身连接处的顶部与侧面,负压达最大值;

③ 头车车身、拖车和尾车车身为低负压区。

因此,在动车(头车)上布置空调装置及冷却系统进风口时,应布置在靠近鼻尖的区域内,此处正压较大,进风容易;而排风口则应布置在负压较大的顶部与侧面。在有侧向风作用下,列车表面压力分布发生很大变化,尤其对车顶小圆弧部位表面压力的影响最大。当列车在曲线上运行又遇到强侧风时,还会影响到列车的倾覆安全性。

2) 会车时列车的表面压力

列车交会时产生的最大压力脉动值的大小是评价列车气动外形优劣的一项指标。

在一列车与另一静止不动的列车会车时,以及两列等速或不等速相对运行的列车会车时,将在静止列车和两列相对运行列车一侧的侧墙上引起压力波(压力脉冲)。这是由于相对运动的列车车头对空气的挤压,在与之交会的另一列车侧壁上掠过,使列车间侧壁上的空气压力产生很大的波动。

试验研究和计算表明,列车会车压力波幅值大小与下列因素有关:

① 随着会车速度的大幅度提高,会车压力波的强度将急剧增大,如图 3-12 所示。当头部长细比 γ 为 2.5,两列车以等速相对运行会车时,速度由 250 km/h 提高到 350 km/h,压力波幅值由 1 015 Pa 增至 1 950 Pa,增大近一倍。

② 会车压力波幅值随着头部长细比的增大而近似线性地显著减小。为了有效地减小列车会车引起的压力波的强度,应将动车(车头)的头部设计成细长而且呈流线型。

③ 会车压力波幅值随会车列车侧墙间距增大而显著减小。为了减少会车压力波及其影响,应适当增大铁路的线间距。

我国《铁路主要技术政策》中规定:

160 km/h 时,线间距≥4.2 m;

200 km/h 时,线间距≥4.4 m;

250 km/h 时,线间距≥4.6 m;

300 km/h 时,线间距≥4.8 m;

350 km/h 时,线间距≥5.0 m。

④ 会车压力波幅值随会车长度增大而近似成线性地明显增大。

⑤ 会车压力波幅值随侧墙高度增大明显减小,但减小的幅度随侧墙高度增大而逐渐减小。

⑥ 高、中速列车会车时,中速车的压力波幅值远大于高速车(一般高 1.8 倍以上)。这是由于会车压力波的主要影响因素是通过车的速度,在高、中速列车会车时,中速车压力波主要受其通过车高速车速度的影响,高速车压力波主要受其通过车中速车速度的影响,所以中速车上的压力波幅值远大于高速车。

3) 通过隧道时列车的表面压力

列车在隧道中运行时,将引起隧道内空气压力急剧波动,因此列车表面上各处的压力也呈快速大幅度变动状况,完全不同于在明线上的表面压力分布。试验研究表明,压力幅值的变动与列车速度,列车长度,堵塞系数(列车横截面积与隧道横截面积的比值)、头型系数(长细比,即车头前端鼻形部位长度与车头后部车身断面半径之比),以及列车侧面和隧道侧面的摩擦系数等因素有关,其中以堵塞系数和列车速度为重要的影响参数。国外有研究报告指出:单列车进入隧道的压力变化大约与列车速度的平方成正比,与堵塞系数的 1.3±0.25 次方成正比例。两列车在隧道内高速会车时车体所受到的压力变化更为严重,此时压力变化与堵塞系数的 2.16±0.06 次方成正比。并且两列车进入隧道的时差对压力变化也有很大的影响,当形成波形叠加时将引起很高的压力幅值和变化率,此时车体表面的瞬时压力可在正负数千帕之间变化。

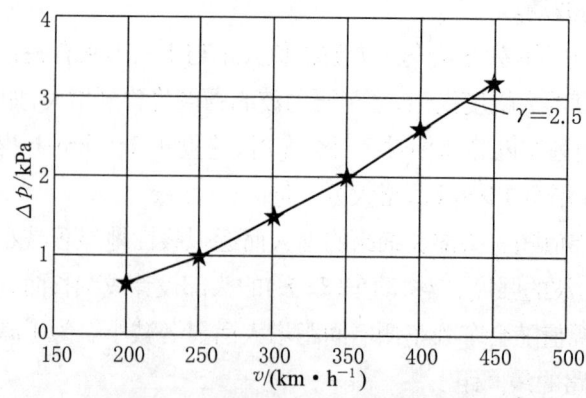

图 3-12 会车压力波幅值与速度的关系曲线

4) 列车风

当列车高速行驶时,在线路附近产生空气运动,这就是列车风。当列车以 200 km/h 速度行驶时,根据测量,在轨面以上 0.814 m、距列车 1.75 m 处的空气运动速度将达到 17 m/s (61.2 km/h),这是人站立不动能够承受的风速,当列车以这样或更高的速度通过车站时,列车风将给铁路工作人员和旅客带来危害。

列车通过隧道时,在隧道中所引起的纵向气流速度约与列车速度成正比。在隧道中列车风将使得道旁的工人失去平衡以及将固定不牢的设备等吹落在隧道中,这都是一些潜在的危险。

国外有些铁路规定,在列车速度高于 160 km/h 行驶时不允许铁路员工进入隧道。列车速度稍低时,也不让员工在隧道中行走和工作,必须要在避车洞内等待列车通过。

5) 列车空气动力学的力和力矩

如图所示,作用于车辆上的空气动力学的力和力矩,其中有:空气阻力、上升力、横向力,以及纵向摆动力矩、扭摆力矩和侧滚力矩。下面作一简要介绍。

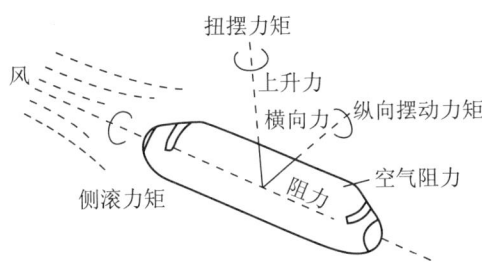

图 3-13 列车空气动力学的力和力矩

① 空气阻力

减少列车的空气阻力对于实现高速运行和节能都有重要意义,因此,需要对车体外形进行最优化设计,以便最大可能地降低空气阻力。列车的运行阻力主要由空气阻力和机械阻力(即轮轨摩擦阻力、轴承等滚动部件的摩擦阻力等)组成。

空气阻力可以简略地用下面公式表示:

$$R = \frac{1}{2}\rho C_x v^2 A \tag{3-1}$$

式中　C_x——空气阻力系数

　　　ρ——空气密度

　　　v——列车速度

A——列车横截面积

空气阻力主要由以下三个部分组成:

ⅰ. 压差阻力:头部及尾部压力差所引起的阻力;

ⅱ. 摩擦阻力:由于空气的黏性而引起的、作用于车体表面的剪切应力造成的阻力;

ⅲ. 干扰阻力:车辆的突出物(如手柄、门窗、转向架、车体底架、悬挂设备、车顶设备、及车辆之间的连接风挡等)所引起的阻力。

研究表明,空气阻力与速度的平方成正比,机械阻力则与速度成正比。

速度为 100 km/h 时,空气阻力和机械阻力各占一半;速度提高到 200 km/h 时,空气阻力占 70％,机械阻力只占 30％;250 km/h 速度平稳运行时,空气阻力约占列车总阻力的 80％—90％以上。

法国对 TGV 动车的空气阻力(R)的测试结果:

v = 100 km/h 时,R = 5.526 kN;

v = 200 km/h 时,R = 15.25 kN。

这说明,当速度提高 1 倍时,空气阻力(R)提高约 2 倍。

② 升力

把列车表面的局部压力高于周围空气压力的称为正,局部压力低于周围空气压力的称为负。作为一个整体,车辆是受正的(向上的)升力还是受负的(向下的)升力,取决于车辆所有截面的表面压力累加结果是正还是负。升力也与列车速度的平方成正比。正升力将使轮轨的接触压力减小,为此将对列车的牵引和动力学性能产生重要影响。

③ 横向力

列车运行中遇到横向风时,车辆将受到横向力和力矩的作用,当风载荷达到一定程度时,横向力及其侧滚力矩、扭摆力矩将影响车辆的倾覆安全性。

侧向阻力可以简略地用下面公式表示:

$$D = \frac{1}{2}\rho C_D v^2 A \tag{3-2}$$

式中　C_D——侧面阻力系数

　　　ρ——空气密度

　　　v——列车速度

　　　A——列车侧面投影面积

就车辆形状而言,车顶越有棱角,其阻力越大。通过风洞试验研究认为,最佳的车体横断面形状应当是：车体侧面平坦，且上下渐内倾（可以降低升力）、顶部稍圆、车顶与车体侧面拐角处完全修圆（可以降低力矩）。

2. 列车头型设计

对于列车来说，列车头型设计非常重要，好的头型设计可以有效地减少运行空气阻力，列车交会压力波和解决好运行稳定性等问题。

(1) 头型设计的基本要求

1) 阻力系数

一些高速铁路发展比较早的国家，通过试验研究和理论计算，明确提出了各自的列车阻力系数指标。

在"德国联邦铁路城间特快列车 ICE 技术任务书"中规定：

列车前端的驱动头车空气阻力系数 $C = 0.17$；

列车末端的驱动头车空气阻力系数 $C = 0.19$。

2) 头型系数（长细比）

长细比，即车头前端鼻形部位长度与车头后部车身断面半径之比。头、尾车阻力系数与流线化头部长细比直接有关，列车头部的长细比一般要求达到 3 左右或者更大，如表 3-1 所示：

表 3-1　列车头部的长细比

型　　式	头部长度/m	阻力系数
0 系 	4.4	0.28
100 系 	5.5	0.25

续表

型　　式	头部长度/m	阻力系数
300系	6.0	0.20
700系	9.2	

(2) 列车头部流线化设计

头部纵向对称面上的外形轮廓线，要满足司机室净空高、前窗几何尺寸、玻璃形状等条件。在此基础上，尽可能降低该轮廓线的垂向高度，使头部趋于扁形，这样可以减小压力冲击波，并改善尾部涡流影响。同时，将端部鼻锥部分设计成椭圆形状，可以减少列车运行时的空气阻力，如图3-14所示。

图3-14　(a) 一拱方案

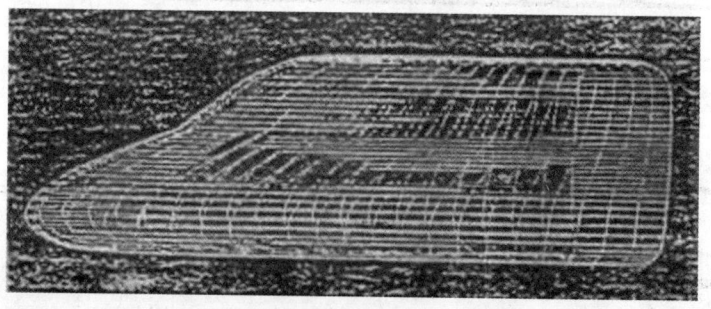

图3-15　(b) 二拱方案

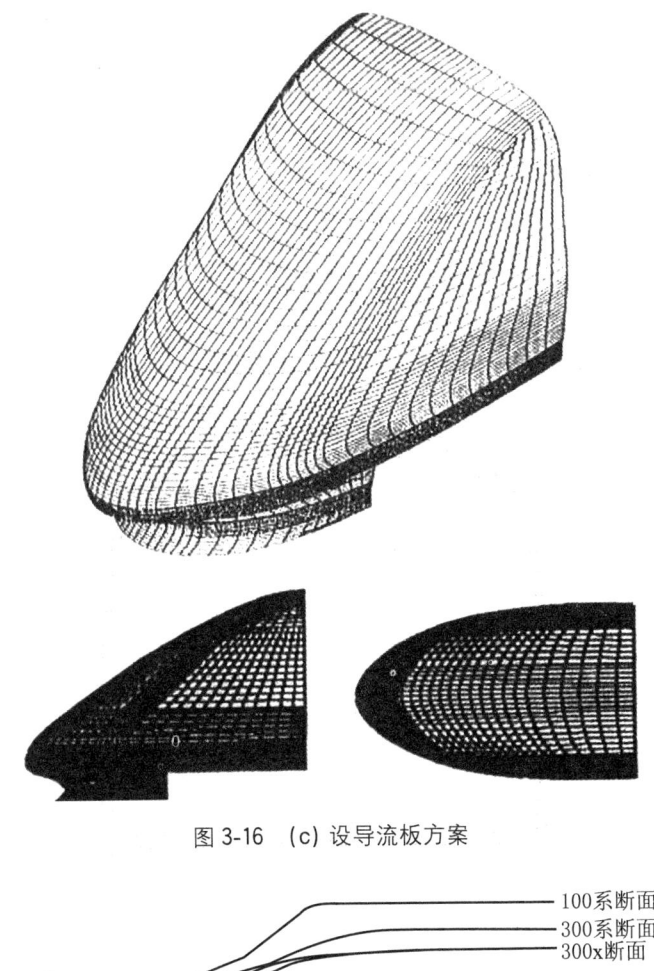

图 3-16 (c) 设导流板方案

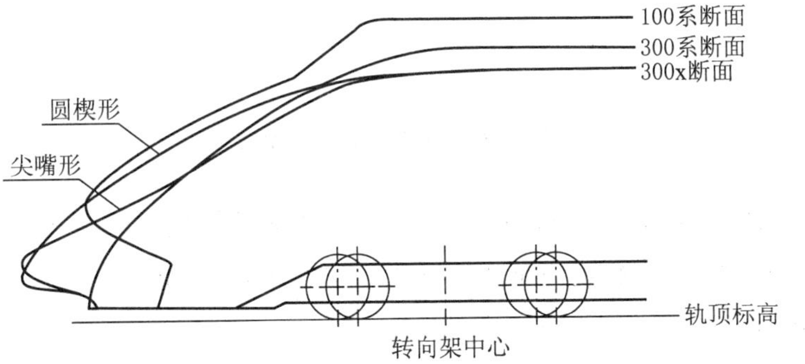

图 3-17 头车外形比较

在设计俯视图最大轮廓线形时,首先要满足司机室的宽度要求,然后再将鼻锥部分设计为带锥度的椭圆形状。这样既有利于减小列车交会压力波和改善尾部涡流影响的梭形,又兼顾到有利于降低空气阻力的椭球面形状。此外还应设计凹槽形的导流板,将气流引向车头两侧。在主型线设计完成后,还要做到头部外形与车身外形严格相切;头部外形中,任意选取的两曲面之间也要严格相切,以保证头部外形的光滑性,这样既减少空气阻力,又可以降低列车交会压力波幅值。

3. 列车车身外型设计

列车车身横断面形状设计有以下特点:

(1) 整个车身断面呈鼓形,即车顶为圆弧形,侧墙下部向内倾斜(5°左右)并以圆弧过渡到底架,侧墙上部向内倾斜(3°左右)并以圆弧过渡到车顶。

下图为我国高速动车组列车车身断面形状。这不仅能减小空气阻力,而且有利于缓解列车交会压力波及横向阻力、侧滚力矩的作用。

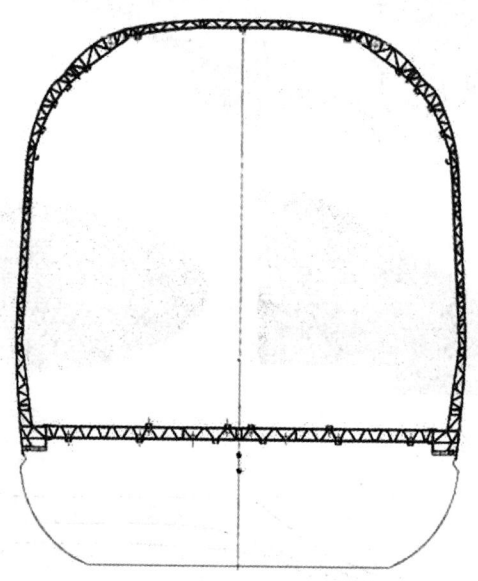

图 3-18　CRH3 动车组车体断面

(2) 车辆底部形状对空气阻力的影响很大,为了避免地板下部设备的外露,采用与车身横断面形状相吻合的裙板遮住车下设备,以减少空气阻力,也可防止高速运行带来的沙石击打车下设备。

(3) 车体表面光滑平整,尽量减少突出物。如侧门采用塞拉式;扶手为内置式;脚蹬做成翻板式,使侧面关闭时可以包住它。

(4) 两车辆连接处采用橡胶大风挡,与车身保持平齐,避免形成空气涡流。

4. 动车组车体结构

CRH2 高速动车组是我国铁路第六次大提速后运行于客运干线的"和谐号"列车主型高速动车组之一。CRH2 车体结构主要分为头车车体和中间车车体两种。头车车体由底架、侧墙、端墙、车体附件及司机室头部结构组成，中间车车体由底架、侧墙、车顶、端墙及车体附件组成。

CRH2头车头部外形对列车运行空气阻力、气动噪声、列车交汇压力波、隧道微气压效应及移动压力场等影响较大，是影响列车空气动力性能的关键因素。车体前端为司机室，其结构以骨架外壳结构为基础。头部结构按车头断面形状变化将纵骨架布置成环状，与横骨架叉接组焊，骨架外焊接铝制外板。对需要更高强度的部位，采取增加板厚、缩小骨架间距、增加加强材料等措施。整个头部结构焊接严格要求气密性，并能适应配线、配管及内装的需要。

CRH2车体底架分为头车底架和中间车底架，头车底架由车身底架和车头底架两部分组成，中间车底架只有车身底架。车体底架包括牵引梁、枕梁、侧梁（边梁）、端梁、横梁和波纹地板等组成。为了适应头部结构的安装，车头底架相对于车身底架，其侧梁（边梁）部分做了相应调整。

CRH2车体侧墙采用大型中空挤压型材，不设车内侧力柱，车头与中间车侧墙结构相同但纵向长度不同。型材之间的焊接为车体程长度方向上连续焊接的方式，侧墙与车顶的联结采用车内侧连续焊接，侧墙和底架边梁之间的联结采用车内侧点焊固接，车外侧为连续气密焊接。

车顶属车体上部结构，是受电弓、高压电缆等车顶设备的安装基础。CRH2车体车顶由大型中空挤压型材构成。车顶型材之间的焊接采用在车体长度方向连续焊接。车顶和侧墙的连接采用车内侧、车外侧连续焊接结构。根据车型不同及受电弓、车顶电缆等设备安装位置焊接适应其安装的焊接件，以及车内骨架。另外在车顶板内侧铺设有隔音和隔热材料。

头车车体一端带有端墙，中间车两端均带有端墙。端墙根据车辆洗手间和洗脸间的分布分为两种形式，即分体式和整体式两种。在端部设有卫生间和洗脸间的车辆，其端墙是分体式结构，外板上设有用于搬运卫生间玻璃钢模块的开口，搬运完后，用螺栓安装由铝板和铝型材骨架组焊接而成的闭塞板，并填充密封材料保持气密性。端部未设卫生间和洗脸间的车辆，其端墙板为铝板和铝型材骨架成整体式焊接结构。分体式和整体式外端端墙都在外端骨架上设置了适合风挡安装的结构，可以采用螺栓快速连接，使风挡的安装方便快捷，大大降低了施工时间及劳动强度。另外，端墙上还设有登山扶手。

3.2.5 城市轨道车辆车体

城市轨道交通是指具有固定线路、铺设固定轨道、配备运输车辆以及服务设施等的公共交通设施。一般分为有轨电车、地下铁道车辆、市郊快速铁道车辆、轻轨交通、单轨交通、城市磁浮等。城市轨道车辆的基本型式按车体的宽度可分为A、B、C三类，A车为带司机室的拖车、C车、B车均为动车，C车不带受电弓，其他在车体结构上基本无区别，三种车辆主要设备的配置情况如表3-2。如按车体材料分：有耐候钢车、不锈钢车和铝合金车，按牵引控制系统分：直流变阻车、直流斩波调阻车、直流斩波调压车、交流变压变频车。另外还有按电压等级分：直流1 500 V、直流750 V，以及按受电方式分：受电弓受电的车和受流器受电的车等等。

表3-2　三种车辆的主要配置

A车	B车	C车
司机室		
ATC设备		
蓄电池箱		
静止逆变器	静止逆变器	静止逆变器
空调装置	空调装置	空调装置
	牵引斩波器	牵引斩波器
	牵引电机	牵引电机
	手电弓	
		空气压缩器

地铁车辆车体承载结构由底架、侧墙、车顶、端墙组成整体承载结构的封闭筒形结构，采用质强比高、耐腐蚀性好的铝合金材料。车体的主要承载件，如地板梁、侧梁、侧墙板、车顶板等均制成断面较复杂承载能力强的大型中空挤压型材，从而发挥材料的承载能力，达到重量轻、强度高、寿命长的要求。

车体底架设计成上拱形，由侧梁、地板梁、枕梁、牵引梁和端梁组成，大部分采用大型中空截面挤压铝型材拼焊而成。侧墙不作为独立的整体部件，而是将一个车窗的窗框、窗下侧壁及其左右窗间壁或门间壁做成一个部件，直接与底架、车顶组成。车顶由复杂的形状断面的两端小圆弧部分挤压型材和中部大圆弧部分铝合金挤压车顶板组成，在车体端部车顶，由于需要安装空调机组，结构较为复杂。

轻轨车辆按车内地板高度，轻轨车可分为两类：
1. 高地板车——地板离轨面高度 900—1 000 mm；
2. 低地板车——地板离轨面高度 300—350 mm。

低地板车的型式可分为如下两类：

（1）常规转向架、分段式低地板。其转向架的走行及驱动机构仍是常规的。因转向架上面必须是高地板，而在转向架之间可以做成一段低地板。这种办法在技术上是最简单的,只要在车体结构上作些处理。其缺点是低地板只占地板全长的50%左右。铰接车的中间转向架通常为非动力转向架。

这种转向架采用独立车轮结构,取消车轴,就可以使中间通道做成低地板,但这种车辆两端动力转向架上仍为高地板,中间的贯通式低地板占地板全长的70%左右。

(2) 动力转向架为独立车轮结构的,为100%低地板车。如果动力转向架也采用独立车轮,取消车轴,则动力转向架上方的中间通道也可做成低地板,从而实现地板全长100%低地板。

3.2.6 高速磁浮列车车体

磁浮列车车体外形也呈流线型,强度设计要求满足车体强度。

德国TR高速磁浮列车车辆结构有三个主要组成部分:车厢、设备夹层结构和磁铁走行机构。车厢与走行机构之间通过二系悬挂以及牵引拉杆相互连接。磁铁走行机构通过悬浮、导向、驱动和制动功能带动整个列车行驶。

在TR高速磁浮列车的车体样机和内部装备的研制中,设计人员除重视了对近年来旅客不断增长的舒适性要求和管理部门对安全的要求外,还考虑到经济性。此外,在车体设计时,为达到重量轻和良好的空气动力学特性,还提出了以下设计准则:

1. 结构上的高刚度;
2. 最小的维护费用和安装部件的良好可接近性;
3. 通过新材料的选择达到较高的防噪声、防热和防燃烧的功能;
4. 采用先进的制造方法和结构形式以达到较低的制造成本。

根据这一准则,吸取现有高速轨道车辆的设计制造经验,对车体设计进行了研究,从而确定了成本较低的TR08结构方案。

TR列车头车车体总图如图3-19所示。

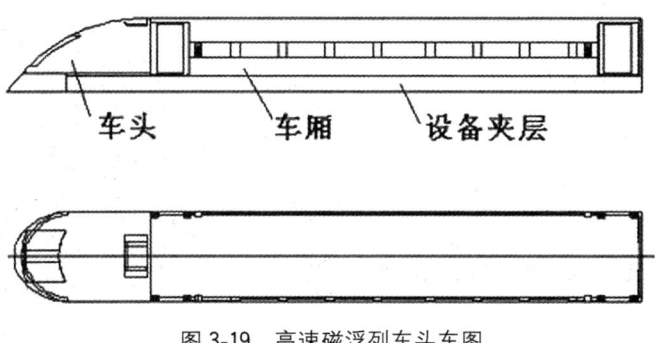

图3-19 高速磁浮列车头车图

3.3 列车车体的轻量化设计

3.3.1 车体结构的轻量化技术

普通速度车体结构的自重在14 t左右,而国外高速客车车体结构重量为10 t左右。总体上看,实现结构轻量化的主要途径有两个:一是采用新材料,二是合理优化结构设计。

1. 车体轻量化材料

车体轻量化材料主要包括耐候钢车体、不锈钢车体、铝合金车体,目前正在往碳纤维等复合材料车体方向发展。

表 3-3 日本高速动车列车结构材质及其重量

列 车	车体结构材质	车体结构质量(t)
0 系	耐候钢(SPA)	10.5
100 系	耐候钢(SPA)	10.3
200 系	铝合金	7.5
300 系	铝合金(大型挤压型材)	6(6.5)

(1) 车体结构的优化设计

日本100系列车,采用耐候钢(SPA),车体钢结构自重仅为10.3 t。我国的"168"客车,也采用耐候钢制造,车体钢结构自重为13.1 t—13.2 t。

(2) 铝合金车体的三种结构

大型中空挤压铝型材焊接结构、采用航空骨架式铝合金车体结构、大型中空挤压铝型材与开口型材的混合结构。

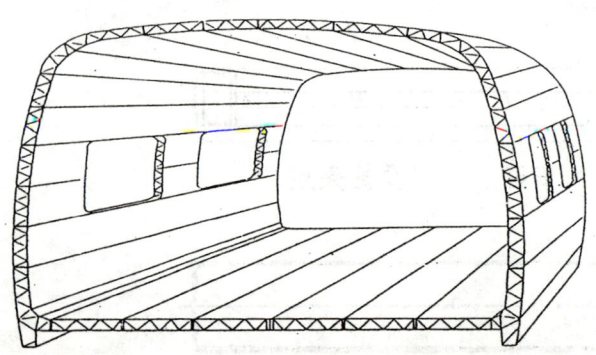

图 3-20 大型中空挤压铝型材焊接结构

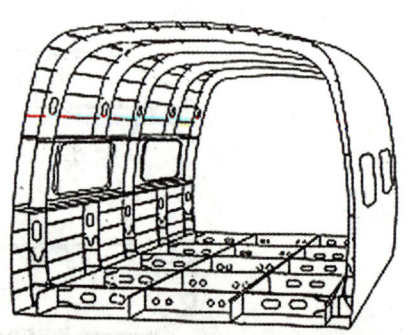

图 3-21 航空骨架式铝合金车体结构

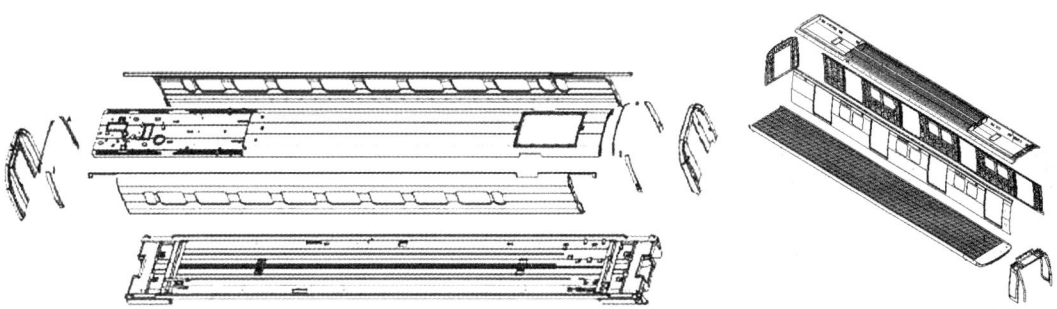

图 3-22　CRH3 铝合金车体结构图　　　　图 3-23　车体结构件图

3.3.2 车内设备的轻量化技术

车内设备材料,首先应满足功能要求和防火阻燃要求,装饰板应反映时代感,车内设备约占客车总重量的 20%,轻量化具有重要意义。

1. 车内设备

车内设备如门、窗、行李架、座椅、供水设备、卫生设备等等,均可选用轻合金或高分子工程材料和复合材料,使设备重量大大减轻。仅座椅一项,日本采用铝—钢合制或全铝制双人座椅,其重量由原钢制的 56 kg 分别降为 32 kg 和 24 kg,聚碳酸酯(PC)板材作为透明车窗材料,重量约为同厚度玻璃的 1/15,而且透光、耐压、耐冲击均较普通玻璃好,能方便地制作车辆通长的车窗。

2. 车内装饰板材

车内装饰板材广泛采用薄膜铝合金墙板,工程塑料顶板等。

3. 其他设备的轻量化

日本 100 系采用直流牵引电机,每台重量为 825 kg(功率为 230 kW),而 300 系采用交流感应电机后,每台重量仅为 390 kg(功率增至 300 kW)。德国(ICE3)的主变压器铁芯采用优质铁—铝合金,使导磁率提高 4—5 倍,又将铜编线改为铝编线,冷却使用硅油,这样其总重由 11.5 吨降为 7 吨等等。

表 3-4　日本 100 系和 300 系车辆重量比较(单位:t)

	100 系	300 系
车体结构	10.3	6.5
转向架	19.3	13.4
电气设备	13.5	10.0
车内设备	10.6	9.8
平均 1 节车重量	53.4	39.7

3.4 车体结构强度

解决任何结构物的强度计算,一般包括三个主要问题。

1. 结构物承受的作用载荷(或力)的分析:车辆作为高速运行的结构物,在运行中承受着复杂的作用载荷(或力),由于它们往往具有随机变动特性,所以,各种载荷之间的组合及取值就成为一个课题。

车辆结构强度设计及试验需考虑十几种作用载荷(或力)的单独或联合作用,然而,多年实践表明:不管整个车辆结构或其组成零部件的强度、刚度或稳定性,总是主要取决于一个或几个作用载荷(或力),其余则处于从属地位。为此,我们把对强度、刚度和稳定性具有决定意义的载荷(或力)称为"主载荷"。

2. 确定由于上述作用载荷(或力)在车辆结构中产生的应力和变形状态,必要时,还应校核其稳定性。

以往,我们探讨上述问题时常利用理论力学、材料力学、结构力学和弹性力学的一般方法来解决,尤其从 50 年代初开始自行设计车辆结构,我们主要因袭前苏联有关《规范》中所推荐的"力法"后由于静强度试验的逐步推广和普及,发现该方法计算与试验应力相比,其准确度不到 60%—70%。所以,70 年代中期,我们在国内结构强度计算领域中较早采用了有限元法。

3. 确定结构在保证运输安全及耐久的条件下,许用应力、刚度和疲劳评估方法。目前随着我国铁路运输进一步提高列车运行速度,铁道车辆及其主要零部件的动态问题和疲劳寿命问题日趋严重,我国也采用试验与有限元分析相结合的方式进行了大量研究,取得相应成果。

3.4.1 作用在车辆上的载荷

1. 在进行车辆结构强度设计时,一般情况下均应考虑以下的作用载荷(或力):

(1) 垂向静载荷,包括结构自重、载重和整备重量;

(2) 垂向动载荷;

(3) 侧向力,包括离心惯性力和风力;

(4) 纵向冲击力及由它所产生的纵向惯性力;

(5) 制动时产生的力,包括制动系统中的力和制动时产生的惯性力;

(6) 车辆通过曲线时所受的钢轨横向作用力;

(7) 修理时加于车辆上的载荷;

(8) 扭转载荷及垂直斜对称载荷。

2. 除上述为各种车辆所共有的作用载荷(或力)外,还应当考虑因车辆用途和结构不同的以下各种作用载荷(或力):

(1) 罐体内压力,包括所装液体的蒸发气体的压力,液力冲击压力及所装液体自重引起的静压力;

(2) 散装粒状货物的动侧压力;

(3) 车辆在机械化装卸时所受的力,包括需上翻车机的敞车和为满足叉车装卸作业地板所受的载荷。

3. 上述所列作用载荷(或力)可归结为下列几种主要计算作用方式:

(1) 垂向方式;

(2) 纵向方式;

(3) 侧向方式;

(4) 自相平衡的一些力组,如扭转载荷及斜对称载荷。

4. 除自相平衡的力组外,三种计算作用方式中,垂向和纵向是主要的,即垂向总载荷和纵向力是考察车辆结构强度的主载荷。因为即将指出,在考虑车辆相应零部件的强度时,常以垂向静载荷的 10%—12.5% 来表征侧向力的作用影响,足见垂向和纵向作用方式所产生的应力可占据整个应力总成的 90% 以上。

3.4.2 作用在车体上的载荷

1. 垂向静载荷

作用在车体上的垂向静载荷 P_{st} 包括车体自重、车辆载重以及整备重量。

(1) 车体自重

在进行车辆强度计算时,车体自重包括车体钢结构、木结构的重量以及固接在车体上的车辆其他零部件的重量。其数值视具体结构而定。

(2) 车辆载重

1) 货车载重:对于一般货车,取标记载重(打印在车体上的额定载重)为车辆载重;对于敞车,考虑雨雪增载作用,则取标记载重的 1.15 倍作为敞车的载重。

货车载重一般认为是沿地板面均布的;对于可能装运大型笨重货物的敞车和平车,其载重的分布情况可按设计任务书(或建议书)提出的要求考虑。

2) 客车载重：包括旅客及其自带行李的重量以及乘务人员的重量等。

旅客及其自带行李的重量按车辆容纳人数来计算。

座车的容纳人数分两种情况考虑：长途客车按座位总数加 50% 的超员计算，此时每一旅客及其自带行李的质量之和取为 80 kg；市郊客车按座位总数加上站立人数计算，站立人数按每平方米的地板自由面积(坐者足部所占面积，其宽度自座位边缘起 200 mm 不计在内)站立 7 人考虑，此时每一旅客及其自带行李的质量取为 65 kg。

卧车的容纳人数按卧铺总数计算，此时每一旅客及其自带行李的质量之和取为 90 kg。

餐车的容纳人数按餐桌座位总数计算，每人质量取为 65 kg。

客车乘务人员数目按各型车辆的实际情况考虑。

客车载重一般也认为沿地板面均匀分布的。

(3) 整备重量

客车整备重量包括旅客用的水、取暖用的煤(或油)以及餐车的燃料、冰和餐料等的重量，其数值按装满备足的情况考虑。

整备重量的分布可视各型客车结构的具体情况而定。

2. 垂向动载荷

垂向动载荷 P_d 是由于轨面不平、钢轨接缝等线路原因以及由于车辆本身状态不良(例如车轮滚动圆偏心，呈椭圆状，踏面擦伤)等因素，引起轮轨间冲击和车辆簧上振动而产生的。由于上述因素变化复杂，垂向动载荷很难从理论分析得到，通常可由垂向静载荷 P_{st} 乘以从动力学试验测得的垂向动荷系数 K_{dy} 而得，即 $P_d = K_{dy} \cdot P_{st}$。

据试验研究的我国铁道行业标准 TB/T1335-1996《铁道车辆强度设计及试验鉴定规范》(以下简称《强度规范》)推荐的垂向动荷系数的经验公式如下：

$$K_{dy} = \frac{1}{f_j}(a + bv) + \frac{dc}{\sqrt{f_j}} \tag{3-3a}$$

式中 K_{dy} ——垂向动荷系数；

f_j ——车辆在垂向静载荷下的弹簧静挠度(对于变刚度弹簧，静挠度值为垂向静载荷与相应载荷下的弹簧刚度之比)(mm)；

v ——车辆的构造速度(km/h)；

b ——系数，取值为 0.05；

d ——系数，货车取值为 1.65，客车取值为 3.0；

a——系数,簧上部分(包括摇枕)取值为 1.50,簧下部分(轮对除外)取值为 3.50;

c——系数,簧上部分(包括摇枕)取值为 0.427,簧下部分(轮对除外)取值为 0.569。

具有二系弹簧的转向架构架,垂向动荷系数按式(2-1b)计算:

$$K_{dy} = K_{dys} + (K_{dyx} - K_{dys})\frac{f_{jy}}{f_{j\Sigma}} \tag{3-3b}$$

式中 K_{dys}——簧上部分的垂向动荷系数;

K_{dyx}——簧下部分的垂向动荷系数;

f_{jy}——摇枕弹簧静挠度(mm);

f_{jz}——轴箱弹簧静挠度(mm);

$f_{j\Sigma}$——转向架的弹簧静挠度($= f_{jy} + f_{jz}$)。

垂向静载荷与垂向动载荷之和称为垂向总载荷。

3. 侧向力

作用在车体上的侧向力包括风力与离心力。车辆运行时受到自然界风力的作用。当风从车辆侧面吹来并垂直于车体侧壁,而车辆又运行在线路的曲线区段时,车体所受的侧向力为风力与离心力之和。

(1) 风力

我国风力取值系据建筑界有关全国风压分布图的研究而得。

计算时取风压力 540 N/m²,风力的合力作用于车体侧向投影面积的形心上。

(2) 离心力

车辆运行在线路的曲线区段时,将承受离心惯性力(俗称离心力)的作用,整个车辆的离心力作用在车辆的重心上,其方向沿径向指向曲线外侧。计算时通常把车体及转向架的离心力分别考虑。对于重载货车其车体的重心通常取在距轮对中心线上 180 cm 处,重载客车则取在距轮对中心线上方 160 cm 处。离心力使车体产生向曲线外侧倾覆的趋势,并使车辆靠外轨一侧的零、部件产生垂向增载。车体离心力 H_1 的作用情况,如图 2.15 所示,其数值可按下式计算:

$$H_1 = \frac{P_{st}}{gR}\left(\frac{v}{3.6}\right)^2 \text{(N)} \tag{3-4a}$$

式中 P_{st}——车体垂向静载荷(N);

g——重力加速度(m/s²),其值常取 10;

R——曲线半径(m);

v——通过曲线时车辆最大允许速度(km/h)。

为了减小离心力 H_1 对车辆的作用,在线路的曲线区段上外轨铺设得比内轨高出一个 h 值(见图 3-24),h 通常称为外轨超高量,其数值与曲线半径 R 的大小有关。由于外轨超高,就使得车辆内倾,这样,车体垂向静载荷 P_{st}(包括车体自重、载重等)就会在与离心力 H_1 相反的方向上产生一个分力 H_2,它可以抵消一部分离心力的作用。

从图 10-1 中看出

$$H_2 = P_{st}\sin\alpha = P_{st}\frac{h}{2b_1}(\text{N}) \tag{3-4b}$$

式中 h——曲线区段的外轨超高量(mm)(它与曲线半径 R 以及通过曲线时列车平均速度有关,其值可参看铁路工程有关书籍);

b_1——轮对两滚动圆之间的距离之半(mm),其值为 $2b_1 = 1\,493$ mm。

考虑到外轨超高影响后,在曲线区段车体仍承受着未抵消的离心力作用,把 H_1、H_2 力沿着垂直于车体侧壁的方向(即 H_2 的方向)投影,其两者之差为:

$$H = H_1\cos\alpha - H_2$$

由于 α 角度很小,故 $\cos\alpha \approx 1$,因此:

$$H_1 = H_1 - H_2 = P_{st}\left(\frac{v^2}{gR3.6^2} - \frac{h}{2b_1}\right)(\text{N}) \tag{3-5}$$

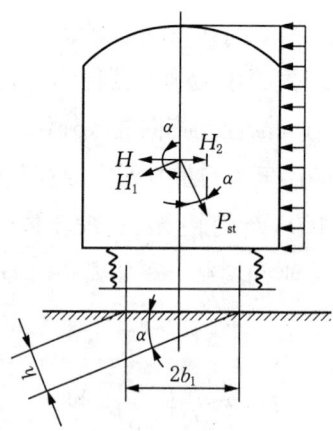

图 3-24 侧向力的作用

4. 扭转载荷

在列车运行过程中,轨道不平顺是难以避免的,此时轨道的不平顺会通过车轮、转向架轴箱弹簧及空簧将轨道不平顺的激扰因素传递到车体,间接会导致四个车体空簧座产生垂向位移差,引起车体的扭转。车辆制造的几何误差,线路不平顺等,即使是静止的重载车体也可以形成扭转。在运动过程中,蛇形运动、车辆进出曲线或道岔侧线均可以使车体扭转。

由于车体重心距心盘面有一定的高度,所以如图 3-25 所示,当第一个转向架进入缓和曲线,而后面转向架仍处于平直道,或当第一个转向架驶出曲线,而后面的转向架仍处于缓和曲线时,都将使车体产生扭转。

《强度规范》扭转载荷 M_k 取值 $4\,\mathrm{t\cdot m}(40\,\mathrm{kN\cdot m})$。此扭矩作用在车体枕梁所在垂直平面内。

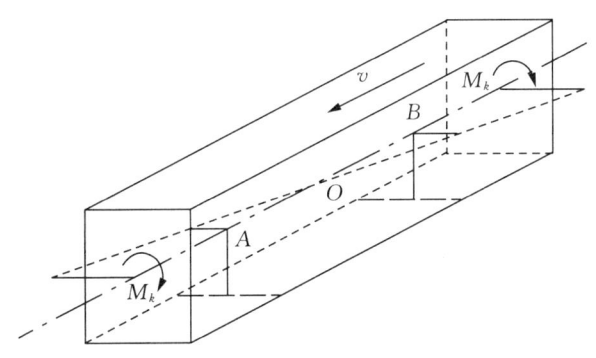

图 3-25　曲线上车体扭转示意图

5. 纵向力

当列车运动状态发生变化时,车辆牵引缓冲装置上,因相邻车辆间发生速度差,就会导致纵向拉伸或压缩作用力的产生,它经由车辆底架的前(或后)从板座作用于车体,使其产生偏心拉伸(或压缩)变形。

纵向动力的大小与机车的起动牵引力和列车的重量与速度,甚至机务人员的操作水平等有关,同时也取决于单个车辆本身的质量、车体纵向刚度、所装制动机和钩缓装置的性能。纵向动力的作用性质也相当复杂,不仅不同工况下其作用力的大小与性质不同,即使同一工况也不是都有统一的特性可言。尤其应当指出的是,不管哪一种工况下发生的纵向动力,其沿列车长度方向的分布都不是均匀的,换句话说,当列车发生纵向冲击时,车辆所处位置不同,其所受力的大小是不等的。

《强度规范》对纵向力及其组合的表述如下:

(1) 纵向力是指列车在各种运动状态时,车辆间所产生的压缩和拉伸的力。在计算和试验一般客车强度时,仅按第一工况的载荷组合方式进行;货车必须按第一工况和第二工况的载荷组合方式进行。

(2) 第一工况。纵向拉抻力取:客车为 980 kN,货车为 1 125 kN;压缩力取:客车为 1 180 kN,货车为 1 400 kN。该力分别沿车钩中心线作用于车辆两端的前、后从板座上。

这种力产生的应力与垂向总载荷、侧向力、扭转载荷等所产生的应力相加(装运散粒货物的车辆,还应加上侧压力产生的应力),其和不得大于第一工况的许用应力(见表 9-7)。

(3) 第二工况。纵向压缩力取为 2 250 kN,该力有二种作用方式:一是沿车钩中心线作用于车辆两端的后从板座上;二是沿车钩中心线作用于车辆一端的后从板座上。而为车辆及其所载货物的惯性力所平衡。

货车的走行部分和车体构件,都必须考虑车体总重(车体静载重与车体自重之和)所产生的惯性力的影响,该惯性力沿车体纵向作用在车体(包括货物)的重心处。其大小按式(2-4)计算:

$$N_g = 2\,250 \times \frac{车体总重}{车辆总重} (kN) \tag{3-6}$$

式中 N_g——车体总重产生的惯性力(kN)。

由这两种作用方式产生的应力分别与垂向静载荷产生的应力相加(装运散粒货物的车辆,还应加上侧压力产生的应力),其和不得大于表 10-3 的第二工况许用应力。

随着我国铁路运输向高速和重载两个技术方向发展,其纵向力的要求也相应的进行了修改。对于 70 t 级的新型铁路货车,其第一工况的纵向拉伸力为 1 780 kN,纵向压缩力为 1 920 kN;第二工况的纵向压缩力为 2 500 kN。而应用于大秦线重载运输,列车编组超过 10 000 t 的新型铁路货车,其第一工况的纵向拉伸力为 2 250 kN,纵向压缩力为 2 500 kN;第二工况下的纵向压缩力为 2 800 kN。

6. 散粒货物的动侧压力

货车装运散粒货物时,车体侧、端墙承受着沿其全长(或宽)均匀分布的散粒货物侧压力。

(1) 散粒货物的侧压力作用于垂直侧(端)墙之上,当进行第一工况强度考核时,仅考虑侧墙压力。其单位面积上的压力按式(3-7)计算:

$$p_{s1} = \frac{1}{2} \gamma h \sqrt{(1-K_v)^2 + A_0^2} \times \sqrt{1+A_0^2} \times 9.81 \tag{3-7}$$

$$A_0 = K_h - (1-K_v)\tan\theta$$

式中 p_{s1}——侧墙单位面积上的压力(Pa);

γ——散粒货物容重(t/m^3);

h——散粒货物实际装载高度(可根据标记载重,货物容重以及车体内长和内宽等确定)(m);

K_v——端墙上在重载车体重心高度处的垂向加速度与重力加速度的比值(一般可取 0.7);

K_h——端墙上在重载车体重心高度处的纵向加速度与重力加速度的比值(一般可取 0.4);

θ——散粒货物的自然坡角(°)。

设计通用敞车时,按装运水洗煤取值 $\gamma = 1.1 \times 10^3$ kg/m^3; $\theta = 25°$。

(2) 当进行第二工况强度考核时,其侧墙单位面积上的压力按式(3-8)计算:

$$p_{s2} = \frac{1}{2}\gamma h[1 + (\tan\theta)^2] \times 9.81 \tag{3-8}$$

式中 p_{s2}——侧墙单位面积上的压力(Pa);

γ、θ、h——同式(3-7)。

端墙单位面积上的压力按式(3-9)计算:

$$p_{e2} = \frac{1}{2}\gamma h \sqrt{1 + (A_1 + A_2)^2 + A_3} \times \sqrt{1 + (A_1 + A_2 h)^2} \times 9.81 \tag{3-9}$$

$$A_1 = K_h - \tan\theta - K_v \cdot \frac{h}{L} + K_v \cdot x \cdot \frac{\tan\theta}{L}$$

$$A_2 = \frac{K_v}{L}$$

$$A_3 = A_2 \cdot x(A_2 \cdot x - 2)$$

式中 p_{e2}——端墙单位面积上的压力(Pa);

γ、θ、h——同式(2-5);

K_v——同式(2-5),一般可取 1;

K_h——同式(2-5),一般可取 3;

h_0——散粒货物表面至重载车体重心间的距离(m);

L——车体内长的一半(m);

x——重载车体重心至计算侧压力处的水平距离(均匀装载时 $x = L$)(m)。

7. 罐体的内压力

装运液体货物的罐车,其罐体承受着液体蒸发气体的内压力、液力冲击时所产生的压力及所装液体自重引起的静压力三部分之和。

液力冲击时产生的单位面积压力等于液体惯性力 N'_g 除以罐体端面的投影面积所得的商。静强度计算及试验时,假定此压力的作用沿整个罐体内壁是均匀分布的。

N'_g 值可用类似式(2-4),取相应工况的纵向力乘以液体载重与罐车总重的比而求得。罐体内的蒸发气体压力依设计任务书规定的安全阀调整压力取值。

在评价罐体作为壳体的稳定性时,应考虑真空现象(当下部排卸或液体蒸气快速冷却及在进气阀发生故障时,均可能出现这种现象)。

罐体承受负压(真空)时的计算值取为 0.05 MPa。

8. 车辆在机械化装卸时所受的力

(1)需上翻车机的敞车的上侧梁和立柱必需满足翻车机的作业要求,对于车辆总重为 84 t 的敞车,翻车机一个压头的最大垂向压力取 118 kN,作用在上侧梁的任何位置,匀布于最小 200 mm 的长度上;侧墙立柱根部的内倾总弯矩 235 kN·m,均匀分摊给所有立柱,其所产生的应力均不得大于表(9-7)所规定的第二工况许用应力。其他载重的敞车及固定使用翻车机的敞车,应根据车辆总重和所用翻车机的结构确定上侧梁和立柱的载荷值。

(2)地板应能满足叉车装卸作业的要求,前轮距为 260 mm 时,载荷为 40 kN(每轮 20 kN),作用在地板任何位置所产生的应力不得大于表(9-7)第二工况许用应力。当进行这种强度考核时,钢地板可按四周简支板计算。当木地板直接承载时,其跨距不得大于 400 mm。

9. 修理时加于车辆上的载荷

鉴定车辆强度时,应考虑在车体一端枕梁的两侧或其他顶车处用千斤顶架起重载车体。此时,车体任何断面的应力不得大于所用材料的屈服极限,顶车位置处的结构不得产生永久变形。

使车体承受很大载荷的特定架修方法必须在设计任务书中加以载明,以便在鉴定强度时考虑。

10. 高速列车车体气密性载荷

在列车运行过程中,列车在高速运行、隧道通过、隧道或明线交会时,列车表面及车厢内部空气压力会发生变化,形成车体内外空气压力差,直接影响到列车安全运行的强度和旅客乘坐舒适性。在列车高速过隧道过程中,车体的气密性载荷对车体的作用较为明显。

3.4.3 不同车体结构承载形式

轨道车辆车体结构可以划分为底架、侧墙、端墙及车顶等几大部件,但不同类型的车辆会有不同的部件组合,而且还会因组合的不同或其连接方式的差异,因而具有不同的承载

型式。但就承载方式而言主要可以归纳为这样三类:

1. **整体承载型**

轨道车辆中的客车和部分机车及货车中的棚车等车体结构由底架、侧墙、端墙及车顶经焊接或铆接使车体的这几大部件牢固地成为一个整体而组成了箱形结构,则此时车体各大部件均能承受垂向载荷及纵向力,这些部件之间得益于焊接或铆接的连接方式,可以完全传递作用力,使所有结构件都能参与承载,从而形成了整体承载的型式,因而把这种形式的承载结构称为整体承载结构。

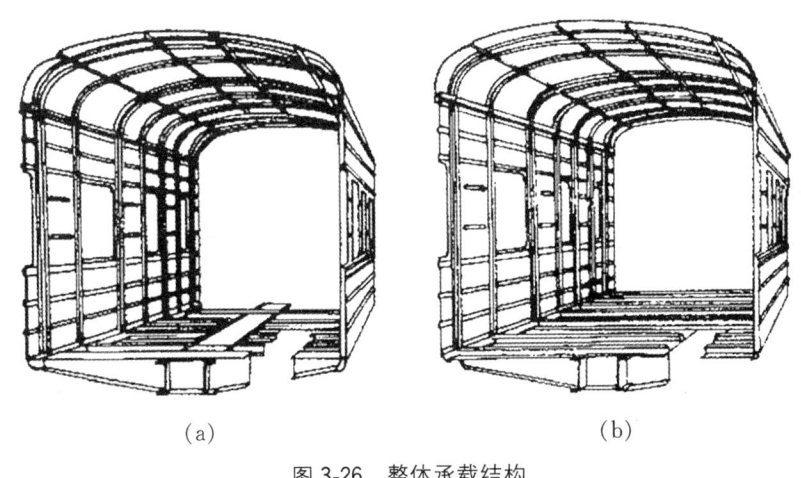

图 3-26　整体承载结构
(a) 开口箱形结构;(b) 闭口箱形结构

整体结构承载型式能充分发挥所有结构材料的承载能力,因而易于达到强度高、抗变形能力强和重量轻的设计目标,是较好的一种承载型式。整体承载结构又分开口箱形结构和闭口箱形结构两种。图 3-26(a)为底架没有金属地板,仅由各梁件和镀锌铁皮组成的开口箱形结构;图 3-26(b)为底架地板横梁下面(或底架上面)设有金属地板所组成的闭口箱形结构,也称筒形结构,这是目前轨道客车包括磁浮列车普遍采用的承载形式,一般电力机车车体也多为整体承载形式。

整体承载结构的客车钢车体的骨架是由很多轻巧的纵向杆件及横向杆件组成一个个钢环,与金属包板组焊在一起具有很大的强度和刚度。因此底架的结构可以较侧壁承载时更为轻巧,有可能将底架中部的一段笨重中梁取消,而制成无中梁的底架结构。图 3-27 为我国客车车体的无中梁底架简图。由图中可以看出,底架两枕梁之间的中梁被去掉了。为了保证载荷的传递,适当地加强了侧梁,并在底架两枕梁之间敷以波纹地板。对于某些形式的车辆,例如罐车,其罐体本身具有很大的强度和刚度,能承受各种载荷,此时连底架也可以取消,仅在罐体的两端焊上牵引梁和枕梁,供安装车钩缓冲装置和传递载荷(如图3-28),它也是整体承载结构的一种形式。

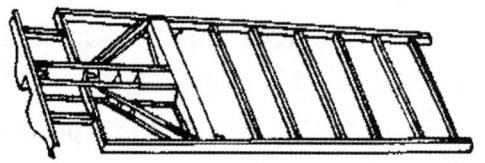 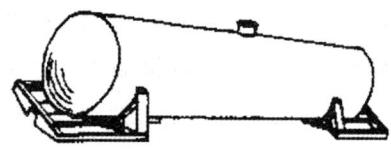

图 3-27　无中梁底架结构　　　　　图 3-28　无底架罐车

2. 侧壁承载型

部分机车,尤其内燃机车由于安装庞大的内燃机组的需要,其车顶是活动的,不能与侧墙间传递作用力,因而主要由底架与侧墙及端墙作为一个整体参与承载,这样的结构承载型式称为侧壁承载型。货车中的敞车也属于这一承载型式。侧壁承载型车辆的承载能力弱于整体承载型。按结构形式的不同,侧壁承载式车体分为桁架式和框架式(板梁式)两种。

(1) 桁架式侧壁承载车体

桁架式侧壁承载机车车体由桁架、侧壁、底架、车顶和司机室几部分组成。桁架的下弦杆就是底架的侧梁,上弦杆紧接车顶。上、下弦杆用立柱和斜杆连接成桁架,承受全部垂向载荷和纵向力。车顶由可拆卸的部分组成,车顶外壁焊接在骨架上。

司机室由骨架和钢板制成,它坐落在牵引梁上与桁架相连接。

采用这种结构的优点是:车体外壁不承受载荷,可以对电焊工艺要求低些。为了减小机车质量,外皮可用轻金属板或塑料代替钢板。根据制造和维修的需要在侧壁上开孔,并不影响车体的强度和刚度。不过由于斜杆的存在,侧壁开孔的大小和位置往往受限制。这种结构的另一缺点是不能最大限度地降低机车的质量。

DFH1 型内燃机车的车体属于桁架式侧壁承载车体。我国旧型货车的部分敞车和冰箱保温车等木墙板车均为桁架式侧壁承载结构。

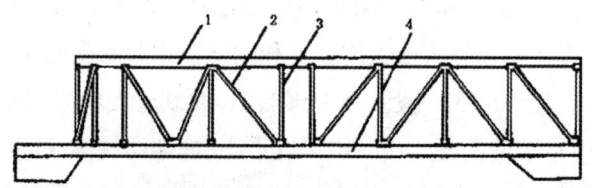

图 3-29　桁架式承载机车车体侧壁结构示意
1—上弦杆;2—斜杆;3—立柱;4—下弦杆

(2) 框架式侧壁承载车体

机车框架式承载车体具有加强的立柱,由立柱、中间杆和上、下弦杆构成框架。框架和覆盖在其外面的钢板所构成的侧壁承受全部垂向载荷和纵向力,因而车体有较大的强度和刚度;侧壁开孔不大受限制,能最大限度地减轻机车质量。

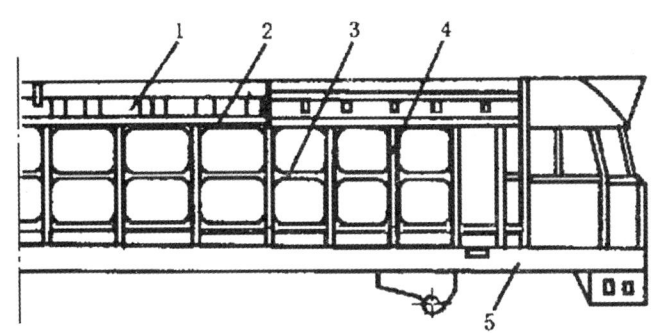

图 3-30　框架式侧壁承载机车车体侧墙结构示意
1—车顶骨架;2—上弦杆;3—中间杆;4—立柱;5—下弦杆

框架式侧壁承载是内燃机车较多采用的车体结构形式。我国 DF 型和 BJ 型内燃机车采用的都是框架式侧壁承载车体,货车中敞车也多属于这种承载结构,为了保证金属板受力后不致失稳,板的自由面积不宜过大,敞车车体常采用钢板压筋方式来增加侧壁稳定性。同时,由于车体外皮要承受部分载荷,对钢板的焊接工艺需要有较高要求。

3. 底架承载型

货车中的平车及早期的内燃机车,或无侧墙,或虽有侧墙但属于非承载结构,因而其设备或装载货物的重量级其他载荷,均由底架(或称车架)予以承担,这种承载型式即为底架承载型(在机车车架设计中也称为非承载式车体)。这种型式的底架结构强度要求较高,中梁及边梁都很强,底架质量也比前两种结构要大得多,实现结构轻量化的目标难度较大。

3.4.4　车体强度分析

车体体积庞大、结构复杂,而目前的有限元分析商业软件已经可以给广大的强度分析问题提供合理可靠的限元分析结果。因此采用有限元软件对车体进行强度分析。

1. 车辆按有限元法计算时应考虑的主要问题

应用有限元法借助电子计算机对车辆结构进行强度分析时,首先必须合理地确定计算模型(它包括结构几何图形的确定、结构对称性的利用、结构的离散化、载荷处理以及边界约束的设置等),其次是正确选用或编制合适的结构分析程序,然后上机运算,最后对于后处理功能不好的程序还必须对计算结果进行整理。

(1) 合理地确定计算模型

所谓计算模型就是在对实际结构物的构造和受力特性等进行分析的基础上,给出适合于有限元法的计算简图。由于实际结构物的构造和受力往往是很复杂的,且不适合直接采用有限元法进行计算(如边界支承和载荷条件不适合等),这就要求在建立计算模型的过程中,进行种种必要的简化,也就是说,计算模型与实物相比在不同程度上都具有一定的近似性。一般说来,由于这种近似性所造成的计算误差,要比有限元法理论本身的计算误差大得多,故结构计算模型选择得合理与否,是直接影响计算结果精度的首要因素。因此,在选择计算模型时既要力求最大限度地符合实际结构及其受力特点,又要有利于计算(在保证足够精度情况下适当简化)和节省上机时间。

下面就确定计算模型时所必须考虑的几个问题,予以简要阐明。

1) 结构几何图形的确定

根据结构物的构造情况,其几何图形可以是空间或平面图形。构成实际结构物的一维构件(杆、梁、柱)、二维构件(板、壳)均应以几何线条表示。一维杆件系统中的杆、梁、柱等,要根据其以弯曲变形还是扭转变形为主而定其轴线,若杆件在结构中以承受弯曲变形为主,则取杆件截面形心的轴线代表该杆件;若以承受扭转变形为主则取通过杆件截面弯心的轴线代表该杆件。板、壳的几何图形取其平分板(壳)厚度的中面表示。

实际结构中往往存在一些难以明确划分为一维或二维的构件,例如大截面的薄壁型材,它可以作为杆件考虑,但又可作为由薄板组成的构件。这时就应根据此类构件的受力特点、在结构中的重要性、以及计算精度和计算费用的经济性等方面综合考虑,从而确定其几何图形为杆件或是薄板组合构件等。

同一个结构,其几何图形在设计的不同阶段,可以是不同的。一般在方案设计阶段几何图形较简单,而在技术设计阶段则较为复杂。另外,在结构的高应力区或受力复杂区,用于计算的几何图形应复杂些,而低应力区,则允许其几何图形有更大的简化。

还必须指出:如果杆件的截面积、板材的厚度或所用材料,沿杆件全长和整块板面是变化的,那么除了画出代表该杆件和薄板的轴线和平面外,还应标出不同截面(或板厚)和材质的分界点(或线)。

2) 结构对称性的利用

在确定结构的计算模型时,应充分利用结构(包括支承)及载荷的对称性。所谓结构对称是指结构的几何形状、杆件截面(或板厚)以及材料性质均具有对称性。当结构和支承均对称于某一轴线(空间结构为对称于某一平面)而载荷亦同时对称(或反对称)于该轴线(或该平面)时,由于结构中的应力、应变及位移也对称(或反对称)于该轴线(或该平面),故可沿结构的对称轴(对称平面)截开,取结构的一半作为计算对象,这样可大大减少计算工作量、节约机时而保持原有的精度。此时作用于对称轴(对称平面)上的载荷应取其值的1/2,同时,根据力学原理,必须在截断平面处加上相应的约束,以代替另半个结构对该计算对象的影响。例如,当结构对称于 YOZ 平面时,在对称载荷作用下,该 YOZ 平面上各点均无沿 X 轴的线位移和绕 Y 轴及 Z 轴的转角,故取半个结构作计算简图时,该 YOZ 平面上所有各结点均应加上 X 向的刚性约束和绕 Y、Z 轴旋转的刚性约束。同理,上述结构受反对称载荷时,则须在对称截面(YOZ)上加上反对称的约束(对 YOZ 平面为沿 Y 轴、Z 轴的线性方向的刚性约束及绕 X 轴旋转的约束)。

同理,当结构具有两个对称平面时,则可取 1/4 结构计算。同时,在该两截开平面处,加上相应于载荷的约束(对称载荷下加对称约束,反对称载荷则加反对称约束)。

3) 结构的离散化

当结构的几何图形已确定并考虑了对称性以后,就可进行结构的离散化处理,这主要包括单元类型的选择和单元(网格)的划分和结点。

① 单元类型的选择:算时选用何种单元取决于结构的几何形状、受力特点及对计算精度的要求等因素,也与所选取的单元程序有关。目前用于车辆结构离散中的常用单元为板壳单元、实体单元和梁单元。

一般结构中,可以将型钢梁当作薄板结构处理为板壳单元,但是如果考虑到结构的复杂程度和离散结构的大小,以及计算耗时等因素,可以对截面高度与长度(跨度)之比(又称高跨比)小的小梁(如客车车体上的车顶纵向梁、侧力柱、大小腰带等),作为梁单元进行处理。对于厚度较大的板以及一些铸造的安装座等结构可以选择三维实体单元进行处理。

② 单元的划分:对于杆系单元(杆元及梁元等),确定了结点位置就完成了单元划分的工作。确定杆系单元结点的位置,一般需遵循以下原则:不同方向杆件的交点,同一方向的杆件截面或材质发生突变处,杆件的支承点和自由端必须作为结点;而集中外力的作用点、分布载荷的起、止点或载荷强度的突变点也宜作为结点。对于变截面杆件,以若干阶梯形等截面杆件来替代。

对于膜元和板元,划分单元时应考虑以下原则:

i. 单元的划分应互不重叠地沿着整个结构进行,单元之间只能在结点处相连,一个单元的结点不能是相邻单元的"内点"(如采用4—8可变节点等参元者例外);

ii. 单元的划分应力求规则,以保证有限元分析计算结果的精确度,如三角形单元其三

条边长不要相差太大,四结点任意四边形单元的内角不要接近180°;

ⅲ. 单元的划分应使结点和单元的边界线置于板的厚度、载荷以及材料特性发生突变处,即划分好的膜元或板元应是等厚度和材质均匀的;

ⅳ. 在应力较大或变化急剧的部分,网格可划密些,反之可划分得疏些,相邻单元面积大小尽量不要相差太大,网格从密到疏(或反过来)尽可能逐步过渡。

ⅴ. 应尽量采用精度高的单元(如矩形元、6、8结点等参元等);

对于某些大型结构,当单元数量过大而计算机容量难以满足(或计算时间太长)时,可以采取分步计算法,即先把单元网格划分得粗一些(因而结点数和单元数少一些)。对整个结构进行第一次计算(称为整体初算),然后把结构中应力较大或变化急剧的区域从整个结构中分离出来,并把这一局部的单元网格划分得细一些,用第一次计算所得到的该局部边界上的结点位移值(或结点力值)作为其位移边界条件(或结点载荷边界条件)进行第二次计算(又称局部细算)。在计算机容量和计算时间允许的条件下,局部细算的区域可适当取大一些。

目前一般的有限元分析软件已经能够在前处理功能里自动划分网格,但有时候需要人工进行干涉,调整局部单元划分。

4) 载荷处理

对于计算模型中的载荷工况、数值和作用方式,对不同的计算对象,可根据《铁道车辆强度设计及试验鉴定规范》中的有关规定来确定。

根据有限元法的理论,所有载荷必须作用在结构离散图的有关结点上(称为结点载荷)。而对作用于杆、梁单元跨度上,以及作用在板的平面内或边界上的载荷(非结点载荷),必须按一定原则移置到相应结点上,成为等效结点载荷。这种载荷的移置方法,称为载荷处理。

5) 边界约束的设置

采用有限元法进行计算时,必须在计算模型的某些节点上设置一定的约束条件,从而利用这些条件对结构刚度方程组进行处理(称为约束处理),使方程组可解。

边界约束的设置一般有以下几点情况:

① 根据结构的实际支承情况设置约束。例如车体支承在转向架下心盘上,则可在车体上心盘支承处的节点上,设置一个限制车体在垂直方向位移的刚性约束;若要在上心盘的几个节点上同时设置约束,则可采用几个具有适当刚度的弹性约束或一个刚性约束几个支反力来模拟实际支承情况。

② 根据结构和载荷的对称条件设置约束。如前所述,在车辆结构和载荷具有对称性

时,可取 1/2 或 1/4 结构作为计算对象,此时在截开的对称载面上的所有节点应设置相应的约束条件,此处不再赘述。

③ 根据限制整个结构刚性位移的条件设置约束。当结构承受平衡力系作用而无支承时,或者结构虽具有实际支承,但这些支承条件不足以限制整个结构的刚性位移时,设置或添置若干限制整个结构刚体位移的约束。

结构在平衡力系作用下,约束点及约束方向的设置可以任意选定,因为各节点之间的相对位移值即结构内力与所设置的约束点位置和约束方向无关。但是应指出,所设置(或添置)的约束必须限制在保证结构处于静定状态的范围,而不能设置超静定约束(即多余约束)。如实际结构原来就具有超静定约束,则不属此限制范围。

(2) 正确选用或编制合适的结构分析源程序

有限元法是现代结构分析中一种获得广泛应用的先进计算方法,但是这种方法必须以计算机作为工具。正确选用或编制合适的结构分析程序则是完成计算,并保证计算结果正确可靠的关键。

随着有限元法的广泛应用,国内外不断出现了各种各样的有限元结构分析程序,其中包括前后处理及计算功能较好的微机程序。因此,一般有限元计算均采用现成的结构分析程序。选用程序时,首先,应考虑该程序的计算结果是否正确可靠,这可以通过一些考题(包括多种单元及其组合的大型实际题目)验证,验证的依据是试验结果。当然,也可以与其他公认的程序计算结果对比,间接验证。其次,应考虑该程序的解题范围、规模、速度以及前后处理功能、与其他软件的连接等方面。前者是选用程序时必须要考虑的,后者则应根据具体条件灵活考虑。

上述选用程序需要考虑的问题,对编制结构分析程序同样存在。

(3) 计算结果的整理

对于后处理功能强的程序,如 SSAP、ANSYS 和 I-DEAS 等是不必要的,因为这些程序具有对计算结果自动整理的功能。

对于车辆主要零部件来说,计算后经整理所得到的结果至少应包括:车体主要梁件(底架的中梁、侧梁、敞车侧立柱和上端梁等)和转向架主要部件(侧架和构架等)的挠度曲线,车体主要横截面上的应力分布曲线;计算构件中若干个(一般可取 10 个)绝对值最大的应力值及其发生部位。

由于在结构离散图中,某一结点通常与多个单元相连,即为多个单元所共有。但根据结点处的变形谐调条件,不同单元在同一结点处的位移值是相同的。故构件的挠度曲线可根据计算结果中结点位移分量直接给出,而无需进行整理。

2. 计算实例

根据某地铁项目要求,对该地铁 Tc 车车体静强度进行仿真分析计算,验证结构是否满足设计要求。该地铁车体几何模型采用 CATIA 软件建模。Tc 车几何模型如图 3-31 所示。

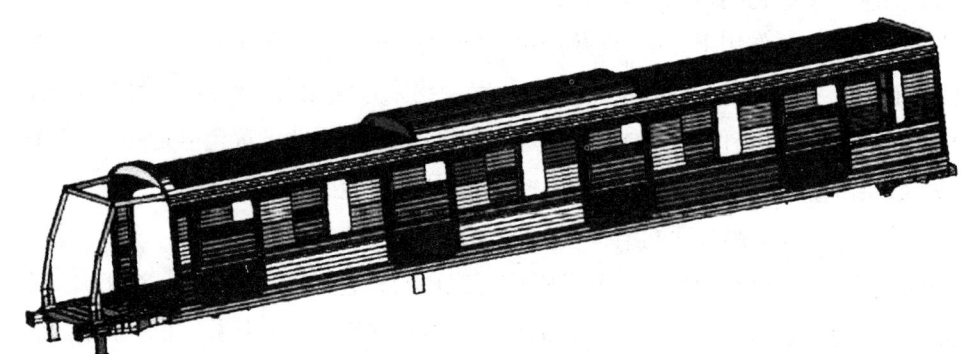

图 3-31　Tc 车车体几何模型

(1) 结构离散

该地铁 Tc 车车体有限元模型采用 HyperMesh 软件划分,整车采用四边形薄壳单元进行网格离散,极小部分采用六面体单元和三角形单元进行划分,并且对于重要部位进行了局部细划。整车共划分 1 698 749 个节点,2 025 575 个单元,车体有限元模型如图 3-32 所示。

图 3-32　车体有限元模型

(2) 施加工况

进行有限元计算时考虑以下几种工况情况:

表 3-5 车体静强度计算工况汇总

工况	载荷
1	垂向静载荷 AW0
2	垂向总载荷 AW3
3	最大运营载荷 2×AW3
4	AW0 状态下,在车钩处施加 1 200 KN 的压缩力
5	AW0 状态下,在车钩处施加 750 KN 的拉伸力
6	AW3 状态下,在车钩处施加 1 200 KN 的压缩力
7	AW3 状态下,在车钩处施加 750 KN 的拉伸力
8	1.1×AW0 状态下,一端固定,另一端在牵引梁处抬起,并在抬起端施加 1.1×M3 的垂向力
9	AW0 状态下,在端墙处窗下沿高度施加 300 KN 纵向压缩力
10	AW0 状态下,在端墙处上边梁高度施加 150 KN 纵向压缩力
11	AW0 状态下,在车顶机组平台上 200 cm^2 区域内施加 1 000 N 的垂向作用力
12	1.1×AW0 状态下,在枕内架车位上将车抬起并在两端分别施加 1.1×M3 的垂向力
13	1.1×AW0 状态下,在枕外架车位上将车抬起并在两端分别施加 1.1×M3 的垂向力
14	1.1×AW0 状态下,在枕外架车位上进行三点支撑并在两端分别施加 1.1×M3 的垂向力
15	AW3 状态下防爬板上施加 150 KN 的垂向力

根据刚度计算要求,列出刚度计算工况如表 3-6 所示:

表 3-6 刚度计算工况汇总

序号	名 称	具 体 描 述
1	整备垂直载荷	车辆 AW0 状态下 约束:二位端车钩座处约束纵向位移;两端中心销处约束横向位移;4 个空气簧处约束垂向位移。
2	垂向最大超员静态载荷	车辆 AW3 状态下 约束:二位端车钩座处约束纵向位移;两端中心销处约束横向位移;4 个空气簧处约束垂向位移。

(3) 计算结果

基于车体结构进行计算分析,得到车体各关键部位在各工况下 Von Mises 应力的计算结果如表 3-7 所示。

表 3-7 车体各静强度工况下主要部位应力结果及评价汇总

应力单位：MPa

工况	发生位置	应力值	材料	许用应力	安全系数
1	枕梁处铆接的 L 型梁	62.08	S355 J2 G3	322	5.18
2	枕梁处铆接的 L 型梁	130.405	S355 J2 G3	322	2.46
3	枕梁处铆接的 L 型梁	225.485	S500 MC	500	2.21
3	枕梁上盖板焊缝处	222.363	S500 MC	454.5	2.04
3	下门角	152.531	6005A T6	225	1.47
4	司机室底架	454.989	S500 MC	500	1.09
4	一位端牵引梁处	462.879	S500 MC	500	1.08
4	枕梁处铆接的 L 型梁	207.127	S355 J2 G3	322	1.55
4	窗角	89.866	6005A T6	215	2.50
5	一位端车钩座	241.285	G60 Mn6 TR1	550	2.27
5	枕梁处铆接的 L 型梁	98.574	S355 J2 G3	322	3.26
5	窗角	47.34	6005A T6	215	4.75
6	一位端牵引梁处	464.825	S500 MC	500	1.07
6	枕梁处铆接的 L 型梁	208.638	S355 J2 G3	322	1.54
6	侧墙与端墙连接处立柱	110.71	600A T6	215	2.03
6	司机室骨架	326.094	Q345	345	1.05
7	一位端牵引梁处	275.77	S500 MC	500	1.81
7	枕梁处铆接的 L 型梁	93.042	S355 J2 G3	322	3.46
7	窗角	86.249	6005A T6	215	2.60
7	司机室骨架	260.432	Q345	345	1.32
8	复轨座	309.1	G30 Mn6 TR1	550	1.77
8	枕梁上盖板焊缝处	130.515	S500 MC	454.5	3.83
8	下门角焊缝处	60.205	6005A T6	115	1.91
9	司机室骨架与底架连接板处	378.502	S500 MC	500	1.32
9	司机室骨架	378.502	Q345	345	1.66
9	端墙加载处	167.723	6082 T6	250	1.49
9	侧墙与端墙连接处立柱	167.723	6005A T6	215	1.34

续表

工况	发生位置	应力值	材料	许用应力	安全系数
10	司机室骨架与底架连接板处	372.982	S500 MC	500	1.34
	司机室骨架	176.421	Q345	345	1.95
	端墙加载处	80.681	6082 T6	250	3.09
	窗角	98.85	6005A T6	215	2.27
11	枕梁处铆接的L型梁	54.751	S355 J2 G3	322	5.88
12	枕梁上盖板焊缝处	195.451	S500 MC	454.5	3.32
	下门角焊缝处	65.442	6005A T6	115	1.75
13	司机室骨架	233.919	Q345	345	1.47
	枕梁上盖板	206.664	S500 MC	500	2.41
	下门角焊缝处	88.159	6005A T6	115	1.30
14	司机室骨架	322.286	Q345	345	1.07
	枕梁上盖板	207.767	S500 MC	500	2.40
	下门角焊缝处	93.916	6005A T6	115	1.22
15	防爬器与司机室底架连接焊缝处	113.96	S500 MC	454.5	3.98

在刚度计算工况下车底架边梁位移的计算结果如表 3-8 所示。

表 3-8　车体刚度计算结果汇总

工况	位　置	位移值	备注
1	底架边梁	3.059	垂向
2	底架边梁	6.282	垂向

复习思考题

1. 简要说明车体的功能及分类。
2. 货车的分类以及其主要结构。
3. 客车车体的主要结构及功能。
4. 列车特别是高速动车组会车时列车的表面压力有哪些并简要说明。
5. 列车特别是高速动车组通过隧道时列车的表面压力。
6. 作用在不同车体上的载荷有何不同并简要说明。
7. 简要说明车体强度分析的过程。

第 4 章 转向架设计理论与方法

4.1 转向架原理与基本结构

4.1.1 概述

转向架是车辆的一个主要部件,对整个车辆的运行平稳性及运行安全性影响极大,且大多数转向架具有一定的通用性,能适合多种车型的需要。转向架设计的步骤分为方案设计、技术设计与施工设计三个阶段。转向架总体设计应遵循以下原则:在统筹兼顾、讲求效益的基础上尽量使其结构便于保养与维修并尽量降低维修和保养的费用;尽量使其结构的制造工艺性良好;所使用的材料来源充足;其技术性能应满足设计要求,并有适当的技术贮备;保证转向架各构件本身及相互间结合可靠;保证运行安全,使转向架引起的行车事故的可能性减至最小;在满足设计要求的前提下尽量采用标准件及通用件,或借用其他转向架中成熟的零、部件;转向架总体及组成的各零、部件均应符合各种标准。表 4-1 为我国常见的部分转向架的结构。

1. 转向架主要功能

转向架处于轨道和车体之间,它的任务就是引导列车沿着轨道运行,承载车体和乘客的重量,并把加速力和减速力传递给车体,保证列车高速状态下依然具备良好的稳定性和安全性,同时尽可能降低轨道和车轮传递给车体的动态激扰,提高旅客的乘坐舒适度。因此,从专业角度来说,转向架主要具有导向、承载、减振和缓冲、牵引及制动多种功能。

表 4-1　常见的部分转向架的结构

类　型	结　构	示　意　图
209T 客车转向架	D轴客车转向架,采用铸钢一体式的H型构架	
SW160 快速客车转向架	构架呈U型架,为焊接结构,设计时速160 km/h	
DF11 机车转向架	一种三轴动力转向架,构架系采用钢板组成的箱型焊接结构	
CRH2型转向架	构架采用H型构架,属于高速动车组转向架	
CR型转向架	采用轻量化无摇枕结构,模块化设计制造	

续表

类型	结构	示意图
地铁转向架	H型构架	
三大件式货车转向架	转6型转向架是一种常用的主型货车E轴转向架，属于铸钢三大件式转向架	1—轮对；2—侧架组成；3—摇枕组成；4—制动装置；5—轴箱橡胶垫；6—轴承；7—旁承；8—交叉支撑装置；9—横跨梁；11—中心销；12—斜楔；13—承载鞍；14—心盘磨耗盘；15—弹簧；16—挡键
德国TR80磁浮车悬浮架	悬浮架的侧面用于安装导向磁铁，其余部分安装涡流制动器	辅助弹簧、限位弹簧、摆杆、空气弹簧、防侧滚稳定器、摇枕、悬浮框、滑橇、导向/制动磁铁、悬浮磁铁
跨坐式单轨转向架	为二轴转向架形式，全部带有动力，采用橡胶轮胎	

续表

类型	结构	示意图
摆式客车转向架	X200 摆式客车转向架,采用一系定位刚度相对较小的人字形橡胶弹簧定位和一系减振器	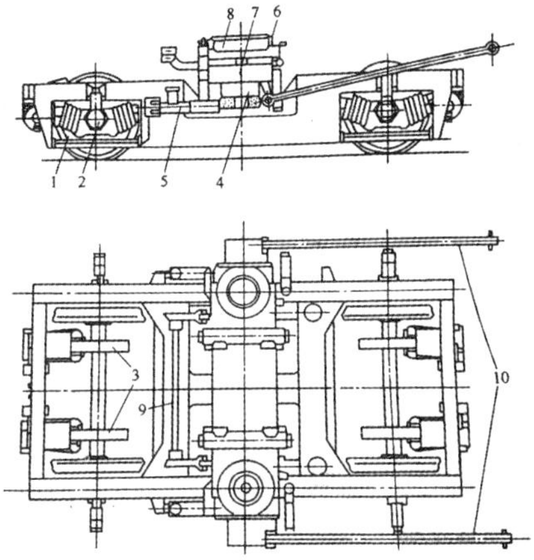
MKII 转向架	是一种具有代表性的直线电机转向架,也是一种迫向径向转向架	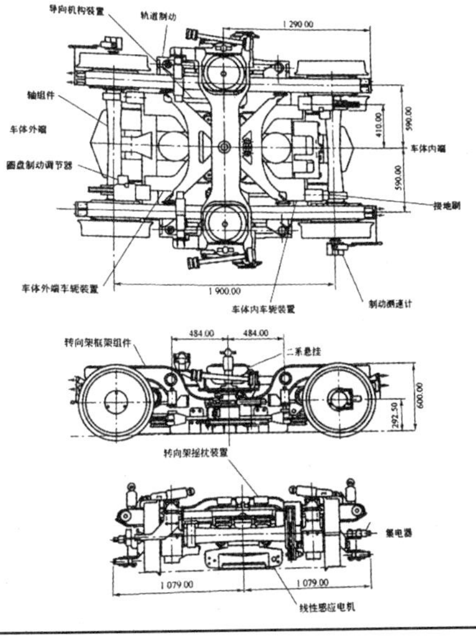

(1) 导向

轨道车辆实现导向需要具备三个基本条件:一是车轮踏面不是平的,而是有一定斜度的;二是具有合适的轮缘;三是左右车轮通过车轴连接成为一体。转向架能完成导向功能最主要的零部件是轮对,通常,每个转向架包括两条轮对,每条轮对由两个车轮和一根车轴组成一体。踏面外形轮廓和导向功能息息相关。为了更好地导向和轮轨匹配,车轮踏面形状并不是简单的斜线,而是由一系列不同半径的曲线组合而成。此外,车轮轮缘要设置为合适的外形,保证小半径曲线的安全通过。

(2) 承载

转向架承担的载荷更细一步分为上部载荷、下部载荷和外部载荷。上部载荷是车体自重(达到几十吨)、旅客载重和车体振动产生的动态载荷;下部载荷为从轨道传递上来的载荷,高速列车的运行速度越快,车轮受到轨道的激扰力就越大;外部载荷主要是牵引和制动对转向架的作用力。故需要采用先进的材料和精巧的结构,确保轮对和构架不断裂失效,以保证行车结构安全。

(3) 减振缓冲

转向架通常采用两级减振系统(一系悬挂及二系悬挂系统),逐级降低来自于线路及外部环境的激扰影响,确保列车安全平稳运行。一系悬挂主要安装在构架与轮对轴箱之间,用来缓和线路不平顺对车辆的冲击,二系悬挂作用于构架与车体之间,进一步降低线路对车厢的振动影响。

(4) 牵引和制动

牵引时要保证必要的车轮与钢轨之间的摩擦力,并把车轮钢轨接触处产生的轮周牵引力传递给车体、车钩,牵引列车前进;此外,在列车到达车站时能够从最高速度快速制动停车,需要制动系统的良好作用,制动时产生必要的制动力,使车辆在规定的距离内减速或停车。

2. 转向架主要结构

转向架结构与类型各异且繁多,但基本作用和基本组成部分是相同的。通常,将转向架的各个组成部分划分为以下几个部分。

(1) 轮对轴箱装置

轮对直接向钢轨传递列车重量的动作用力,通过轮对的回转实现列车在钢轨上的运行。轴箱装置是联系构架和轮对的活动"关节",除了保证轮对能自由回转外,还能在构架与轴箱之间产生相对运动时由它传递纵向力和横向力,并实现弹性定位作用。目前,转向架的轴箱定位装置有单(双)拉板式、拉杆式、转臂式以及采用橡胶弹簧等多种结构形式。

(2) 弹性悬挂装置

弹性悬挂装置主要包括弹簧装置、减振装置和定位装置等,它设于转向架的轮对与构架(侧架)之间和构架(侧架)与车体之间,前者称为轴箱悬挂装置(第一系悬挂),后者称为摇枕(中央)悬挂装置(第二系悬挂)。目前,客车转向架既设有第一系悬挂,又有第二系悬挂,而货车则只设有第一系悬挂或者第二系悬挂。

(3) 构架或侧架

构架或侧架是安装各种零部件的载体,不仅要承受和传递各种作用力和载荷,而且它的形状和结构应该满足各零、部件的结构、形状以及安装的要求。

(4) 基础制动装置

在转向架上安装基础制动装置保证了车辆在运行过程中能够在规定的距离内停车。

(5) 转向架支承车体的装置

转向架支承车体的装置应该满足如下要求：支承车体，承受并传递各方向力；车体与转向架之间能够绕着不变的旋转中心相对转动，使车辆顺利通过曲线；车体与转向架之间具有一定的回转力矩和阻力矩，使得车辆能够稳定运行。

转向架的支承方式主要包括：心盘集中承载、心盘部分承载和非心盘承载。

4.1.2 转向架的运行性能

转向架的运行性能的好坏与转向架轮轨关系、悬挂参数匹配等内在作用机理息息相关。解决好车辆转向架在运行过程中和各种复杂工况条件下相关的运动和力学问题，是车辆设计师需要考虑的重要内容。转向架的典型运行性能主要有：稳定性、安全性和平稳性。

1. 稳定性

稳定性就是指转向架的稳定程度。当具有锥度踏面的轮对无滑行地沿着轨道滚动时，一旦行进中的轮对稍有横向偏移，左右轮便以不同直径的实际滚动圆在钢轨上滚动，随之产生相互耦合的横移运动和回转运动，使得轮对以一种近似正弦状态的运动轨迹回复到轨道中心，这种运动就是轮对蛇形运动。而当车辆在某一速度以上运行时，蛇行运动的振幅将会越来越大，直至车轮轮缘碰撞钢轨，损伤车辆及线路，甚至造成车辆脱轨、倾覆等行车安全事故。这时列车运行是不稳定的，这一速度称为蛇行稳定性临界速度，简称临界速度。

轮对的蛇形运动在不同的速度条件下还会引起以车体或者转向架为主阵型的振动。以车体为主阵型的低频率振动称为车体蛇形运动（一次蛇形运动），以转向架为主阵型的振动称为转向架蛇形运动（二次蛇形运动）。

以单轮对几何蛇形运动为例，设自由轮对在直线轨道上匀速向前滚动并以图 4-1 的阵型作蛇形运动，即轮对的摇头和横移有 90° 的相角差。轮对滚动角速度为 ω，具有左右对称的锥形踏面，锥度为 λ。设轮对偏移轨道中心线的最大位置为 y_ω，轮对摇头角速度为 ψ_ω，轮对名义滚动圆半径为 r_0。

单轮对几何蛇形运动方程为

$$y_\omega = y_0 \cdot \sin pt \tag{4-1}$$

圆频率为

$$p = \upsilon \left(\frac{\lambda}{br_0}\right) \tag{4-2}$$

频率

$$f = \frac{\upsilon}{2\pi}\sqrt{\frac{\lambda}{(br_0)}} \tag{4-3}$$

波长

$$L_\omega = 2\pi\sqrt{\frac{br_0}{\lambda}} \tag{4-4}$$

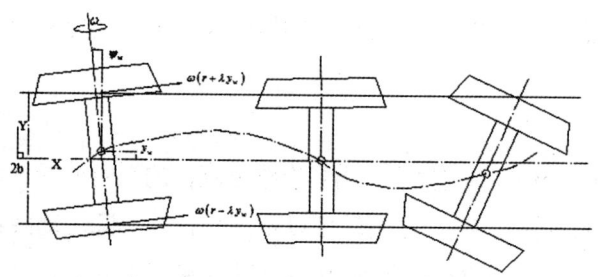

图 4-1 轮对蛇形运动

为减小转向架的蛇行运动,高速动车组转向架设置有回转阻尼装置,在转向架发生蛇行运动,转向架相对车体转动时,回转阻尼装置会抑制转向架和车体间的相对转动,减小危险的蛇行运动,防止蛇行失稳的发生。只要我们把蛇行运动的临界速度设计到高于列车的最高运行速度并保留一定裕量即可保证高速列车在运行过程中不发生大幅度蛇行失稳。提升稳定性的措施要综合考虑结构和悬挂参数两方面。一般来说,减小车轮踏面斜度,加大车轮直径和转向架轴距,提高轴箱的定位刚度,使用大的回转阻尼减振器等措施均能够提升列车稳定性。值得注意的是,这些单一的措施组合起来对稳定性的影响还需要综合评判。

2. 安全性

车辆在轨道上运行,对安全性影响最大的情况就是脱轨。根据车轮脱离轨道的方式,脱轨通常分为跳轨脱轨、爬轨脱轨、滑轨脱轨和掉轨脱轨,如图 4-2 所示。

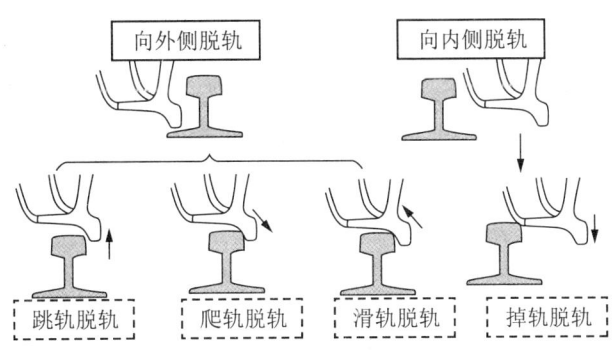

图 4-2 脱轨分类

车轮与钢轨间的相互作用直接影响车辆的运行安全性,反应安全性最直接指标是轮轨作用力,它的大小与车轮和钢轨的几何形状、材料、列车的运行速度密切相关。车轮在运行过程中,由于和钢轨间的摩擦,踏面会发生磨损,踏面形状逐渐发生变化。一般来说,车轮在使用初期磨损较快,但经过一定走行距离之后,踏面形状变化缓慢并且达到相对稳定状态。基于这种踏面磨耗规律,不少国家铁路相关部门把磨耗后的车轮踏面形状定为标准型,以减轻踏面磨耗。

在曲线上的轮轨作用力比直线大,因此要首先考虑曲线通过时的安全性。一般来说,踏面锥度越高,转向架通过小半径曲线的导向性能越好;一系轴箱定位节点的刚度和二系悬挂回转阻尼越低,列车抗脱轨安全性能越高。

稳定性和安全性的平衡是车辆在设计时需要均衡考虑的问题:既要保证车辆能够很好的通过小半径曲线,又要防止车辆的蛇形运动。这两者是相互矛盾的,如图 4-3 所示。因此在设计时需要寻求最佳平衡点,满足车辆的稳定性和安全性。

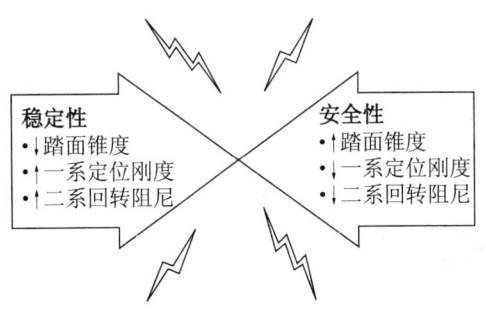

图 4-3 稳定性与安全性的矛盾

3. 平稳性

平稳性泛指运行品质及舒适度,"运行品质"是指车辆振动的水平。车辆在轨道上运行时,由于线路存在着钢轨不平顺、道岔、钢轨磨耗以及车轮踏面斜度、擦伤、不圆和轮轴偏心等原因,以及轨道接头、扣件、桥梁支点等结构尺寸特征,列车将会受到各种周期性和瞬时性振动和冲击。在外部激励作用下,转向架的运动比较复杂,根据平动和旋转的六个自由度,运动形式可分解为:伸缩、横摆、浮沉、侧滚、点头和摇头。伸缩就是沿行进方向的前后运动,横摆是左右运动,浮沉是上下运动,侧滚是绕前后方向的轴的转动,点头是绕左右方向的轴的转动,摇头是绕上下方向的轴的转动,图4-4展示了转向架的六种运动形式。

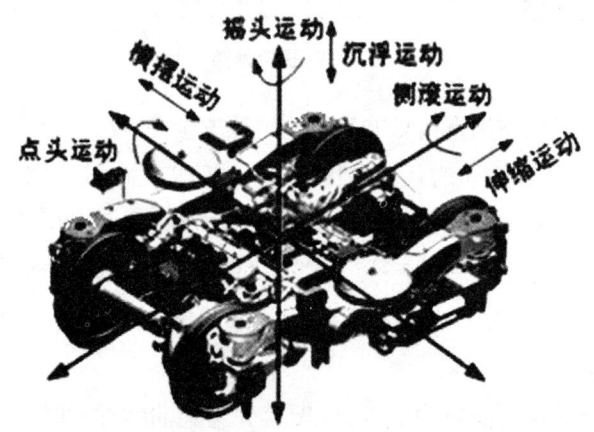

图 4-4 转向架的六种运动形式

在保证稳定性和安全性的前提下,要尽可能的提升车辆平稳性能。通常,在轮对轴箱和构架之间安装有钢弹簧和垂向减振器,构架和车体间安装有横向减振器、空气弹簧,这些悬挂元件的设置大大衰减了来自轨道的振动,保证动车组具备良好的运行平稳性。当稳定性不足时,列车的平稳性能主要受到稳定性的影响;如果列车稳定性能良好,在临界速度以下运行,平稳性能主要受到二系悬挂参数的影响。一般来说,二系刚度越小,阻尼越大,列车的平稳性越好。

车辆要达到优良的稳定性、安全性和平稳性,需要综合考虑各方面的因素。包括结构设计、轮轨匹配和悬挂参数优化;成百上千种工况的动力学仿真计算、台架试验,以及60万公里实际线路运营考核试验的验证等。

4.1.3 车辆系统的振动

1. 垂向振动

绝大部分轨道车辆包括它们的走行部都是前后、左右对称或大致对称的结构,车体的重心位于前后左右对称的垂直中心线内。即使在带多个磁浮架的磁浮车辆内部,其结构也是前后左右对称的方式。转向架(磁浮架)的轮对(磁轮)、一系、二系悬挂一般是前后左右对称布置,当悬挂特性是线性时,车辆小角度侧滚产生的左右垂向悬挂反力是反对称的,从而不会因此产生连带的垂向附加运动。而车辆横向与摇头振动在悬挂系统中产生的垂向作用很小,同样也可在车辆垂向振动中忽略不计。

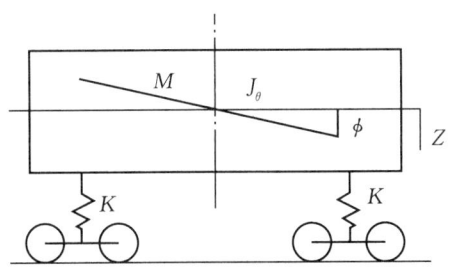

图 4-5　车辆垂向振动模型

在线性和对称的条件下,车体的自由垂向振动(浮沉、点头)与横向振动(摇头、横摆、侧滚)可以脱离耦合,以便在分开后简化研究。当车辆前后悬挂是对称布置时,车体和转向架构架各自的点头振动产生的前后支反力也是反向的,不会产生垂向合力,故车体与构架自身的低频浮沉与点头运动也可解耦而独立。因此可将车辆垂向振动模型视为一个只具有垂直和点头振动自由度的振动体系,如图 4-5 所示。

（1）单自由度线性系统的自由振动

如果车体质量远大于两个构架质量,构架的惯性力可以忽略时,则车体的浮沉振动可以降阶为单自由度的垂向自由振动模型,可研究车体的低频浮沉振动,见下图 4-6。

该单自由度车辆振动简化模型能描述车辆振动的主要特点,其在静平衡位置的垂向自由振动方程为

$$M\ddot{Z} + C\dot{Z} + KZ = 0 \tag{4-5}$$

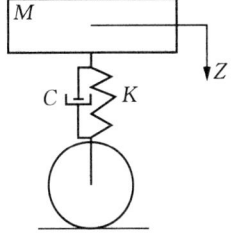

图 4-6　单自由度车辆振动简化模型

式中,C 为车辆的垂向黏性阻尼系数,K 为垂向刚度,车体质量为 M。Z 表示了车体浮沉运动。

（2）单自由度摩擦阻尼的车辆振动

当方程中黏性阻尼改为摩擦阻尼,如货车通常使用的斜楔减振方式,则振动方程改为

$$M\ddot{Z} + \text{Sgn}(\dot{Z})F + KZ = 0 \tag{4-6}$$

式中,Sgn 是符号函数:$\text{Sgn}(\dot{Z}) = \begin{cases} 1 & \text{当 } \dot{Z} > 0 \text{ 时} \\ 0 & \text{当 } \dot{Z} = 0 \text{ 时} \\ -1 & \text{当 } \dot{Z} < 0 \text{ 时} \end{cases}$,$F$ 为摩擦力,这是一个非线性微

分方程。

(3) 单自由度车辆系统周期性强迫振动

在谐波形式的轨面不平顺 $Z_t = a\sin\omega t$ 激励下,黏性阻尼的单自由度车辆系统方程为

$$M\ddot{Z} + C\dot{Z} + KZ = F\sin(\omega t + \varphi) \tag{4-7}$$

(4) 非线性阻尼条件的强迫振动

货车减振系统中通常采用干摩擦力的非线性阻尼减振器,其线路激振下的方程为

$$M\ddot{Z} + F\mathrm{Sgn}(\dot{Z} - \dot{Z}_t) + KZ = KZ_t \tag{4-8}$$

(5) 轨道车辆简化的二自由度垂向振动模型

通常轨道车辆中车体与两个转向架构架的浮沉点头共有六个自由度,由于两个转向架构架点头振动为纵向对称而与车体振动与构架浮沉运动解耦,因而转向架构架点头振动可单独列出振动方程,整车的点头运动将简化为车体点头与前后构架反向浮沉的两自由度振动模型。同时整车的垂向浮沉振动将简化为车体 M_c 与两个同向浮沉运动的构架 $2M_f$ 作垂向振动的模型,见图 4-7。

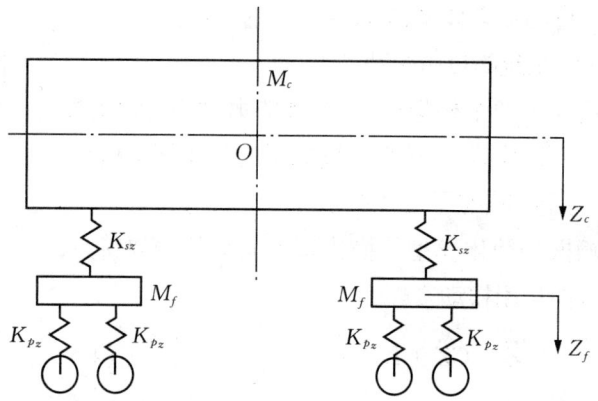

图 4-7 整车的垂向浮沉振动

下式为两个自由度的车体与构架的垂向浮沉自由振动微分方程

$$\begin{cases} M_c\ddot{Z}_c + 2K_{sz}(Z_c - Z_f) = 0 \\ 2M_f\ddot{Z}_f + 2K_{sz}(Z_f - Z_c) + 2K_{pz}Z_f = 0 \end{cases} \tag{4-9}$$

当车体浮沉时,前后构架将同步浮沉振动。方程可进一步简化为

$$\begin{cases} \ddot{Z}_c + a_1 Z_c - a_1 Z_f = 0 \\ \ddot{Z}_f + a_2 Z_f - a_3 Z_c = 0 \end{cases} \tag{4-10}$$

其中，$a_1 = \dfrac{2K_{sz}}{M_c}$、$a_2 = \dfrac{(K_{sz}+K_{pz})}{M_f}$、$a_3 = \dfrac{K_{sz}}{M_f}$。$K_{pz}$ 与 K_{sz} 为图中的一、二系的垂向刚度。

(6) 带黏性阻尼的二自由度系统自振

当二自由度简化车辆模型在二系中装置黏性阻尼 C 时，方程中增加 $C(\dot{Z}_c - \dot{Z}_f)$ 项。

(7) 对称结构的车辆点头振动方程

车辆对称结构时，车体的点头振动 Φ 与构架 M_t 的反向浮沉振动 Φ_0 是耦合在一起的，因而仍然可以列出一个两自由度的振动方程

$$\begin{cases} J_\Phi \ddot{\Phi} + 2K_{sz}L^2(\Phi - \Phi_0) = 0 \\ 2M_t L^2 \ddot{\Phi}_0 + 2K_{pz}L^2 \Phi_0 - 2K_{sz}L^2(\Phi - \Phi_0) = 0 \end{cases} \tag{4-11}$$

(8) 车辆振动的等效简化模型

由于车辆有阻尼浮沉振动时的振型与无阻尼时相近，利用车辆低频振动为车体构架同向运动而高频是反向振动的特点，可将两自由度有阻尼系统简化为两个单自由度阻尼系统。①在高频振型时，车体惯性力很大，车体近似不动，因而将系统简化为构架在一系、二系弹簧间振动的模型，见图 4-8。②而在低频同向振动中，可将构架质量、弹簧、阻尼按一定等效原则视为单个等效车体质量在等效阻尼与弹簧上低频振动的单自由度模型，见图 4-9。

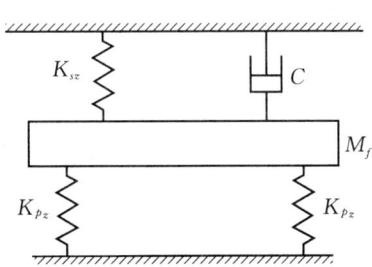
图 4-8　高频振动时系统简化模型

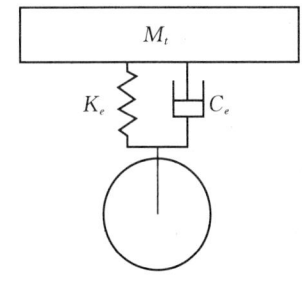
图 4-9　低频振动时系统简化模型

等效原则为：①低频振动中，车体与构架分别按静挠度比例振动。②等效质量：等效后的自振频率应与原来二自由度系统的低频自振相同，即静挠度相同。③等效阻尼：等效阻尼做功与低频振型中的阻尼做功相同。

(9) 具有两系悬挂车辆的强迫振动

在线路激励为 $a\sin\omega t$ 时，二系悬挂车辆系统受迫振动微分方程为

$$\begin{cases} M_c \ddot{Z}_c + K_{sz} Z_c - K_{sz} Z_f = 0 \\ M_f \ddot{Z}_f + (K_{pz} + K_{sz}) Z_f - K_{sz} Z_c = K_{pz} a \sin \omega t \end{cases} \tag{4-12}$$

(10) 挠度分配下的阻尼器设置关系

由于空重车车钩连挂的高度限制，轨道车辆垂向总静挠度的大小有一个限值，而对其中的一、二系挠度进行分配时，从结构考虑一般二系挠度大于一系挠度，通常在 2—3 倍。如果在一、二系中选择某系来安装阻尼器，则应在挠度大的二系处并联垂向阻尼器。这样做的优点在于挠度大、振幅大，阻尼效果明显，同时阻尼器参数可选低值以使受力减小，另一方面放在二系比放在一系在数量上也可少用一半的阻尼器。在平稳性能更优的现代高速客车中，通常在一系也需安装垂向阻尼器以抑制构架点头振动。

2. 横向振动

车体在横向平面振动时具有三个自由度(摇头、侧滚、横摆)。通常车体处于这个二系横向悬挂上方，当车体横摆时，其重心将偏离车体下方支承系统的中心点，从而会因偏移产生重力与支承反力形成的侧滚力矩，导致车体产生顺该力矩的侧滚。反过来，车体侧滚将使车体支承面受到一个横向合力从而引起车体横摆运动，因此车体侧滚与横摆是耦合的振动，称滚摆。

(1) 摇动台的等效横向刚度

客车(包括磁浮车辆)与货车常采用摇动台装置来提供柔性横向恢复刚度。其原理就是一个单摆。当车体横摆时，吊杆使车体重心升高从而形成横向恢复力。见图 1-7。

横向吊杆形成的横向刚度

$$K_y = F/y = (Mg)/(4l) \tag{4-13}$$

则整个转向架上的吊杆摇动台刚度为 $Mg/2l$，每个车体的则为 Mg/l，从中可知横向刚度就是重量与吊杆长的比。重量越小，吊杆越长，刚度就越小，而吊杆产生摆动的圆频率就是 $\sqrt{g/l}$。

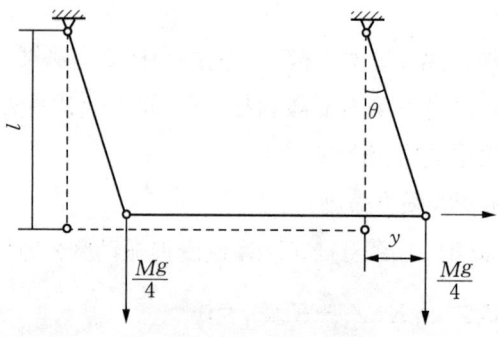

图 4-10 车体横摆时吊杆位移与横向力关系

(2) 车体的滚摆自由振动

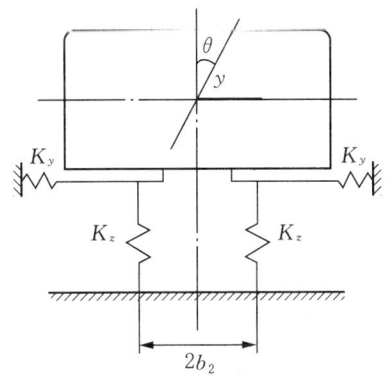

图 4-11 车体在垂向弹性支承上的简化模型

车体在垂向弹性支承上的简化模型见图 4-11,其中车体质量为 M,侧滚惯量为 J_θ。当忽略构架质量,并将一系、二系弹簧形成的抗侧滚,抗横移刚度的作用等效为一个简化系统时,可求得其等效垂向刚度 $K_z = \dfrac{2K_{1z}K_{2z}}{2K_{1z} + K_{2z}\left(\dfrac{b_2}{b_1}\right)^2}$,等效横向刚度 $K_y = \dfrac{1}{\dfrac{1}{K_{2y}} + \dfrac{1}{K_{1y}}}$。此时车辆滚摆简化系统的振动微分方程为

$$\begin{cases} M\ddot{y} + 2K_y y - 2K_y h_1 \theta = 0 \\ J_\theta \ddot{\theta} - 2K_y h_1 y + (2K_z b_2^2 + 2K_y h_1^2 - Mgh_1)\theta = 0 \end{cases} \quad (4\text{-}14)$$

(3) 车体的簧上倾覆稳定性

客车因弹簧柔性好,其下心滚摆频率在 0.5 Hz—1 Hz,上心滚摆频率在 1 Hz—2 Hz。而货车弹簧刚度大,上下心滚摆的频率都比客车高。一般轨道车辆车体支承在弹簧上方,如果垂向刚度很小,车体受外界激励而倾斜时,由重心偏移所产生的力矩会大于车体倾斜时下部支承弹簧的恢复反力矩,这样车体就不能回复到平衡位置,将产生车体在弹簧上的倾覆失稳。

(4) 车体的横向受迫振动

忽略构架质量将轮对或磁轮作为激励部件,并将轮对受轨道横向不平顺产生的轴箱振动作为激励谱,称轴箱激励谱。目的是在研究车体与构架、轮对间的横向悬挂时采用简化模型,见图。

简化的车体横向与侧滚运动方程为

$$\begin{cases} M\ddot{y} = -2K_y(y - y_m - h_1\theta) - 2C_y(\dot{y} - \dot{y}_m - h_2\theta) \\ J_\theta \ddot{\theta} = 2K_y h_1(y - y_m - h_1\theta) + K_z(f_{st} - b_2\theta)(b_2 + h_1\theta) - K_z(f_{st} + b_2\theta)(b_2 - h_1\theta) \\ \qquad + 2C_y(\dot{y} - \dot{y}_m - h_2\dot{\theta})h_2 - C_z b_3 \dot{\theta}(b_3 + h_1\theta) - C_z b_3 \dot{\theta}(b_3 - h_1\theta) \end{cases}$$

$$(4\text{-}15)$$

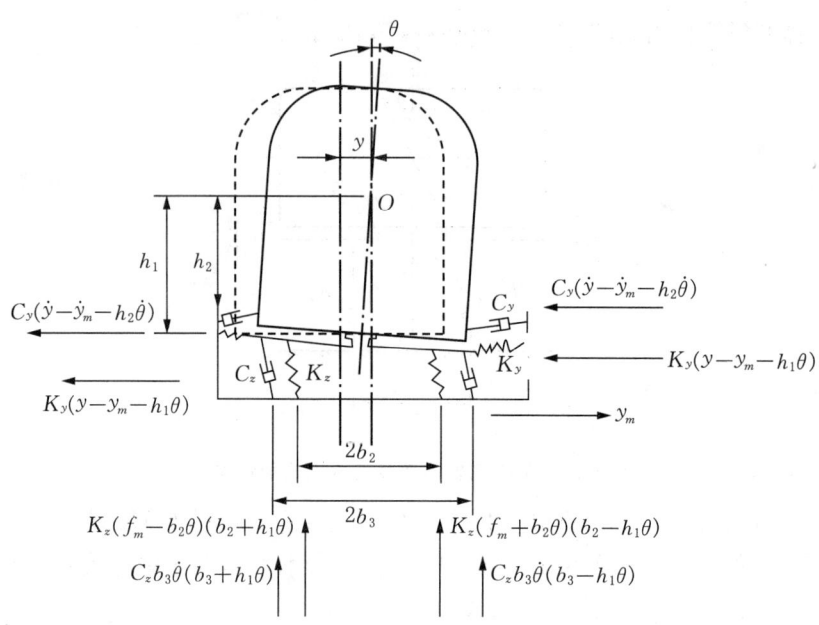

图 4-12 横向受迫振动简化模型

式中,y_m 是轮对运动,y、θ 是车体横移与侧滚。

(5) 轨道车辆整车的垂向与横向振动方程

线性悬挂下,两转向架与单车体组成的整车(车辆计算模型见图 1-10)垂向运动方程为

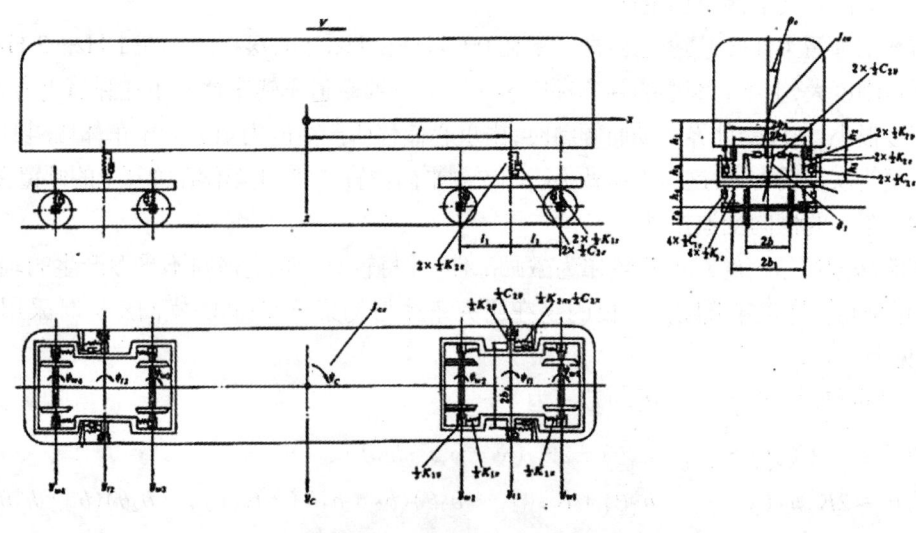

图 4-13 轨道车辆计算简图

车体的浮沉
$$M\ddot{Z} + 2C_{2z}\dot{Z} - C_{2z}\dot{Z}_1 - C_{2z}\dot{Z}_2 + 2K_{2z}Z - K_{2z}Z_1 - K_{2z}Z_2 = 0 \qquad (4\text{-}16)$$

车体的点头
$$J_\phi \ddot{\phi} + 2C_{2z}l^2\dot{\phi} - C_{2z}l\dot{Z}_1 + C_{2z}l\dot{Z}_2 + 2K_{2z}l^2\phi - K_{2z}lZ_1 + K_{2z}lZ_2 = 0 \qquad (4\text{-}17)$$

构架的浮沉
$$M_1\ddot{Z}_1 - C_{2z}(\dot{Z} + l\dot{\phi}) + (2C_{1z} + C_{2z})\dot{Z}_1 - K_{2z}(Z + l\phi) + \\ (2K_{1z} + K_{2z})Z_1 + K_{1z}(2Z_1 - Z_{m11} - Z_{m12}) = 0 \qquad (4\text{-}18)$$

$$M_1\ddot{Z}_2 - C_{2z}(\dot{Z} - l\dot{\phi}) + (2C_{1z} + C_{2z})\dot{Z}_2 - K_{2z}(Z - l\phi) + \\ (2K_{1z} + K_{2z})Z_2 + K_{1z}(2Z_2 - Z_{m21} - Z_{m22}) = 0 \qquad (4\text{-}19)$$

构架的点头
$$J_1\ddot{\phi}_1 + 2C_{1z}l_1^2\dot{\phi}_1 + 2K_{1z}l_1^2\phi_1 - K_{1z}(Z_{m11} - Z_{m12})l_1 = 0 \qquad (4\text{-}20)$$

$$J_1\ddot{\phi}_2 + 2C_{1z}l_1^2\dot{\phi}_2 + 2K_{1z}l_1^2\phi_2 - K_{1z}(Z_{m21} - Z_{m22}) = 0 \qquad (4\text{-}21)$$

轮对或磁轮的浮沉
$$\begin{cases} m\ddot{Z}_{m11} + K_{1z}(Z_{m11} - Z_1 + \phi_1 l_1) = Q_{31} \\ m\ddot{Z}_{m12} + K_{1z}(Z_{m12} - Z_1 - \phi_1 l_1) = Q_{32} \\ m\ddot{Z}_{m21} + K_{1z}(Z_{m21} - Z_2 + \phi_2 l_1) = Q_{33} \\ m\ddot{Z}_{m22} + K_{1z}(Z_{m22} - Z_2 - \phi_2 l_1) = Q_{34} \end{cases} \qquad (4\text{-}22)$$

整车垂向振动方程至少具有十个自由度。

线性特性的悬挂下,四轮对两转向架单车体系统的轨道车辆的整车横向运动方程为

轮对横摆
$$\begin{cases} m\ddot{y}_{m1} + C_{1y}(\dot{y}_{m1} - \dot{y}_{11} - l_1\dot{\psi}_{11} - h_4\dot{\theta}_{11}) + K_{1y}(y_{m1} - y_{11} - l_1\psi_{11} - h_4\theta_{11}) = Q_{11} \\ m\ddot{y}_{m2} + C_{1y}(\dot{y}_{m2} - \dot{y}_{11} + l_1\dot{\psi}_{11} - h_4\dot{\theta}_{11}) + K_{1y}(y_{m2} - y_{11} + l_1\psi_{11} - h_4\theta_{11}) = Q_{12} \\ m\ddot{y}_{m3} + C_{1y}(\dot{y}_{m3} - \dot{y}_{12} - l_1\dot{\psi}_{12} - h_4\dot{\theta}_{12}) + K_{1y}(y_{m3} - y_{12} - l_1\psi_{12} - h_4\theta_{12}) = Q_{13} \\ m\ddot{y}_{m4} + C_{1y}(\dot{y}_{m4} - \dot{y}_{12} + l_1\dot{\psi}_{12} - h_4\dot{\theta}_{12}) + K_{1y}(y_{m4} - y_{12} + l_1\psi_{12} - h_4\theta_{12}) = Q_{14} \end{cases}$$
$$(4\text{-}23)$$

轮对摇头

$$\begin{cases} J_{m\psi}\ddot{\psi}_{m1} + K_{1\psi}(\psi_{m1} - \psi_{11}) = Q_{21} \\ J_{m\psi}\ddot{\psi}_{m2} + K_{1\psi}(\psi_{m2} - \psi_{11}) = Q_{22} \\ J_{m\psi}\ddot{\psi}_{m3} + K_{1\psi}(\psi_{m3} - \psi_{12}) = Q_{23} \\ J_{m\psi}\ddot{\psi}_{m4} + K_{1\psi}(\psi_{m4} - \psi_{12}) = Q_{24} \end{cases} \quad (4\text{-}24)$$

前转向架构架横摆

$$M_1\ddot{y}_{11} - C_{1y}(\dot{y}_{m1} - \dot{y}_{11} - l_1\dot{\psi}_{11} - h_4\dot{\theta}_{11}) - C_{1y}(\dot{y}_{m2} - \dot{y}_{11} + l_1\dot{\psi}_{11} - h_4\dot{\theta}_{11}) + \\ C_{2y}(\dot{y}_{11} - h_5\dot{\theta}_{11} - \dot{y} - l\dot{\psi} - h_2\dot{\theta}) - K_{1y}(y_{m1} - y_{11} - l_1\psi_{11} - h_4\theta_{11}) - \\ K_{1y}(y_{m2} - y_{11} + l_1\psi_{11} - h_4\theta_{11}) + K_{2y}(y_{11} - h_3\theta_{11} - y - l\psi - h_1\theta) = 0 \quad (4\text{-}25)$$

后转向架构架横摆

$$M_1\ddot{y}_{12} - C_{1y}(\dot{y}_{m3} - \dot{y}_{12} - l_1\dot{\psi}_{13} - h_4\dot{\theta}_{12}) - C_{1y}(\dot{y}_{m4} - \dot{y}_{12} + l_1\dot{\psi}_{12} - h_4\dot{\theta}_{12}) + \\ C_{2y}(\dot{y}_{12} - h_5\dot{\theta}_{12} - \dot{y} + l\dot{\psi} - h_2\dot{\theta}) - K_{1y}(y_{m3} - y_{12} - l_1\psi_{12} - h_4\theta_{12}) - \\ K_{1y}(y_{m4} - y_{12} + l_1\psi_{12} - h_4\theta_{12}) + K_{2y}(y_{12} - h_3\theta_{12} - y + l\psi - h_1\theta) = 0 \quad (4\text{-}26)$$

前转向架构架摇头

$$J_{1\psi}\ddot{\psi}_{11} - C_{1\psi}(\dot{\psi}_{m1} - \dot{\psi}_{11}) - C_{1\psi}(\dot{\psi}_{m2} - \dot{\psi}_{11}) + C_{2\psi}(\dot{\psi}_{11} - \dot{\psi}) - K_{1\psi}(\psi_{m1} - \psi_{11}) - K_{1\psi}(\psi_{m2} - \psi_{11}) + \\ K_{2\psi}(\psi_{11} - \psi) - C_{1y}l_1(\dot{y}_{m1} - \dot{y}_{11} - l_1\dot{\psi}_{11} - h_4\dot{\theta}_{11}) + C_{1y}l_1(\dot{y}_{m2} - \dot{y}_{11} + l_1\dot{\psi}_{11} - h_4\dot{\theta}_{11}) - \\ K_{1y}l_1(y_{m1} - y_{11} - l_1\psi_{11} - h_4\theta_{11}) + K_{1y}l_1(y_{m2} - y_{11} + l_1\psi_{11} - h_4\theta_{11}) = 0 \quad (4\text{-}27)$$

后转向架构架摇头

$$J_{1\psi}\ddot{\psi}_{12} - C_{1\psi}(\dot{\psi}_{m3} - \dot{\psi}_{12}) - C_{1\psi}(\dot{\psi}_{m4} - \dot{\psi}_{12}) + C_{2\psi}(\dot{\psi}_{12} - \dot{\psi}) - K_{1\psi}(\psi_{m3} - \psi_{12}) - K_{1\psi}(\psi_{m4} - \psi_{12}) + \\ K_{2\psi}(\psi_{12} - \psi) - C_{1y}l_1(\dot{y}_{m3} - \dot{y}_{12} - l_1\dot{\psi}_{12} - h_4\dot{\theta}_{12}) + C_{1y}l_1(\dot{y}_{m4} - \dot{y}_{12} + l_1\dot{\psi}_{12} - h_4\dot{\theta}_{12}) - \\ K_{1y}l_1(y_{m3} - y_{12} - l_1\psi_{12} - h_4\theta_{12}) + K_{1y}l_1(y_{m4} - y_{12} + l_1\psi_{12} - h_4\theta_{12}) = 0 \quad (4\text{-}28)$$

前转向架构架侧滚

$$J_{1\theta}\ddot{\theta}_{11} + C_{1\theta}\dot{\theta}_{11} + C_{2\theta}(\dot{\theta}_{11} - \dot{\theta}) + K_{1\theta}\theta_{11} + K_{2\theta}(\theta_{11} - \theta) - C_{1y}h_4(\dot{y}_{m1} - \dot{y}_{11} - l_1\dot{\psi}_{11} - h_4\dot{\theta}_{11}) - \\ C_{1y}h_4(\dot{y}_{m2} - \dot{y}_{11} + l_1\dot{\psi}_{11} - h_4\dot{\theta}_{11}) + C_{2y}h_5(\dot{y}_{11} + h_5\dot{\theta}_{11} - \dot{y} - l\dot{\psi} + h_2\dot{\theta}) - \\ K_{1y}h_4(y_{m1} - y_{11} - l_1\psi_{11} - h_4\theta_{11}) - K_{1y}h_4(y_{m2} - y_{11} + l_1\psi_{11} - h_4\theta_{11}) + \\ K_{2y}h_3(y_{11} + h_3\theta_{11} - y - l\psi + h_1\theta) = 0 \quad (4\text{-}29)$$

后转向架构架侧滚

$$J_{1\theta}\ddot{\theta}_{12} + C_{1\theta}\dot{\theta}_{12} + C_{2\theta}(\dot{\theta}_{12} - \dot{\theta}) + K_{1\theta}\theta_{12} + K_{2\theta}(\theta_{12} - \theta) - C_{1y}h_4(\dot{y}_{m3} - \dot{y}_{12} - l_1\dot{\psi}_{12} - h_4\dot{\theta}_{12}) -$$

$$C_{1y}h_4(\dot{y}_{m4} - \dot{y}_{12} + l_1\dot{\psi}_{12} - h_4\dot{\theta}_{12}) + C_{2y}h_5(\dot{y}_{12} + h_5\dot{\theta}_{12} - \dot{y} + l\dot{\psi} + h_2\dot{\theta}) -$$
$$K_{1y}h_4(y_{m3} - y_{12} - l_1\psi_{12} - h_4\theta_{12}) - K_{1y}h_4(y_{m4} - y_{12} + l_1\psi_{12} - h_4\theta_{12}) +$$
$$K_{2y}h_3(y_{12} + h_3\theta_{12} - y + l\psi + h_1\theta) = 0 \tag{4-30}$$

车体横摆

$$M\ddot{y} - C_{2y}(\dot{y}_{11} - h_5\dot{\theta}_{11} - \dot{y} - l\dot{\psi} - h_2\dot{\theta}) - C_{2y}(\dot{y}_{12} - h_5\dot{\theta}_{12} - \dot{y} - l\dot{\psi} - h_2\dot{\theta}) -$$
$$K_{2y}(y_{11} - h_3\theta_{11} - y - l\psi - h_1\theta) - K_{2y}(y_{12} - h_3\theta_{12} - y + l\psi - h_1\theta) = 0 \tag{4-31}$$

车体摇头

$$J_\psi \ddot{\psi} - C_{2\psi}(\dot{\psi}_{11} - \dot{\psi}) - C_{2\psi}(\dot{\psi}_{12} - \dot{\psi}) - K_{2\psi}(\psi_{11} - \psi) - K_{2\psi}(\psi_{12} + \psi) -$$
$$C_{2y}l(\dot{y}_{11} - h_5\dot{\theta}_{11} - \dot{y} - l\dot{\psi} - h_2\dot{\theta}) + C_{2y}l(\dot{y}_{12} - h_5\dot{\theta}_{12} - \dot{y} + l\dot{\psi} - h_2\dot{\theta}) -$$
$$K_{2y}l(y_{11} - h_3\theta_{11} - y - l\psi - h_1\theta) + K_{2y}l(y_{12} - h_3\theta_{12} - y + l\psi - h_1\theta) = 0 \tag{4-32}$$

车体侧滚

$$J_\theta \ddot{\theta} - C_{2\psi}(\dot{\psi}_{11} - \dot{\psi}) - C_{2\psi}(\ddot{\psi}_{12} - \dot{\psi}) - K_{2\theta}(\theta_{11} - \theta) - K_{2\theta}(\theta_{12} - \theta) -$$
$$C_{2y}h_2(\dot{y} - h_5\dot{\theta}_{11} - \dot{y}_{11} + l\dot{\psi} - h_2\dot{\theta}) + C_{2y}h_2(\dot{y}_{12} + h_5\dot{\theta}_{12} - \dot{y} + l\dot{\psi} + h_2\dot{\theta}) -$$
$$K_{2y}h_1(y - h_3\theta_{11} - y_{11} + l\psi - h_1\theta) + K_{2y}h_1(y_{12} + h_3\theta_{12} - y + l\psi + h_1\theta) - Mgh\theta = 0$$
$$\tag{4-33}$$

上述运动方程符号含义见表4-2。

表 4-2

符 号	意 义	符 号	意 义
m 或 M_w	每一轮对质量	C_{2y} 或 C_{ys}	每台转向架中央弹簧装置的横向阻尼系数
M 或 M_C	车体质量	C_{2x}	每台转向架中央弹簧装置的纵向阻尼系数
M_1 或 M_T	每台转向架构架质量	$C_{1\theta}$	每台转向架轴箱弹簧装置侧滚角阻尼
$J_{m\psi}$ 或 I_{zw}	每一轮对的摇头转动惯量	$C_{2\theta}$	每台转向架中央弹簧装置侧滚角阻尼
$J_{1\psi}$ 或 I_{zT}	构架摇头转动惯量	$C_{2\psi}$	每台转向架中央弹簧装置摇头角阻尼
J_ψ 或 I_{zB}	车体摇头转动惯量	C_{1y}	每根车轴轴箱弹簧悬挂横向阻尼系数
$J_{1\theta}$ 或 I_{xT}	构架侧滚转动惯量	$C_{1\psi}$	转向架构架对于每一车轴的摇头角阻尼
J_θ 或 I_{xB}	车体侧滚转动惯量	l 或 L_s	车辆定距之半

续表

符 号	意 义	符 号	意 义
y, ψ, θ 或 y_c, ψ_c, θ_c	车体横摆、摇头、侧滚位移	l_1 或 B_b	转向架轴距之半
$y_{11}, \psi_{11}, \theta_{11}$ 或 $y_{t1}, \psi_{t1}, \theta_{t1}$	前转向架构架横摆、摇头、侧滚位移	b	轮对两滚动圆间距离之半
$y_{12}, \psi_{12}, \theta_{12}$ 或 $y_{t2}, \psi_{t2}, \theta_{t2}$	后转向架构架横摆、摇头、侧滚位移	b_1 或 D_p	轴箱弹簧横向间距之半
$y_{m1}-y_{m4}$ 或 $y_{w1}-y_{w4}$	依次为第1、2、3、4位轮对横摆位移	b_2 或 D_s	中央弹簧横向间距之半
$\psi_{m1}-\psi_{m4}$ 或 $\psi_{w1}-\psi_{w4}$	依次为第1、2、3、4位轮对摇头位移	b_3	中央弹簧垂直减振器横向间距之半
K_{1x}	每一轮对的纵向定位刚度	b_4 或 D_{sc}	中央纵向弹簧及纵向减振器横向间距之半
K_{1y}	每一轮对的横向定位刚度	h_1	车体重心到中央弹簧上平面的高度
K_{1z} 或 K_{zp}	每一轮对轴箱弹簧的垂直刚度	h_2 或 H_{csk}	车体重心到中央弹簧横向减振器的高度
K_{2x}	每台转向架中央弹簧的纵向刚度	h_3	中央弹簧上平面到转向架构架重心的高度
K_{2y} 或 K_{ys}	每台转向架中央弹簧的横向刚度	h_4	转向架构架重心到车轴中心线的高度
K_{2z} 或 K_{zs}	每台转向架中央弹簧的垂直刚度	Q_{1i}	轮对横摆广义力,i 表示轮对序号
$K_{1\psi}$	每一轮对的摇头角刚度	Q_{2i}	轮对摇头广义力,i 表示轮对序号
$Z_{m11}, Z_{m12}, Z_{M21}, Z_{m22}$	一、二、三、四位轮对(磁轮)浮沉	Q_{3i}	轮对垂向广义力,i 表示轮对序号
$K_{2\psi}$ 或 K_{fs}	每台转向架中央弹簧摇头角刚度	f_{11}	每一轮对的纵向蠕滑系数
$K_{1\theta}$	每台转向架轴箱弹簧侧滚角刚度	f_{22}	每一轮对的横向蠕滑系数
$K_{2\theta}$	每台转向架中央弹簧侧滚角刚度	W	轴重
C_{1z} 或 C_{zp}	每根轴的垂直阻尼系数	λ 或 λ_e	车轮踏面斜率或等效斜率
C_{2z} 或 C_{zs}	每台转向架中央弹簧装置的垂直阻尼系数	r_0	车轮滚动圆半径
ϕ, ϕ_1, ϕ_2	车体、一位、二位构架点头振动角位移	z, z_1, z_2	车体、一位、二位构架浮沉振动位移
h_5	中央横向阻尼器至构架重心的高度	—	—

式中,传统轮轨力为

$$Q_{1i} = -2f_{22}\left(\frac{y_{mi}}{V} - \psi_{mi}\right) - \frac{W\lambda}{b}y_{mi}$$

$$Q_{2i} = -2f_{11}\left(\frac{b\lambda}{r_0}y_{mi} + \frac{b^2}{V}\dot{\psi}_{mi}\right) + Wb\lambda\psi_{mi}$$

以上十七个方程可形成矩阵形式

$$[M]\{\ddot{y}\} + [C]\{\dot{y}\} + [K]\{y\} = [Q] \tag{4-34}$$

广义力$[Q]$由各个轮对(磁轮)受到在线路不平顺下的轮对运动中轮轨相互作用力(轮胎与轨道力)或其他悬浮导向力组成。

轨道车辆运行时,由于轮对及磁轮与轨道之间存在不同的广义力Q方式,常会在线路不平顺的强迫激励外,还会发生自激振动,如传统轨道车辆产生的蛇行运动。轮胎式轨道车辆在车辆发生侧滚振动时,由于轮胎的弹性在左右侧轮轨垂向力的差异下,常会引起左右侧轮胎的滚动半径发生变化,从而导致左右轮胎的纵向滑滚力存在不同,这就引起轮胎轮对受到左右地面滑滚力形成的摇头力矩,在速度较高时也可能引起整车的耦合振动。同样在EMS的磁浮轨道车辆条件下,磁轮与轨道的垂直作用力是在间隙控制目标下的闭环系统的响应,这个非线性系统可能存在一定的自激振荡,如果列车运行在弹性轨道梁上,系统阻尼不足有可能引起磁浮系统与弹性梁的自激耦合振动。

自激振动与共振的含义有本质差异,共振是系统受外界激励时系统固有的自振频率与外界输入激励频率相同时产生耦合而使响应扩大,当外界激振终止时,响应也就停止。而自激振动通常是系统内部的原因导致振动的发生,并因内部阻尼因素减少时而使振动趋向扩大。蛇行失稳时,当车辆减速或停止运行,蛇行失稳产生的内因就消失,自激振动就终止。

轨道车辆作为线性系统研究,如果达到或超过蛇行临界速度时,就会出现蛇行失稳,理论上蛇行振幅将无限扩大,实际上的轮轨关系中存在着轮缘,将限制振幅的无限增加。因而,考虑非线性条件时,轨道车辆的自激振动往往存在着极限环,如果考虑到同时还有轨道几何因素随机变化或随机激励时,响应会随机地绕极限环摄动,极限环将以混沌方式出现。为了研究非线性悬挂等因素下的轨道车辆振动特性,后面将研究轨道车辆产生的极限环振动。

4.2 轮轨接触关系

4.2.1 轮轨的基本特征及参数

1. 轮对

(1) 刚性轮对

轨道车辆轮对由左右轮子和车轴固接组成。左右轮刚体滚动角速度一致,称刚性轮对。车轮与轨头的接触面称踏面。轮对滚动时,踏面与轨头的断面外形、名义滚动圆直径、轮轨接触位置等对车辆的动力学性能有很大影响。图4-14为踏面的横截面外轮廓线,称踏面外形,图上标出了重要的几何尺寸,角度、高度、厚度、轮子宽度和踏面斜度等。轮缘高度是轮缘顶点与踏面上名义滚动圆所在点的径向距离。踏面的垂直磨耗会增加轮缘高度。轮缘厚度是指名义滚动圆所在点上方 10 mm 处(不同踏面定义有不同的数值)横向水平线与轮缘的交点离轮缘内侧面的横向距离。轮缘角一般是指轮缘斜面上的最大角度,它与脱轨安全性有较大关系。对于锥型踏面,踏面斜度等于踏面锥度,对于磨耗型踏面,一般引入小范围摄动的等效斜度 λ_e 的概念。

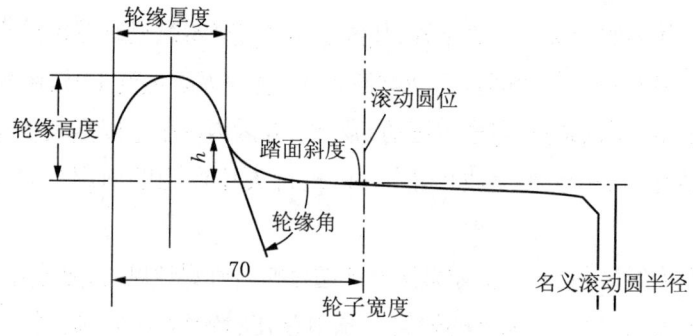

图 4-14 踏面外形示意图

(2) 独立轮对

与刚性轮对不同,独立轮对的左右轮子能分别绕车轴回转,车轴中部成下凹的"U"形,以实现车体的低地板面,如图4-15所示。由于左右轮子自由旋转,几乎无纵向蠕滑力,直线运行时不易发生蛇行运动,曲线导向机理则与刚性轮对有很大差异,踏面外形和参数的设计有其特殊性。当独立轮对左右轮子不再共用车轴时被称为独立轮座或独立轮子。其动力学性能因不同结构有所不同。各类新型独立轮转向架基本都在理论或试验阶段。

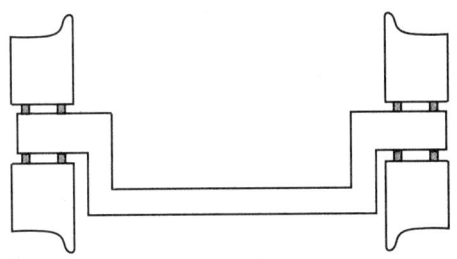

图 4-15　独立轮对结构示意图

2. 钢轨

与车辆动力学密切相关的轨道基本几何要素有：轨距、轨头断面外形、轨底坡、曲线外轨超高、曲线轨距加宽等。磨耗后的典型轨头外形如图 4-16 所示，它引起轮轨关系变化，并影响动力学性能。轨头的限制尺寸有：轨头侧面磨耗量、轨头垂直磨耗量、轨头角向磨耗等。城市现代有轨电车通常采用槽型轨，如图 4-17 所示。槽型轨内槽的宽度是重要限制尺寸。

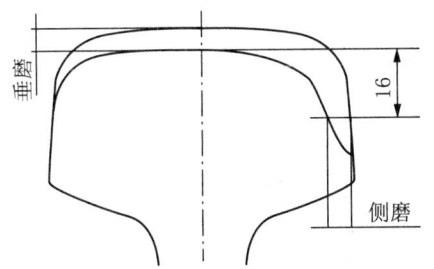

图 4-16　磨耗后 60 kg/m 钢轨的轨头踏面外形

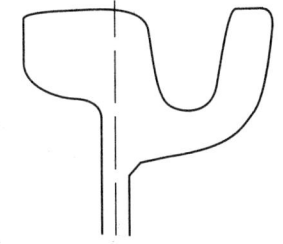

图 4-17　Ri60 型槽型轨头踏面外形

4.2.2　轮轨接触几何关系

轮对与钢轨的非线性接触几何关系与参数是研究轮轨接触力学和车辆动力学的基础，可用于轮轨外形设计、接触应力分析、蛇行稳定性分析、随机响应分析和曲线通过分析等。

进行几何接触分析时，通常假定轮对和轨道为刚体在横断面作相对运动，轮轨接触面不分离。图 4-18 为轮对和轨道在横断面任意接触位置时的示意图，轮对的运行方向指向纸内。当外轨无超高时，左右轨顶的公切面平行于水平面。上述左右钢轨的轨底坡分别以

β_l 和 β_r 表示。轨距为轨侧距自上述公切面下 16 mm 处测量,以 g_l 表示。轮缘内侧距以 g_w 表示。左右两轮踏面上距轮缘内侧 T 处的圆周就是车轮名义上的滚动圆。新轮对的名义滚动圆半径以 r_0 表示。当轮对中心向右偏离轨道中心线 y_w 而处在图示位置时,车轴的中心线与轨顶面间的夹角 ϕ_w 称为轮对侧滚角。在图示情况下,ϕ_w 为负值。左右两轮与钢轨接触点处的实际滚动圆半径分别以 r_l、r_r 表示。左右两轮与钢轨接触的切面与水平面间的夹角为接触角,分别以 δ_l 和 δ_r 表示。即使通过小曲线时,轮对摇头角 ψ_w 也很少超过 2°,因而它对接触几何参数只在二阶以下产生影响,故可忽略。轮对相对轨道横移量 y_w 将决定轮对侧滚角,因此非线性几何关系或参数均作为独立变量 y_w 的函数来确定。

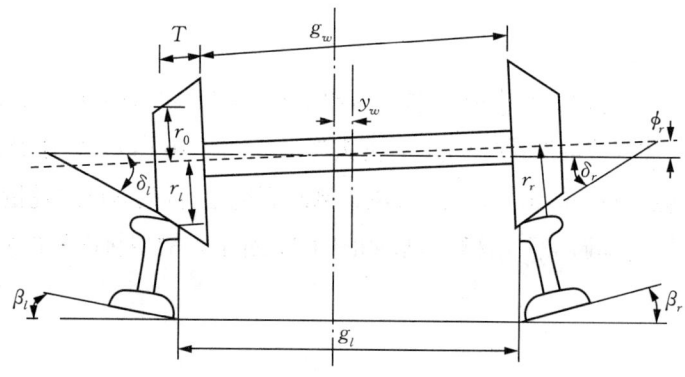

图 4-18 轮轨接触几何学参数

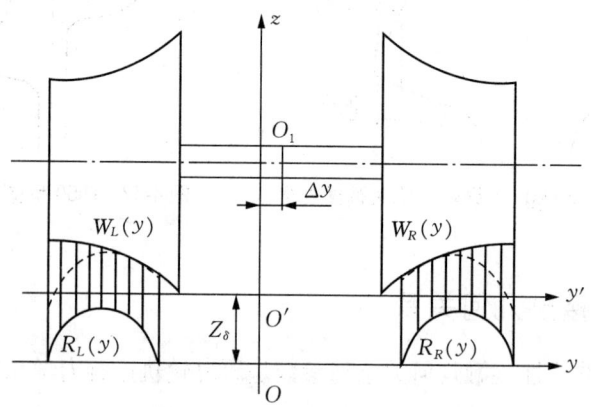

图 4-19 轮轨几何接触点位置确定

在计算轮轨接触点的位置时,轨道坐标系的横坐标轴为左右轨顶公切线,指向右侧;纵坐标轴过左右轨距测点连线的中点,指向朝上。而轮对坐标系的横坐标轴为轮轴中心线,指向右侧;纵坐标轴通过轮对几何中心,指向朝上。计算方法有解析法和数值叠代法两种。解析法局限性很大;数值叠代法适于能以离散数据表达的轮轨任意外形的几何学计算,其精度取决于叠代步长等控制参数,适用面广。数值叠代法的基本步骤如下:

(1) 给定轮对相对于轨道的横移量 y_w,将左右轮子踏面外形移动 $-y_w$;

(2) 将轮对向上移动一距离,与轨道分离;

(3) 计算左右轮轨外形的最小间隙垂向点,如图 4-19 所示;

(4) 比较左右最小间隙,若差异值的绝对值小于设定的精度,就判定左右轮在最小间隙处与轨道接触,求得左右接触点,否则按差值调整轮对的侧滚角;

(5) 按计算的侧滚角值调整使左右最小间隙接近相等,并输出接触位的有关值;

(6) 重复第(3)步。

通过上述方法可以确定任意踏面与轨头外形在轮对横移后的轮轨几何接触点位置,同时确定该位置的左右实际滚动圆半径、左右接触角、接触点的曲率半径等与动力学分析有关的几何参数。以一定步长连续变化轮对相对于钢轨的横移量 y_w,并调整 ϕ_w,就可以获得轮轨接触点位置分布图,同时求出左右实际滚动圆半径差及左右接触角差随轮对横移 y_w 的关系。图 4-20 为采用上述方法获得铁标规定的锥型踏面外形与未磨耗 60 kg/m 型钢轨轨头的轮轨接触点位置分布图。轮轨接触区主要在轨头中部与踏面 ±4 mm 处。当轮子横移量从 6 mm 变至 8 mm 时,轮缘与钢轨侧面接触,接触点位置由踏面跳跃至轮缘。由于材料的弹性,当轮子横移量在 7—8 mm 间一定存在所谓的"两点接触",即一点在踏面上,另一点在轮缘上。两点接触产生了两点在滚动圆上的差异,因而两点中接触压力小的轮缘处必然发生相对滑动而导致轮缘磨耗,过量的轮缘磨耗会使这两点接近而形成凹形踏面。图 4-21 和图 4-22 分别为对应的左右轮径差之半和接触角差之半随横移 y_w 的变化,可见在轮缘未接触钢轨侧面前左右轮径差很小,且线性变化,其斜度等于踏面锥度,左右接触角差几乎为零。图 4-23 为 LM 型磨耗型踏面与未磨耗的 60 kg/m 型钢轨的轮轨接触点位置分布图,此时两点接触现象已基本消除,当轮子横移量为 8 mm 时,接触点位于轮缘根部,已无过大的跳跃区段,同时磨耗型踏面的滚动圆半径差和接触角差均比锥型踏面大,表明对蛇行稳定性不利,而对曲线通过有利。图 4-24 与 4-25 表示了在轮对横移下的轮径差与接触角差的变化特性。

优良的磨耗型踏面应该具有好的直线抗蛇行性和曲线通过安全性、与轨头匹配好、接触斑面积大而应力小、承受轴重大、磨耗少、磨耗中形状稳定、镟修量小。长期运用后,实际线路的轨头形状也将可能形成稳定的磨耗型轨头。

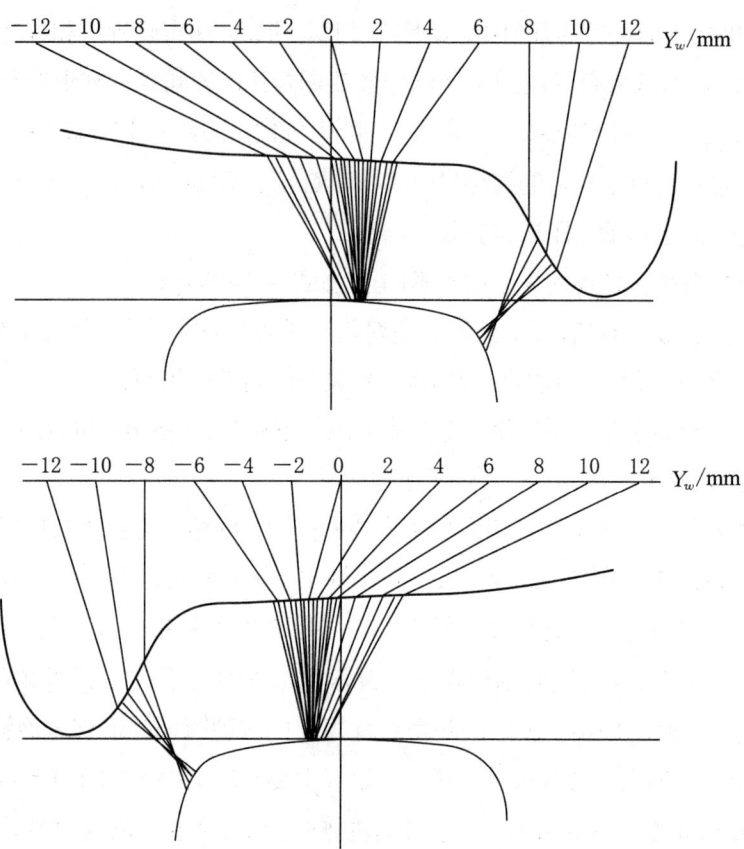

图 4-20 锥型踏面外形轮对与 60 kg/m 直线钢轨的接触点分布

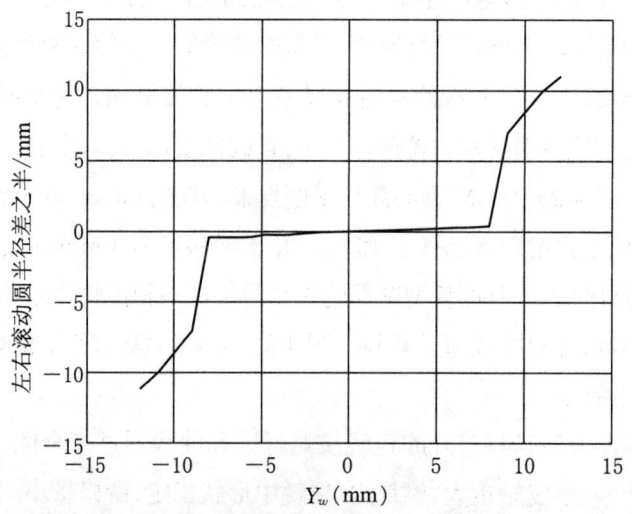

图 4-21 锥型踏面左右轮径差之半随横移量的变化

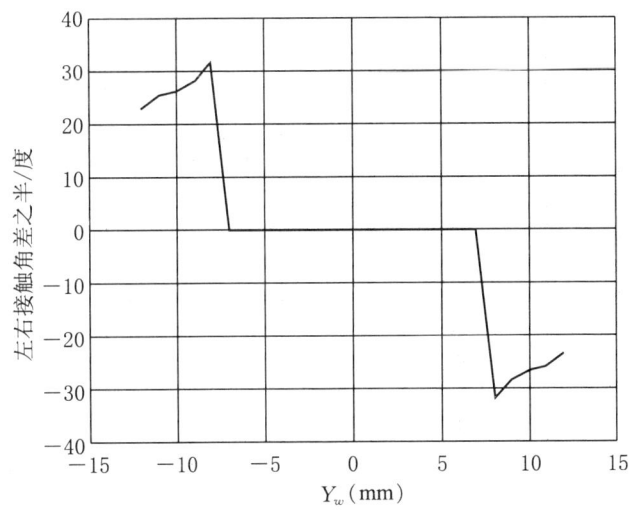

图 4-22 锥型踏面左右接触角差之半随横移量的变化

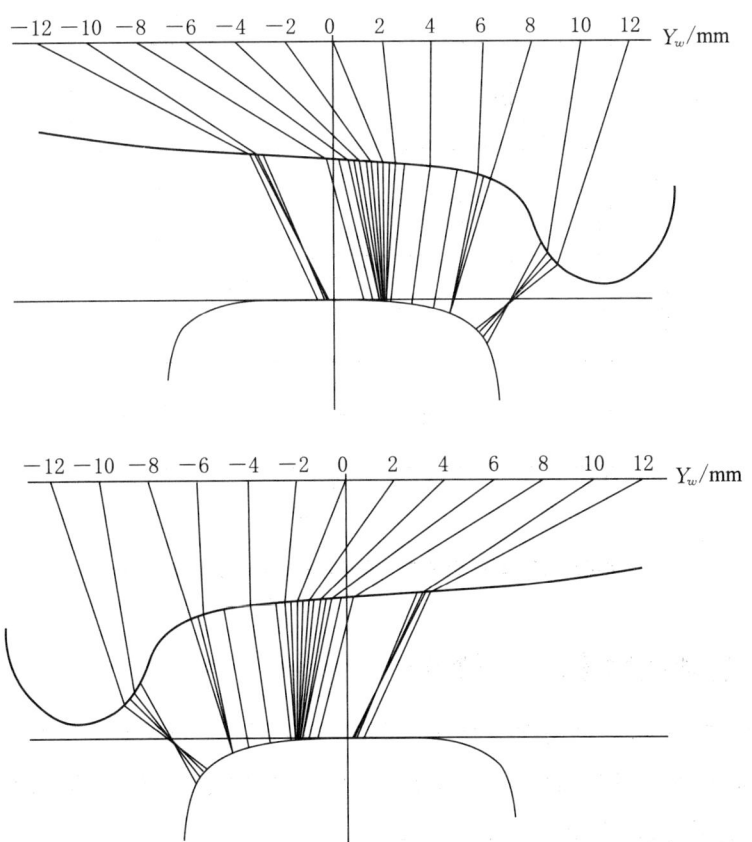

图 4-23 LM 型踏面外形轮对与 60 kg/m 直线钢轨的接触点分布

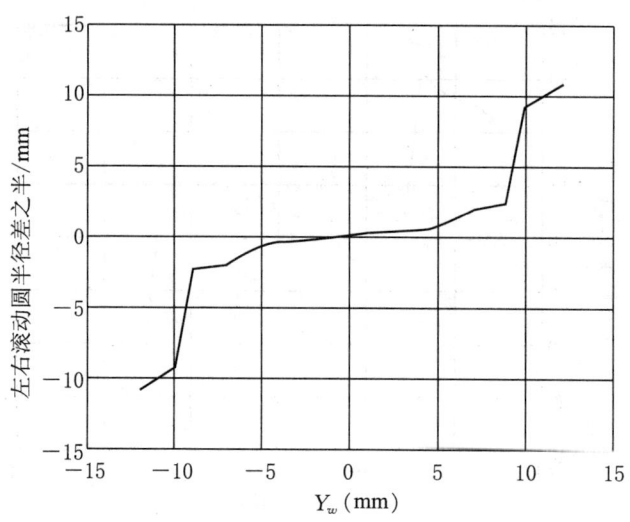

图 4-24　LM 型踏面左右轮径差之半随横移量的变化

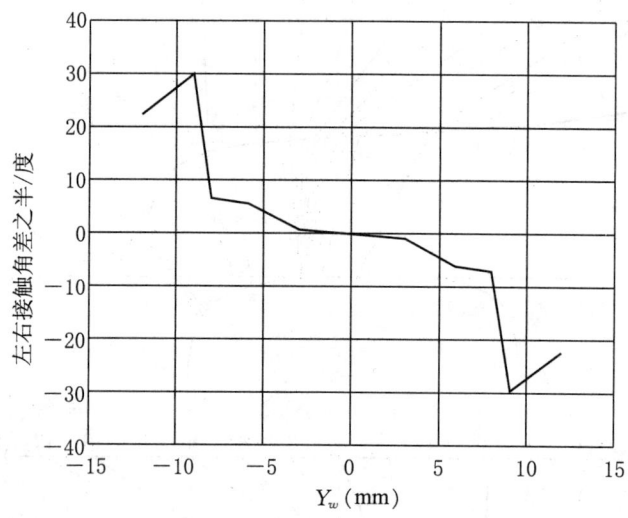

图 4-25　LM 型踏面左右接触角差之半随横移量的变化

4.2.3　轮轨接触滚动力学特征

研究轮轨作用对改善动力学性能、减少轮轨磨损、开发高性能转向架有重要意义。

本节简要介绍轮轨接触面上的蠕滑现象及其基本定义，应用赫兹接触理论计算轮轨接触斑，并引入实用的非线性轮轨蠕滑数学模型。

经典的蠕滑概念可通过图 4-26 所示的一对相对滚动的圆柱体来说明。两圆柱体间有

正压力 N，接触斑为一矩形。假设两滚动体无任何滚动力矩作用，接触斑上无切向力而处于纯滚状态，接触斑上下面对应点的线速度 v_{1x}、v_{2x} 相等，不存在任何滑动。当两滚动体有滚动方向的力矩作用时，接触斑存在切向力，切向力使滚动体发生微小的弹性变形，上下接触点的宏观切向线速度不再相等，这种微小的滑动称为蠕滑。随着切向力的增大，蠕滑也随之增大，直至发生宏观滑动。蠕滑大小用蠕滑率来衡量，定义为两滚动体在接触处的相对速度差与平均速度之比，即

$$\xi_x = \frac{v_{1x} - v_{2x}}{\bar{v}} \tag{4-35}$$

其中，$v_{1x} = \omega_1 \cdot r_1$；$v_{2x} = \omega_2 \cdot r_2$；$\bar{v} = (v_{1x} + v_{2x})/2$；$r_1$、$r_2$ 为左右滚动圆半径。

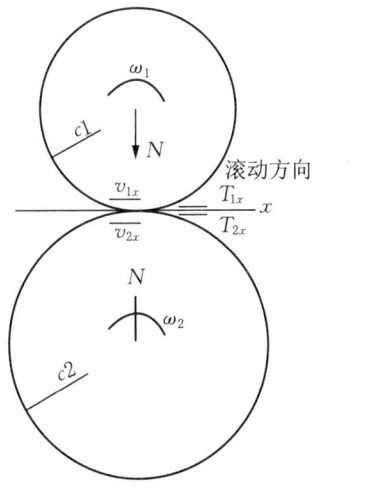

图 4-26 滚动体的接触滚动

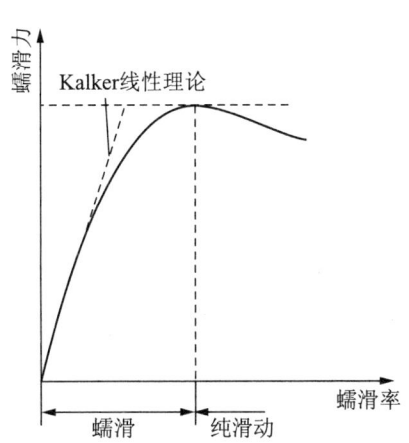

图 4-27 蠕滑力与蠕滑率的关系

接触斑上的切向力定义为蠕滑力，其大小相等方向相反，即 $T_{1x} = -T_{2x}$。蠕滑率较小时蠕滑力与蠕滑率呈线性关系，蠕滑率变大后，蠕滑力与蠕滑率将呈非线性关系。图 4-27 所示在宏观滑动出现后，切向力小于最大蠕滑力，与滑动摩擦力相等。

为理解车轮在钢轨上的蠕滑现象，这里给出轮轨相对运动时的蠕滑率定义。如图 4-28 所示，轮轨接触点的荷载为 P，轮心的水平速度(即接触斑的水平速度)为 V，轮子的滚动速度为 ω，名义滚动圆半径为 r_0，故轮子上接触斑的水平速度为 ωr_0，作用在轮轨接触面切线方向的纵向蠕滑力为 T_x，车轮上的驱动力矩为 M。由于 M 的作用，轮轨接触点上会产生蠕滑，相对滑动速度差为 $V - \omega r_0$。因此轮轨纵向蠕滑率可定义为

$$\xi_x = \frac{V - \omega \cdot r_0}{\overline{V}} \approx \frac{V - \omega \cdot r_0}{V} \tag{4-36}$$

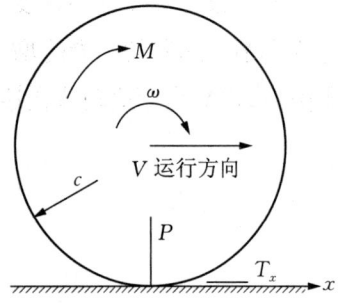

图 4-28 轮子在轨道上滚动

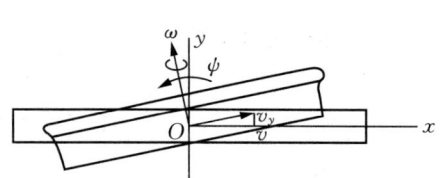

图 4-29 带有偏角的轮子在钢轨上滚动俯视图

当轮子的滚动方向与轮子的实际移动方向不一致,存在偏角 ψ 时,如图 4-29 所示,接触斑处将存在横向滑动 v_y,以形成实际前进方向。定义横向蠕滑率为横向速度差与滚动平均速度之比,即:

$$\xi_y = \frac{-\omega r_0 \psi}{V} \tag{4-37}$$

由于踏面存在斜度,接触斑的法向线不与 XOY 平面垂直,因而在接触斑面上还有轮子绕接触法线的回旋蠕滑率和回旋蠕滑力矩,如图 3-17 所示,定义回旋蠕滑率为接触斑面上的回旋角速度与运行速度之比,即

$$\xi_{sp} = \frac{\omega \delta}{V} \tag{4-38}$$

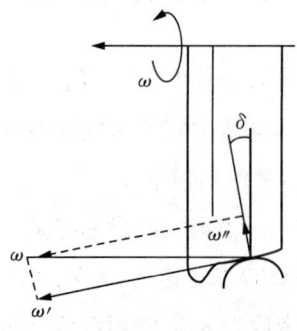

图 4-30 回转蠕滑力矩图

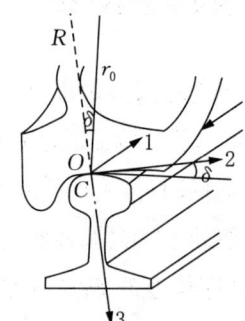

图 4-31 轮轨接触椭圆上的两个坐标系

若采用踏面坐标系,如图 4-30 所示,1 轴与轨面平行,指向车轮前进方向;2 轴与接触

斑相切,指向外侧且与轴 1 垂直;3 轴垂直于接触斑指向朝下。

则轮轨表面的三向蠕滑率为

$$\xi_1 = \frac{V - \omega \cdot r_0}{V} \tag{4-39}$$

$$\xi_2 = \frac{-\omega r_0 \psi}{V \cos \delta} \tag{4-40}$$

$$\xi_3 = \frac{\omega \delta}{V} \tag{4-41}$$

1. 线性蠕滑理论

J-J-Kalker 提出了小蠕滑率下轮轨滚动蠕滑力线性理论,轮轨间切向力 T 的纵向分量 T_1 和横向分量 T_2 分别随 ξ_1、ξ_2 的变化而线性地变化。其比例系数分别以纵向蠕滑系数 f_{11} 和横向蠕滑系数 f_{22} 表示。通常轮轨接触斑的形状为一椭圆。没有回旋时 T_1、T_2 为纵向蠕滑力和横向蠕滑力,即

$$\begin{aligned} T_1 &= -f_{11}\xi_1 \\ T_2 &= -f_{22}\xi_2 \end{aligned} \tag{4-42}$$

存在回旋时,直线轨道小蠕滑工况下 Kalker 线性蠕滑力分别为

$$\begin{aligned} T_1 &= -f_{11}\xi_1 \\ T_2 &= -f_{22}\xi_2 - f_{23}\xi_3 \\ M_3 &= f_{23}\xi_2 - f_{33}\xi_3 \end{aligned} \tag{4-43}$$

式中,纵向蠕滑系数: $f_{11} = GabC_{11}$;横向蠕滑系数: $f_{22} = GabC_{22}$;回旋/横向蠕滑系数: $f_{23} = G(ab)^{3/2}C_{23}$;回旋系数: $f_{33} = G(ab)^2 C_{33}$;a、b 分别为轮轨接触椭圆斑的长半轴和短半轴;G 为轮轨金属的剪切弹性模数;C_{ij} 为无量纲 Kalker 系数。

无量纲 Kalker 系数实质上是与金属材料泊松比 σ 和接触斑半轴 a、b 有关的系数,绕开弹性力学理论的全椭圆积分的繁琐公式,简化为便于工程应用的系数形式。

在接触面清洁的条件下,当蠕滑力较小,蠕滑率在 0—0.5 至 0—2% 间,它们间呈线性关系,此时,接触斑内大部分为黏着区。随着切向力增大,蠕滑率相应增大,当蠕滑率达到 3%—5%,切向力接近极限摩擦力。继续增大,则会导致车轮在牵引工况下的空转或制动时的滑行。

2. 接触斑计算

将轮轨接触处近似看作一对椭球体,则应用线性赫兹接触理论求出接触斑的大小。在

压力 P 作用下,接触点处将产生局部变形,出现椭圆接触斑。设轨头椭球体的主曲率半径为 R_{r1}、R_{r2};踏面椭球体的主曲率半径为 R_{w1}、R_{w2}。对车轮与钢轨滚动接触情况,其主曲率半径 1 和 2 分别沿轨道方向和垂直于轨道方向,根据赫兹接触理论可以求出两计算参数 A、B。

$$A + B = \frac{1}{2}\left(\frac{1}{R_{r1}} + \frac{1}{R_{r2}} + \frac{1}{R_{w1}} + \frac{1}{R_{w2}}\right)$$
$$B - A = \frac{1}{2}\left(\frac{1}{R_{r1}} - \frac{1}{R_{r2}} + \frac{1}{R_{w1}} - \frac{1}{R_{w2}}\right)$$
(4-44)

根据弹性力学规定,圆弧中心位于物体内部时,曲率半径符号取为正号,当计算凹形踏面车轮时,R_{w2} 为负值。轨头沿铁路轨道方向为平直的情况,R_{r1} 取为 ∞。代入上式简化为

$$A + B = \frac{1}{2}\left(\frac{1}{R_{r2}} + \frac{1}{R_{w1}} + \frac{1}{R_{w2}}\right)$$
$$B - A = \frac{1}{2}\left(\frac{1}{R_{r2}} + \frac{1}{R_{w1}} - \frac{1}{R_{w2}}\right)$$
(4-45)

$\frac{B-A}{A+B}$ 的符号确定接触椭圆长半轴 a 的方向。负值表明沿轨道方向,反之,沿车轴方向。

椭圆长半轴和短半轴公式为

$$a = m\left\{\frac{3\pi P(k_1 + k_2)}{4(A+B)}\right\}^{\frac{1}{3}}$$
$$b = n\left\{\frac{3\pi P(k_1 + k_2)}{4(A+B)}\right\}^{\frac{1}{3}}$$
(4-46)

式中常数 k_1 和 k_2 为

$$k_1 = \frac{1-\sigma_1^2}{\pi E_1}, \quad k_2 = \frac{1-\sigma_2^2}{\pi E_2}$$
(4-47)

σ 及 E 为钢的泊桑比与抗拉弹性模量;m、n 是与 $\frac{B-A}{A+B}$ 比值有关的常数。记为

$$\cos\theta = \frac{B-A}{A+B}$$
(4-48)

m,n 和 θ 的关系如表 4-3。

表 4-3　m、n 和 θ 系数表

θ	30°	40°	50°	60°	70°	80°	90°
m	2—73	2—14	1—75	1—49	1—28	1—13	1—00
n	0—49	0—57	0—64	0—72	0—80	0—89	1—00

3. 非线性蠕滑理论

上述线性蠕滑理论适用于小蠕滑情况。当车轮通过小半径曲线或受较大的纵向力作用,蠕滑率会接近饱和区段。分析发现,随着蠕滑率的增大,接触斑内的滑动区域逐步扩大,直至整个接触斑为滑动区,图 4-32 所示为单一方向蠕滑率变化时的接触区分布示意图。不同的各向蠕滑率组合会有不同的黏着区外形和分布。

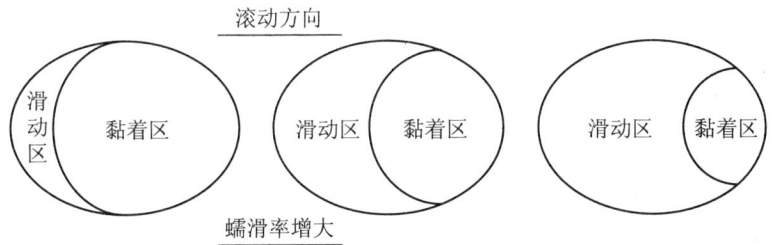

图 4-32　接触斑上的滑动区与黏着区比率随蠕滑率的变化关系

J-J-Kalker 提出了需大量数值计算的非线性蠕滑力精确算法和计算程序。英国的试验较好验证了它的计算结果。以后 Kalker 又提出了简化的算法和程序 FASTSIM。

但进行数值仿真时 Kalker 算法需要超量的计算。为适应工程计算,采用公式化的近似方法,方法基于 Johnson-Vermeulen 分两阶段进行的改进饱和算法,先用小蠕滑的线性公式计算蠕滑力,然后用 Johnson-Vermeulen 缩减方法计算非线性蠕滑力。

设 T_1 和 T_2 为线性 Kalker 理论公式计算的结果,T_R' 为合力

$$T_R' = \sqrt{T_1^2 + T_2^2} \tag{4-49}$$

设轮轨摩擦系数为 μ,正压力为 N,求出缩减后的蠕滑力

$$T_R = \begin{cases} \mu N \left[\left(\dfrac{T_R'}{\mu N}\right) - \dfrac{1}{3}\left(\dfrac{T_R'}{\mu N}\right)^2 + \dfrac{1}{27}\left(\dfrac{T_R'}{\mu N}\right)^3 \right] & T_R' \leqslant 3\mu N \\ \mu N & T_R' > 3\mu N \end{cases} \tag{4-50}$$

定义缩减因子 η

$$\eta = T_R / T_R' \tag{4-51}$$

然后修正纵横向蠕滑力为

$$T_1' = T_1 \eta$$
$$T_2' = T_2 \eta \tag{4-52}$$

4.2.4 磁悬浮列车悬浮原理

磁浮列车随线路转向所需的导向力,一般为非接触力,可以由磁场的横向约束力或垂直悬浮力的分力形成,也可由车辆两侧专门设置的导向线圈的电磁斥力构成。

电动型 EDS 磁浮列车是利用导电体在磁场之间的相对运动所产生的斥力来实现悬浮,其悬浮高度可以保持在 100 mm。在超导悬浮系统中,可以在低温电阻近零的条件下产生极高的稳定电流和磁场,而与其相互作用产生推进(x)、悬浮(z)和导向(y)的线圈安装在轨道上,由它们对超导线圈产生推进、悬浮和导向力。超导线圈安装在车辆的两侧,而悬浮线圈可布置在其下方的轨道,推进与导向线圈则布置在超导线圈左右侧的轨道立面上。

推进原理:利用黏着,推进采用线性同步电机(LSM),由推进线圈产生的移动磁场对超导线圈产生感应斥力从而推动磁浮车辆前进,如果改变推进线圈电流方向可以产生制动作用,并将车辆动能送入电网。

悬浮原理:悬浮是由车辆高速运行时,超导线圈对悬浮线圈的交链磁通产生改变从而产生斜向排斥力抬高车辆。悬浮力随着速度的上升而增大,但由于斥力抬高车体到一定程度后,感应交链不再上升而斥力就不再升高,同时磁阻力在某速度下达到最大值,随后随着速度略有下降,最终趋于稳定。因此,悬浮力在车辆达到一定速度后就保持一定的值。

导向原理:导向原理与磁浮原理相同,只是使车辆左右线圈产生的力的方向相差 180°,因而相对车辆中心线的左右位移将带来回复力。

4.3 转向架悬挂系统

车辆在轨道上运行时,将伴随产生复杂的振动现象。为了减少有害的车辆冲动,车辆必须设有缓和冲动和衰减振动的装置,即弹簧减振装置。车辆上采用的弹簧减振装置,按其主要作用的不同,大体可分为三类:一类是主要起缓和冲动的弹簧装置,如中央及轴箱的螺旋圆弹簧;二类是主要起衰减(消耗能量)振动的减振装置,如垂向、横向减振器;三类是主要起定位(弹性约束)作用的定位装置,如轴箱轮对纵、横方向的弹性定位装置,摇动台的横向缓冲器或纵向牵引拉杆。

弹性悬挂装置中的弹性元件主要有钢制的螺旋弹簧、扭杆弹簧、橡胶弹簧和空气弹簧等。

减振装置按照其结构特点可以分为摩擦减振器和液压减振器。

4.3.1 弹性悬挂装置

截铁道车辆弹簧装置的作用主要体现在二个方面:一是使车辆的质量及载荷比较均衡地传递给各轮轴,并使车辆在静载状况下(包括空、重车),两端的车钩距轨面高度应满足"铁路技术管理规程"规定的要求,以保证车辆的正常联挂;二是缓和因线路的不平顺、轨缝、道岔、钢轨磨耗和不均匀下沉,以及因车轮擦伤、车轮不圆、轴颈偏心等原因引起车辆的振动和冲击。由于有弹簧装置,使车辆的弹簧以上部分和弹簧以下部分分成既有联系又有区别的两个部分。即簧上、簧下的作用力既互相传递,而运动状态(位移、速度、加速度)不完全相同。车辆内设置弹簧装置可以缓和轮轨之间相互作用,可以提高车辆运行的舒适性和平稳性,保证旅客舒适、安全,保证货物完整无损,延长车辆零部件及钢轨的使用寿命。

弹簧的主要特性是挠度、刚度和柔度。挠度是指弹簧在外力作用之下产生的弹性变形的大小或弹性位移量,而弹簧产生单位挠度所需的力的大小,称为该弹簧的刚度,反之单位载荷作用下产生的挠度称为该弹簧的柔度。

1. 钢弹簧

在铁路车辆上通常采用簧条面为圆形的圆柱压缩螺旋弹簧,故又称圆簧,如图4-33所示。

(1) 单卷弹簧的轴向(垂向)特性计算

根据材料力学,单卷弹簧轴向特性计算公式如下:

$$刚度 \quad K_V = Gd/(8nm^3) = (Gd^4)/8nD$$

$$挠度 \quad f_V = (8P_V m^3 n)/Gd = P_V/K_V$$

$$应力 \quad \tau_{max} = (8P_{max}DC)/(\pi d^3) \leqslant [\tau]$$

$$簧条直径 \quad d_{计算} = \sqrt{((8P_{max}mC)/\pi[\tau])}$$

$$有效圈数 \quad n = Gd/(8K_V m^3)$$

$$总圈数 \quad N = n + 1.5$$

$$弹簧全压缩高 \quad H_{min} = (n+1)d$$

$$弹簧自由高 \quad H_{min} = (n+1)d$$

$$弹簧稳定性校核 \quad H_0 = H_{min} + f_{max} \tag{4-53}$$

式中：

G——剪切弹性模数，弹簧钢 $G = 80 GPa$；

P_V——作用于弹簧上的垂向静载荷；

P_{max}——作用于弹簧上的最大垂向载荷其值为 $P_{max} = P_V(1 + K_{vd})$；

D——弹簧平均直径，为弹簧圈内、外径的平均值；

m——弹簧指数，又称旋挠比，其值为 $m = D/d$；

C——应力修正系数，其值 $C = (4m - 1)/(4m - 4) + 0.615/m$；

f_{max}——最大挠度，其值为 $f_{max} = f_V(1 + K_{vd})$；

n——有效圈数；

N——弹簧总圈数，为工作圈数与支持圈圈数之和；

H_{min}——弹簧全压缩高度，即弹簧在全压死状态下的高度；

H_0——弹簧自由高度，为无载荷状态下的高度；

$[\tau]$——许用应力，对于 55Si2Mn 和 60Si2Mn 的弹簧钢，为 750 MPa。

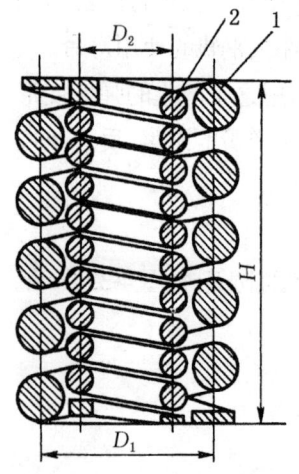

图 4-33 双卷螺旋弹簧
（1——外层簧；2——内层簧）

弹簧挠度裕量系数 K_{vd}，是弹簧在静载重作用下各簧圈之间的间隙总和 a（即弹簧最大挠度）与静挠度 f_{st} 之比值。计算时规定取值：在弹簧装置中有减振器并 f_{st} 较大时，货车取 $K_{vd} \geqslant 0—6$，客车取 $K_{vd} \geqslant 0—5$；在弹簧装置中无减振器或减振阻力很小时，货车取 $K_{vd} \geqslant 0—9$，客车取 $K_{vd} \geqslant 0—6$。

弹簧指数，铁路车辆弹簧一般取 $m = 4—7$，选取的 D 值应能与弹簧空间位置相适应，选取的 d 值应符合我国弹簧钢材规格中标准簧料直径系列所规定的值。m 值越小，表明弹簧卷曲程度越大，引起的附加应力也越大，即应力修正系数 C 越大。

有效圈数，即弹簧起弹性变形部分的工作圈数。增加 n 值可降低刚度值，但使弹簧全压缩高度 H_{min} 增大，另外也有可能影响挠度裕量系数 K_{vd} 不满足规定要求。

在设计车辆悬挂装置中的弹簧时，为提高车辆运行平稳性，则在结构空间位置、车钩高差等条件的允许情况下，应尽量增大弹簧总静挠度。所以，设计中必须注重刚度和静挠度值的选取，为能降低刚度，增加挠度，时常在符合许用应力及有关的要求下，可以不按一般弹簧的设计要求选取某些参数值，如弹簧有效圈数的尾数值，平均直径和自由高的值，都可以不符合有关标准系列值的要求。

(2) 双卷弹簧的轴向(垂向)特性计算

转向架的弹簧装置中,时常采用双卷弹簧,个别情况还有采用三卷弹簧的。多卷弹簧与单卷弹簧相比,在承载与弹性特性相同的条件下,可以明显减小弹簧所占空间位置,使结构紧凑。这对于铁路车辆载重量大,转向架弹簧装置所占的空间位置受到多方面条件限制,采用双卷弹簧是很适宜的。双卷(或多卷)弹簧中紧挨着的两层弹簧的螺旋方向应一个左旋,另一个则右旋。

双卷弹簧完全代替单卷弹簧必须满足以下条件:双卷弹簧的外卷和内卷的指数 m_1 和 m_2、应力 τ_1 和 τ_2、挠度 f_1 和 f_2,要分别等于单卷弹簧的 m、τ 和 f,以此来导出双卷和单卷弹簧之间的尺寸关系。

(3) 两级弹簧的轴向(垂向)特性计算

一般只有在空重车质量差别很大时,才适于采用两级刚度螺旋弹簧组,按其结构形式一般可分为三种,如图 4-34 所示。三种形式虽然不同,但相同的是空车和重车弹簧组的刚度均为两级,并且重车时刚度大于空车时刚度。图(a)形式,空车时为内外簧串联承载,重车时为外簧承载,但由于结构上的缺点已很少采用。图(b)形式,空车时为外簧承载,重车时为内外簧并联承载,故又称为不等高两级刚度弹簧组,结构简单,使用的最多。图(c)形式,空车时为内外簧串联,重车时为内外簧并联,由于结构比较复杂,一般在特种车上采用。

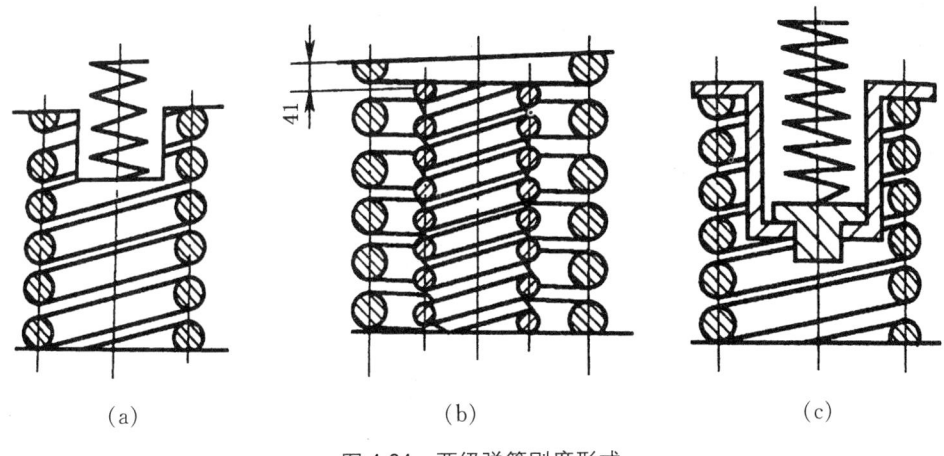

图 4-34 两级弹簧刚度形式

不等高两级刚度螺旋弹簧组的有关计算公式如下:

1) 外卷与内卷弹簧的最大载荷比 η

$$\eta = P_{1\max}/P_{2\max} = (a+e)/(1-e) \tag{4-54}$$

2) 空、重车载荷比 e

$$e = P_K / P_{zh} < 1 \tag{4-55}$$

3) 外簧与内簧的刚度比 a

满足重车振动性能的前提：

$$a = \frac{8(1-e)(1+K_{Vd})P_{zh}m_2C_2}{\pi d_2^2[\tau]} - 1 \tag{4-56}$$

明确提出当量静挠度 f_d 和空车静挠度 f

$$u = \frac{ef_d}{f_k - ef_d} \tag{4-57}$$

4) 内卷弹簧簧条直径 d_2

根据计算的刚度比 a 的不同条件，可以分为以下两种情况讨论：

① 根据式(4-56)，参考有关两级弹簧组参数等的资料，选择合适的 d_2，再带入式子(4-56)计算刚度比。

② 由式子(4-57)，参考有关两级弹簧组参数等的资料，选择合适的内卷弹簧指数值 m_2，以及式子(4-57)计算的刚度比，得到

$$d_2 = \sqrt{\frac{8(1-e)(1+K_{vd})P_{zh}m_2C_2}{\pi(1+a)[\tau]}} \tag{4-58}$$

5) 外卷弹簧簧条直径 d_1

① 若 $m_1 = m_2$，$C_1 = C_2$，则

$$d_1 = d_2\sqrt{\frac{(a+e)}{(1-e)}} \tag{4-59}$$

② $m_1 \neq m_2$，则

$$d_1 = d_2\sqrt{\frac{(a+e)m_1C_1}{(1-e)m_2C_2}} \tag{4-60}$$

6) 内、外卷弹簧的间隙 $2S$

$$S = \frac{d_1 - d_2}{2} \tag{4-61}$$

有时，为了使之更符合设计任务书的要求，可适当加大其值，$2S$ 可取 10—15 mm。

7) 刚度

$$\text{内卷弹簧刚度} \quad K_2 = \frac{P_{zh}}{f_d(1+a)} \tag{4-62}$$

$$\text{外卷弹簧刚度} \quad K_1 = aK_2 \tag{4-63}$$

$$\text{弹簧组第一级刚度} \quad K_A = K_1 \tag{4-64}$$

$$\text{弹簧组第二级刚度} \quad K_B = K_1 + K_2 \tag{4-65}$$

8) 挠度

$$\text{内卷弹簧最大挠度} \quad f_{1\max} = \left(1+\frac{e}{a}\right)(1+K_{vd})f_d \tag{4-66}$$

$$\text{外卷弹簧最大挠度} \quad f_{2\max} = (1-e)(1+K_{vd})f_d \tag{4-67}$$

$$\text{重车时内卷弹簧静挠度} \quad f_1 = f_A + f_2 \tag{4-68}$$

$$\text{重车时外卷弹簧静挠度} \quad f_2 = (P_{zh} - P_A)/K_B \tag{4-69}$$

$$\text{重车时弹簧组静挠度} \quad f_{zh} = f \tag{4-70}$$

$$\text{重车时弹簧组当量静挠度} \quad f_2 = \frac{P_{zh}}{K_B} \tag{4-71}$$

内外卷弹簧高度差,也是转折点处弹簧组静挠度

$$f_A = P_A/K_A = (1+K_{vd})f_k = H_{01} - H_{02} \tag{4-72}$$

转折点弹簧的静挠度

$$\left.\begin{array}{l} P_A = K_A f_A = (1+K_{vd})P_k \\ \text{或 } P_A \approx (1.7\text{—}2)P_k \end{array}\right\} \tag{4-73}$$

式中:

G——剪切模量模数,弹簧钢 $G = 79.4$ MPa;

G_1、G_2——分别为内、外卷弹簧的应力修正系数;

H_{01}、H_{02}——分别为内、外卷弹簧的内外高;

K_{vd}——弹簧挠度裕量系数;

$[\tau]$——许可应力。

(4) 螺旋弹簧的径向(横向)特性计算

螺旋弹簧的径向特性计算需要进行螺旋圆弹簧的横向刚度、横向弹性、稳定性及应力的计算。计算时可将弹簧看做成一个弹性圆柱体(或称等效直梁),运用弹性力学的知识,求得有关计算公式。

1) 径向刚度计算

同时承受轴向(垂向)力 P 和径向(横向)力 Q 的螺旋弹簧的计算一般分为两种情况。

弹簧的两个端面与支撑体的接触面之间为刚性接触,并假定在 P 和 Q 力作用下,弹簧的上、下支承面在运动过程中保持平行,则

挠度比
$$\frac{f_l}{f_v} = \frac{Q}{P} 0.295 \frac{H^2}{D} + 0.384i \tag{4-74}$$

刚度公式
$$K_l = \frac{K_v}{0.295 \frac{H^2}{D} + 0.384i} \tag{4-75}$$

f_v——弹簧在 P 力作用下的垂向挠度;

f_l——弹簧在 Q 力作用下的横向挠度;

K_v、K_l——分别为弹簧的垂向刚度和横向刚度;

D——弹簧平均直径弹簧的计算高度;其值为: $H = H' - d$;

H——垂向载荷 P 对弹簧横向变形的影响系数;

i——垂向载荷 P 对弹簧横向变形的影响系数,其近似值为 $i = \dfrac{1}{1-\dfrac{P}{P_{er}}}$;$\dfrac{P}{P_{er}} = \{[\sqrt{1 + 4.29(D/H)^2} - 1]\}^{-1} \dfrac{f_v}{H}$,为考虑横向变形后的临界压缩值。

弹簧的两个端面与支撑体的接触面之间为弹性接触(如设有橡胶垫),并假定在 P 和 Q 力作用下,弹簧的上、下支承面能相对转动,则

挠度比
$$\frac{f_l}{f_v} = \frac{Q}{P} 0.295 \frac{H^2}{D} + 0.384i' \tag{4-76}$$

刚度公式
$$K_l = \frac{K_v}{0.295 \frac{H^2}{D} + 0.384i'} \tag{4-77}$$

$$i' = \frac{1}{1 - \dfrac{P'}{P'_{er}}} \tag{4-78}$$

$$\frac{P'}{P'_{er}} = \{[\sqrt{1 + 1.07(D/H)^2} - 1]\}^{-1} \frac{f_v}{H} \tag{4-79}$$

2) 径向稳定性计算

径向稳定性主要包括两个方面：

径向弹性稳定性

$$\frac{K_l}{K_v} \geqslant 1.2 \frac{f_v}{H} \tag{4-80}$$

倾覆稳定

$$f_l \leqslant \frac{PD}{K_lH+P}Q \leqslant \frac{PDK_l}{K_lH+P} \tag{4-81}$$

应力计算

螺旋圆弹簧的最大切应力发生在端部簧圈的内侧，计算公式

$$\tau_{\max} = \tau[1 + f_l/D(1 + (K_lH)/(K_vf_v))] \leqslant [\tau] \tag{4-82}$$

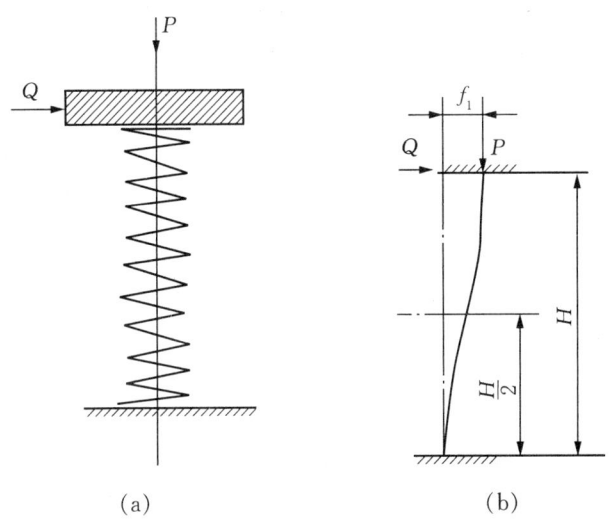

图 4-35　螺旋弹簧横向刚度计算

2. 扭杆弹簧

扭杆弹簧的主体为一直杆，它是利用扭杆的扭转弹性变形起弹簧作用的。在实用范围内扭转力矩与扭转角的特性曲线呈线性。扭杆弹簧具有自重轻、结构简单、单位体积变形大及占空间位置小等特点，所以在铁道车辆上用于抗侧滚装置。

抗侧滚扭杆装置的结构和原理如图 4-36 所示。分析原理示意图可知，当左右弹簧发生相互反向的垂向位移时(即车体侧滚时)，水平放置的两个扭臂对于扭杆(扭臂与扭杆之间近似为刚性节点)分别有一个相互反向的力与力矩的作用，使弹性扭杆承受扭矩而产生

扭转弹性变形,起着扭杆弹簧的作用。扭杆弹簧的反扭矩,总是与车体产生侧滚角角位移的方向相反,以约束车体的侧滚振动。但是,当左右弹簧为同向垂直位移时,因扭杆两端为转轴及轴承支承,所以左右两个扭臂只是使扭杆产生同向的转动,而不发生扭杆弹簧作用,故对车体不产生抗侧滚作用。从上述作用原理可知,抗侧滚扭杆装置实现了既增强了中央悬挂装置的抗侧滚性能,又不影响或基本上不影响中央悬挂装置中原弹簧的柔软弹性。

抗侧滚扭杆装置的作用特性,确定它应设置在空气弹簧(中央弹簧)的上、下支承部分之间。抗侧滚扭杆装置的最佳抗扭刚度值如何选择,应根据车辆结构及车体重心的高低、转向架结构及悬挂参数、运行速度、线路条件、通过道岔的型号及速度等诸多因素来考虑。应进行必要的理论计算和试验工作而确定。

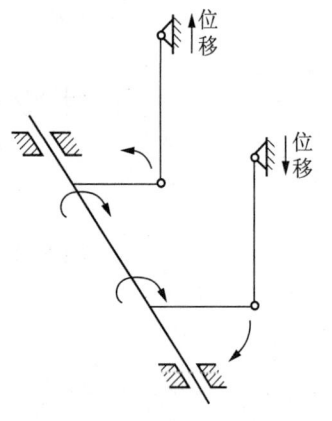

图 4-36 抗侧滚扭杆装置

3. 橡胶弹簧

铁道车辆上的橡胶元件,主要应用于弹簧装置与定位装置。此外车体与摇枕、摇枕与构架、轴箱与构架、弹簧支承面等金属部件直接接触部位之间,经常采用橡胶衬垫、衬套、止挡等橡胶元件。

(1) 静弹剪模数 G、静弹性模数 E_a、表观弹剪模数 G_a 及动弹性模数的计算

$$G = 0.119e^{0.034HS} \text{ (MPa)} \tag{4-83}$$

HS——肖氏硬度。

$$\text{拉伸变形时}: E_a \approx 3G \tag{4-84}$$

$$\text{压缩变形时}: E_a \approx iG \tag{4-85}$$

i——几何形状和硬度影响系数。

$$G_a = jG \tag{4-86}$$

j——弯曲变形影响系数。

(2) 应力计算

$$\sigma = \frac{E_a}{3}[(1+\varepsilon) - (1+\varepsilon)^{-2}] \tag{4-87}$$

$\varepsilon = \delta_v/h\varepsilon$, δ_v 为橡胶弹簧变形量, h 橡胶弹簧厚度。

(3) 静刚度和动刚度的计算

1) 衬套式橡胶弹簧

当衬套式橡胶弹簧承受轴向载荷时,只有剪切变形量,有轴向剪切刚度

$$K_s = \frac{2\pi l G}{\ln\left(\dfrac{r_2}{r_1}\right)} \tag{4-88}$$

轴向扭转刚度

$$K_\tau = 4\pi l G \left(\frac{1}{r_1^2} - \frac{1}{r_2^2}\right)^{-1} \tag{4-89}$$

承受径向载荷时,有压缩和剪切变形量,则径向剪切刚度

$$K_s = \frac{\pi l (E_a + G)}{\ln(r_2/r_1)} \tag{4-90}$$

承受弯曲载荷时,有压缩和剪切变形量,则

轴向扭转刚度

$$K_w = \frac{\pi l^3 (E_a + G)}{12\ln(r_2/r_1)} \tag{4-91}$$

2) 空心圆锥弹簧

承受轴向载荷时,轴向压缩刚度

$$K_l = \frac{\pi l (r_1 + r_2)}{b_0}(E_a \sin^2\beta + G\cos^2\beta) \tag{4-92}$$

承受径向载荷时,径向刚度

$$K_r = \frac{\pi(r_1 - r_2)}{\tan\beta \ln\left(1 + \dfrac{2b}{r_1 + r_2}\right)}(E_a + G) \tag{4-93}$$

4. 空气弹簧

(1) 空气弹簧的应用及特点

铁道车辆悬挂装置采用空气弹簧主要优点是:

1) 空气弹簧的刚度可选择低值,以降低车辆的自振频率。

2) 空气弹簧具有非线性特性,可以根据车辆振动性能的需要,设计成具有比较理想的弹性特性曲线。

3)空气弹簧的刚度随载荷而改变,从而保持空、重车时车体的自振频率几乎相等,使空、重车不同状态的运行平稳性接近。

4)空气弹簧和高度控制阀并用时,可按车体在不同静载荷下,保持车辆地板面距轨面的高度不变。

5)同一空气弹簧可以同时承受三维方向的载荷。利用空气弹簧的横向弹性特性,可以代替传统的转向架摇动台装置,从而简化结构,减轻自重。

6)在空气弹簧本体和附加空气室之间装设有适宜的节流孔,可以代替垂向安装的液压减振器。

7)空气弹簧具有良好的吸收高频振动和隔音性能。

8)采用空气弹簧的缺点是由于它的附件(如高度控制阀、差压阀)较多,成本较高,并增加了维护与检修的工作量。

空气弹簧现已在城轨车辆、高速客车和高速动车组上得到了广泛的应用。

(2)空气弹簧装置系统的组成和分类

空气弹簧装置的整个系统如图 4-37 所示,主要是由空气弹簧本体、附加空气室、高度控制阀、差压阀及滤尘器等组成。空气弹簧所需要的压力空气,由列车制动主管 1 经 T 形支管 2、截断塞门 3、滤尘止回阀 4 进入空气弹簧贮风缸 5,再经纵贯车底的空气弹簧主管向两端转向架上的空气弹簧供气。转向架上的空气弹簧管路与其主管用连接软管 6 接通,压力空气再经高度控制阀 7 进入附加空气室 10 和空气弹簧本体 8。

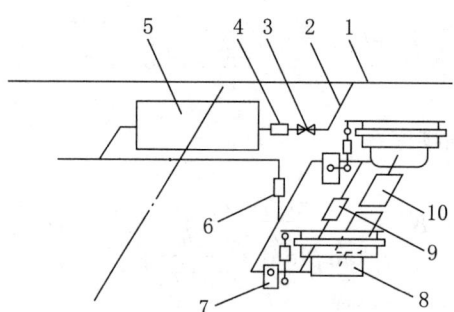

图 4-37 空气弹簧装置
1—列车制动主管;2—T 形支管;3—截断赛门;4—滤尘止回阀;5—空气弹簧贮风缸;
6—高度控制阀;7—空气弹簧本体;8—差压阀;9—附加空气室

空气弹簧大体上可分为囊式和膜式两类。囊式空气弹簧,可分为单曲、双曲和多曲等形式。这类空气弹簧使用寿命长,制造工艺比较简单。但刚度大,振动频率高,所以铁道车辆上已不采用。膜式空气弹簧,可分为约束膜式、自由膜式等形式。约束膜式空气弹簧由内筒、外筒和将两者联结在一起的橡胶囊等组成。这种形式的空气弹簧刚度小,振动频率低,其弹性特性曲线容易通过约束裙(内、外筒)的形状来控制,但橡胶囊工作状况复杂,耐久性较差。自由膜式空气弹簧由于它没有约束橡胶囊变形的内、外筒,可以减轻橡胶囊的磨耗,提高了使用寿命。它本身的安装高度比较低,可以明显降低车辆地板面距轨面的高度。重量轻,并且其弹性特性可以通过改变上盖板边缘的包角加以适当调整,使弹簧具有良好的负载特性。所以,在无摇动台装置的空气弹簧转向架上应用较多。

(3) 高度控制阀和差压阀

高度控制阀的主要作用及要求是:维持车体在不同静载荷下都与轨面保持一定的高度;在直线上运行时,车辆在正常的振动情况下不发生进、排气作用;在车辆通过曲线时,由于车体的倾斜,使得转向架左右两侧的高度控制阀分别产生进、排气的不同作用,从而减少车辆的倾斜。

差压阀是保证一个转向架两侧空气弹簧的内压之差,不能超过为保证行车安全规定的某一定值,若超出时,则差压阀自动沟通左右两侧的空气弹簧,使压差维持在该定值以下。所以,差压阀在空气弹簧悬挂系统装置中起保证安全的作用。

(4) 自由膜式空气弹簧刚度计算

垂向刚度计算

$$\left. \begin{array}{l} K = n(1+t)(p_a + p_0)\dfrac{A_0}{V_0} + a p_0 a_0 \\[2mm] a = \dfrac{1}{R} \times \dfrac{\sin\theta\cos\theta + \theta(\sin^2\theta - \cos^2\varphi)}{\sin\theta(\sin\theta - \theta\cos\theta)} \\[2mm] t = \dfrac{r^2}{R^2}\left[2 + \dfrac{(\cos\varphi^2(\theta^2 - \sin^2\theta) - \theta^2\sin^2\theta)}{\sin\theta(\sin\theta - \theta\cos\theta)}\right] \end{array} \right\} \quad (4\text{-}94)$$

p_0——空气弹簧的内压力;

p_a——大气压力,计算时一般取 $p_a = 0.1 \text{ MPa}$;

A_0——静平衡位置时空气弹簧的有效承压面积;

V_0——静载荷作用下空气弹簧的容积,$V_0 = V_1 + V_2$,V_1 空气弹簧本身的容积,V_2 附加空气室容积;

n——多变指数,计算时通常取 $n = 1.3$—1.38;

t、a——空气弹簧的垂向特性形状系数,取决于空气弹簧的几何形状;

φ——橡胶囊圆弧部分的回转轴与空气弹簧中心线夹角,该回转轴是指圆弧中点与该弧圆心的连线;

θ——橡胶囊圆弧部分形成的包角之半；

R——A_0 有效承压面积的半径。

横向刚度计算

$$\left.\begin{array}{l} K_l = b p_0 A_0 + K'_l \\ b = \dfrac{1}{2R} \times \dfrac{\sin\theta\cos\theta + \theta(\sin^2\theta - \sin^2\varphi)}{\sin\theta(\sin\theta - \theta\cos\theta)} \end{array}\right\} \quad (4\text{-}95)$$

K'_l——橡胶囊本身的横向刚度；

b——空气弹簧的横向特性形状系数，取决于空气弹簧几何形状。

4.3.2 减振装置

1. 摩擦式减振器

减振器是借助金属摩擦副的相对运动产生的摩擦力，将车辆振动动能转变为热能而散逸于大气中，从而减小车辆振动。

（1）常摩擦式减振器

Ride Control 减振器是货车上常使用的一种常摩擦减振器。该减振器由一个中间挖空的外形特殊的斜楔和一个控制弹簧等组成。装配时，将控制弹簧预压缩后与斜楔一起装入摇枕端部的凹进部分，控制弹簧的下平面支承在摇枕端部铸出的平台上，弹簧的上平面则顶在楔块内部的挖空处，并且在弹簧预压缩力的作用下将整个楔块往上顶至楔块斜面与摇枕斜面以及楔块主摩擦面与焊在侧架立柱上的磨耗板贴紧为止。控制弹簧不是转向架上的承载弹簧，减振器一旦装配完成以后，它的变形量就始终维持为装配时的预压缩量而不发生变化。因此，弹簧给楔块的作用力、楔块与摇枕斜面之间、楔块与立柱磨耗板之间的作用力维持不变。所以，在转向架振动过程中楔块主摩擦面与侧架立柱磨耗板之间的摩擦阻力就不随转向架的簧上载荷变化而维持为一常数。Ride Control 减振器性能稳定，可靠性好，只要控制弹簧不折损就不会失效。另外，这种减振器的楔块较宽，磨耗面积较大，这样就加强了转向架侧架和摇枕之间的联系，对转向架的菱形变形具有一定的"控制"作用，从而提高了转向架的蛇行运动稳定性。

（2）变摩擦式减振器

我国的转 8A 转向架所使用的就是摩擦式减振器，它具有变摩擦的特点。它的工作原理如下：车体重量通过摇枕作用于弹簧上，使弹簧压缩。由于摇枕和楔块之间为 45°的斜面，因此在车体作用力和弹簧反力的作用下，楔块与摇枕之间、楔块与侧架立柱磨耗板之间产生一定压力。在车辆振动过程中，摇枕和楔块由原来的实线位置移到了虚线位置。这样,楔块与摇枕、楔块与侧架立柱磨耗板之间产生相对移动和摩擦,从而使振动动能变为摩擦热能,实现减小车辆振动和冲击的目的。各摩擦面上的摩擦力与摇枕上的载荷 P 有关,P 大摩擦力也大,即减振阻力也大,反之亦然。所以空车和重车时,减振阻力不同,故称为变摩擦力减振器。楔块式摩擦减振器在水平方向(横向振动方向)也有减振作用。

2. 液压减振器

液压减振器是利用液体黏滞阻力作负功来吸收振动能量,一般液压减振器的阻尼特性为线性,即阻力与振动速度一次方成比。

抗蛇形减振器是为了提高车辆的抗蛇形稳定性,安装于车体与转向架之间,用于抑制转向架的摇头运动。其阻尼特性用减振器饱和阻力 F_{max} 和减振器卸荷速度 V_0 表示。

一般液压减振器主要由活塞、进油阀、缸端密封、上下联结、油缸、贮油筒及防尘罩等部分组成。减振器内部还有油液。

液压减振器按照液流方向可以分为油液单向循环流动和双向往复流动减振器,其基本原理都是通过活塞杆相对于缸筒的拉伸和压缩运动,使内部的油液通过节流孔,在流动的过程中产生阻力,耗散能量。我国客车转向架使用的 SFK1 液压减振器,如图 4-38 所示,就属于油液双向往复流动减振器;另外,KONI 液压减振器属于油液单向循环流动减振器。

关于液压减振器的选型,主要包括以下几个方面:阻尼特性的选取;阻尼值的选择;活塞行程及外部尺寸的确定;根据减振器的位移变化特点和受力大小选择端部连接结构的形式。

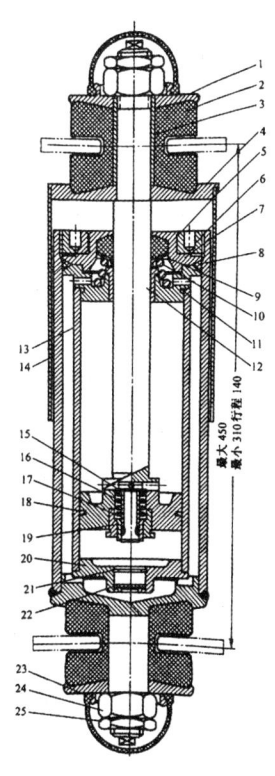

图 4-38 SFK1 液压减振器

4.4 转向架结构设计与方法

4.4.1 作用于转向架上的载荷

1. 垂向静载荷

(1) 作用在心盘上的垂向静载荷 P_{st}

车体的自重、载重和整备重量通过下心盘作用在转向架上,其数值通常采用两种方法计算。

1) 根据车体实际重量计算（俗称"自上而下"的计算方法）：对于专用的客、货车转向架，作用在转向架心盘上的垂向静载荷 P_{st} 是按照车体的实际总重(t)来考虑，即：

$$P_{st} = \frac{车体总重}{2} \times 9.81 = \frac{车体自重 + 载重 + 整备重量}{2} \times 9.81 (kN) \quad (4-96)$$

按这种计算法所得的心盘载荷来设计转向架，可以使各零、部件具有合理的结构强度和自重，但这种转向架往往缺乏通用性。

2) 根据最大允许轴重计算（俗称"自下而上"的计算方法）：对于通用型客、货车转向架，作用在转向架心盘上的垂向静载荷 P_{st} 是按照该转向架所用轮对压在钢轨上的允许载荷(即允许轴重)来考虑，即：

$$P_{st} = (n \cdot P_R - P_T) \times 9.81 (kN) \quad (4-97)$$

P_R——个轮对压在钢轨上的允许载荷（允许轴重）(t)；

n——台转向架的轴数；

P_T——台转向架的自重。

按上式计算所得的 P_{st} 来设计转向架，由于 P_{st} 与车型无关，故可在允许轴重的范围内应用于各型客车或货车，以提高转向架的通用性。

(2) 作用在转向架任一构件上的垂向静载荷 P_{st1}

$$P_{st1} = \frac{P_{st} + P_{T1}}{m} \times 9.81 = \frac{n \cdot P_R - P_T + P_{T1}}{m} \times 9.81 (kN) \quad (4-98)$$

P_{T1}——垂向静载荷自心盘面起至计算构件为止包括所有零件质量之和；

m——台转向架中平行受力的同名计算构件的数目。

按照式(4-98)计算构件的自重已经包含在 P_{st1} 中，并以集中力表示而不取分布载荷的形式，使计算简化。

2. 垂向动载荷

作用在转向架零、部件上的垂向静载荷 P_{d1} 是由于车辆运行中轮轨之间的冲击和簧上振动引起的，其数值按下式计算

$$P_{d1} = K_{dy} \cdot P_{st1} \quad (4-99)$$

K_{dy}——垂向动荷系数。

《强度规范》推荐的垂向动荷系数的经验公式为

$$K_{dy} = \frac{1}{f_j}(a + bv) + \frac{dc}{\sqrt{f_j}} \tag{4-100}$$

f_j——车辆在垂向静载荷下的弹簧静挠度(mm);

v——车辆的最高运行速度(km/h);

b——系数,取 0-05;

d——系数,货车取 1-65,客车取 3-0;

a——系数,簧上部分(包括摇枕)取 1-50,簧下部分(除开轮对)取 3-50;

c——系数,簧上部分(包括摇枕)取 0-427,簧下部分(除开轮对)取 0-569。

具有两系悬挂的转向架构架的垂向动荷系数按照下式计算

$$K_{dy} = K_{dys} + (K_{dyx} - K_{dys})\frac{f_{jy}}{f_{\sum j}} \tag{4-101}$$

K_{dys}——簧上部分的垂向动荷系数;

K_{dyx}——簧下部分的垂向动荷系数;

f_{jy}——轴箱弹簧静挠度;

$f_{\sum j}$——转向架的弹簧静挠度($= f_{jy} + f_{jz}$)。

3. 纵向力引起的附加垂向载荷

车体的受力如图 4-39 所示,P_c 为转向架对车体的垂向反力,纵向力引起转向架心盘的附加垂向载荷 P_c 按照下式计算:

$$P_c = \frac{(N_1 + N_3)h_1 - N_2 h_2}{l} \tag{4-102}$$

h_1——重载车体的重心至自动车钩中心线的垂向距离(m);

h_2——自动车钩中心线与心盘面之间的距离(m);

l——车辆定距,即两心盘中心之间的距离(m);

N_1——车体自重产生的惯性力(kN);

N_2——转向架自重产生的惯性力(kN);

N_3——车辆所载货物的惯性力(kN)。

在 P_c 作用下转向架零、部件的受力情况,与在垂向静载荷 P_{st} 作用下的情况相同。应注意:附加垂向载荷 P_c 通常发生在调车作业时,它所引起转向架构件的应力不应与垂向动载荷所引起的应力相叠加。

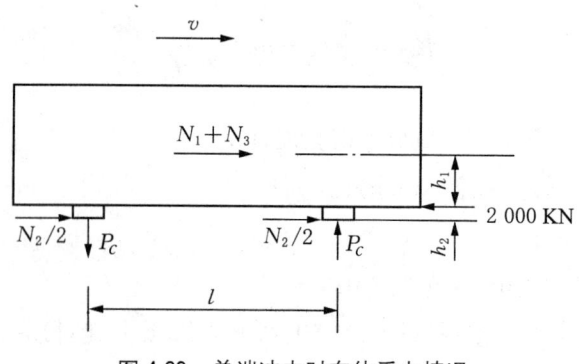

图 4-39 单端冲击时车体受力情况

4. 侧向力引起的附加垂向载荷

侧向力包括风力和车辆通过曲线时的离心力。在平直道上且无风力作用的情况下，车体支承在两台转向架的心盘上。列车通过曲线时，在离心力以及风力作用下，车体将产生微量倾斜，车体靠近曲线外侧的上旁承将与转向架上同一侧的下旁承接触，这样就会引起转向架的附加垂向载荷。

图 4-40 中 H_k 表示作用在车体上的侧向力，$2H_z$ 表示两台转向架的离心力。假定车体在侧向力作用下不发生倾斜，即转向架的摇动台和弹簧装置不变形的情况下，分析侧架和构架的受力。为此先研究车辆内侧及外侧轴箱（或轴颈）的附加垂向载荷。

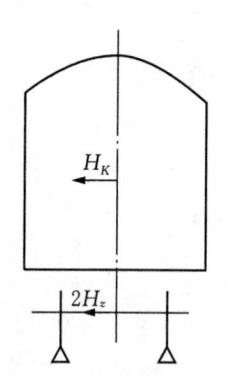
图 4-40 车辆承受侧向力情况

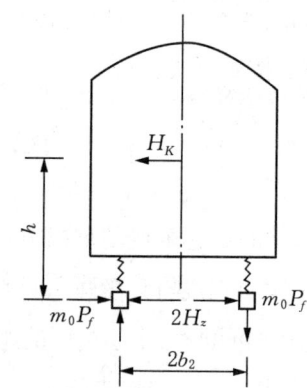
图 4-41 在侧向力作用下，出去轮对后的车辆分离体

（1）车辆内、外侧轴箱的附加垂向载荷

取车体连同中央弹簧装置以及构架（或侧架）、轴箱为分离体，如图所示。图 4-41 中 $2H_z$ 为两台转向架除去轮对后的所有构件的离心力之和，假定此力作用在车轴中心线的水平面内。轴箱处的水平反力暂不研究，而每一个轴箱的垂向反力为 P_f，平衡得：

$$m_0 P_f 2b_2 = H_k h \tag{4-103}$$

$$P_f = \frac{H_k h}{m_0 2b_2} \tag{4-104}$$

h——车体侧向力至车轴中心线所在水平面之间的垂向距离(m);

$2b_2$——轮对两轴颈中心线间的水平距离(m);

m_0——车辆一侧的轴箱数(即车辆的轴数)。

(2) 侧架受力

以处于曲线外侧的侧架为例,由式(4-104)求得车轴轴颈对轴箱的垂向反力 P_f。那么轴箱对侧架的垂向作用力也就是 P_f。知道两个轴箱对侧架的作用力,则侧架中央承簧台上弹簧的反力之和必等于 $2P_f$。

(3) 构架受力

与侧架不同,构架在侧向力引起的附加垂向载荷作用下的受力情况与在垂向静载荷下的受力不同。当构架处于曲线位置时,位于曲线外侧的四个轴箱弹簧对构架的作用力向上,而内侧的则向下,每一弹簧作用力的数值等于 $P_f/2$(由于每一轴箱上有两组弹簧)。轴箱弹簧对构架的作用力系应由作用在构架摇动台吊杆销孔处的 P_n 力系平衡,即:

$$P_n = 2P_f \tag{4-105}$$

侧向力的求解则需要根据转向架位于曲线的具体位置,以及轮轨间相互作用力的实际情况。

5. 侧向力及轮轨间作用力所引起的水平载荷

车辆进入线路的曲线区段后,转向架承受的水平载荷除了由车体传到心盘上的侧向力 $H_k/2$ 以及转向架本身的离心力 H_z 以外,还有钢轨给车轮轮缘的横向力(对于前轮对,常称导向力)Y 和轨面作用在轮踏面上的摩擦力 F。轮缘横向力的作用位置及大小以及摩擦力的大小和方向除了与转向架所受侧向力 $H = H_k/2 + H_z$ 的数值及转向架结构有关以外,还与转向架处于曲线上的位置及在曲线上的运动情况有关。为此,需要首先研究转向架在曲线上处于何种位置,进而得到轮轨之间的作用力,然后才能进行转向架各零部件承受水平载荷的分析。

(1) 转向架在曲线上的三种位置

转向架在曲线上的三种位置如图 4-42 所示,弦形位置:其特征是转向架前、后轮对的外侧车轮轮缘均靠向外轨,如图 4-4(a)所示;最大倾斜位置:转向架前轮对的外侧车轮轮缘靠向外轨,后轮对的内侧车轮轮缘靠向内轨,如图 4-4(b)所示;中间位置:转向架前轮对的外侧车轮轮缘靠向外轨,后轮对的两个车轮轮缘与内、外轨均不接触,如图 4-4(c)所示。

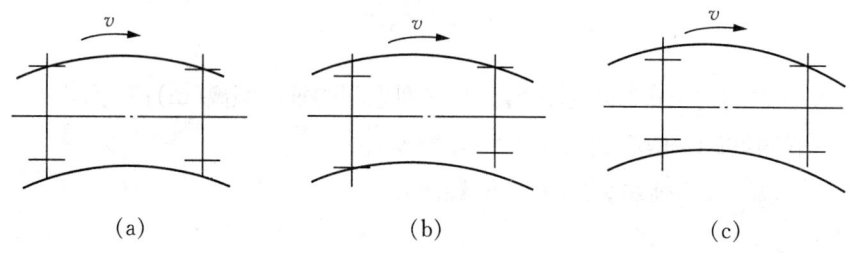

图 4-42 转向架在曲线上的三种位置

转向架在曲线上究竟处于何种位置,这需要根据以下情况来决定。当转向架固定轴距 l、轮对两车轮滚动圆间的距离 $2b_1$、线路的曲线半径 R 以及轮轨间的滑动摩擦系数 μ 的数值一定时,主要决定于车辆在曲线上的运行速度 V。当运行速度很高时,常处于弦形位置;运行速度不高时,转向架常处于中间位置。因此,在转向架强度分析时,通常采用中间位置作为计算工况。

(2) 转向架回转极点的位置

为了分析在曲线上转向架所处三种位置时的受力,还需要确定转向架回转极点的位置。

为了分析问题方便起见,把转向架在曲线上的运动分解成二部分:沿转向架纵向中心线方向的移动(车轮纯滚动)和绕着某一点 C 的转动(车轮沿轨面滑动)。C 点就称为回转极点。由理论力学得知,C 点即为自曲线中心引向转向架纵向中心线的垂足。

从图 4-43 中可以看出:弦形位置时,C 点就处于心盘中心的位置,即 C 点处于 AB' 线

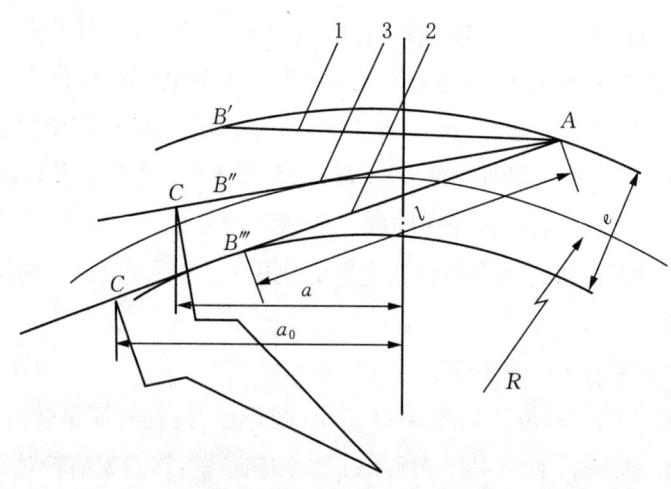

图 4-43 转向架在曲线上

的中点;最大倾斜位置时,C 点距心盘中心的水平距离 $a_0 = eR/l$,其中 R 为曲线半径,l 为转向架的固定轴距;中间位置时,C 点距心盘中心的水平距离 a 为不定值,但它必定大于零而小于 a_0,即 $0 < a < a_0$。

转向架在曲线上到底处于何种位置,可以通过以下计算求得。首先假定转向架处于中间位置,经计算:如果 $a = 0$ 则说明转向架处于弦形位置;$a_0 = eR/l$ 则处于最大倾斜位置;只有当 $0 < a < eR/l$ 时,才说明原假定转向架所处的位置是正确的。

6. 垂向斜对称载荷

垂向斜对称载荷是一组垂向作用在构架轴箱部位的自相平衡的力系,此力系对于构架的纵向和横向中心平面均呈反对称分布,如图 4-44 所示。垂向斜对称载荷仅产生在客车转向架的刚性构架上。对于货车转向架,它的两个侧架之间并非刚性地连接成一个整体,且各侧架只有两个支承点(轴箱),其支反力是静定的且彼此相等,故不存在垂向斜对称载荷的作用。

构架上的垂向斜对称载荷是由于在垂向静载荷作用下,因为线路及转向架结构本身存在缺陷等原因引起构架的四个轴箱反力不等而造成的。因此垂向斜对称载荷是与垂向静载荷同时存在的。造成构架四个轴箱反力不等的原因很多,其主要是:各支承点的高度不等(由于构架、轴箱弹簧、车轮直径、轴颈直径等制造误差以及线路不平顺和转向架进入缓和曲线时所造成的)和各支承点的刚度不等(主要是轴箱弹簧的刚度误差)。

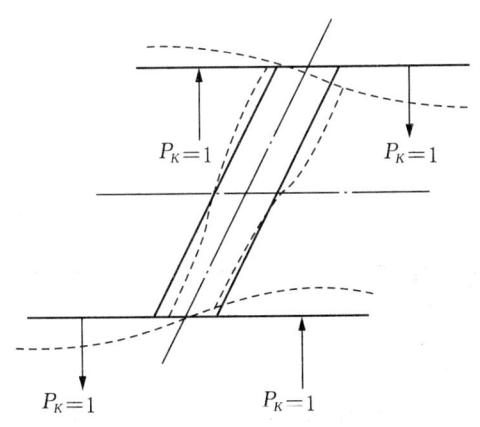

图 4-44 垂向斜对称情况

7. 制动时的载荷

列车在运行中实施制动时,在车辆上有以下两种纵向力的作用。

其一,在目前采用的空气制动机的情况下,列车开始制动时,由于列车中前、后车辆不是同时发生制动作用,这样就必然要引起车辆间的纵向冲击,其纵向力以集中力的形式、大小相等方向相反地作用在车体底架两端的后从板座上(即前述作用在车体上的第一工况的纵向力)。这种纵向力对转向架的受力没有影响。

其二,当全列车的所有车辆均发生制动作用后,车辆间的纵向冲击消失,制动力却逐渐增大至最大值,由于车辆在制动力作用下做减(加)速运动,就将引起车体和转向架质量的纵向惯性力。这种纵向惯性力对车体的作用远不及上述纵向力严重,故可不计,但它对转向架有一定影响。

在图 4-45 上,制动时钢轨给予车辆的最大制动力 F(其方向与车辆运行方向相反)由下式决定:

$$F = P_{st}\mu g (\text{kN}) \tag{4-106}$$

P_{st}——车辆垂向静载重,又称车辆黏着重量(它等于车体和转向架的自重以及车辆载重之和)(t);

μ——轮轨间的黏着系数,一般取 $\mu = 0.25$。

目前,在使用空气制动机和铸铁闸瓦的情况下,车辆最大制动力(或最大减速度)是发生在制动过程的末尾,即低速时。这时作用在转向架上的其他动载荷如垂向动载荷和侧向力都比较小了,因此,在计算转向架摇枕、侧架(或构架)的强度时,一般都不考虑制动载荷的作用。只是在计算基础制动装置零件的强度时,才必须考虑制动时由制动缸鞲鞴传来的力的作用。

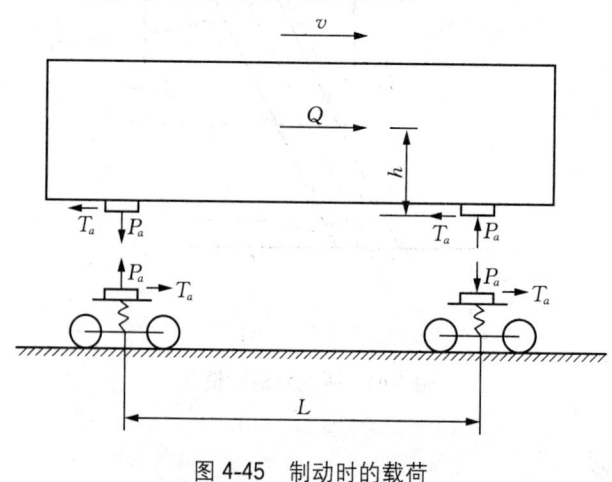

图 4-45 制动时的载荷

4.4.2 转向架强度分析

1. 车辆按有限元法计算时应考虑的主要问题

应用有限元法对转向架结构进行强度分析时,首先必须首先必须合理地确定计算模型,其次是正确选用或编制合适的结构分析程序,然后上机运算,最后对于后处理功能不好的程序还必须对计算结果进行整理。

(1) 合理地确定计算模型

所谓计算模型就是在对实际结构物的构造和受力特性等进行分析的基础上,给出适合于有限元法的计算简图。一般说来,由于这种近似性所造成的计算误差,要比有限元法理论本身的计算误差大得多,故结构计算模型选择得合理与否,是直接影响计算结果精度的首要因素。因此,在选择计算模型时既要力求最大限度地符合实际结构及其受力特点,又要有利于计算(在保证足够精度情况下适当简化)和节省上机时间。因此,在确定计算模型时,需要考虑一下几个问题。

1) 结构几何图形的确定

2) 结构对称性的利用

3) 结构的离散化

4) 载荷处理

5) 边界约束的设置

(2) 正确选用或编制合适的结构分析程序

有限元法是现代结构分析中一种获得广泛应用的先进计算方法,但是这种方法必须以计算机作为工具。正确选用或编制合适的结构分析程序则是完成计算,并保证计算结果正确可靠的关键。

(3) 计算结果的整理

有些后处理功能强的程序具有自动整理计算结果的功能,无须自行处理。

2. 计算实例

(1) 200 km/h 转向架构架强度计算分析

该计算实例采用 ANSYS 软件对 200 km/h 转向架构架进行静强度分析计算,分析中仅对构架主体进行分析,构架部分座(如拉杆座等)暂未考虑。

1) 结构离散

采用六面体实体网格划分技术对整个构架模型进行有限元结构离散,整个构架单元尺寸 20 mm,构架整体模型离散为 94 342 个节点,294 405 个单元,有限元离散模型如图 4-46 所示,材料参数:Q345E,弹性模量 210 GPa,泊松比 0.3,密度 7 850 kg/m^3。

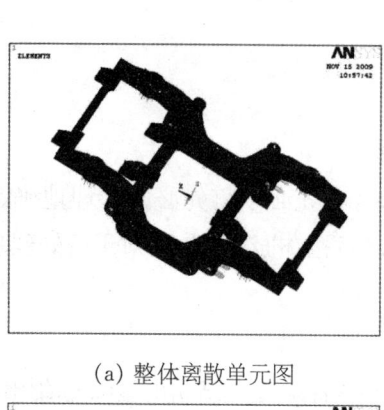
(a) 整体离散单元图

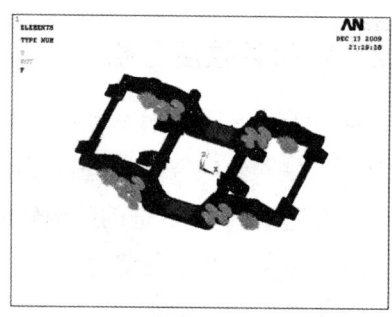
(b) 添加约束整体离散单元图

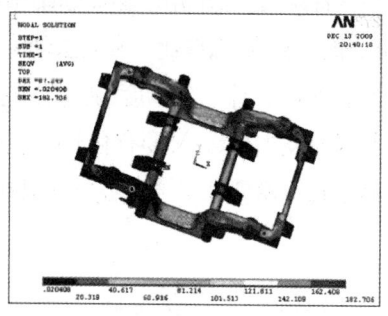
(c) 工况 1

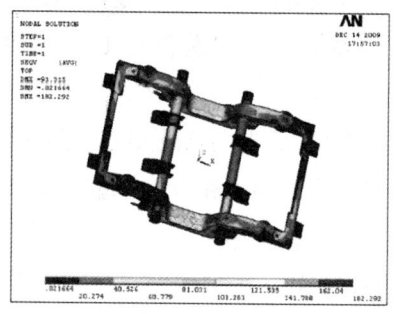
(d) 工况 2

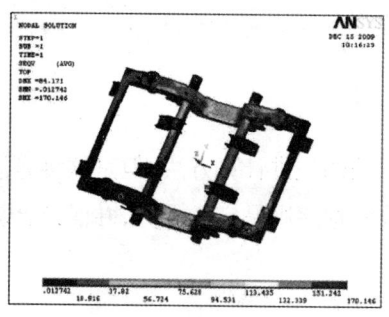
(e) 工况 3

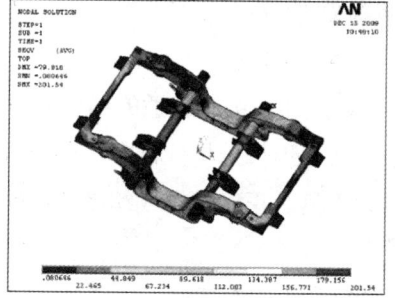
(f) 工况 4

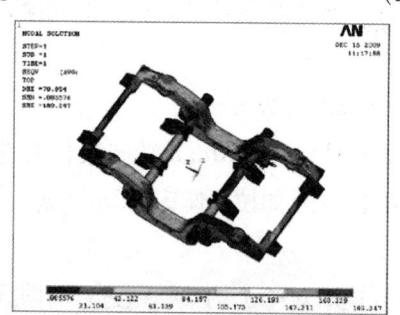
(g) 工况 5

图 4-46　构架有限元分析

2) 约束处理

垂向约束施加在四个轴箱弹簧处,横向及纵向施加于转臂安装座处,均为弹性约束。

3) 计算载荷

强度计算的载荷按照 TB1335-1996 标准确定,主要考虑四种载荷及其组合和相应的约束用于评定的静强度。

垂向载荷为 204 kN,作用在构架侧梁中部橡胶弹簧处。

横向载荷为 123 kN,作用在两个位置:构架侧梁中部橡胶弹簧处及横向止挡处。

纵向载荷为 65 kN,作用位置:每侧构架橡胶弹簧处。

垂向斜对称载荷,作用位置:作用在构架垂向弹性约束的约束点上。

制动载荷作用于轮盘位置时为 23.3 kN,作用于轴盘位置时为 25.6 kN。

表 4-4 为构架载荷工况组合。

表 4-4 构架载荷工况组合

工况	垂向载荷		横向载荷		纵向载荷		斜对称载荷	制动载荷
	左侧梁	右侧梁	左侧梁	右侧梁	左侧梁	右侧梁		
1	$F_{1z\max}$	$F_{2z\max}$	$F_{y1\max}$ $F_{y2\max}$	$F_{y1\max}$ $F_{y2\max}$			F_{k1}	
2	$F_{1z\max}$	$F_{2z\max}$	$F_{y1\max}$ $F_{y2\max}$	$F_{y1\max}$ $F_{y2\max}$	$F_{x\max}$	$F_{x\max}$	F_{k1}	
3	$F_{1z\max}$	$F_{2z\max}$	$F_{y1\max}$ $F_{y2\max}$	$F_{y1\max}$ $F_{y2\max}$	$F_{x\max}$	$F_{x\max}$	$-F_{k1}$	
4	$F_{1z\max}$	$F_{2z\max}$	$F_{y1\max}$ $F_{y2\max}$	$F_{y1\max}$ $F_{y2\max}$			F_{k1}	$F_{d\max}$
5	$F_{1z\max}$	$F_{2z\max}$	$F_{y1\max}$ $F_{y2\max}$	$F_{y1\max}$ $F_{y2\max}$			$-F_{k1}$	$F_{d\max}$

4) 计算结果

工况 1 的最大应力为 183.0 MPa,发生在转臂与侧梁连接的角点;

工况 2 的最大应力发生位置与工况 1 相同,最大应力为 182 MPa;

工况 3 的最大应力发生位置与工况 1 相同,最大应力为 170 MPa;

工况 4 的最大应力为 201.0 MPa,发生在转臂与侧梁连接的角点(施加斜对称载荷同侧的另一个轮对弹性约束位置);

工况 5 的最大应力发生位置与工况 4 相同,最大应力为 189 MPa。

3. 磁悬浮悬浮架强度与疲劳计算分析

磁悬浮悬浮架强度计算分析

该磁悬浮悬浮架强度计算分析采用 ANSYS 软件计算，其材料参数为铸铝 ZL101-T7，弹性模量 70 GPa，泊松比 0.3，密度 2 700 kg/m3。

1) 结构离散

采用六面体实体网格划分技术对整个悬浮架模型进行有限元结构离散，横梁、纵梁以及横梁之间的中部纵梁及滑橇支撑梁单元尺寸 30 mm，其他部件单元尺寸 20 mm，悬浮架整体模型离散为 196 101 个节点，642 083 个单元，有限元离散模型如图 4-47 所示。悬浮架质量 880 kg。

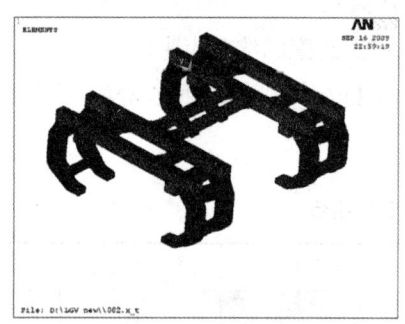

(a) 整体离散单元图

(b) 横向载荷加载图

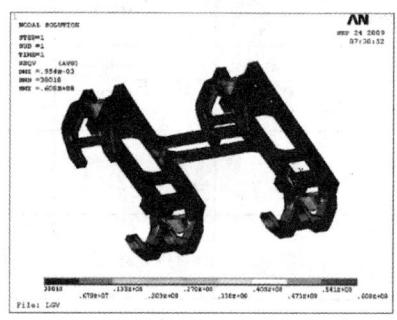

(c) 工况 1

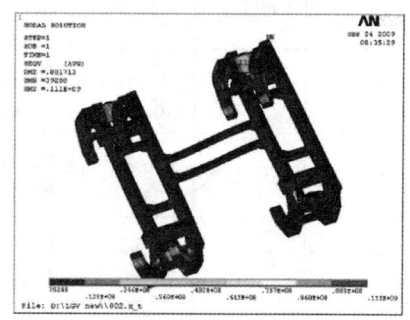

(d) 工况 2

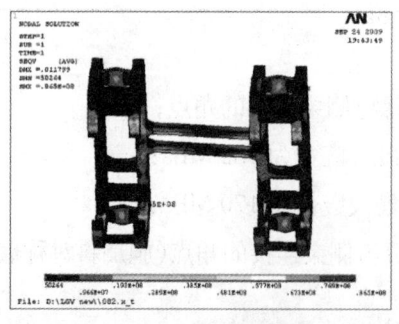

(e) 工况 3

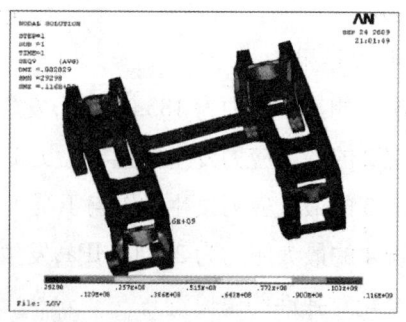

(f) 工况 4

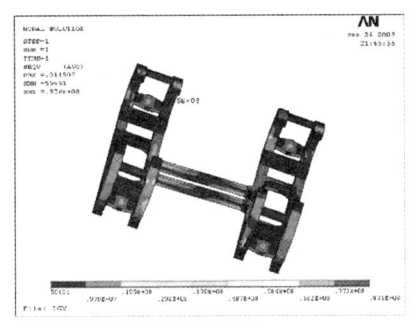

(g) 工况 5

图 4-47　磁悬浮悬浮架有限元分析

2) 约束处理

约束施加于托臂下部。

3) 计算载荷

主要考虑三种超常载荷及其约束用于评定的静强度。超常载荷是运用中可能发生的最大载荷。超常载荷中涉及车体重量的数值按最大静载荷加上相应的动载荷推算得出。

垂向载荷为 51.012 kN,作用在悬浮架空气弹簧滑动台中部。

横向载荷为 6.5 kN,作用在两个位置如图 4-47(b)。

纵向载荷为 26.25 kN,作用在牵引拉杆座处。

由电磁铁失效引起的斜对称载荷为 102.024 kN,作用于悬浮框;由线路扭曲引起的斜对称载荷实际上是斜对称托臂的位移量,为 0.01 m。

载荷工况 1:垂向载荷+横向载荷+纵向载荷;

载荷工况 2:垂向载荷+纵向载荷+由电磁铁失效引起的斜对称载荷;

载荷工况 3:垂向载荷+纵向载荷+由线路扭曲引起的斜对称载;

载荷工况 4:垂向载荷+横向载荷+纵向载荷+由电磁铁失效引起的斜对称载荷;

载荷工况 5:垂向载荷+横向载荷+纵向载荷+由线路扭曲引起的斜对称载。

4) 计算结果

载荷工况 1,作用位置如图 4-47(c)所示,最大应力为 60.8 MPa;

载荷工况 2,作用位置如图 4-47(d)所示,最大应力为 111 MPa;

载荷工况 3,作用位置如图 4-47(e)所示,最大应力为 86.5 MPa;

载荷工况 4,作用位置如图 4-47(f)所示,最大应力为 116 MPa;

载荷工况 5,作用位置如图 4-47(g)所示,最大应力为 87.6 MPa;

在超常载荷组合工况条件下,悬浮架计算最大应力为 116 MPa。

4. 磁悬浮悬浮架疲劳计算分析

在磁悬浮悬浮架超常载荷强度计算分析基础上采用材料 S-N 曲线及 Goodman 修正公式进行疲劳强度的校核计算。由于悬浮架各部件均为铸铝结构，部件之间通过铆接或螺栓连接，所以只考虑母材的疲劳问题。

1) 疲劳位置参考点

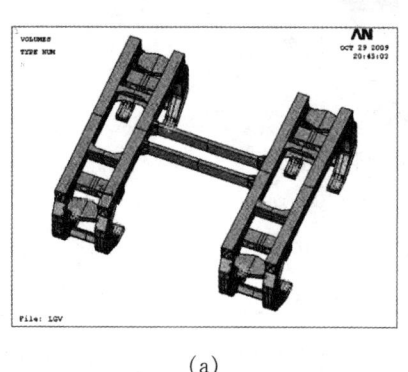 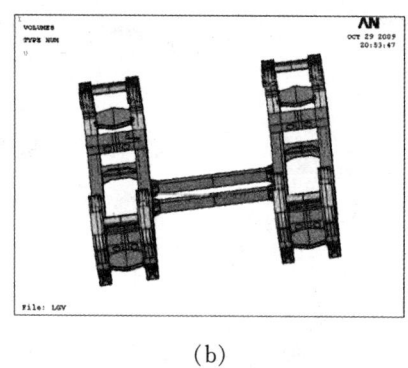

(a)　　　　　　　　　　　　　　(b)

图 4-48　磁悬浮悬浮架疲劳位置参考点示意图

2) 各个参考点应力

计算工况主要有：

载荷工况 1：静强度计算的各超常应力；

载荷工况 2：通过动力学计算直线运行工况、最小竖曲线、最小水平曲线作用在悬浮架空气弹簧座的动态载荷如图 4-49(a)、(b)、(c)；

载荷工况 3：牵引工况；

载荷工况 4：制动工况。

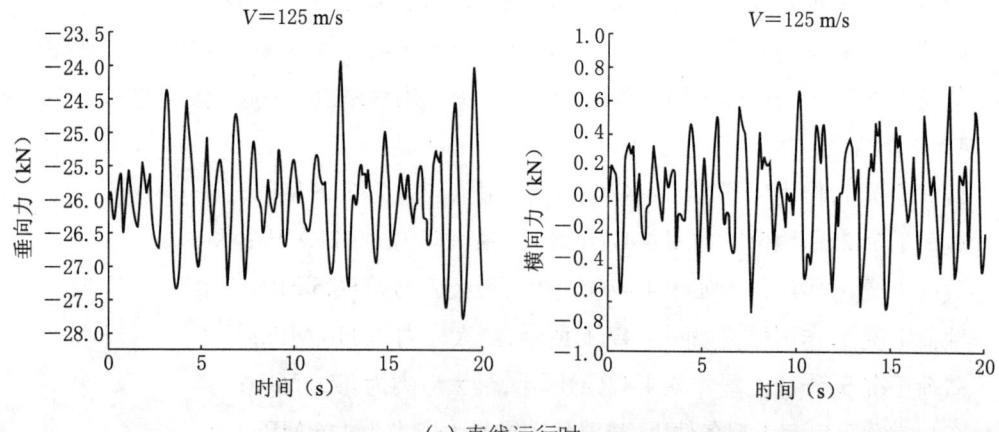

(a) 直线运行时

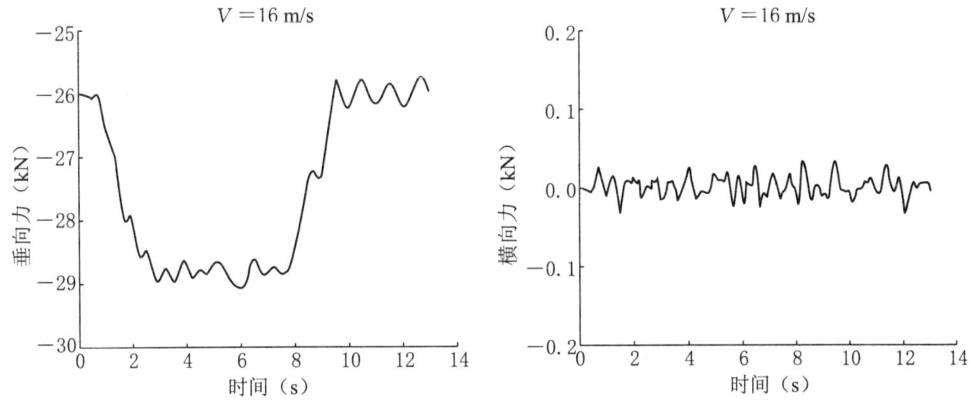

(b) 最小竖曲线运行时

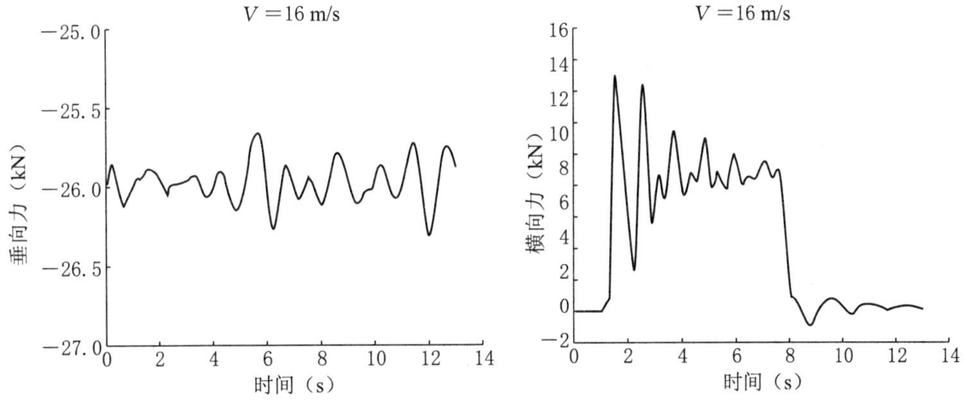

(c) 最小水平曲线运行时

图 4-49　各路况的动态载荷图

在超常载荷计算中，由于电磁铁失效基本不会发生，因此对含有由电磁铁失效引起的斜对称载荷引起的应力不纳入疲劳计算。铸铝采用图 4-50 的在 R＝－1 时的 S-N 曲线。

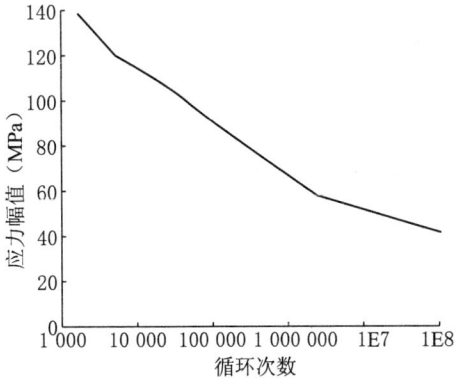

图 4-50　悬浮架材料在 R＝－1 时的 S-N 曲线

Goodman 应力均值修正公式：

$$\frac{S_a}{S_{a0}} + \frac{S_m}{S_{uls}} = 1 \tag{4-107}$$

其中，S_a 为应力幅值，S_m 为应力均值，S_{a0} 为 0 均值处的等效应力，$S_{ULS} = 310$ MPa 为材料的极限应力。

表 4-5 为 4 000 km 长度为一计算单位就可得到各应力状态下疲劳使用次数及对应的等效应力幅值。

表 4-5　各应力状态下疲劳使用次数及对应的等效应力幅值

考察点	应力幅值(MPa)	应力均值(MPa)	修正后应力幅值(MPa)	n	N_f	n/N_f
A1	1.9	19.75	2.03	1	3.138e8	3.01e-9
	10.2	23.9	11.05	1	1.403e8	7.13e-9
	15.1	26.35	16.5	1	8.626e7	1.16e-8
	1.2	19.4	1.3	19 200	3.35e8	5.731e-5
	0.7	20.65	0.75	268	3.518e8	7.62e-7
	0.7	20.35	0.75	536	3.518e8	1.52e-6
	15	31.3	16.7	536	1.785e8	3.00e-6
	11.2	24.4	12.2	134	2.192e8	6.12e-7
	3.0	20.3	3.21	134	3.26e8	4.12e-7
A2	0.88	8.46	0.9	1	3.471e8	2.88e-9
	35.18	25.61	38.5	1	1.21e7	8.264e-9
	35.28	25.66	38.5	1	1.21e7	8.256e-9
	0.6	8.32	0.65	19 200	3.65e8	5.26e-5
	0.4	8.43	0.45	268	3.69e8	7.26e-7
	0.04	8.62	0.05	536	3.745e8	1.43e-6
	21.08	18.56	22.4	536	1.384e8	3.87e-6
	5.68	10.86	5.88	134	2.89e8	4.64e-7
	0.18	8.11	0.19	134	3.73e8	3.59e-7
A3	16.6	27.1	18.2	1	7.412e7	1.35e-8
	16.6	27.1	18.2	1	7.412e7	1.35e-8
	16.8	27.2	18.2	1	7.412e7	1.35e-8

续表

考察点	应力幅值（MPa）	应力均值（MPa）	修正后应力幅值(MPa)	n	N_f	n/N_f
A3	0.8	19.2	0.86	19 200	3.471e8	5.54e-5
	0.9	19.85	0.95	268	3.456e8	7.75e-7
	0.8	18.4	0.85	536	3.487e8	1.54e-6
	0.02	18.1	0.03	536	3.76e8	1.43e-6
	0.0	18.0	0			
	0.0	18.0	0			
A4	36.6	42.5	42.4	1	8.55e6	1.17e-7
	62.3	55.35	75.8	1	4.34e5	2.30e-6
	63.4	55.9	77.4	1	3.762e5	2.66e-6
	1.7	25.05	2.1	19 200	3.12e8	6.16e-5
	0.5	26.75	0.6	268	3.565e8	7.52e-7
	10.9	29.05	12.0	536	1.289e8	4.16e-6
	23.4	35.9	26.5	536	1.153e8	4.65e-6
	2.2	25.3	2.4	134	3.38e8	3.964e-7
	0.9	24.65	1.0	134	3.60e8	3.72e-7

各考察点在 4 000 km 单元内的累计疲劳使用系数为：

A1：6.361e-5

A2：5.946e-5

A3：5.918e-7

A4：7.70e-5

所以，考察点的疲劳寿命分别为：

A1：$1/(6.361\times10^{-5})=157\times10^4$ （4 000 km）

A2：$1/(5.946\times10^{-5})=1.68\times10^4$ （4 000 km）

A3：$1/(5.918\times10^{-5})=1.69\times10^4$ （4 000 km）

A4：$1/(7.7\times10^{-5})=1.30\times10^4$ （4 000 km）

整个悬浮架的疲劳寿命为：$1.30\times10^4\times4\ 000=5.2\times10^7$ km。

根据上述分析计算，新型悬浮架整体的疲劳寿命为 5.20×10^7 km。

4.4.3 转向架整体设计

1. 转向架使用条件及功能分析

转向架的通用性与专用性,通用转向架与专用转向架在总体设计中是不完全一样的。专用转向架只适用于一种车或很少几种车,转向架的使用条件比较单纯,各种工况比较明确,可按具体车辆的使用条件来设计转向架。如配用在凹底平车、落下孔车、钳夹车等长大货车所用的多轴转向架、动车组中的动车转向架、轨道起重机及轨道车等所用的转向架均属专用转向架。

转向架零、部件的安全可靠性,因零、部件在运用中突然失效而导致重大行车事故或恶性事故的事例中,以转向架零、部件失效所占的比例最大。目前在列检及修理中重点抓"三裂、二切、一脱落"的预防工作,"三裂"指的是底架中梁、侧架及摇枕因裂纹引起的断裂;"二切"均指切轴,包括冷切与热切;"一脱落"指的是转向架基础制动装置中一些零部件(如制动梁等)的脱落。以上六项中的五项都是属于转向架的,可见转向架总体设计中必须把安全可靠性放在一个重要的位置上,把以往转向架在结构上的不安全因素尽量减小或克服掉。当然,保证转向架各零、部件的安全可靠还需要在制造、装配、检修等一系列生产工序的工艺上加以保证。

转向架的功能分析,明确转向架及配用该转向架的车辆的运用条件是转向架功能分析的基础,而功能分析又将为转向架结构选型提供依据。运用条件包括列车最高可能运行速度、通常运行的速度范围、使用环境及车辆的运输对象等。运行速度是转向架的主要技术指标,也是转向架设计的重要依据。在通常运行的速度范围内车辆应该具有较好的或尽可能好的动力性能。构造速度是构件强度计算的依据,同时还需要考虑将来列车速度普遍提高后有提高该转向架动力性能的可能性。

2. 转向架主要参数及运行性能的确定

通过上述使用条件及功能分析,已能初步确定出部分技术参数及结构形式,如轮径、轴型、转向架与车体底架的接口形式、与制动装置的接口形式等。另外一些技术参数,如弹簧装置的形式及其柔度或刚度;轴箱定位装置的形式及刚度;抑制蛇行运动的阻尼形式及技术参数;各种减震的阻尼形式及参数等,仅凭经验来确定是远远不够的,要把初步确定出来的技术参数,进行运行性能的分析对比计算。

3. 转向架各零、部件选型与设计

在选择转向架零、部件时,要注意所选的零、部件必须安全可靠,性能稳定,成本低廉,来源充足。

弹簧,在选定弹簧类型的同时要确定静挠度值及客车转向架静挠度在两系弹簧中的分配;

车轴,现在使用的车轴钢材及形状尺寸均有标准可循;

轴承，新制造的货车转向架全部安装了滚动轴承，客车转向架也早已全部滚动轴承化；

构架、侧架、摇枕，构架或侧架是安装转向架其他零、部件的基础，每种转向架均须专门设计构架(侧架)和摇枕。我国批量生产的客、货车转向架中这些大件几乎均采用铸钢件；但生产数量较少时，构架和摇枕亦可采用焊接结构；

在今后转向架总体设计中，对待国外虽已成熟的结构，必须经过仔细、详尽的分析论证后才能选用，最好能对部件或零件专门作一系列试验，掌握了它的性能，再用于转向架上，这样成功的把握就会大些。

4. 转向架总体尺寸安排

转向架总体设计时在垂向、横向及纵向均有一些控制尺寸必须注意。

带心盘的转向架其心盘面距轨面的高度，还有旁承与心盘面的高度差都是需要控制的尺寸。还须注意构架的侧梁以及侧架上弦杆在上、下旁承接触时是否会碰着底架上的梁件。

在横向两轴颈中心的横向间距是一控制尺寸，此外，转向架横向最外端零件的尺寸必须容纳在限界之内，特别是横向最外端的下部零件，可能正处在限界45°斜线附近，必须考虑最大可能磨耗后，转向架两侧下部不会超出限界。

在纵向转向架的固定轴距虽然是一个技术参数，但它是设计后由摇枕弹簧装置、轮对、基础制动装置在长度方向安排的结果，并不能在设计前就规定死。此外，还必须考虑列检人员作业时如何便于检查及更换易损零、部件，从这几方面统筹兼顾，就可以确定出较合理的固定轴距。

复习思考题

1. 将车辆模型简化为车体与构架二自由度浮沉振动方程，并解出他的自由振动频率与阵型。说明阵型的含义，并用简图加以描述。

2. 为什么要进行轴向定位？

3. 根据蠕滑系数的基本定义，试问不同速度下，若蠕滑率一样，高速时的蠕滑速度大还是低速时的蠕滑速度大？

4. 试分析刚性轮对通过曲线时，作用在不同内外侧轮径轮轨接触点上的力的方向？

5. 为什么空气弹簧一定要安装差压阀？

6. 在总体设计中选用转向架时应考虑哪些问题？

7. 衡量车辆曲线通过性能好坏的主要参数有哪些？

8. 请分析车辆低速由曲线进入直线时容易脱轨的原因。

Chapter 05
第 5 章　列车牵引供电及传动

5.1 列车牵引供电系统

5.1.1 牵引供电系统

电力牵引供电系统是指从电力系统或一次供电系统接受电能,通过变压、变相或换流(将工频交流变换为低频交流或直流电压)后,向电力机车负载提供所需电流制式的电能,并完成牵引电能传输、配电等全部功能的完整系统。牵引供电系统的性能直接影响列车牵引功率的发挥和牵引传动控制系统的性能。

牵引供电系统主要由牵引变电所和接触网组成,牵引变电所将电力系统通过高压输电线送来的电能加以降压和变流后输送给接触网,以供给沿线路行驶的电力机车。电能从牵引变电所经馈电线、接触网输送给电动列车,再从电动列车经钢轨、回流线流回牵引变电所。

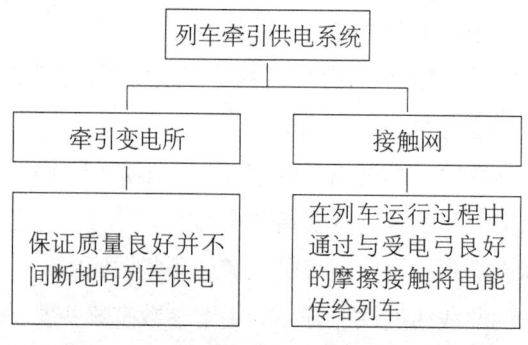

图 5-1　列车牵引供电系统的组成

电气化铁路有五种供电方式,即:直接供电、吸流变压器供电、带回流线的直接供电、自耦变压器供电、同轴电力电缆供电。

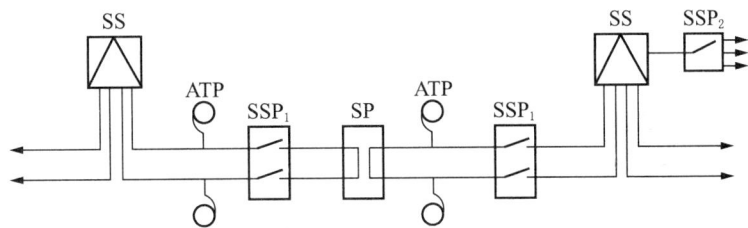

SS—牵引变电所;SP—分区所;SSP1、SSP2—开闭所;ATP—自耦变压器所

图 5-2　牵引供电系统

1. 直接供电方式

直接供电方式是指在牵引网中不加特殊防护措施的一种供电方式,它以一根馈线接在接触网上,另一根馈线接在钢轨上。这种供电方式最简单,投资最省,牵引网阻抗小,能耗也较低。供电距离单线一般为 30 km 左右,双线一般为 25 km 左右。

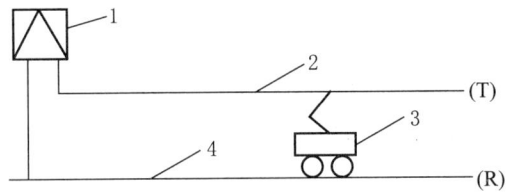

图 5-3　直接供电方式
1—牵引变电所;2—接触网(T);3—机车;4—钢轨(R)

2. 吸流变压器供电方式

吸流变压器的供电方式(简称 BT 供电方式)是在牵引网中架设有吸流变压器—回流线装置的一种供电方式。目前,在我国电气化铁路上采用较为广泛。吸流变压器的变比为 1∶1,它的一次绕组串接在接触网(T)上,二次绕组串接在专为牵引电流流回牵引变电所而特设的回流线(NF)上,所以也称吸流变压器—回流线供电方式(简称吸—回方式)。

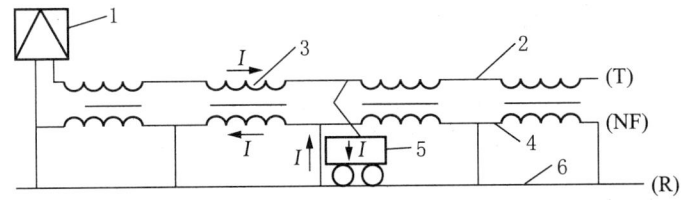

图 5-4　吸流变压器—回流线供电方式
1—牵引变电所;2—接触网(T);3—吸流变压器;4—回流线(NF);5—机车;6—钢轨(R)

3. 带回流线的直接供电方式

带回流线的直接供电方式是在接触网支柱上架设一条与钢轨并联的回流线。利用接触网与回流线之间的互感作用,使钢轨中的电流尽可能地回流到牵引变电所,因而能部分抵消接触网对邻近通信线路的干扰。

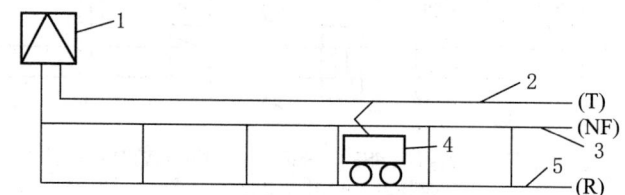

图 5-5　带回流线的直接供电方式
1—牵引变电所;2—接触网(T);3—回流线(NF);4—机车;5—钢轨(R)

4. 自耦变压器供电方式(简称 AT 供电方式)

自耦变压器供电方式是每隔 10 km 左右在接触网与正馈线之间并联接入一台自耦变压器,其中性点与钢轨相连。自耦变压器将牵引网的供电电压提高一倍,而供给列车的电压仍然不变。由于自耦变压器的作用,经钢轨流回的电流,经自耦变压器绕组和正馈线流回变电所。当自耦变压器的一个绕组流过列车电流时,其另一个绕组感应出电流供给列车。因此,当列车负荷电流为 I 时,由接触网和正馈线供给的电流为 $0.5I$,另外的负荷电流由自耦变压器感应电流供给。这种供电方式的牵引网阻抗很小,电压损失小,电能损耗低,供电能力大,供电距离长,可达 40—50 km。由于牵引负荷电流在接触网和正馈线中的方向相反,因而对邻近的通信线路干扰很小。

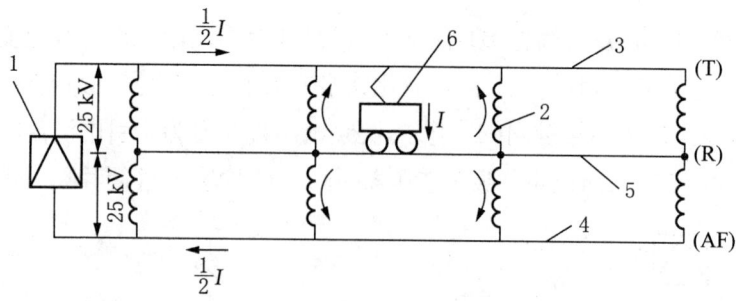

图 5-6　自耦变压器供电方式
1—牵引变电所;2—自耦变压器;3—接触网(T);4—正馈线(NF);5—钢轨(R);6—机车

5. 同轴电力电缆供电

同轴电力电缆供电(简称 CC 供电方式),是一种新型的供电方式。同轴电力电缆沿铁路埋设,其内部芯线作为馈电线与接触网连接,外部导体作为回流与钢轨相接。每隔 5—10 km 作一个分段。由于馈线与回流线在同一电缆中,间隔很小,而且同轴布置,使互感系数增大,所以同轴电力电缆的阻抗比接触网和钢轨的阻抗小得多,牵引电流和回流几乎全部经由同轴电力电缆中流过。因此电缆芯线与外部导体电流相等,方向相反,二者形成的磁场相互抵消,对邻近的通信线路几乎无干扰。由于阻抗小,因而供电距离长。但由于同轴电力电缆造价高,投资大,现仅在一些特别困难区段采用。

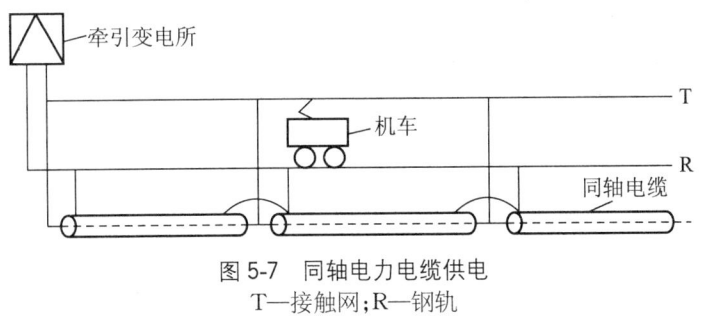

图 5-7 同轴电力电缆供电
T—接触网;R—钢轨

牵引供电系统的供电制式是指供电系统向电动车辆或电力机车供电所采用的电流和电压制式。电压制由低压到高压,有 600 V、750 V、825 V、1 000 V、1 200 V 和 1 500 V 等,其发展趋向是国际 IEC 电压标准,为 600 V、750 V、1 500 V,而我国国标电压标准为 750 V 和 1 500 V 两种,目前国内各城市的地铁和轻轨采用的电压制均在 750 V 和 1 500 V 之间进行选择。而我国干线铁路主要使用的是 25 kV, 50 Hz 单相交流电。

电流制式有直流、交流两类,国际电力牵引设备委员会建议采用下列数值:直流:600 V, 750 V, 1 500 V, 3 000 V(标称值);交流:6 250 V, 15 000 V, 25 000 V(标称值)。其中,交流为 50 Hz 或 60 Hz 交流电(国际上一般以 60 Hz 为主,中国以 50 Hz 为主)。

5.1.2 接触网的构成

接触网是电气化铁路牵引供电系统中的主要供电设备,它的功能是向走行在铁路线上的列车不间断地供应电能。但接触网与一般的输电线路不同,它必须架设在铁路线路的正上方,列车利用顶部的受电弓与接触网接触而获得电能。因此,在电力机车走行的线路都必须架设接触网。由于接触网是露天设置,受着各种恶劣气象条件的影响,其工作状态又是随着列车的运行而变化,而且没有备用,因而使得接触网的工作条件非常复杂,对它的要求也非常严格。列车实际上是一个边受流边行驶的移动负荷。为了保证不间断地供给列车电能,就必须使列车的受电弓与接触网的接触导线在列车行驶时有良好的接触,为此,对

接触网的结构有特殊的要求。接触网的主要组成如下:

1. 接触悬挂部分

接触悬挂部分包括承力索、接触导线、吊弦、中心锚结、补偿装置等。

承力索是接触网承载接触导线,并传输电流的线材。承力索的选择应符合的条件是,承力索的线胀系数与接触导线相匹配;机械强度高;耐疲劳性能好;耐温特性好;导电率高等。

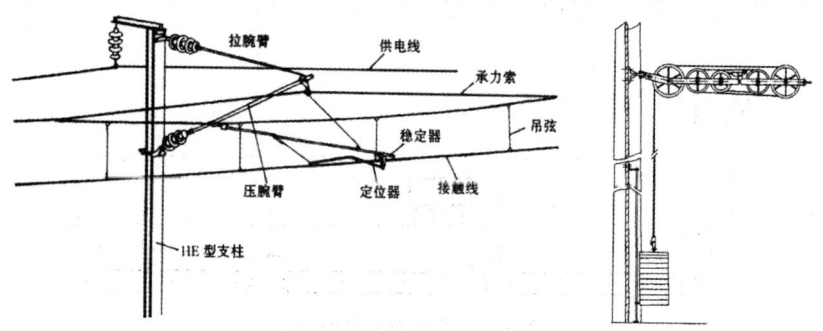

图 5-8　接触网接触悬挂部分(左)及补偿装置(右)

接触导线是接触网中直接与受电弓作摩擦运动传递电能的线材。它对接触网—受电弓系统的受流性能的好坏产生至关重要的作用,受流系统的许多性能指标直接由接触导线决定,如波动传播速度、接触导线的抬升量、接触导线的磨耗、安全系数等。表 5.1 给出了国外高速接触导线的比较。

表 5-1　国外接触导线的比较

	日　本			法　国			德　国	
运行速度(km/h)	240	300	300	270	300	350	250	330
接触导线类型	Cu170	CT-S110	CT-CSD110	CdCU120	Cu150	SuCu120	AgCu120	MgCu120
线密度(kg/m)	1.51	0.942	0.957	1.07	1.32	1.07	1.07	1.08
张力(kN)	14.7	20	20	14	20	24	15	27
波动传播速度(km/h)	355	525	520	412	441	539	426	569

2. 支持装置

用以悬吊和支撑接触悬挂并将其各种载荷传递给支柱或桥隧等大型建筑物。支持装置还应将承力索、接触导线固定在一定范围内,使受电弓滑行时与接触导线有良好的接触。根据接触网所在的位置及作用不同,支持装置的结构又可分为腕臂支持装置、软横跨、硬横跨、桥梁支持装置和隧道支持装置等。

3. 支柱与基础

支柱与基础是用以安装支持装置、悬吊接触悬挂，并承受其载荷。此外，接触网还包括供电线、加强线，因供电方式不同而设置的回流线、正馈线（AF 线）、保护线（PW 线）等附加导线，以及为安全而设置的保护设备和电气设备等。

列车运行时，受电弓给接触导线向上的抬力，使接触导线抬升。由于接触导线是一条长软线，而受电弓又是一个弹性装置，因此，这种压力和抬力是变化的，而且变化迅速。此外，列车在以空气为介质的空间运行时，还会对受电弓弓臂和弓头产生具有一定压力的空气流，形成对受电弓向上或向下的附加力。上面几种力的合成作用结果，使接触网产生振荡，从而使受电弓滑板不能良好地追随接触导线的轨迹，导致脱离接触导线。其后果是使列车受流时通时断，造成列车行驶时出现牵引力不稳定的状态。恶劣的气象条件还会直接影响接触网的工作状态。为了安全可靠的供电，接触网设备应具备以下性能要求。

(1) 有足够的强度，保证接触网具有稳定性；

(2) 在恶劣的气象条件下保证列车在规定的速度运行时能良好地受流；

(3) 对各导线和支持结构、零部件及绝缘子等应当采取有效的防腐蚀和防污秽技术措施，以保持整个接触网设备的良好状态；

(4) 接触悬挂的各项技术性能应满足受电弓与接触导线在滑动接触摩擦时可靠地工作的要求，使用寿命应尽可能地延长；

(5) 各类支持结构和零部件应力求轻巧耐用，做到标准化并具有互换性，便于施工和维修保养，发生事故时也便于抢修，为迅速恢复供电创造条件；

(6) 接触导线和安装在接触导线上的有关设备要有良好的平滑度和耐磨性能，接触导线不应有不平直的小弯及悬挂零件等形成的硬点，以免受电弓与其发生碰撞，造成受电弓和接触导线的机械损伤和电弧烧伤。

5.2 列车高压电器

高压电器是指安装在电力机车车顶部位，工作在高压电的一些电器，高压电器的种类很多，按其在电力系统中的作用大致可分为以下几类：第 1 类为开关电器，如断路器，隔离开关，负荷开关等，可以控制电路的通断；第 2 类为保护电器，如熔断器，避雷器，可保护设备的安全，不知被烧坏或击穿；第 3 类为测量电器，如电压互感器，电流互感器，用于计量、继电保护和远动系统,为它们提供真实的实际运行数据参数;第 4 类为限流电器,如电抗器,可以抑制电流的突变;第 5 类为补偿电器,如电力电容器,可以提高系统的功率因数;第 6 类为组合电器,如成套配电装置等,可以减小占地面积,提高系统安全运行水平。图 5-9 给出一种高压电器在车顶的布置方式。

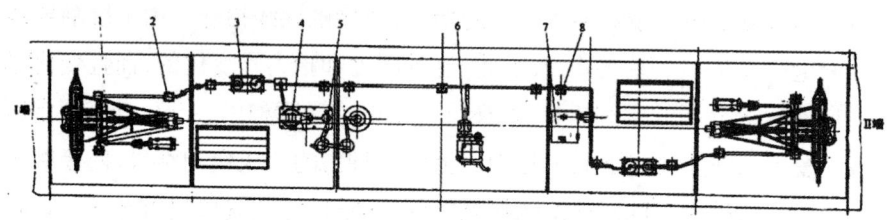

图 5-9　韶山 7E 型电力机车车顶高压电器设备

1—受电弓;2—高压支持瓷瓶;3—高压隔离开关;4—真空断路器;5—避雷器;
6—高压电压互感器;7—小改接地装置;8—放电间隙

5.2.1　受电弓

电力牵引机车从接触网取得电能的电气设备,安装在机车或动车车顶上。受电弓可分单臂弓和双臂弓两种,均由滑板、上框架、下臂杆(双臂弓用下框架)、底架、升弓弹簧、传动气缸、支持绝缘子等部件组成。

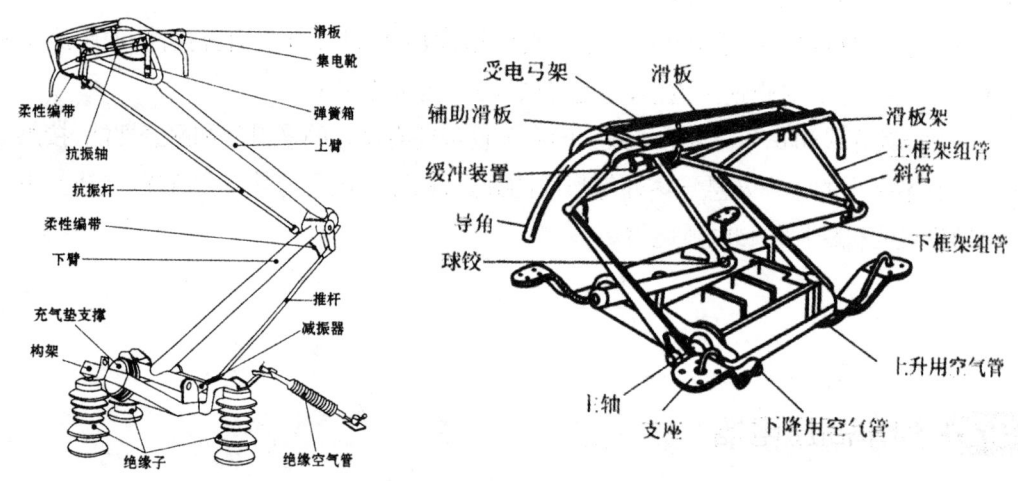

图 5-10　CX 型单臂受电弓(左)和 PS200A 型双臂受电弓(右)

受电弓设计时的主要考虑技术参数主要包括:额定工作电压,电压波动范围,额定工作电流,车辆静止状态时额定电流,车辆静止状态时最大电流,额定运行速度,静态接触压力,最低工作高度,最高工作高度,最大升弓高度。折叠高度,工头总长度,弓头碳滑板中心线距离，碳滑板长度，额定工作压力，工作压力范围，降弓位置保持力，升弓时间，降弓时间，重量，安装尺寸，电器区域，电气间隙，气路接口尺寸等。

由于接触网的接触导线是一根具有弹性的导线，受电弓也是一个弹性体，故而两者构成的是一个相互接触的弹性系统。对接触网要求如下：

(1) 在最高运行速度和更大的速度变化范围内应能保证正常供电；

(2) 应有更高的耐磨性和抗腐蚀(包括抗电蚀)能力；

(3) 对接触网的结构和布置应有更高的要求；

(4) 在接触网的接触悬挂方面，目前在常速列车供电中采用的弹性半补偿链形悬挂和弹性全补偿链形悬挂已不能适应高速列车的要求，应有更为先进的接触悬挂装置。

对受电弓的要求如下：

(1) 受电弓的滑板与接触导线之间要保持恒定的接触压力，实现可靠的连续电接触。其接触压力不能过大或过小；

(2) 尽可能减轻受电弓运动部分的重量，以保证与接触网有可靠的电接触。列车运行中，受电弓将随着接触导线高度变化而上下运动。在高速条件下，这种运动更为频繁，从而直接影响滑板与接触导线之间接触压力的恒定。由于接触压力除与接触网结构、性能有关外，还与受电弓的静态特性(静止状态下接触压力与受电弓高度的关系)和动态特性(运行状态下受电弓上下运动的惯性力)有关，因此对于高速受电弓，除必须保证机械强度和刚度外，应尽可能降低受电弓运动部分的重量，从而减小运动惯性力。这样才能使受电弓滑板迅速跟上接触导线高度的变化，保证良好的电接触；

(3) 由于高速运行时空气阻力很大，因此高速受电弓在结构设计上要作充分考虑，力求使作用在滑板上的空气制动力有别的零件承担，从而使受电弓滑板在其垂直工作范围内始终保持水平位置，以减小甚至消除空气制动力对滑板与接触导线间接触压力的影响；

(4) 滑板的材料、形状和尺寸应适应高速的要求，以保证良好的接触状态及更高的耐磨性能；

(5) 要求受电弓在其工作高度范围内升降弓时，初始动作迅速，终了动作较为缓慢，以确保在降弓时快速断弧，并防止升降弓时受电弓对接触网和底架有过大的冲击载荷。

目前世界各国的最高运行速度在 200 km/h 以上的高速列车，几乎全部采用电力牵引。与常速列车的电力牵引相比较，高速列车电力牵引的受电的主要特点如下：

(1) 接触网与受电弓的波动特性。高速列车的行驶速度较常速列车高得多，因而受电弓沿接触导线移动的速度大大加快，这就使接触网与受电弓的波动特性发生变化，从而对受电产生影响；

(2) 高速列车在高速运行时所受的空气阻力较常速列车会大得多,空气动态力也是高速受电的一个重要因素;

(3) 受电弓从接触网大功率受电问题。高速列车所需的牵引功率较常速列车大得多,若采用多弓受电必然会增加阻力和加大噪音,并引起接触网的波动干扰,因而受电弓的数量不能太多,这就需要解决受电弓从接触网大功率受电问题。高速列车的受电是通过受电弓与接触网的接触导线紧密接触而实现的,因而受电是否正常直接取决于接触网—受电弓系统的技术状态。接触网—受电弓系统工作可靠是确保高速动力车良好取流的根本条件。

接触网—受电弓系统的受流质量与接触网和受电弓的匹配性能有很大关系,单方面评价接触网的受流性能或受电弓的性能都是不全面的。在某种程度上是没有意义的。如果用一种性能差的受电弓来匹配再好的接触网,其受流性能也不可能好。在评价弓网受流质量方面,我国还没有一个通行评价标准。参考国外的经验和近几年来我国提速和高速试验的结果,评价弓网受流质量可以从以下几个方面进行:

(1) 弓网间动态接触压力

弓网间的动态接触压力直接反映了受电弓弓头与接触导线的接触状态,弓网间接触力的大小受受电弓的静态抬升力、空气动力以及垂直方向上的质量惯性力等因素决定。当接触力过大时,会使弓网磨耗加剧,引起弓网位移增加。另外,在定位器和线岔处可能造成受电弓损坏;接触力过小,会造成离线产生电弧。动态接触力主要从接触力的最大值、最小值及标准偏差这几个方面来评价,在不同速度下,上述几个评价指标是不同的。

(2) 接触导线最大垂直振幅

接触导线最大垂直振幅指受电弓滑板在一个跨距内的振动幅度,即上下振动的范围。一般用 2 倍振幅 2A 来表示。它反映了受电弓弓头垂直方向的振动情况,2 倍振幅受接触网的安装尺寸影响,2 倍振幅越小,受电弓运动轨迹越平滑,受流质量就越好。

(3) 导线的抬升量

接触导线的抬升量是指受电弓经过时,接触导线的最大抬升量,用 ΔH 表示。受流系统中,受电弓和接触导线的运动幅度越小,受流质量越好。一个好的受流系统,受电弓的振幅应均匀。

(4) 离线

高速列车运行时,当受电弓与接触网失去接触就发生了离线。评价弓网离线参数有以下两个方面:每一次离线的最大离线时间小于 100 ms;离线率,用运行时间内各次离线时间总和与运行时间的比率来表示。我国高速线路的离线率应取 5% 以下。

(5) 硬点

评定高速列车运行时接触导线对受电弓滑板的冲击主要是受电弓滑板受到的垂直方

向和线路方向上加速度的最大值。受电弓滑板所受的纵向和垂向加速度,根据高速列车受电弓使用的滑板类型来确定硬点的评价标准。

(6) 接触网的静态弹性差异系数

用跨距内最大弹性与最小弹性之差与跨距内最大弹性与最小弹性之和的比率来表示。评价标准:1.简单链形悬挂不大于 30%;2.弹性链形悬挂不大于 10%;3.复链链形悬挂不大于 10%。

(7) 接触导线弯曲应力

弯曲应力的允许值为 500 微应变。

5.2.2 主断路器

主断路器安装在电力机车顶部,用于开断、接通电力机车的高压主电路,同时用于电力机车的过载、短路和接地保护。机车上常用的主断路器包括真空断路器及空气断路器。

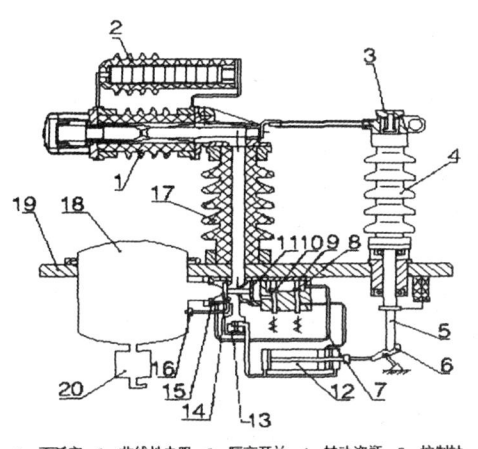

1、灭弧室;2、非线性电阻;3、隔高开关;4、转动瓷瓶;5、控制轴;
6、传动杠杆;7、气管;8、合闸阀杆;9、起动阀;10、分闸阀杆;
11、活塞;12、传动气缸;13、延时阀;14、主阀阀门;15、主阀;
16、通风塞门;17、支持瓷瓶;18、储风缸;19、底板;20、辅风缸

图 5-11 空气断路器

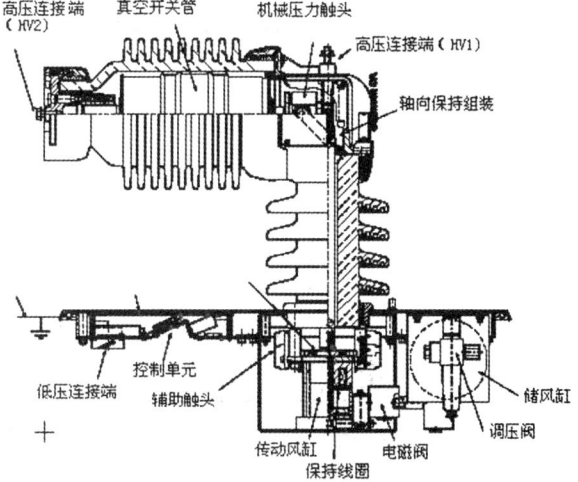

图 5-12 主断路器

空气断路器是靠灭弧装置拉长电弧,再通过空气冷却灭弧,而真空断路器是依靠真空灭弧,同时空气断路器在分闸或合闸动作时是依靠压缩空气执行的,而真空断路器由于它高度真空的特性,决定了其不能使用储风室,因此真空断路器靠电阀和电磁铁控制电路的开合。真空断路器的内部结构比空气断路器简单,因此故障率较低、寿命较长,成本较高。

断路器的主要技术参数包括:标称电压、额定电压、额定电流、额定频率、热电流、顶端路接通能力、短路分段电流能力、短路分断容量、短时耐受电流能力、额定工作电压、工频耐压、全波冲击耐压、固有分闸时间、合闸时间、合闸功率、保持功率、额定控制电压、工作温度、重量、机械寿命及防护等级等。

表 5-2 真空断路器基本性能参数

额定电压 kV	额定频率 Hz	额定电流 A	短时耐受能力	峰值耐受电流 kA	接通能力 kA	额定开断电流 kA	短路条件下功率因数	正常工作条件下功率因数
31.5	50/60	200	4 kA, 2 s	10	10	3.4	0.1	0.8
		1 000	20 kA, 1 s	50	50	20		

5.2.3 高压隔离开关

高压隔离开关属于车顶保护电器，用于优化配置车顶高压设备的运行工况，当车顶设备发生故障时，可以使故障部分隔离，维持机车运行，从而减少因车顶设备故障而造成的机破事故，确保机车的安全运行。高压隔离开关主要可以分为手动和气动。

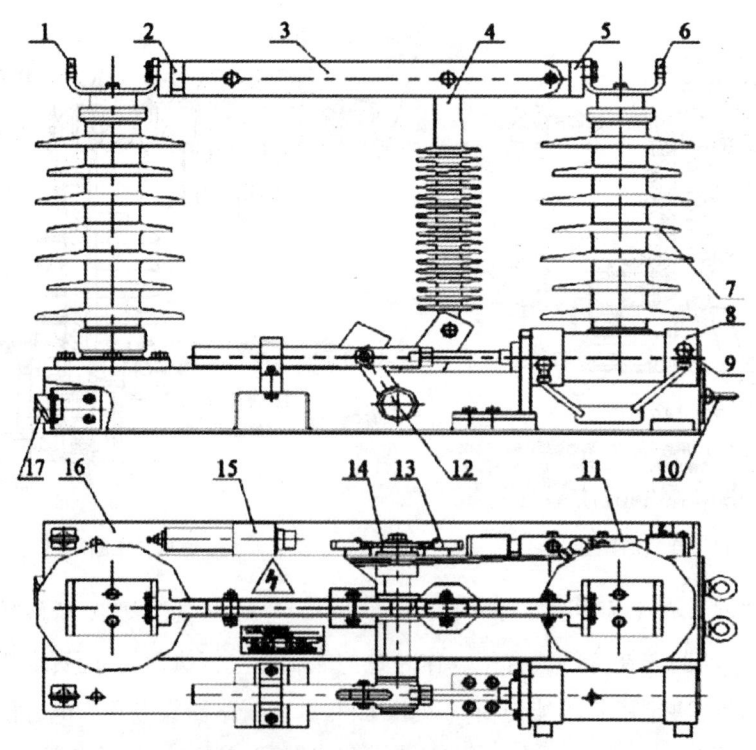

图 5-13 高压隔离开关及其部件
1—输出端连接板；2—静触头；3—闸刀；4—拉杆绝缘子；5—固定块；6—输入端连接板；7—支持绝缘；8—压力气缸子；9—气路接头；10—吊环；11—电磁阀；12—操纵杆；13—辅助联锁开关；14—凸轮；15—调压阀；16—底板；17—插座

高压隔离开关通过控制闸片的分开与闭合控制开关状态,并且能够将当前隔离开关的状态信号传递到司机室。高压隔离开关不带灭弧装置,因此不具有开断电流的能力。

高压隔离开关的主要技术参数包括标称电压、额定电压、额定电流、峰值耐受电流、短时耐受电流、额定控制电压、额定工作气压、额定控制电压、机械寿命等。

5.2.4 电压互感器

高压电压互感器安装在机车车顶,主要用于测量接触网电压,用于过压保护及机车能耗的测量。电压互感器可以将机车上的使用的高压电按比例降到可以用仪表直接测量的数值,便于仪表直接测量。电压互感器容量很小,类似一台小容量的变压器,其仅仅是将测量电路中的电压反映到输出端,且测量电路中的电压电流大小与输出端的电压电流大小无关。二次侧绕组侧复合比较恒定,测量仪表阻抗很大,在设备正常运行时,电压互感器接近于空载状态。电压互感器的一、二次线圈额定电压比成为电压互感器的额定变压比。

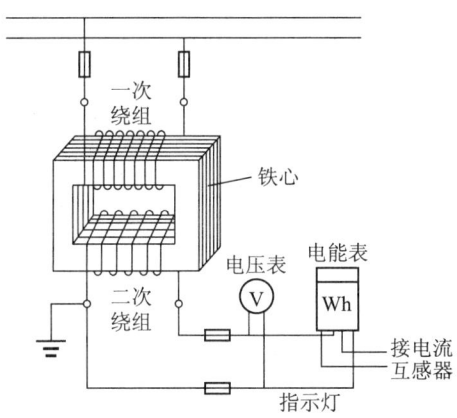

图 5-14 电压互感器

电压互感器主要技术参数包括:一次额定电压、二次额定电压、精准级次、额定输出、一次电压、冲击耐受电压、爬电距离、饱和倍数及短时冲击电流等。

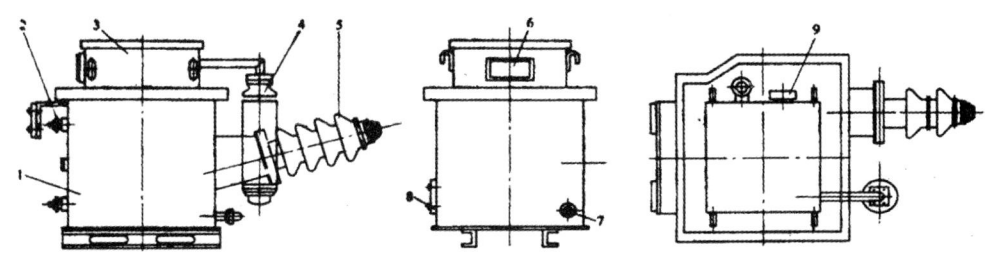

图 5-15 TBY1-25 电压互感器结构
1—油箱;2—二次绕组引出端子;3—油箱盖;4—吸湿器;5——次绕组引出端子;
6—铭牌;7—接地座;8—蝶阀;9—油表

5.2.5 电流互感器

电流互感器一般以套接的方式连接到车顶主变压器高压输入端的高压电缆上,用于测量主变压器高压输入的电流,从而实现过电流保护和短路保护,同时也用于机车能耗测量。

图 5-16　LMZJ1 电流互感器

电流互感器工作原理与变压器类似,利用电磁感应原理工作,但与变压器不同的特点:
(1) 电流互感器的一次侧电流是主电路电流,与二次侧负载无关;
(2) 电流互感器的二次侧负载阻抗必须很小(在正常工作时接近短路状态);
(3) 电流互感器的二次侧线圈不允许开路运行,因为在开路运行时,由一次侧电流产生的磁势得不到二次侧磁势抵消而全部变成励磁磁势,势电流互感器铁芯饱和,在二次侧端子上出现较高的电压,对于仪表和工作人员构成安全威胁。同时高度饱和的铁芯会因为铁损扩大、发热加剧而损坏其绝缘,因此电流互感器的二次线圈和外壳都应可靠接地。电流互感器一二次额定电流之比,成为电流互感器的额定电流之比。

电流互感器的主要参数包括:外形尺寸、适用电缆直径、重量、标称电压、额定频率、一次额定电流、一次最大短路电流、一次瞬时峰值电流、二次标称电流、二次标称输出、精准级次和标称电流比。

5.2.6 避雷器

避雷器安装于机车车顶,用于保护机车主变压器免受大气过电压及操作过电压侵害。被保护设备在正常工作电压下运行时,避雷器不会产生作用,对地面来说视为断路。一旦出现高电压,且危及被保护设备绝缘时,避雷器立即动作,将高电压冲击电流导向大地,从而限制电压幅值,保护电气设备绝缘。当过电压消失后,避雷器迅速恢复原状,使系统能够正常供电。

图 5-17　避雷器外形图

避雷器主要技术参数包括:外形尺寸,重量,系统额定电压,避雷器额定电压,避雷器持续运行电压,额定频率,标称放电电流,谐波冲击电流下残压,雷电冲击电流下残压,操作冲击电流下残压,局部放电量,爬电比距等。

5.3　牵引传动系统

5.3.1　牵引动力的配置

动力配置指牵引电机在列车上的布置方式,列车的动力配置方式主要包括两种,即动力集中方式和动力分散方式。

动力集中式列车指列车的牵引动力装置都集中在一节称为机车的车辆上,由一节机车牵引其他无动力装置的车辆运行。这是传统铁路列车的牵引组成方式,除使用于客运外,常见于货运及军事用途。为了加大牵引吨位也可以采用多个机车重联的牵引方式,即将2台甚至3台机车连接在一起,或者一头一尾来牵引列车,这主要运用于重载货运列车。机车牵引方式的特点是电力牵引系统集中在一节车辆内,传动装置的功率大,控制系统的结构简单。但要求的牵引力和黏着之间的矛盾比较突出,在重联牵引时特别是一头一尾的牵引方式下,重联控制的问题比较复杂。

相对于动力集中式列车,动力分散式列车是一种动力分布在多个车厢的铁路列车,特点是动力来源分散在多个称为动车(EMU)的车辆上,并与其他无动力车辆(拖车)组成一个单元,而不是集中在机车上。每个单元由2节、3节、4节或更多节车辆组成。其组成方式可以是1动1拖、2动1拖、2动2拖、3动1拖、4动2拖、5动1拖甚至是全动车,每列车由2个、3个或4个单元组成。由该单元组成的列车称为动车组。图5-18是一种地铁中常见的6节编组形式,采用四动两拖的形式。

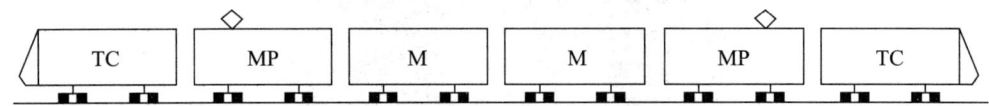

图 5-18　上海地铁一号线;广州地铁二号线地铁列车编组
TC:带司机室拖车　　M:动车(不带受电弓)　　Mp:动车(带受电弓)

表 5-3　CRH380B 动力配置

车厢号	1	2	3	4	5	6	7	8
动力配置	动车带驾驶室(Mc)	拖车带受电弓(Tp)	动车(M)	拖车(T)	动车(M)	拖车带受电弓(Tp)	动车带驾驶室(Mc)
动力单元	单元 1				单元 2			

动力分散方式主要运用于铁路的干线客运列车、城市轻轨列车和城市的地铁列车。动力分散方式是从地铁列车的牵引方式派生而来,日本最早在新干线上使用了这种牵引方式。20世纪90年代欧洲国家也开始生产动力分散型电动车组,出现了像ICE3、ICES、Euro-Star等动车组。动力分散的主要特点是黏着利用好、列车起动、加速快,动力储备量大。但是由于其电牵引系统分散在多节动车内,列车的控制系统相对复杂,传动装置的数量也成倍增加。

动力集中式列车特点:(1)可任意加减拖车的数量,编组灵活。加减车厢后牵引力不变(因为动车数量不变),但阻力变化时,易造成过载从而达不到原定速度,或欠载造成功率浪费;(2)总功率受机车功率限制;(3)列车换向时需先把机车在一端脱钩后再移到另一端挂钩,折返时间长;(4)机车最大轴重大,高速运行下对轨道冲击大;(5)机车不能载客;(6)启动加速度小,列车加速时间长,不适合发车密度大、站间距短的线路;(7)集中动力车单轴黏着性能好于分散动力车,但由于动轴数量少,总的黏着性不如分散动力车,加速时易产生空转;(8)机车受黏着限制,不能充分发挥动力制动的优越性。大量拖车靠制动盘的摩擦制动,导致制动盘磨耗严重,既浪费材料又浪费能源;(9)机车故障即需要救援,动力冗余性差;(10)车辆间的作用力大,牵引、制动时的纵向冲动大;(11)主要动力设备集中管理,维护相对简单,维护成本相对较低;(12)动力设备集中布置在机车,车厢内振动、噪声较小。

动力分散式列车特点:(1)通常为固定编组,不可随意增减车辆数量,但可以采取2列联挂方型,动车与拖车同步增加或减少,不会造成过载或欠载;(2)列车的牵引动力可以分散设置,按需要增减动轴,使列车总功率不受机车功率所限制;(3)在两端都有驾驶室,可双向行驶,省却调车的时间,同时减少车务人员的工作及提高安全;(4)最大轴重轻,对轨道冲击小。高速情况下最大轴重对轨道的破坏作用远远大于平均轴重,这也是高速列车趋向于使用分散技术的原因;(5)载客量较同等长度的动力集中型动车组多;(6)启动加速度高,列车加速时间短,更适合发车密度大、站间距短的路线;(7)整体黏着性好,在加速时不易产生空转(车轮的牵引力大于轮轨间的黏着力,造成轮速异常上升),加速更稳定;(8)列车从高速减速到 40 km/h(不同的列车可能不同)的过程几乎不需要使用空气制动,充分利用再生制动,将制动能量转换为电能反馈回电网,减少制动盘机械磨耗和能源浪费;(9)一两组电动机发生故障时,列车也能正常行驶。动力冗余性高,减少个别车辆故障而造成机破救援;(10)车辆间的作用力小,牵引、制动时的纵向冲动小;(11)线路适应力强。由于动轴多,所以更能适应陡坡;(12)由于电动机多并分散在各节动力车,零部件维护较复杂,维修成本较高;(13)动力设备分布在客车车下,车内振动、噪音较大。

5.3.2 电力牵引传动系统类型

电力牵引传动系统包含了多种电能变换的电气设备,是一个综合的电气系统。这个系统的组成收到列车种类、供电性质、变流方式、牵引电动机种类等多方面影响。所有的方面以不同的形式组合,使得实现电力牵引系统的实现形式多种多样。按照牵引传动系统电源性质及牵引电机种类的不同,可将系统分为:直流—直流牵引系统、交流—直流牵引系统、直流交流牵引系统,在使用交流电源并采用交流牵引电机的牵引系统,由于中间存在一个直流环节,因此习惯上成为交流—直流—交流牵引系统。

1. 直流—直流(直—直)牵引系统

直流—直流牵引系统是最早应用于机车电传动的一种传动系统。通过使用直流电源(直流电网或直流发电机)和直流串励牵引电机,目前该系统多适用于工矿用直流电力机车、地铁电动车以及城市电车。

该系统工作原理如图 5-19 所示，使用斩波器和牵引控制装置对直流电机进行控制。通过直流斩波器可以实现对电机连续平滑的调节。直流斩波器可以实现四象限运行，其最大效益在于节能，对于城市轨道交通车辆尤其适合。通过斩波器调速能充分利用黏着、启动平稳和无极调速，大大改善车辆的牵引性能，是目前直流牵引电机动车、无轨电车和工矿机车普遍采用的牵引系统。

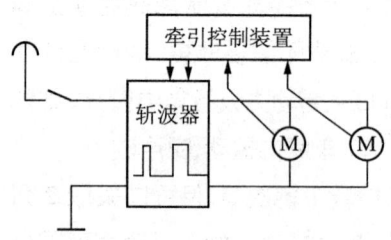

图 5-19　直—直牵引系统原理图

直流—直流牵引系统具有调速方便、结构简单、造价低等特点。但是由于直流传动采用直流电源，其供电电压和功率都不可能太高，限制牵引功率的进一步提高，随着现代铁路运输快速发展，直流—直流牵引系统已经不符合干线大功率电传动机车的需要。

2. 交流—直流牵引系统

交流—直流牵引系统采用交流电源，使用直流串励牵引电机驱动。随着大功率硅整流器、晶闸管、GTO 和 IGBT 等器件的普遍运用，使交流—直流牵引电机得到广泛的应用。

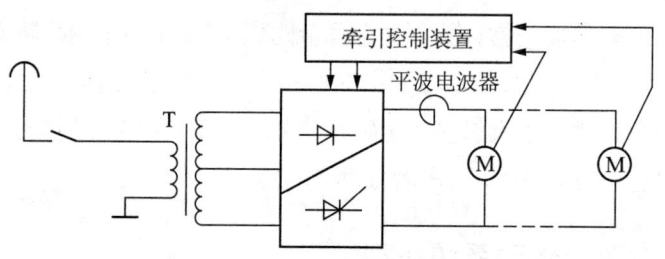

图 5-20　交—直牵引系统示意图

交—直牵引系统系统原理如图 5-20 所示，机车受电弓从接触网获取到交流电后，首先通过变压器降压，再通过整流器将交流电整流成直流电，经过平波电抗器向牵引电机供电。早期的电力机车通过调节变压器和调压开关实现调压调速，后期通过可控整流器可以实现调压调速。牵引控制装置根据牵引特性曲线以及牵引电动机的转速控制和调节可控整流器的晶闸管导通角实现电压调节。

内燃机车的交—直牵引系统如图 5-21 所示，柴油机直接驱动同步牵引发电机 F 产生的三相交流电，再通过整流器整成直流电后对牵引电动机 M 使用，实现机车功率传输。同步牵引发电机结构简单，在功率相等的条件下，它的重量约为直流牵引发电机重量的一半。此外，同步牵引发电机不像直流发电机，要受换向条件和机车空间的限制，可以进一步加大功率。

因此在采用直流牵引电动机的内燃机车上,采用交—直牵引系统是最佳的也是唯一的选择。

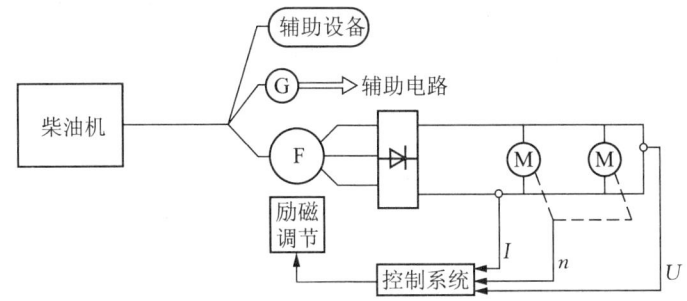

图 5-21　内燃机车交—直牵引系统示意图

3. 直流—交流(直—交)牵引系统

直—交牵引系统是使用直流电源异步牵引电机时应用的牵引系统,主要在城市地铁、轻轨、无轨电车和新型有轨电车上使用。该牵引方式是由于城市轨道交通的供电方式为直流,而动车使用的是交流异步电机所致。

直—交牵引系统的如图 5-22 所示,动车将直流电通过逆变器转化成频率可变的三相交流电,驱动三向交流异步电机。

4. 交流—直流—交流(交—直—交)牵引系统

交流异步牵引电动机较传统的直流牵引电动机具有结构简单、运行可靠、体积小、重量轻及造价低等一系列优点。人们为了利用它的这些优点,对采用交流异步牵引电传动的系统进行了长期的试验研究。但是由于交流异步牵引电动机的调速困难,实现的方法复杂,因此在很长一段时期内交流异步牵引电动机未能在铁路机车的牵引系统上获得运用。

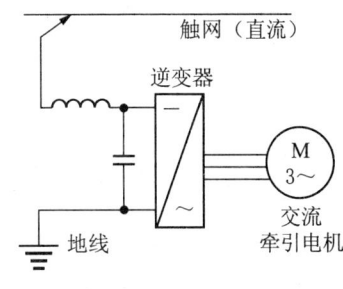

图 5-22　直—交牵引系统示意图

随着大功率半导体器件及电子技术的发展,20 世纪 70 年代晶闸管的变流(逆变)技术获得发展和应用,特别是 20 世纪 80 年代以来微型计算机技术的发展使牵引变流器得到飞速的发展和普遍的应用。自 20 世纪 90 年代以来国外的铁路牵引系统已经淘汰交直牵引系统,全部采用交流传动牵引系统。我国自 20 世纪 90 年代开始研制干线电力机车的交—直—交牵引系统。

交—直—交牵引系统的结构如图 5-23 所示。牵引变压器输出的单相交流电经过四象限脉冲整流器整流成直流电,再经过可控硅逆变器,把直流电转变成可变频率的三相交流电,供给三相交流牵引电动机使用。由于在再生制动的工况下需要将能量反馈给电网,所以在实施电气制动时,逆变器成为整流器,而整流器变成逆变器,我们将整个装置称为四象限变流器。由于该牵引系统中间存在一个直流环节,故称为交—直—交牵引系统,这也与另一种交—交牵引系统相区别。在变流技术的发展过程中,曾经有一类变流装置称为交—交变频装置,即直接改变输入交流电源的频率实现交流牵引电动机的调速。但这种牵引系统的调速范围小,且有很大的局限性,再加上一些技术上的原因,现在轨道交通牵引领域内已经不再运用。

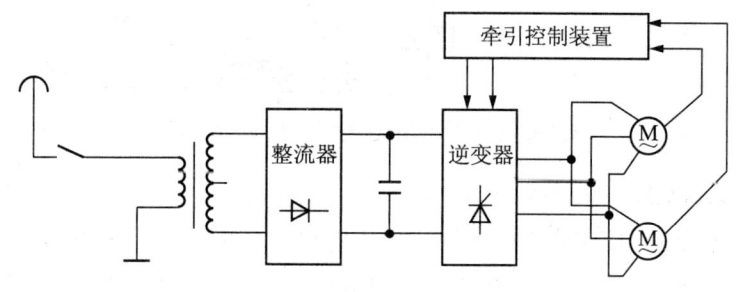

图 5-23 交—直—交牵引系统示意图

交流异步牵引电动机没有整流子结构和转子结构对电机功率和转速的限制,机车功率可以进一步提高。目前列车速度在 200 km/h 以上的电力牵引系统已经全部采用交直交牵引系统。

5.3.3 直流牵引系统

采用直流电机的电力牵引系统为直流牵引系统。直流电机的调速范围大,调速方法简单,控制直接灵活,20 世纪 70 年代之前列车的牵引系统基本上都是直流牵引系统。

1. 直流电机牵引性能

直流电动机的工作原理如图 5-24 所示,主要分为他励、并励、串励和复励四种,其中,I_s 为电机的电枢电流,R_{cr} 为电路的等效电阻。

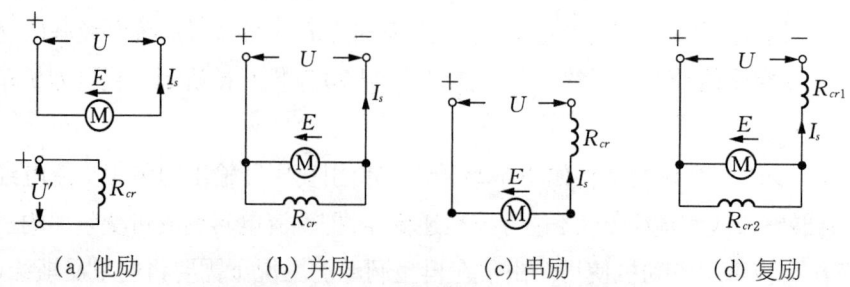

(a) 他励　　　(b) 并励　　　(c) 串励　　　(d) 复励

图 5-24 直流牵引电动机牵引性能

直流牵引电机的基本工作原理可由以下方程表示：

$$M_d = C_m \Phi I_s \tag{5-1}$$

$$U = I_s R_{cr} + C_e \Phi n \tag{5-2}$$

其中，C_m、C_e 为电磁常数；Φ 为磁通；M_d 为电机转矩；n 为电机转速

列车牵引力 F 和速度 v 的表达式分别为：

$$F = \frac{2\mu\eta}{D} M_d \tag{5-3}$$

$$v = \frac{60\pi D}{1\,000\mu} n (\text{km/h}) \tag{5-4}$$

对于特定的列车而言，D、μ、η 均为常数，电机牵引力 F 和电机转矩 M_d 之间只差一个比例常数；机车速度 v 和电机转速之间也只差一个比例常数。我们可以将直流电动机的机械特性近似等效于牵引特性。他励电机与并励电机的特性相近，而复励电机有串励和并励两种特性组合。只需并励和串励两种形式进行分析，比较两种励磁方式作为牵引电机使用时各自的优缺点，在选用电机时能够了解各种电机的基本因素和原则。

直流牵引电机的特性如图 5-25 所示，曲线 1 为串励电机特性曲线，曲线 2 为并励电机特性曲线。其中(a)为机械特性，由曲线可知，并励电机转矩变化时，转速 n 变化小，这种特性称之为"硬特性"；串励电机转矩变化时，转速 n 变化大，这种特性称之为"软特性"。两组特性曲线均具有负斜率，因此能够确保机械稳定。(b)为直流电机 U 曲线，串励电机 U 曲线斜率均为正，其具有电气稳定性；而并励电机在 I_s 较小(B 附近)时，U 曲线斜率为正，具有电气稳定性，而当 I_s 较大时，U 曲线斜率为负，不具有电气稳定性，C 点是不稳定的点。

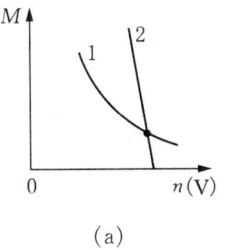
(a)

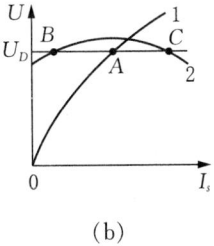
(b)

图 5-25　电机特性曲线

理论上列车上各台牵引电机的负载是相同的，但是由于各台牵引电机的特性、车轮直径差异等各项因素，导致电极之间的负载分配不均，在轮径相同的条件下，电极之间特性上

差异导致的负载分配不均特性如图 5-26 所示。比较(a)、(b)可见,串励电机的特性差异引起的负载分配不均(M,I_s)比并励电机要小。列车速度一定,且电机特性相同时,轮径的不同会导致电机的转速、转矩和电流也不相同,电机特性相同时,轮径对电机负载分配的影响如图 5-27 所示比较(a)、(b)可见,相同转速下串励电机的负载分配不均比并励电机小。

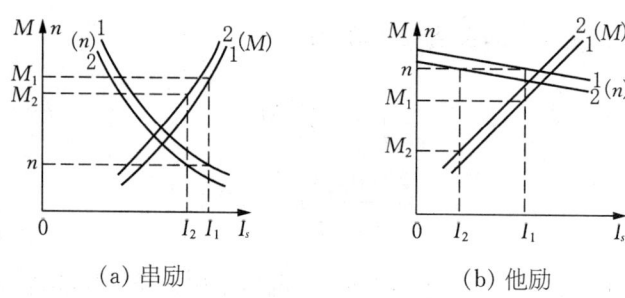

(a) 串励　　　　　　　(b) 他励

图 5-26　直流电动机特性不同时的负载分配

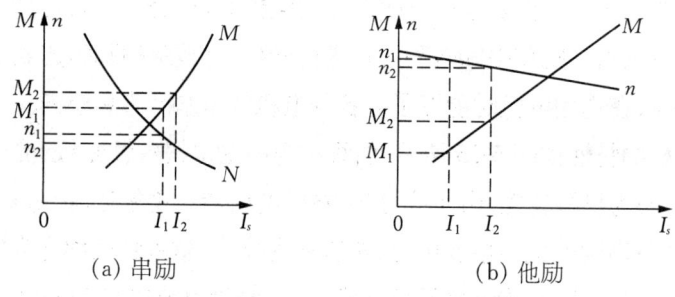

(a) 串励　　　　　　　(b) 他励

图 5-27　轮径不同时的负载分配

接触网电压突然发生波动时,列车的速度来不及改变,可能会产生极大地电流冲击和牵引力冲击。电压波动时电机的电流和牵引力变化图 5-28 所示。比较(a),(b)可见,电压波动时,由于串励电机具有软特性,因此串励电机的电流和牵引力冲击较小。

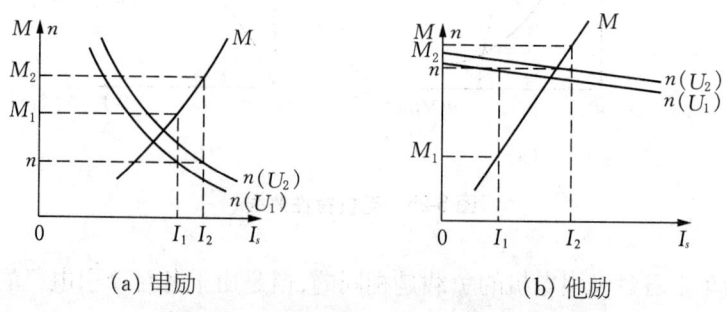

(a) 串励　　　　　　　(b) 他励

图 5-28　电压波动对牵引电机的影响

电机特性与空转的关系如图5-29所示。其中曲线1为最大黏着特性,2为滑动摩擦,3为并励特性,4为串励特性。当电机在A点正常工作时,偶尔会因为破坏黏着改变当前电机的工作状态,导致最大黏着特性由1下降到1′,滑动摩擦由2下降到2′。当前牵引力超过黏着力限制时,导致发生滑动,滑动速度不断增加进而形成空转。对比曲线3,4可知并励电机曲线斜率更大,与串励电机相比更不易形成空转。也因此串励电机防空转不及并励电机,且对台串联运行时,一台空转,反电动势随转速的增加而增加,最终导致空转加剧。

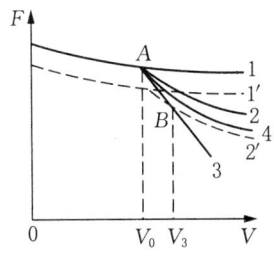

图 5-29 电机特性与空转关系

综合考虑各项特性,串励牵引电机的特点更适用于列车,因此直流牵引系统使用的都是串励牵引电机,但是由于串励电机容易发生空转,因此牵引系统必须配置完善的黏着控制功能。在采用牵引电机串联的主电路时,则对黏着控制的性能要求更高,需要采用灵敏、高效的黏着控制手段。

2. 牵引变流装置

直流牵引系统的额变流装置主要是整流器和斩波器,分别用于采用交流供电和直流供电的牵引系统。

整流电路是直流牵引系统主电路的重要组成部分,直接影响主电路的性能。可控桥式整流电路如图5-30所示:

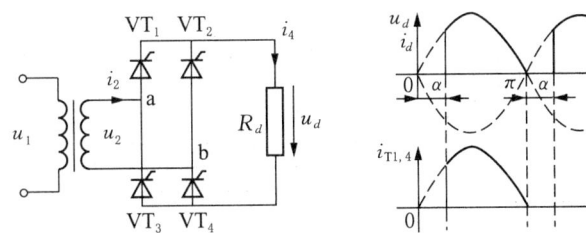

图 5-30 可控桥式整流电路原理图

若可控桥式整流电路中的可控硅控制角为 α,则整流电压平均值可以表示为:

$$U_{d\alpha} = \frac{1}{\pi}\int_{\alpha}^{\pi}\sqrt{2}U_2\sin(\omega t)d\omega t = \frac{2\sqrt{2}}{\pi}U_2(1+\cos\alpha) = \frac{1}{2}U_{d0}(1+\cos\alpha) \quad (5\text{-}5)$$

当 $\alpha = 0°$ 时,$U_{d\alpha} = 0.9U_2 = U_{d0}$

当 $\alpha = 90°$ 时,$U_{d\alpha} = 0.45U_2 = 0.5U_{d0}$

当 $\alpha = 180°$ 时,$U_{d\alpha} = 0$

三相整流电路,应用于内燃机车上,其原理如图 5-31 所示:

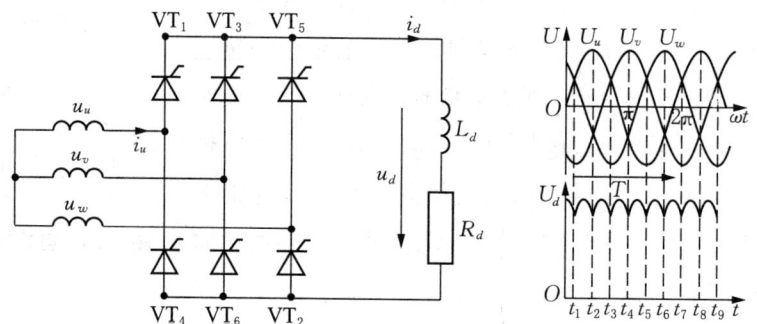

图 5-31 三向整流电路原理

其输出的直流电压为:

$$U_d = \frac{1}{\pi/3}\int_{\pi/3}^{2\pi/3} \sqrt{3} \times \sqrt{2} U\sin(\omega t)d\omega t \approx 2.34U \tag{5-6}$$

直流电机可通过斩波器进行调压调速。斩波器是一种能够快速地接通和切断主电路的电力半导体变流装置,如同一个大功率高速无触点的电子开关。

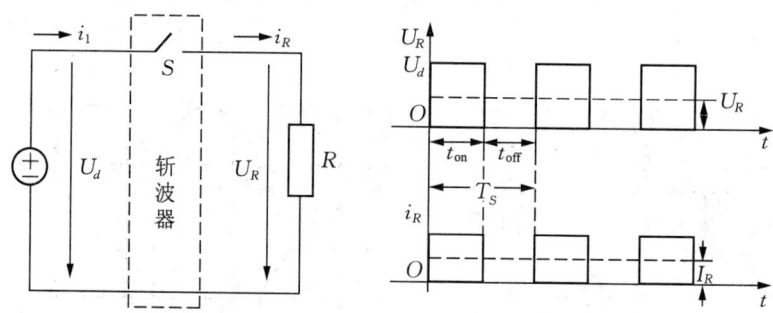

图 5-32 斩波原理示意图

斩波器工作原理如图 5-32 所示,其中 S 表示斩波器的开关,通过反复开关 S,将原来一条直线的电源,被线路"斩"成了一块一块的脉冲。将直流电变为另一固定电压或可调电压的直流电。S 接通时,负载 R 上的电压为 U_d,开关断开时,负载 R 上的电压为 0。负载电压的平均值与 S 开关接通断开的时间以及负载电压平均值 U_R 之间的关系如下所示:

$$U_R = \frac{T_{on}}{T_{on} + T_{off}} U_S = \frac{T_{on}}{T} U_S \tag{5-7}$$

其中，T_{on} 为斩波器导通时间，T_{off} 为斩波器关断时间，T 为斩波周期。

改变负载平均电压 U_R 有三种典型的控制方法：

(1) 定频调宽控制，即保持斩波周期 T 不变，改变斩波器导通时间实现改变负载的平均电压。

(2) 定宽调频，保持斩波器导通时间，改变斩波器周期实现改变负载平均电压。

(3) 调频调宽混合控制。

采用直流斩波牵引的动车中，第一种方法较为普遍，斩波器工作频率基本固定，消除斩波器设计比较容易。第二种方法斩波器的控制电路比较简单，但是斩波器频率是变化的，当斩波频率大幅度变化时，可能与回路及电机驱动系统频率发生共振。

5.3.4　交流牵引系统

交流牵引系统指采用由各种变流器供电的同步或异步电机的牵引系统。交流牵引系统根据供电的性质可分为直—交和交—直—交两种。我国干线电力机车和内燃机车采用交—直—交系统，城市轨道交通列车为直—交系统。

交流牵引系统可采用交流同步电机或交流异步电机。交流同步电机在牵引系统中应用较早，其电机具有功率因数高、转子参数可测、效率高、定转子气隙大、制造容易、控制性能好等优点。但是同步电机除永磁式外，都需要在转子侧安装一套励磁装置，且仍需要使用集电环和电刷，电机密闭性差、重量体积大；和鼠笼式异步电机相比，同步电机的维护工作量和功率消耗较大。同步电机系统总体效率和异步电机相当，而同步电机矢量控制比异步电机复杂。目前在干线铁路机车以及动车组、地铁、轻轨列车上的牵引系统基本采用交流异步电机。交流同步电机的牵引系统在德国磁浮列车牵引系统中应用，包括上海浦东线的磁浮列车采用的也是交流同步直线电机。

1. 交流异步电机牵引性能

三相交流电机的稳态等效电路如图 5-33 所示：

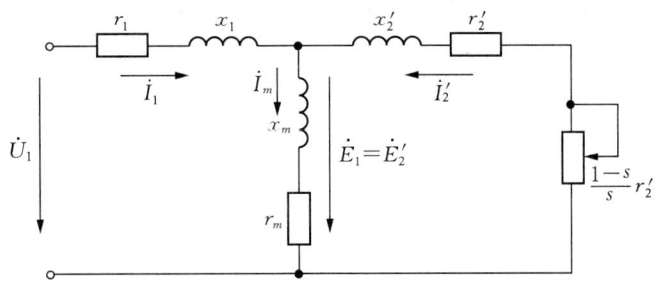

图 5-33　交流异步电机的稳态等效电路

根据上述稳态等效电路，可以得到交流异步电机的特性数学表达式：

$$\dot{U}_1 = \dot{E}_1 + \dot{I}_1(r_1 + jx_1) \tag{5-8}$$

$$M = C\Phi_1 I'_2 \cos\varphi_2 \tag{5-9}$$

$$I'_2 = \frac{E'_2}{\sqrt{\left(\frac{r'_2}{s}\right)^2 + (x'_2)^2}} \tag{5-10}$$

$$\cos\varphi_2 = \frac{\frac{r'_2}{s}}{\sqrt{\left(\frac{r'_2}{s}\right)^2 + (x'_2)^2}} \tag{5-11}$$

其中，$\dot{U}_1$ 为电机电压矢量；$\dot{E}_1$ 为感应电动势矢量；I'_2 为折合到定子侧转子电流矢量；r'_2 和 x'_2 为折合到定子侧转子电阻与漏抗；φ_2 为转子相位角；S 为滑差率；M 为电磁转矩；I_1 为定子电流；C 为电极常数；Φ_1 为磁通量。

交流异步电机的转矩与电机主磁通、转子电流、功率因数有关，与直流电机相比，交流异步电机的主磁通与转子电流是耦合的，难以独立控制和调节，交流异步电机转矩控制是交流牵引系统的核心问题。

交流异步电机的机械特性（转矩—转速特性）如图 5-34 所示：

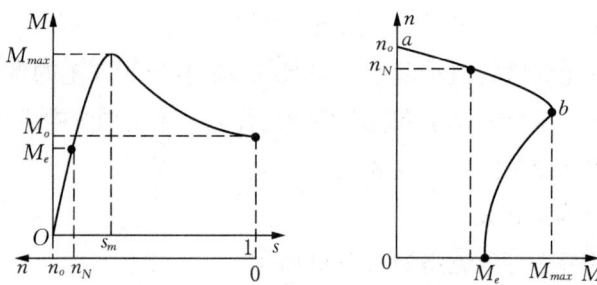

图 5-34 交流异步电机的机械特性

交流异步电机处于同步转速（$S = 0$）时，转矩为零；滑差小于 S_m 时，转矩 M 随滑差的增大近似直线上升；当滑差达到 S_m 时转矩达到最大值 M_{max}。最大转矩又称为颠覆转矩。超过该点的电机转速很快下降至停转，S_m 为临界滑差。从特性曲线上可知，滑差大于 S_m 时曲线段不具备电器稳定性，因此工作点不能在这部分曲线上运行。

2. 交流异步电机逆变器

逆变器是交流牵引系统的重要组成部分，不但可以实现直流到交流的变换，而且还要实现牵引特性曲线上牵引力的要求。直流到交流的变换由逆变器的主电路实现;给定牵引力,输出依靠控制策略和方法。

逆变器的牵引电路原理图如下所示。三相逆变器将直流电源转化为交流电源,由六个开关组成了一个三相桥式电路。通过交替开通关断这六个开关实现输出端相位差为120度的三相交流电输出。电源频率由开关频率决定,幅值等于直流电源的幅值。

逆变器在实际工作过程中,其电压也常常需要根据牵引电机的工况而做出改变。作为增加或降低逆变器输出电压的手段,采用控制平均电压的方法,即斩波(脉冲宽度调制PWM),这种方法可以实现在改变频率的同时调整电压,使逆变器输出电压的高次谐波分量大大减小,获得普遍的应用。

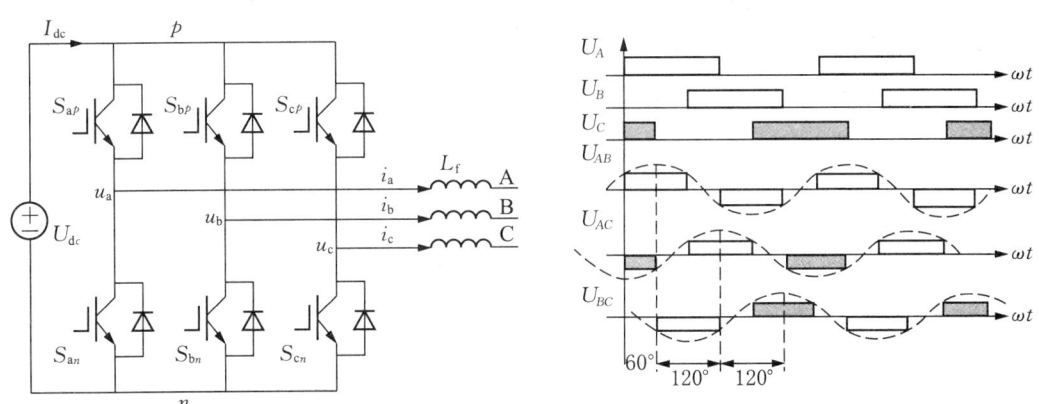

图 5-35 三相逆变器原理

牵引交流技术的发展一方面归功于功率半导体和变流技术的进步,另一方面归功于日益完善的控制方法和装置。后者使系统能够满足轨道交通牵引系统的要求,包括:平稳启动、调速范围宽、抑制滑行和空转及再生制动。在车控和架控模式下,还要求一个控制器对多台并联电机进行控制。

交流牵引系统逆变器控制可以分为两大类,即直接力矩控制法和间接力矩控制法,两种方法均已广泛用于各种具有交流牵引系统的轨道交通车辆上。间接力矩控制法主要包括滑差控制和磁矢量控制,目前基本上公认的直接力矩控制法是目前最佳的控制方法。无论控制结构如何复杂或者采用什么样的反馈环和反馈量,牵引逆变器只有两个控制变量,即电压和频率。

复习思考题

1. 牵引供电系统有哪些有常见的供电方式?
2. 列车对接触网有的性能有何要求?
3. 列车常见的高压电器有哪些?
4. 高速动车组受电特点?
5. 电压互感器和电流互感器的工作原理是什么?
6. 直流牵引电机的类型有哪些,其各自特点是什么?
7. 为什么串励牵引电机的特点更适用于列车,其优缺点分别是什么?
8. 牵引整流器如何调整输出?
9. 三相逆变器的工作原理是什么?

Chapter 06

第6章 列车连接装置

列车连接装置是车辆最基本的也是最重要的部件之一,它的作用是连接机车车辆,减缓列车的纵向冲击力,传递列车电力、通信控制信号和连接列车风管。

车端连接装置主要包括车钩、缓冲器、风挡、车端阻尼装置、车端电气连接装置等,一些货车和动车组上还使用牵引杆装置。现今的客、货车辆上均装有车钩和缓冲器,通常将二者合称为车钩缓冲装置,是车端连接装置中起牵引连挂和冲击作用的主要部件。风挡和车端阻尼装置仅在客车车辆上使用,而牵引杆则是随着重载运输发展起来的新型的铁路车辆连接方式,其一般仅运用在重载货车车辆上,电气连接器是列车动力和控制通信的重要设备。

6.1 车钩缓冲装置

6.1.1 车钩缓冲装置的组成及功能

车钩缓冲装置是车辆最重要的部件之一,通过它使机车和车辆或车辆和车辆之间实现连挂,并且传递和缓和列车在运行或在调车作业时所产生的牵引力和冲击力。

车钩缓冲装置由车钩、缓冲器、钩尾框、从板等零部件组成。图6-1为车钩缓冲装置的一般结构形式。在钩尾框内依次装有前从板、缓冲器和后从板(有时不需要后从板),借助钩尾销把车钩和钩尾框连成一个整体,从而使车辆具有连挂、牵引和缓冲三种功能。

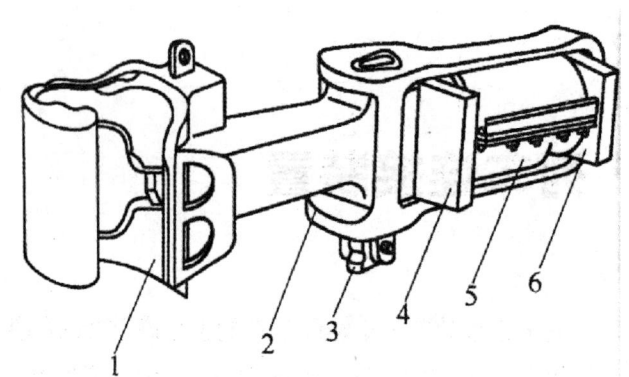

图 6-1 车钩缓冲装置
1—车钩;2—钩尾框;3—钩尾销;4—前从板;5—缓冲器;6—后从板

在车钩缓冲装置中,车钩的作用是用来实现机车和车辆或车辆和车辆之间的连挂以及传递牵引力及冲击力,并使车辆之间保持一定的距离。缓冲器是用来缓和列车运行及调车作业时车辆之间的冲撞,吸收冲击动能,减小车辆相互冲击时所产生的动力作用。从板和钩尾框则起到传递纵向力(牵引力或冲击力)的作用。

除了机械连挂外,也可实现电动或气动连挂。车钩实现机械连挂后,风管会自动连接起来。解钩既可通过驾驶室遥控自动完成也可在轨道旁手动完成。解钩和分离后,车钩会再次进入连挂准备状态。车钩备有气动回缩装置,在车钩解开后使其后移,在连挂前使其前移。减震器确保了减震作用对缓冲和牵引均有效。车钩牵引杆装有由摩擦弹簧组成的吸能装置。

6.1.2 车钩缓冲装置在车辆上的安装及尺寸要求

车钩缓冲装置一般组成一个整体安装于车底架两端的牵引梁内,其前、后从板及缓冲器卡装在牵引梁的前、后从板座之间,下部靠钩尾框托板及钩体托梁(货车)或复原装置(客车)托住,各部相互位置如图 6-2(a)所示。

当车辆受牵拉时,作用力的传递过程为:车钩→钩尾框→后从板→缓冲器→前从板→前从板座→牵引梁,如图 6-2(b)所示。当车辆受冲击时,作用力的传递过程为:车钩→前从板→缓冲器→后从板→后从板座→牵引梁,如图 6-2(c)所示。由此可见,车钩缓冲装置无论是承受牵引力还是冲击力,都要经过缓冲器将力传递给牵引梁,这样就有可能使车辆间的纵向冲击振动得到缓和和消减,从而改善了运行条件,保护车辆及货物不受损坏。

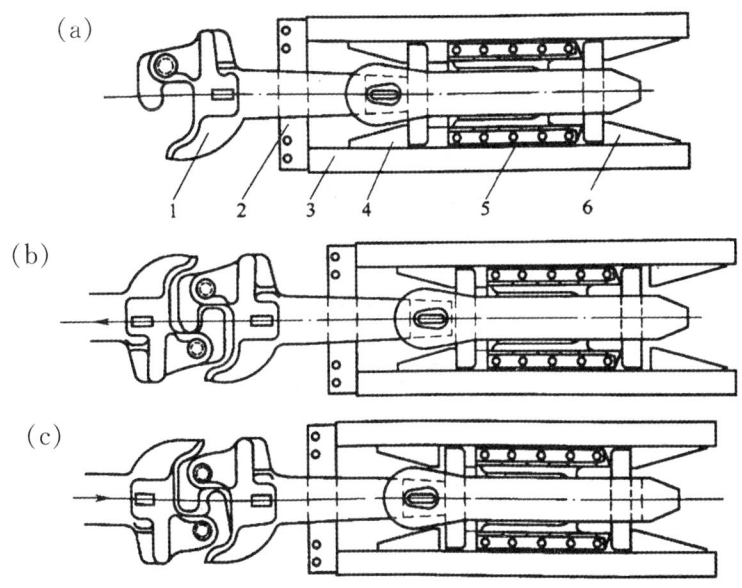

图 6-2 车钩缓冲装置在车上的安装位置及受力状态
(a) 在车上的安装位置;(b) 牵拉状态;(c) 压缩状态。
1—车钩缓冲装置;2—冲击座或复原装置;3—中梁(牵引梁);
4—前从板座;5—钩尾框托板;6—后从板座

为了保证车辆连挂安全可靠和车钩缓冲装置安装的互换性,我国机车车辆有关规程规定:车钩缓冲器装车后,其车钩钩舌的水平中心线距钢轨面在空车状态下的高度,客车为 880^{+10}_{-5} mm,货车为 $(880±10)$ mm,守车为 $(870±10)$ mm,两相邻车辆的车钩水平中心线最大高度差不得大于 75 mm;我国高速动车组头车车钩中心高度为 $1\,000^{+10}_{-15}$ mm,中间车车钩中心高度为 935^{+10}_{-15} mm;牵引梁前、后从板座之间距离为 625 mm,牵引梁两腹板内侧距为 350 mm(部分早期生产的货车为 330 mm),客车用 1 号车钩及一体式铸钢从板座时为 406 mm。另外,考虑到在受到特大冲击力时,缓冲器完全被压死,使部分冲击力直接由底架端梁传递到车底架,规定了车钩钩肩冲击面距冲击座之间的距离:采用 2 号车钩时为 116 mm;采用 13 号车钩时为 76 mm。

6.1.3　车钩的开启方式及复原装置

车钩的开启方式分为上作用式及下作用式两种。由设在钩头上部的提升机构开启的,叫上作用式,大部分货车车钩为上作用式。这种方式开启灵活、轻便。还有部分货车,例如,平车、长大货物车或开有端门的货车,因有碍货物的装卸,或活动端门板需要放平,钩头的上部不能安装钩提杆。对于客车,因车体端部有折棚和平渡板装置,故也无法采用上作用式,而采用下作用式。这时,借助于设在钩头下部的推顶杆的动作来实现开启,它不如上作用式轻便。图6-3为上作用式车钩装置。图6-4为下作用式车钩装置。

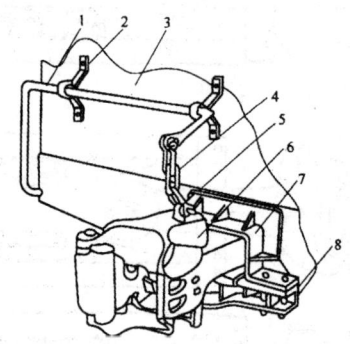

图 6-3　上作用式车钩装置
1—车钩提杆；2—车钩提杆座；3—车体端墙；4—提钩链；
5—锁提销；6—钩头；7—冲击座；8—钩身托梁

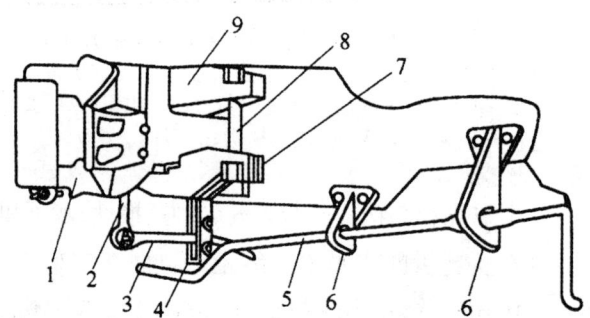

图 6-4　下作用式车钩装置
1—钩头；2—锁推销；3—下锁销杆；
4—下锁销托吊；5—车钩提杆；6—车钩提杆座；
7—车钩托梁；8—吊杆；9—冲击座

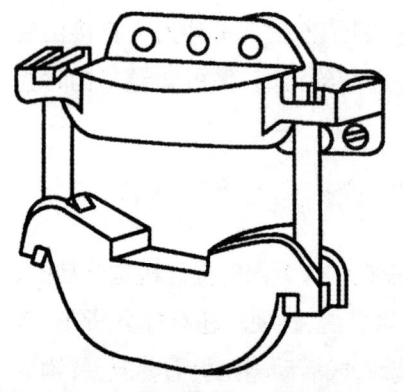

图 6-5　摆块式车钩复原装置

车钩解钩提杆的安装位置：货车装在一、四位车端；客车装在二、三位车端。

当车辆在曲线上运行时,车钩中心线与车体纵向中心线之间将产生一偏角。由于客车车体较长,在曲线上车钩的偏移量较大,如果车钩偏移后不能迅速恢复到正常位置,势必会增加车辆运行时的摆动量,而且还会造成车辆摘挂困难。因此,在客车上均装有车钩复原装置,我国客车上采用摆块式车钩复原装置,它由吊杆和车钩托梁组成,其结构如图6-5所示。

6.1.4 车钩的类型、组成及三态作用

按照牵引连挂装置的连接方式,可分为自动车钩和非自动车钩。自动车钩不需要人工参与就能实现连接,非自动车钩则要由人工完成车辆之间的连接。我国铁路车辆均采用自动车钩。

自动车钩又可分为两种基本类型:非刚性车钩和刚性车钩。非刚性车钩允许两个相连接的车钩在垂直方向上有相对位移(见图 6-6(a)),当两个车钩的纵轴线存在高度差时,连接着的两钩呈阶梯形状,并且各自保持水平位置。刚性车钩不允许两相连接车钩在垂直方向彼此存在位移,但是在水平方向可产生少许转角(见图 6-6(b)),如果在车辆连接之前两车钩的纵向轴线高度存在偏差,那么在连挂后,两车钩的轴线处在同一直线上并呈倾斜状态。两车钩的尾端采用销接,从而保证了两连挂车辆之间的位移和偏角。

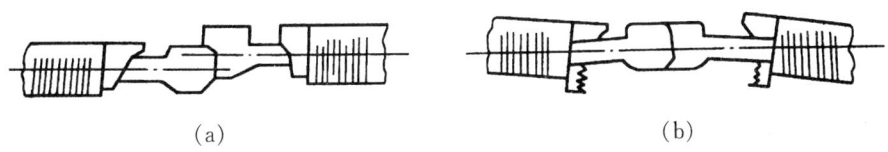

图 6-6 非刚性车钩与刚性车钩
(a) 非刚性车钩;(b) 刚性车钩

刚性车钩减小了两个连接车钩之间的间隙,从而大大降低了列车运行中的纵向冲动,提高了列车运行的平稳性,同时也降低了车钩零件的磨耗和噪声。另外,刚性车钩有可能同时实现车辆间的气路和电路的自动连接。非刚性车钩结构较简单,强度高,重量轻,与车体的连接较为简单。

我国铁路一般客、货车均采用非刚性的自动车钩,对于高速列车和城市的地铁和轻轨车辆则应采用刚性的自动车钩,即密接式车钩。动车组除在两头车外侧装设有自动车钩外,其余车厢连接处均使用 2 个半永久车钩连接,其中 1 个半永久车钩带有缓冲装置。

我国铁路客、货车上所使用的车钩一般有以下三种,分别是:

自动车钩:即在拉动钩提杆或两车互相碰撞时就能自动完成解开或连挂的动作。这种车钩的特征为钩头上有可绕钩舌销转动的钩舌,所以也称为关节式车钩。每节车头(EC01/EC08)的前舱均有一个左右前车罩和一个左右自动车钩。

半永久车钩:每辆头车的前端和每辆中间车辆的车端配有半永久性车钩,其作用为吸收超出规定的分离力(如出现严重冲击和碰撞)时耗散能量,以保安全。

过渡车钩:每个动车组在头等车(FC05)的地板下方位置存放一个备用紧急救援车钩,

用以其他机车牵引/拖拽车组。

我国货车上采用的车钩类型有 2 号、13 号车钩,客车上采用 1 号、15 号车钩。随着列车运行速度的提高和牵引吨位的增加,对车钩的强度提出了更高的要求,1 号和 2 号车钩已不能适应运输的要求,正在逐渐淘汰。现在新造货车全部采用 13 号车钩,新造客车采用 15 号车钩。为了满足大秦线运煤万吨单元列车的特殊要求,我国还研制了 16 号、17 号联锁式固定和转动车钩,装于 C63 运煤敞车上。

几种主型车钩的结构特点、性能参数及主要几何尺寸列于表 6-1。

表 6-1 主型(标准型)车钩的参数性能

车钩名称		1 号钩	2 号钩	13 号钩	15 号钩	16 号钩	17 号钩
尺寸 (mm)	钩舌高	280	280	300	280	280	280
	钩颈(宽×高)	130×130	178×127	203×166	176×130	179	163.5×163.5
	钩尾至钩舌连接线距	1 778	788	845	1 000	732.5	735
	钩尾至钩头台肩距离	1 518	540	540	663	571	572
	钩身壁厚	17.5	20	垂直面 22 水平面 19—22	25	17.5	17.5
	钩耳孔形状	圆孔 $42^{+0.6}_{0}$	圆孔 $42^{+0.62}_{0}$	长圆孔 42—44	圆孔 $42^{+0.62}_{0}$	长圆孔 44—45.5	同左
	钩舌销直径	41	$42^{-0.2}_{-0.6}$	41	$42^{-0.17}_{-0.5}$	41	41
	钩尾(宽×高)	圆弧面 130×232	平面 127×232	平面 135×166	圆弧面 130×130	球形 212×155.5	圆弧面 191×171.5
	尾销孔	52	长圆孔 93×34	长圆孔 110×44	长圆孔 130×50	长圆孔 110×100	长圆孔 110×100
	钩尾销	50	长圆孔 90×32	长圆 100×40	长圆 92×32	97	98
材料		ZG230-450	ZG230-450	ZG230-450 V ZG25MnCrNiMo	ZG230-450 V ZG25MnCrNiMo	OG-E1 (ZG25MnCrNiMo)	同左
抗拉强度(kN)		1 600—1 700	1 600—1 800	2 400—2 600 V 3 000 以上	1 600—1 700 V 2 300—2 400	3 432	3 432
质量(kg)		238.5	164	203	166.4	232.5	240.6
开启方式		下作用	上、下作用	上、下作用	下作用	下作用	下作用
使用车辆		21 型客车,旧型客车	部分货车,正在淘汰	新造货车	新造客车	C_{63}	C_{63}

车钩及其零件大都由铸钢制成。车钩可分为钩头、钩身、钩尾三个部分。钩头与钩舌通过钩舌销相连接,钩舌可绕钩舌销转动,钩头内部装有钩锁铁、钩舌推铁、钩提销(下作用式车钩为钩推销)等零件。当这些零件处于不同位置时,可使车钩具有待挂、连挂、解构三种位置,俗称三态作用。钩身部分为空腹的厚壁断面,钩尾部分开有钩尾销孔,可借助于钩尾销与钩尾框相连接。

待挂位置:在这个位置,连挂杆末端靠近凸锥边缘,定位杆被顶筒组成锁住。拉簧处于拉伸状态,拉住钩舌。

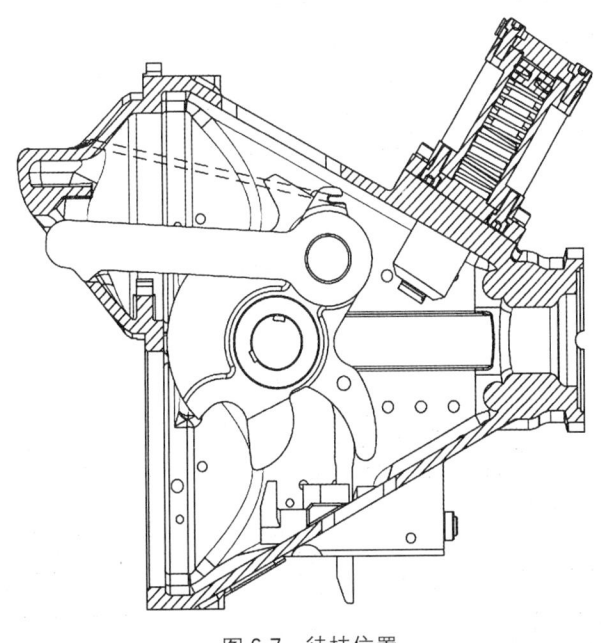

图6-7 待挂位置

连挂位置:在连挂过程中,车钩的凸锥导入对方车钩的凹锥,触发器将定位杆推出顶筒组成,在拉簧作用下,连挂杆与钩舌的凹口联锁。连挂后,两边连挂机构联锁,形成一个平行四边形,保持作用力平衡。可避免意外解锁。连挂机构仅承受拉力,该拉力在两个钩舌上平均分布。

解钩位置:解钩装置使连挂杆与钩舌分离。定位杆与触发器啮合,并使连挂机构固定,达到解钩位置。车辆移动分离时,定位杆和触发器向前移动,定位杆与顶筒组成啮合,连挂杆重新回到凸锥边缘,连挂机构即再次回到待挂位置。

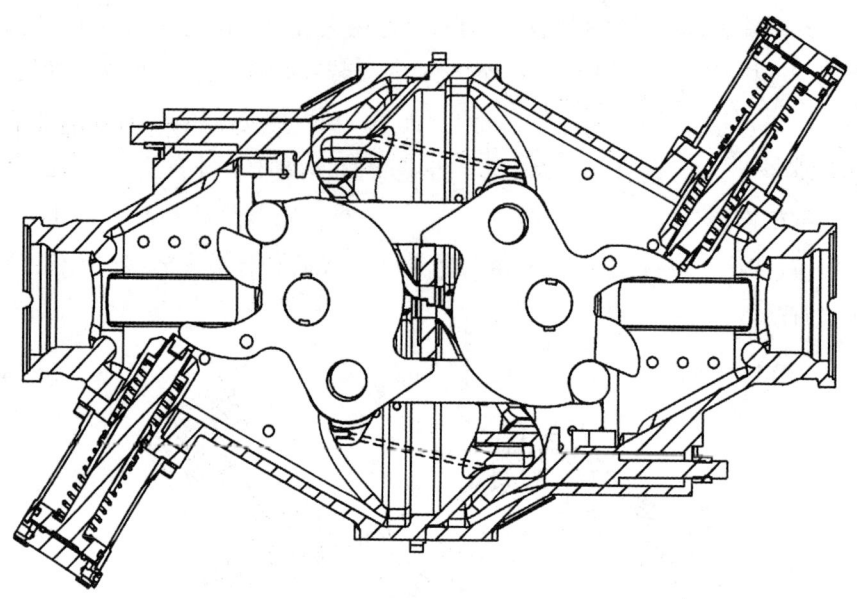

图 6-8 连挂位置

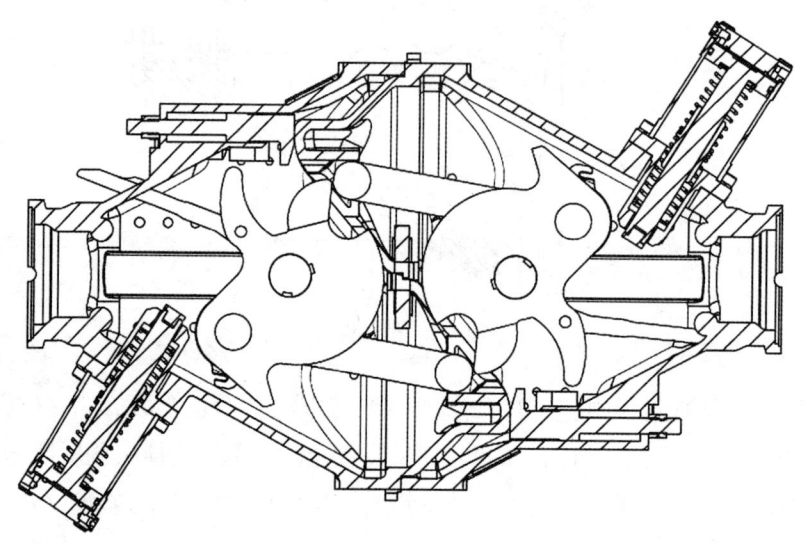

图 6-9 解钩位置

6.1.5 缓冲器的类型及性能

缓冲器的作用是用来缓和列车在运行中由于机车牵引力的变化或在启动、制动及调车作业时车辆相互碰撞而引起的纵向冲击和振动。缓冲器有耗散车辆之间冲击和振动的功能,从而减轻对车体结构和装载货物的破坏作用,提高列车运行的平稳性。

缓冲器的工作原理是借助于压缩弹性元件来缓和冲击作用力,同时在弹性元件变形过程中利用摩擦和阻尼吸收冲击能量。

根据缓冲器的结构特征和工作原理,一般可将缓冲器分为以下几种类型:弹簧式缓冲器,摩擦式缓冲器,橡胶缓冲器,摩擦橡胶式缓冲器,粘弹性橡胶泥缓冲器,液压缓冲器及空气缓冲器等。目前应用最广泛的为摩擦式缓冲器和摩擦橡胶式缓冲器。这两种缓冲器具有结构简单、制造方便、成本低的优点。

缓冲装置在受拉时,环簧受到挤压,发生径向变形,同时在车钩轴向产生行程,在此过程中内外环簧之间发生摩擦吸收冲击能量,此时缓冲装置的最大行程为 30 mm。缓冲装置在受压时,气液缓冲器吸收冲击能量,车钩轴向产生行程,缓冲装置最大工作行程为 100 mm。

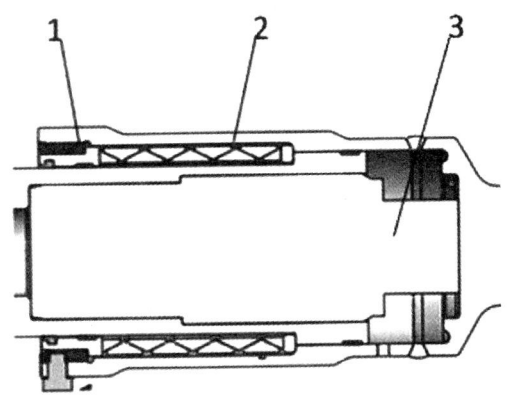

1—缓冲器壳体;2—环簧;3—气液缓冲器
图 6-10 缓冲器结构示意图

缓冲器的性能直接影响着列车的牵引总重、运行速度、车辆的总重、编组作业效率、货物的完好率等涉及铁路运输效能的主要技术经济指标。决定缓冲器特性的主要参数是:缓冲器的行程、最大作用力、容量及能量吸收率等。

1. 行程:缓冲器受力后产生的最大变形量称为行程。此时弹性元件处于全压缩状态,如再加大外力,变形量也不再增加。

2. 最大作用力:缓冲器产生最大变形量时所对应的作用外力。

3. 容量:缓冲器在全压缩过程中,作用力在其行程上所作的功的总和称为容量。它是衡量缓冲器能量大小的主要指标,如果容量太小,则当冲击力较大时就会使缓冲器全压缩而导致车辆刚性冲击。

4. 初压力:缓冲器的静预压力。初压力大小将影响列车起动加速度。

5. 能量吸收率:缓冲器在全压缩过程中,有一部分能量被阻尼所消耗,其所消耗部分的能量与缓冲器容量之比称为能量吸收率。吸收率愈大,则表明缓冲器吸收冲击能量的能力愈大,反冲作用就愈小,否则,缓冲器必须往复工作几次方能将冲击能量消耗尽,这将导致车钩、车底架过早疲劳损伤,并且加剧列车纵向冲动。一般要求能量吸收率不低于70%。

表6-2为我国采用的几种主型缓冲器和改进型缓冲器的性能参数。

表6-2 我国几种主型缓冲器的性能参数

缓冲器型号	1号	2号	3号	MX-1型	G1型	G2型	MX-2型	MT-2型	MT-3型
类型	摩擦式	摩擦式	摩擦式	摩擦橡胶式	摩擦式	摩擦式	摩擦橡胶式	摩擦式	摩擦式
外形尺寸(mm)	514×317×228	514×317×228	568×317×225	568×318×226	514×317×228	514×317×228	563×318×228	555×320×227	555×320×227
最大作用力(kN)	580	1 200	900	1 700	800	1 630	1 800	2 000—2 300	2 000
行程(mm)	61—68	64—68	58—60	65	73	73	76	83	83
容量(kJ)	14	23—24	18—20	40—43	18	42	45	54—65	45
吸引能量(kJ)	10	13—14	14—17	35—40	13.5	37—41	38	46—55	37
能量吸收率(%)	72	57	78—85	90	75	75	85	≥80	≥80
质量(kg)	106	116	184	133	106	116	160	175	175

表6-3 我国一般车钩缓冲装置性能参数

压缩屈服强度	1 500 kN	压缩方向(气液缓冲器)	
拉伸屈服强度	1 000 kN	最大阻抗力	约1 000 kN
前端车钩长度	1 500 mm	最大行程	约100 mm
车钩回转中心到安装座底面距离	140 mm	能量吸收率	≥65%
车钩距轨面高度	1 000 mm	压溃管触发力	1 500 kN
车钩摆角		压溃管行程	600 mm
水平方向	≥±25°	前端车钩重量	约670 kg
垂直方向	≥±6°	电钩芯数	196
缓冲器性能指标		电钩IP等级	单体55 连挂56
拉伸方向(环簧)			
最大阻抗力	约600 kN		
最大行程	约30 mm		

缓冲器的行程受到钩肩间隙(从车钩钩肩到冲击座的距离)的限制。缓冲器装车的一个重要原则是:车辆的钩肩间隙必须大于缓冲器的行程。这样,才能保证车辆的纵向冲击力从车钩经由缓冲器传到底架牵引梁,从而避免冲击力直接从车钩到冲击座传到底架端梁。我国新造车车钩钩肩间隙规定为 76 mm。如果装用 MT-2 型或 MT-3 型缓冲器,则钩肩间隙应扩大至 91 mm。

缓冲器的最大作用力,也称最大阻抗力,其值应与货车结构所能承受最大允许纵向力相适应。我国《车辆强度设计规范》规定货车结构允许的最大纵向力为 2.25 MN,缓冲器的最大作用力应不大于该值,这样缓冲器才能起到保护车辆和所载货物的作用。

缓冲器的容量取决于列车的运行工况和调车工况。列车运行工况对缓冲器容量的要求,与列车的总重、列车编组方式、制动机的性能、车钩的纵向间隙以及列车的操纵方法等诸多因素有关,可以根据列车动力学试验或仿真模拟计算予以确定。对于货车缓冲器容量很大程度上决定于调车冲击工况,根据货车允许连挂速度和车辆总重,可按动量守恒和能量守恒定律计算出各种载重货车在不同组合和不同冲击速度下所需缓冲器容量值。

设有总重分别为 W_1 和 W_2 的车辆,各以 v_1 和 v_2 的速度运动(设 $v_1 > v_2$),冲击后两车以共同的速度 v_0 一起运动,据动量守恒定律:

$$\frac{W_1}{g} \cdot v_1 + \frac{W_2}{g} \cdot v_2 = \frac{W_1 + W_2}{g} \cdot v_0 \tag{6-1}$$

则

$$v_0 = \frac{W_1 v_1 + W_2 v_2}{W_1 + W_2} \tag{6-2}$$

据能量守恒定律,在两车组成的系统中,冲击前后动能的损失应等于冲击力压缩缓冲器所作的功 A_1、冲击力压缩车体所作的功 A_2、以及冲击力使货物移动所作的功 A_3 的总和,即:

$$\frac{W_1}{2g} \cdot v_1^2 + \frac{W_2}{2g} \cdot v_2^2 - \frac{W_1 + W_2}{2g} \cdot v_0^2 = A_1 + A_2 + A_3 \tag{6-3}$$

由于车体的变形相对于缓冲器的变形量要小得多,可略去不计。货物相对车体移动所作的功也可略去,再将式(6-2)代入式(6-3),简化后得:

$$A_1 = \frac{1}{2g} \frac{W_1 W_2}{W_1 + W_2} (v_1 - v_2)^2 \tag{6-4}$$

如果两个相互冲击的车辆装设同型缓冲器,其容量为 E,则 $A_1 = 2E$,再令冲击速度 $v = v_1 - v_2$,代入上式,可得每个缓冲器容量 E 的计算公式为:

$$E = \frac{1}{4g}\frac{W_1 W_2}{W_1 + W_2}v^2 \tag{6-5}$$

由此可见,缓冲器的容量决定于冲击车和被冲击车的重量和冲击时两车的相对运动速度。车辆重量愈大,冲击速度愈高,则要求缓冲器的容量也愈大。所以,在选择缓冲器的容量时,应考虑我国现时车辆的总重和规定的货车调车允许安全连挂速度。

我国货车总数中,载重 50 t 总重 70 t 的货车仍占有一定的比例,20 世纪 70 年代后期生产的大都为载重 60—65 t 总重为 84 t 的 4D 轴货车,从 2006 年开始,我国大批量生产轴重为 23 t 的 70 t 级货车,更大轴重(35 t, 50 t)的列车也有运用,主要用于某些特种货物(如矿石等)的运输,在运煤专用线上主要是总重为 100 t 的 4E 轴货车。

在计算缓冲器容量时,车辆的总重可取为 70 t、84 t 及 100 t 三种,分别考虑其六种不同组合的工况(见表 6-4)。我国编组站货车允许的安全连挂速度现规定为 5 km/h。为了提高编组站的作业效率,将来有必要将货车允许的安全连挂速度提高到 7 km/h,甚至更高。

表 6-4 为两辆不同重量车辆在六种不同组合工况下相互冲击时,按式(6-5)计算出冲击速度为 5、6、7、8 km/h 时所需的缓冲器容量值。从表中所列的计算值可见,冲击速度为 5 km/h 时,要求缓冲器容量 18—24 kJ,我国现用的主型缓冲器 3 号为 18—20 kJ,2 号为 23—24 kJ,所以目前我国货车允许的安全连挂速度只能限制在 5 km/h 左右。如果将允许的安全连挂速度提高到 7 km/h,缓冲器的容量至少应达到 35—48 kJ。如果将允许的安全连挂速度提高到 10 km/h,缓冲器的容量至少应达到 72—100 kJ,这需要大容量的缓冲器才能实现。

表 6-4 不同冲击工况下缓冲器容量计算值

工况	W_1(kN)	W_2(kN)	$\frac{W_1 W_2}{W_1 + W_2}$(kN)	E(kJ)			
				5 km/h	6 km/h	7 km/h	8 km/h
1	840	840	420	20.66	29.76	40.44	52.83
2	840	700	382	18.79	27.06	36.77	48.03
3	1 000	840	457	22.50	32.38	44.07	57.57
4	700	1 000	412	20.27	29.19	39.74	51.90
5	700	700	360	17.25	24.81	33.76	44.09
6	1 000	1 000	500	24.64	35.43	48.14	62.89

6.1.6 列车冲击时车钩力与缓冲器性能的关系

列车在运行中的启动、加速、减速、制动,货车在编组场上进行编组作业,以及在意外事故中车辆或列车间的正面冲突等,都会对车辆产生纵向冲击作用。除了事故冲突外,在正常的情况下,以列车运行时的突然起动,列车低速运行时的紧急制动和车辆编组作业时产生的冲击最为严重。当冲击的剧烈程度超过了车辆结构及装载货物所能承受的能力时,就要造成车辆和货物的损坏。例如,车钩断裂,缓冲器裂损,前后从板座铆钉切断,牵引梁的下垂、涨鼓、心盘的裂纹等等,都是典型的由于纵向冲击所造成的破坏现象。因此,研究车辆冲击时车钩力与缓冲器性能的关系,缓冲器对降低车钩力的作用,以及如何降低车钩力的有害影响等等,不论对车辆还是对所运货物的安全,都具有重大的现实意义。

列车运行中车辆间冲击力的大小除了与缓冲器的性能及车体纵向刚度等因素有关外,还与组成列车的总重和车辆的数目、机车的功率、制动机的性能、线路状况,以及司机的操纵技术等多种因素有关,情况较为复杂。但是,车辆间的最大冲击力一般发生在调车溜放冲击工况,所以我们这里仅研究调车溜放时冲击力与缓冲器性能的关系。

对货车缓冲器性能的要求在很大程度上取决于调车作业时货车的连挂速度。我国《铁路技术管理规程》规定,编组站货车允许连挂速度不得大于 5 km/h。如果缓冲器的容量太小,在低于允许连挂速度时缓冲器就已被压死,从而产生刚性冲击,冲击力和冲击加速度必急剧上升,必将导致车辆过早疲劳破坏或装载货物的破损。

以图 6-11 所示的任意相邻两节车辆作为分析的基础。

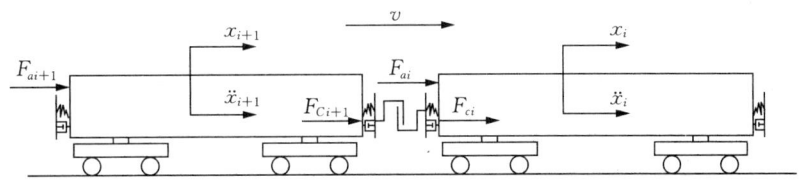

图 6-11 相邻两车辆的动力学模型

设第 i 和第 $i+1$ 节车分别为 m_i 和 m_{i+1},则有

$$\begin{gathered} m_i \cdot \ddot{x}_i = F_{ai} + F_{ci} \\ m_{i+1} \cdot \ddot{x}_{i+1} = F_{ai+1} + F_{ci+1} \\ F_{ci} = -F_{ci+1} \end{gathered} \quad (6\text{-}6)$$

式中,F_{ci} 和 F_{ci+1} 分别为第 i 和 $i+1$ 节车的车钩力;F_{ai} 和 F_{ai+1} 分别为第 i 和第 $i+1$

节车所受的其他外力(包括牵引力、制动力及运行阻力等)。

假定相邻两节车的相对位移为 Δx,则有

$$\Delta x = x_{i+1} - x_i \tag{6-7}$$

由式(6-6)可得

$$\Delta \ddot{x} = \ddot{x}_{i+1} - \ddot{x}_i = \left(\frac{F_{ai+1}}{m_{i+1}} - \frac{F_{ai}}{m_i}\right) - \left(\frac{1}{m_{i+1}} + \frac{1}{m_i}\right)F_{ci} \tag{6-8}$$

引入等效质量 M_e 和等效外力 F_{ae}:

$$M_e = \frac{m_i \cdot m_{i+1}}{m_i + m_{i+1}} \tag{6-9}$$

$$F_{ae} = M_e \cdot \left(\frac{F_{ai+1}}{m_{i+1}} - \frac{F_{ai}}{m_i}\right) \tag{6-10}$$

将 M_e 和 F_{ae} 代入式(6-8)并整理得

$$M_e \cdot \Delta \ddot{x} = F_{ae} - F_{ci} \tag{6-11}$$

将上式两边对 Δx 进行积分,得

$$M_e \cdot \int \Delta \ddot{x} \cdot d\Delta x = \int F_{ae} \cdot d\Delta x - \int F_{ci} \cdot d\Delta x \tag{6-12}$$

假设冲击前后车辆的相对速度分别为 v_0 和 v_1,冲击前后车辆的相对位移分别为 Δx_0 和 Δx_1,则冲击前后缓冲器势能的变化为

$$\Delta A = \int_{\Delta x_0}^{\Delta x_1} F_{ci} \cdot d\Delta x = \frac{M_e}{2} \cdot (v_0^2 - v_1^2) + \int_{\Delta x_0}^{\Delta x_1} F_{ae} \cdot d\Delta x \tag{6-13}$$

方程(6-13)为冲击过程中的能量平衡方程,即缓冲器工作的能量方程。由此方程可知,车辆冲击时,缓冲器势能的变化等于外力对冲击质量作的功及冲击质量相对动能变化的和。

在调车作业中,两车辆间作用的外力很小,几乎为零,外力在冲击质量相对位移变化中作的功可以忽略,于是对方程(6-13)进行简化,有

$$\Delta A = \int_{\Delta x_0}^{\Delta x_1} F_{ci} \cdot d\Delta x \approx \frac{M_e}{2} \cdot (v_0^2 - v_1^2) \tag{6-14}$$

即缓冲器势能的变化约等于冲击质量相对动能的变化,此时车辆间一对一的冲击接近

于纯粹的速度冲击,如图 6-12(a)所示。

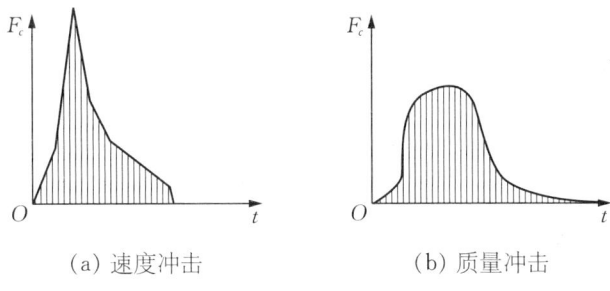

(a) 速度冲击　　　　(b) 质量冲击

图 6-12　冲击过程中缓冲器势能的变化

而在列车紧急制动时,由于制动波速高,车辆间的相对速度差很小,冲击过程中因速度差变化导致的能量变化可以忽略,同样有

$$\Delta A = \int_{\Delta x_0}^{\Delta x_1} F_{ci} \cdot d\Delta x \approx \int_{\Delta x_0}^{\Delta x_1} F_{ae} \cdot d\Delta x \tag{6-15}$$

也即缓冲器势能的变化约为冲击过程中外力在冲击质量相对位移变化中作的功,此时车辆间一对一的冲击接近于纯粹的质量冲击,如图 6-12(b)所示。由图 6-12 可见,在调车工况下,缓冲器的冲击时间短,但冲击力比较大,即所谓的"尖峰冲击";而在列车工况下,车辆见冲击的时间较长,但冲击力没有调车工况下的大,且冲击比较"平坦"。

一般来说,在货车进行编组作业时,车辆相互冲击有以下四种工况:一辆车冲一辆车,一辆车冲一组车,一组车冲一辆车,一组车冲一组车。无论是何种工况,冲击过程中缓冲器工作的能量平衡方程是一致的,所反映的缓冲器的冲击特性也是相似的。图 6-13 为一辆车冲一辆车试验记录的车钩力(即冲击力)和缓冲器位移的波形图。

当冲击发生时,首先两车的车钩相互接触,缓冲器被压缩,致使两车产生相对位移(相互接近)。相对速度由冲击时的最大值逐渐减少到零,两车达到一个共同的速度并一起运动,这时车钩力在 t_1 时间内急剧增长至 N_1,继而在 t_2 时间内衰减至零,这即为冲击的第一个循环。接着由于缓冲器的复原反弹作用,使两车重心彼此相背而远离,相对速度随之增大。但由于这时两车已连挂在一起,从而产生拉伸冲击(使相互连结着的车钩承受拉伸冲击的作用),拉伸车钩力为 N_2,同样经历了车钩力的增长和衰减,这为冲击的第二个循环。在此之后如果两车仍存在相对速度,又可能发生再一次的压缩冲击,产生压缩车钩力 N_3。如此继续交替发生压缩冲击和拉伸冲击,直至车钩力完全衰减消失,两车相对运动停止为止。不论车钩承受压缩冲击或拉伸冲击,对缓冲器而言均受压缩作用。从图 6-13 可见,对

应于压缩车钩力 N_1 缓冲器的位移为 S_1，继之产生拉伸车钩力 N_2 对应的缓冲器位移为 S_2，当再产生压缩车钩力 N_3 时，缓冲器的位移为 S_3，等等。

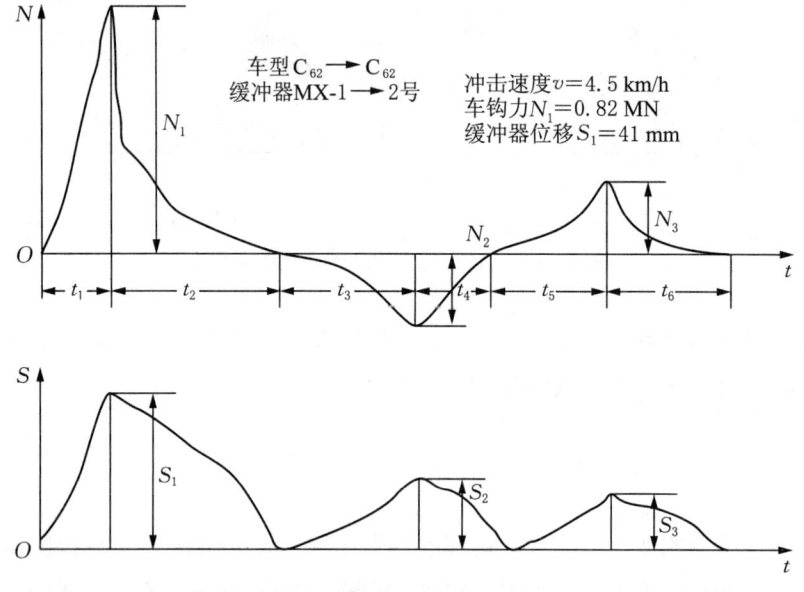

图 6-13 装有缓冲器的车辆，一辆对一辆冲击时的车钩力和缓冲器位移

从图 6-14 可清楚地看到，冲击的过程就是冲击力的发生、增长和衰减的过程，在冲击的第一个循环里，车钩力增长至最大值再衰减至零所经历的周期 $T = t_1 + t_2$。冲击的第二个循环为拉伸冲击，周期为 $T = t_3 + t_4$。第三个循环又为压缩冲击，周期为 $T = t_5 + t_6$。

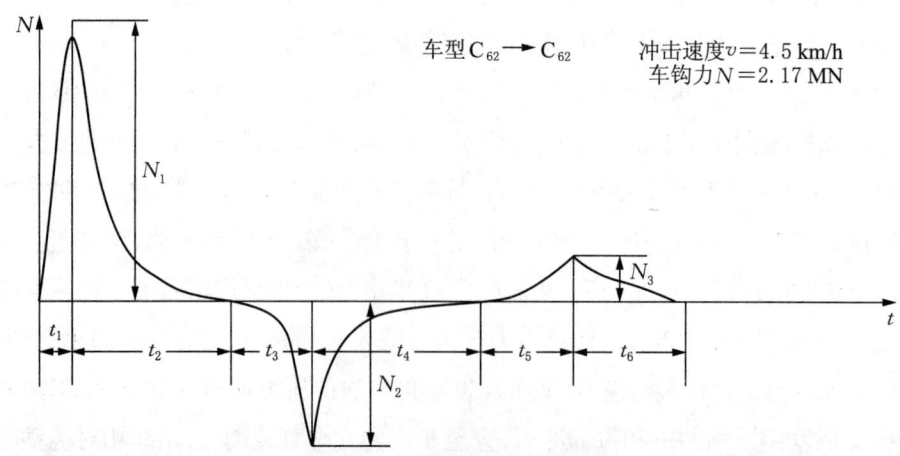

图 6-14 不装缓冲器(以铸钢箱代替缓冲器)冲击时车钩力波形图

为了比较在车辆上装有缓冲器和不装缓冲器对降低冲击力的不同效果,试验时在冲击车和被冲击车上用矩形铸钢箱代替缓冲器,在相同的冲击速度下测定其车钩力,从图6-14可见其车钩力增长时间 t_1 比有缓冲器冲击时短得多,车钩力的数值也大得多。由此可见,装设缓冲器后延长了冲击力的增长时间,减缓了冲击力的增长速度,降低了冲击力的数值,从而达到了缓和冲击和降低车钩力的效果。

缓冲器的性能不同对降低车钩力的效果也不相同,对于我国目前货车上所使用的几种主型缓冲器——2号、3号、MT-3和MX-1型缓冲器,在一辆对一辆车冲击时,两车均装设同型缓冲器,测得在不同的冲击速度下的车钩力,如图6-15(a)所示。图中还画出了不装缓冲器(即以铸钢箱代替缓冲器)车辆冲击时的车钩力。可以看出:与不装缓冲器相比,装设缓冲器后,同一冲击速度下,车钩力将大幅度地下降。不同型号缓冲器对降低冲击时车钩力的效果也不相同,冲击速度在6 km/h以下时,以2号缓冲器的效果最佳,MT-3和MX-1型缓冲器次之,3号缓冲器最差。对于2号和3号缓冲器,在冲击速度与车钩力的关系曲线上有明显的转折点,超过这一点车钩力增长速率急剧上升,转折点意味着这时缓冲器已达全压缩行程,缓冲器已不起缓和冲击的作用,车辆彼此呈刚性冲击。

三种缓冲器在不同组合时,对冲击时车钩力的影响也不相同。试验表明:当冲击速度低于6 km/h时,3号与2号组合时车钩力最低,MX-1型与2号车钩力稍高,MX-1型与3号组合时车钩力最高。可见,在非同型缓冲器组合时,凡与MX-1型组合者其车钩力均偏高(详见图6-15(b))。MT-3型与MX-1型组合时随着冲击速度提高车钩力增长较为平缓,所以MT-3型缓冲器较适宜于冲击速度较高的情况。

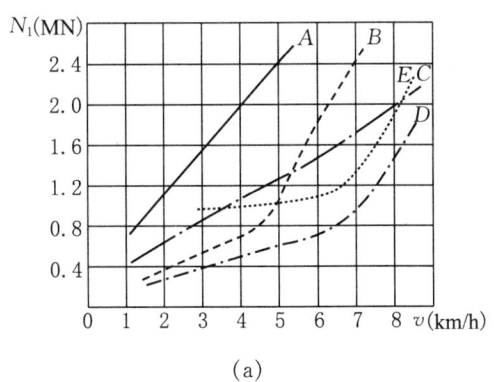 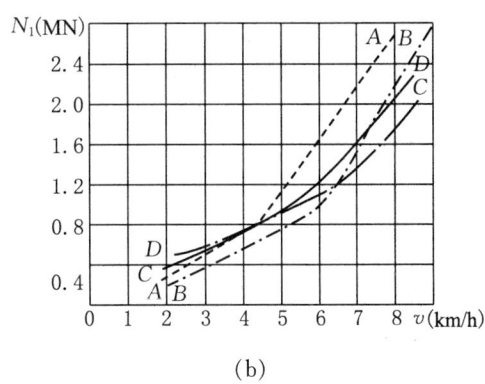

(a) (b)

图6-15 装设同型和不同型缓冲器车辆冲击时的车钩力
(a) 同型缓冲器的冲击:A—钢箱→钢箱;B—3号→3号;C—MX-1→MX-1;D—2号→2号;E—MT-3→MT-3
(b) 不同型缓冲器的冲击:A—MX-1→3号;B—3号→2号;C—MX-1→2号;D—MT-3→MX-1

所以不论同型还是非同型缓冲器组合条件下,对降低车钩力的效果以2号、特别是2号与2号组合时为最佳。3号缓冲器在冲击速度小于4.5 km/h时尚可,大于4.5 km/h时性能急剧恶化。MX-1型缓冲器在低速冲击时性能较差,但在大于7 km/h时车钩力增长比2号和3号缓冲器缓慢,这是由于MX-1型缓冲器容量较大之故。MT-3型缓冲器不论是低速或高速冲击时性能均优于MX-1型缓冲器,较适宜于较高冲击速度的情况。

当一组车冲一辆车或一组车冲一组车时,在装设同样缓冲器的情况下,车钩力比一辆冲一辆车稍有增加,试验表明一般仅增加10%—15%。这是因为一组车中各辆车之间并非刚性连结,而是通过缓冲器彼此弹性连结,另外各车钩间还具有间隙所致。

列车运行中车辆间的冲击力与缓冲器性能的关系,比调车冲击工况要复杂得多,影响因素也多得多。根据我国大秦线5k t重载列车纵向动力学试验资料,最大车钩力发生于低速(10—20 km/h)紧急制动工况,位于列车长度的2/3处,为压缩力;当低速拉车长阀制动时,最大车钩力发生于列车长度的1/3处,为拉伸力;低速缓解时,车钩力沿列车长度由压缩状态,经自由状态,再过渡到拉抻状态,在列车的1/2处出现最大拉伸力,拉断车钩往往发生于这种工况。缓冲器的作用主要是吸收车辆的冲击动能,减小剩余冲击动能,降低车辆的车钩力和加速度。合理选择缓冲器的容量和阻抗特性,达到与列车总重、车辆单重、冲击速度等最合理的匹配关系,方能最大限度地降低列车运行时的车钩力和纵向加速度。

6.2 列车风挡与渡板

6.2.1 列车风挡的类型、结构与性能

铁路客车风挡设计技术是列车编组中车端钩缓、制动、电气和风挡四大连接技术之一,也是铁路客车装备的重要部件。风挡安装于车辆的端部相邻两车厢的连接处,使两车厢形成一个完整的通道。风挡是连接铁路客车两车厢之间旅客进出的通道,具有良好的纵向伸缩性和横向、垂向的柔性,以满足车辆运行中振动要求和安全通过曲线、道岔的要求。为了防止风沙、雨水浸入车内及运行时便于旅客安全地在相互挂连的车辆间通过,在车辆两端连接处装有风挡装置。我国的客车风挡有帆布风挡、铁风挡、国际联运风挡、橡胶风挡、单层密封折棚式风挡、密接胶囊式风挡等型式。

随着我国铁路客车的高速发展,风挡设计技术也在不断进步,风挡的形式经过不断改

进,其性能有了明显提高。多年来风挡经历了如下发展过程:铁风挡(耐磨铁风挡)→橡胶风挡→密封式折棚风挡→密封式胶囊风挡→双包风挡。

帆布风挡用于 22 型客车及一些老型客车上,有帆布折棚组成。特点为结构简单,方便维修,但不太美观且易损坏。

铁风挡是我国现有客车上保有量最大的风挡,该型风挡为客车通用件,分 KT10-00-74、KT228-00-76 两种形式,前者用于部分 21 型客车上;后者主要用于我国主型客车 22、25 型车上。

国际联运铁风挡结构型式类似于上述铁风挡,但风挡面板较宽,用于我国与俄罗斯、蒙古等国家的国际联运客车,其优缺点与上述铁风挡基本相同。

应用:铁风挡广泛应用在 22 型客车和早期的 25 型客车上。

结构:主要由下部缓冲装置、风挡弹簧、风挡板弹簧座、弹簧座磨耗板、内框、风挡胶板等组成。在风挡面板表面装有耐磨耗板,采用抽芯拉铆钉紧固。铁风挡的顶部有叠板弹簧,底部有缓冲弹簧,风挡缓冲杆采用橡胶节点,减少运用的磨耗及噪音,如图 6-16 所示。借助上、下弹簧的压缩反力使相邻两车的风挡面紧密贴合,从而保证密封性,使旅客安全通过。

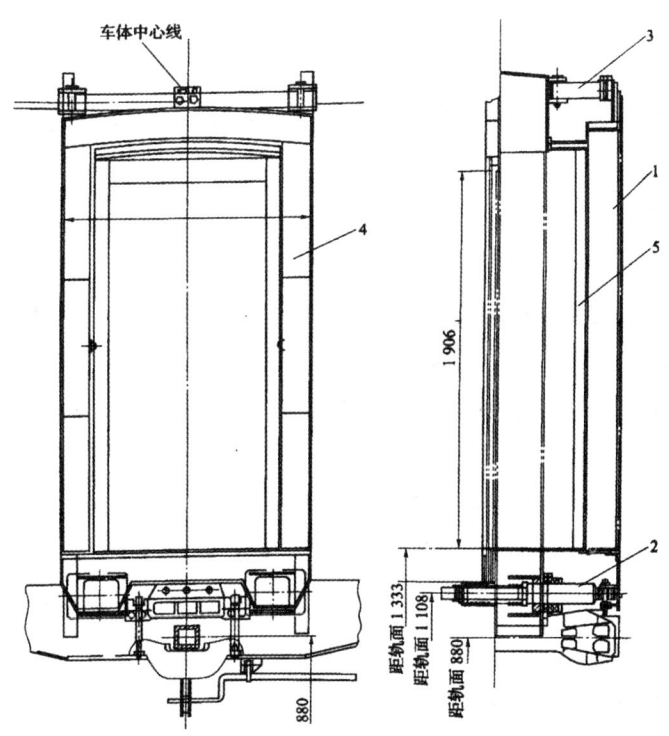

图 6-16 铁风挡组成
1—风挡框组成;2—渡板及缓冲装置;3—弓弹簧组成;4—磨耗面板;5—风挡胶皮

特点：该型风挡主要特点为结构、制造工艺简单，车辆之间连挂迅速、方便，纵向伸缩性好，易于维修，能适应车辆的通过曲线和缓冲振动，运行平稳性好。

缺点：

a) 气密性差。风挡连挂后，其接触面在运行时的错动间隙造成车内与外界相通，风、沙、雨、雪、尘埃杂物极易侵入车内，特别是随着列车速度的提高，列车会车或通过隧道时的车内外气压波动较大，降低了旅客乘车的舒适性。

b) 隔声性差。由于气密性差，风挡间隙大，车辆运行时的噪声直接传入车内。

c) 风挡装置本身产生噪声。包括风挡面板间的摩擦声、渡板间摩擦、撞击声、缓冲杆与缓冲座间的摩擦、撞击声等。

d) 铁风挡隔热性差。由于风挡主要由钢板制造，极易传递热量，铁风挡连挂处的温度几乎与外界相同。

e) 安全性差。由于风挡连挂后，带有错动间隙的摩擦面边缘均裸露在车内，容易挤手碰脚，对旅客造成人身伤害。由于铁风挡面板较窄，错动间隙较大，曾发生过两风挡面板相互切入，造成面板变形、缓冲杆弯曲的现象，危及行车安全。

f) 重量较大，美观性差。

g) 曲线通过性能差。

由于铁风挡有诸多不足，在原 22 型和早期的 25 型客车上仍保持使用，但在新造铁路客车上已不再采用。

耐磨风挡是铁风挡的改进型，在铁风挡的风挡板、缓冲板表面敷贴磨耗板；以改善风挡的耐磨性、降低噪音。

橡胶风挡应用车型广，能满足 22 型、25 型、准高速、双层客车以及机车和电动客车的需要，并已经在上述机车、客车上使用。

标准：橡胶风挡应符合《TB/T 2948-1999 铁道机客车橡胶风挡技术条件》的相关规定。

应用：橡胶风挡主要用于 25B 及 25G 型客车及 22 型翻新改造车。

结构：橡胶风挡主要由左右立橡胶囊、横橡胶囊及防晒板等组成，主要是为解决铁风挡噪声大、磨损及腐蚀严重等问题而研制的。橡胶风挡结构示意图如图 6-17 所示。

技术参数：

a) 硬度：73±3 度(邵尔 A)；

b) 拉伸强度、扯断伸长率：拉伸强度大于等于 17 MPa，扯断伸长率大于等于 380%；

c) 撕裂强度：撕裂强度大于等于 16 N/mm；

d) 脆性温度：脆性温度小于等于 -50 ℃；

e) 磨耗性能：磨耗量小于等于 0.3 cm³/1.61 km；70 ℃条件下热空气老化处理后性能变化：硬度变化值为 +10—0.73±3 度(邵尔 A)；

f) 屈挠龟裂性能：不出现屈挠龟裂次数为 50 000 次；

g) 耐臭氧老化性能：试样耐臭氧后，龟裂长度不得超过 10 mm，深度不得超过 1 mm；

h) 橡胶风挡压缩回弹性：将橡胶囊压缩 65 mm 并经过 20 ℃、-30 ℃ 和 70 ℃ 三种工况，去掉负载后橡胶囊的高度至少应达到初始高度的 85%；

i) 橡胶风挡表面不允许有裂纹、穿孔或毛刺。不得有气泡；

j) 橡胶体必须一次模压成型，不允许有黏接现象。

特点：与铁风挡相比其优点是结构简单、安全可靠性高、磨损小、接触严密，能较好防止尘土、污物、雨雪进入车内，隔声性好，减小车内噪音。橡胶风挡本身既有刚度又有阻尼，具有良好的纵向伸缩性和横向、垂向弹性，列车运行平稳性比铁风挡要好。

缺点：由于结构限制，其胶囊和渡板间、胶囊和胶囊间存在间隙，在车辆速度较高时，仍有灰尘进入车内。

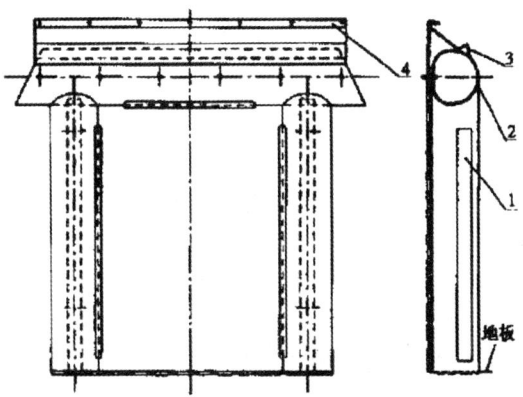

图 6-17　橡胶风挡组成
1—立胶囊；2—横胶囊；3—防晒板；4—压铁

单层密封折棚式风挡取消了原来型式的折棚柱及渡板，配有专用渡板，且把渡板包在风挡内。

标准：密封式折棚风挡须符合《TB/T 3094-2004 铁道客车折棚式风挡》的相关规定。

应用：主要用于 25K、25T 型客车上。

结构：基本结构由折棚、连接架、拉杆、四连杆式渡板、挂钩、板簧、锁盒等组成。密封式折棚风挡结构示意图见图 6-18 所示。此风挡是在德国 ICE 风挡的基础上研制的,主要是解决客车提速后灰尘从通过台缝隙进入车内的问题。

特点:该风挡与橡胶风挡相比,密封性能进一步提高,较好地解决了传统列车连接处噪音大、灰尘多、气密性差以及保温、隔热不良等问题,改善了列车的曲线通过性能。但该风挡取消了缓冲座,即取消了两车辆之间的阻尼,列车动力学性能和运行平稳性差。使用该风挡时,在风挡上部增加了车端阻尼装置。

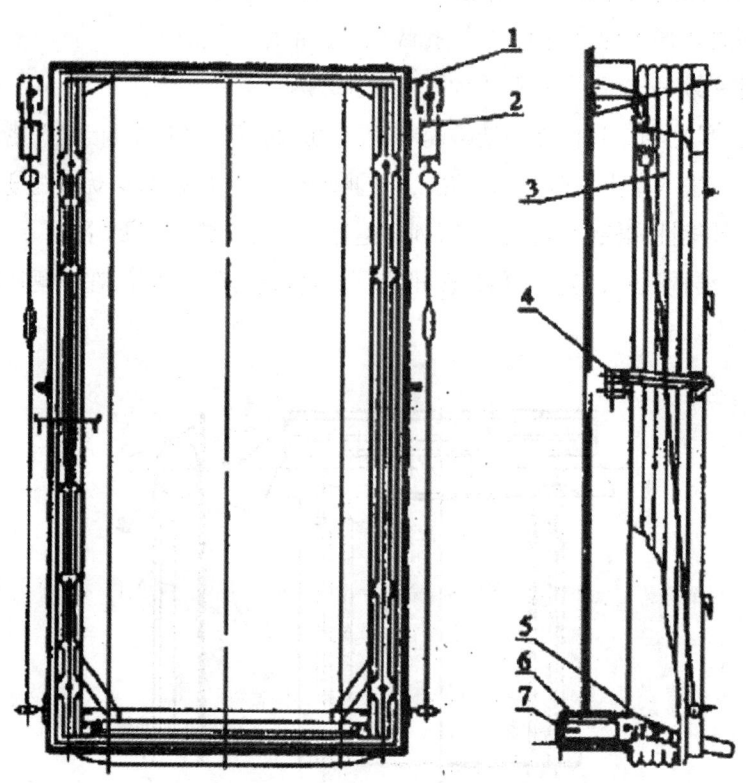

图 6-18 单层密封折棚式风挡组成
1—连接架;2—连杆;3—折棚;4—挂钩;5—渡板;6—踏板;7—板簧

技术参数:

a) 环境温度:-45 ℃ — +50 ℃;

b) 相对湿度:≤95%;

c) 连挂时钩高差:≤75 mm;

d) 通过宽度:≥970 mm,通过高度:≥2 000 mm;

e) 通过曲线能力:连挂时应能通过最小曲线半径 R145 m;

f) 气密性:风挡内空气压力从 3 600 Pa 降至 1 350 Pa 的泄漏时间不应少于 50 s;

g) 隔热性能:传热系数 $K \leqslant 5.0 \text{ W}/(\text{m}^2 \cdot \text{k})$;

h) 隔声性能:隔声量 $RW \geqslant 25 \text{ dB}$;

i) 风挡承载能力:承载 5 500 N/m², 风挡垂向位移量应不大于 10 mm。卸载后,风挡垂向位移量应不大于 5 mm。

随着我国铁路运输业的快速发展,对旅客列车的安全舒适性提出了更高的要求。对于提速客车,风挡装置不仅要美观舒适,还应具有良好的纵向伸缩性和横向、垂向柔性,以承受和适应车辆之间在运行中的错动和冲击,保证列车安全通过曲线和道岔。尤其是 200 km/h 以上的高速客车用风挡,对气密性、隔声性要求更高。密接胶囊式风挡就是为 200 km/h 以上的动车组研制的。

应用:CRH2 型动车组使用此风挡。

结构:此风挡是在日本高速风挡的基础上研制的,主要由内外连接框、中间半圆形胶囊、内装饰板、摇动式渡板等组成。

特点:

a) 提高了乘客通过的安全性。由于采用内饰板及新结构渡板,避免乘客挤伤手脚现象的发生;

b) 具有良好的气密性。风、雨、雪、沙尘不能侵入,同时防噪声效果大大提高,使乘客乘坐舒适性大大提高;

c) 过道美观。内饰板选择合适的贴面,可以实现与客室同色调;

d) 可圆滑地过渡列车走行时发生的两车之间的错动;

e) 有一定的纵向、横向阻尼。

缺点制造工艺复杂,车辆间连挂较困难,通过小半径曲线性能差。

技术参数:

a) 适用环境温度: $-40\ ℃—50\ ℃$;

b) 相对湿度:95% 以下;

c) 两连挂车辆外端墙之间的距离:800 mm;

d) 气密性:内部压力由 4 000 Pa 降至 1 000 Pa 时,时间不少于 40 s;

e) 隔声性:25 dB 以上;

f) 最大高度:2 490 mm,最大宽度:1 460 mm;

g）最小通过高度：2 010 mm，最小通过宽度：850 mm。

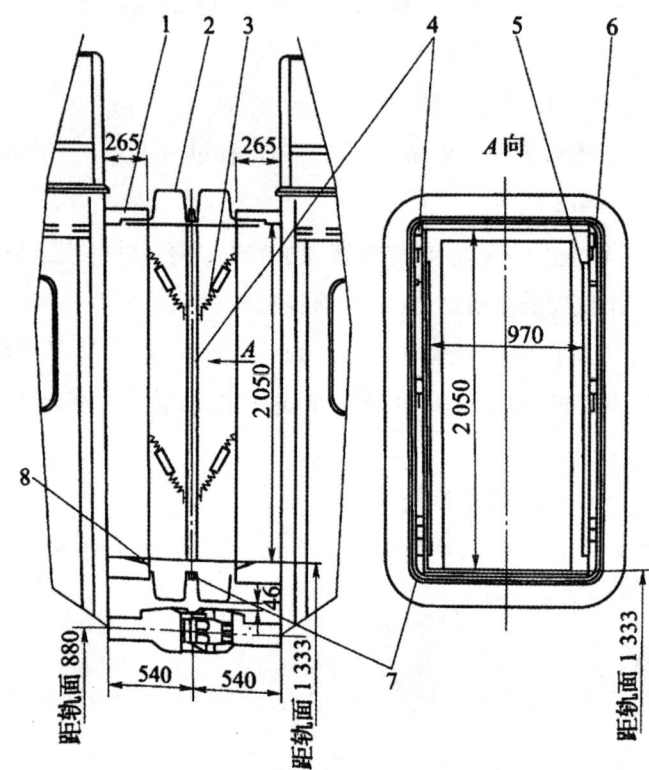

图 6-19　密接胶囊式风挡组成
1—风挡座；2—胶囊；3—风挡悬挂装置；4—对接框；
5—内饰板；6—手动夹紧装置；7—密封条；8—渡板

6.2.2　列车渡板

渡板像折棚组成一样，也可以拉伸和压缩的，是由带有两个边梁的可伸缩框架构成，伸缩框里含有踏板及滑动组件。在每个车端都有一个滑动托架，见图 6-20，型材之间可以有 XY 两个方向的相对移动，满足通过曲线时的拉伸和偏移需求。渡板的两端分别搭在两个车端上，渡板能承受 5 500 N/m² 的载荷，可以承载人站在上面的重量，即使在通过曲线过程中也不会产生影响。

渡板在任一端滑动托架出处都可以分开。滑动托架放置在磨耗板上并可以滑动。滑轮装有螺栓，避免了滑动托架脱离。在渡板的另一侧，每个卡框架上都装有橡胶挡。橡胶挡的作用是防止轮椅等东西滑到渡板外侧并卡在那里。滑到托架上的薄片弹簧具有一定的张力,使渡板回到自由位置。渡板在运行的过程中保证了旅客的通道。所有列车的相对运动都被渡板吸收,不会出现空隙和间断。

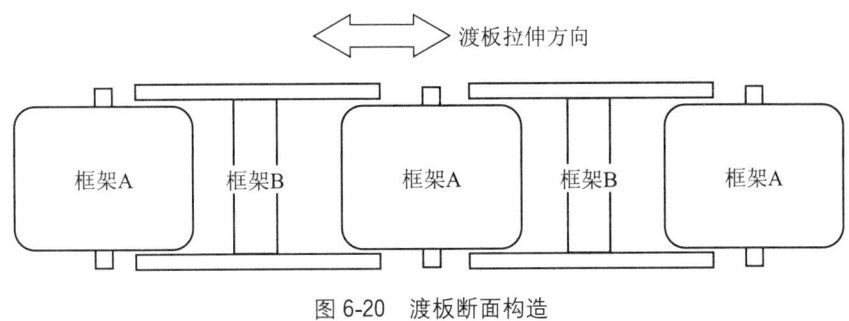

图 6-20　渡板断面构造

6.3　车端电气连接装置

由于列车是集机械、电气、计算机控制技术于一体的运输工具,同时存在如动车组基于动力分散式的布置方式,各级控制单元、执行单元之间将会有浩瀚的信息相互传输,因此在各个相对独立的车厢之间必须建立高压、中压、低压、控制信息电气线路连接通路以及等电位保护接地连接。车端电气连接装置是两车间电气连接的纽带。目前,铁路货车车端连接装置一般仅需机械连接和气路连接。

(1) 高压供电连接。

高压供电连接是连接从位于 TP 和 YPB 车的主变压器分别到各动车牵引辅助变流器的交流单相 1 770 V 电源,与中亚供电连接同在一侧。车端高压供电连接为过桥线直接用螺母紧固在高中压接线板上,如需解编,则需打开外端墙盖板上的检查门,然后松开紧固螺栓,将过桥线拆下。

(2) 中压供电连接。

中压供电连接是连接从各辅助变流器或中压箱分别到各车的中压负载的交流三相 308 V 的供电电源,与高压供电连接同在一侧。车端中压供电连接为过桥线直接用螺母紧固在高中压接线板上,如需解编,则需打开外端墙盖板上的检查门,然后松开紧固螺栓,将过桥线拆下。

(3) 低压供电连接。

低压供电连接是连接各车充电机至各车低压负载的直流 24 V 供电电源,和控制与通信连接同在一侧。车端低压供电连接为过桥线直接用螺母紧固在低压接线板上,如需解编,则需打开外端墙盖板上的检查门,然后松开紧固螺栓,将过桥线拆下。

(4) 控制与通信连接。

控制与通信连接的作用连接列车通信和控制总线、制动控制线。与低压供电连接在同一侧,位于其上方。通信连接是由 4 个圆形连接器构成,其中 1 个 WVB 连接器,2 个 MVB 连接器,1 个 CAN 总线连接器;控制连接是由 4 个相同的方形连接器构成的;制动连接是由 1 个方形连接器构成的。

相邻两车之间电路连接包括高、中、低压供电连接,等电位保护接地连接以及控制与通信连接。25 kV-AC 高压电由 Tp1 车或者 Tp2 车上的受电弓进入主变压器及变流器,经变压后输出 400 V-AC 中压电,然后经 400 V-AC 母线电缆连接输送到各个车厢车端的 400 V-AC 电气柜 K1 或 J4(见图 6-21),最后经过整流器整流变为 110 V-DC 低压电,通过 110 V-DC 低压电母线电缆连接输送到各个车厢车端的 110 V-DC 低压电气柜 K2 或者 J3。

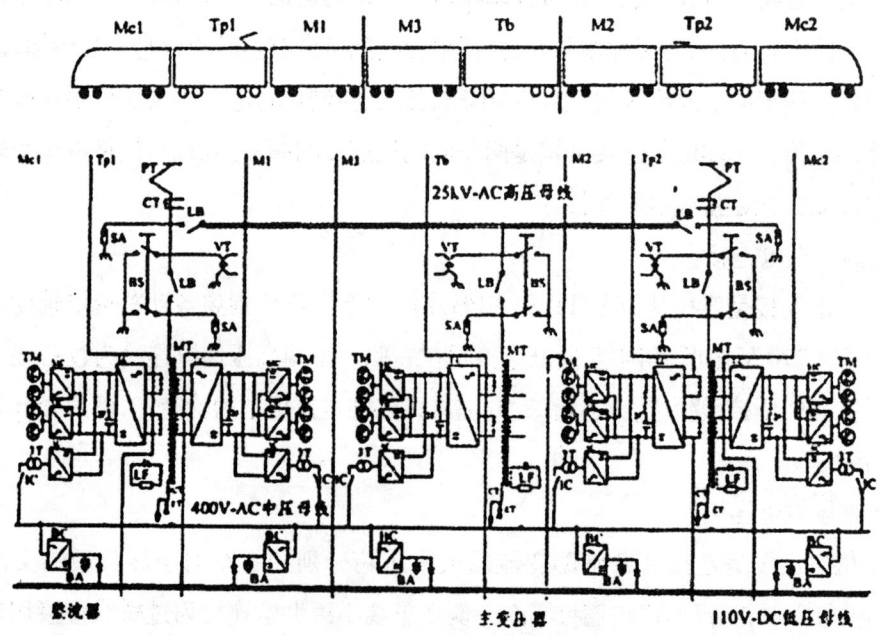

图 6-21 相邻两车之间电路

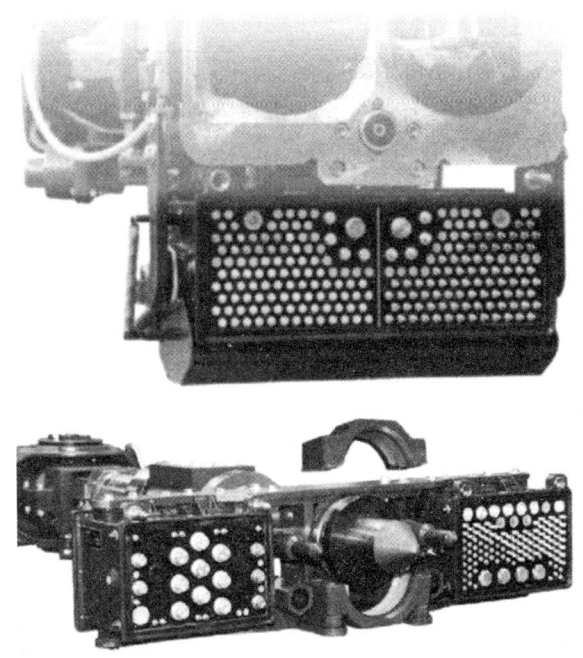

图 6-22 两动车组之间电路连接

6.4 压缩空气连接装置

压缩空气连接是动车组制动系统的动力源之一,同时也是其他一些辅助设备的动力源,它的有无将直接关系到列车运行的安全距离。压缩空气管路在机械钩头连接完成的同时也连接完毕,在控制系统的控制下,压缩空气管路阀门被打开,将两动车组的空气管路连通,完成压缩空气连接功能。

列车管:贯通全列车并把制动机用的压力空气输送到各个机车车辆的控制阀、分配阀或三通阀的管路,称为列车管。列车管通常包括制动主管、制动支管、制动软管连接器、折角塞门。车辆上的制动主管为贯穿列车的制动管。制动支管为制动主管与三通阀、分配阀或控制阀之间连接用的制动管。

制动管:制动主、支管均为内径 25 mm 的钢管。制动管各接头处采用管螺纹组装。钢管及管接件均采用不锈钢材质。露出端梁部分,各安装长 200 mm(25 G 型车)或 260 mm(25 T 型车)的端接管。制动主管在端梁内侧用螺栓紧固在车底架上,制动主管在端梁外方安装折角塞门。

制动软管连接器:其是为了连接相邻各车辆的制动主管而设的。它应能在列车通过曲线或各车辆互相伸缩时,不妨碍压力空气的畅通。目前使用的制动软管连接器为编织制动软管,它由以橡胶为基础材料制作的无缝外胶、无缝内胶及三个化纤编织增强层组成,其软管接头、软管连接器与软管采用压套紧固组合而成。

总风软管连接器:总风软管连接器的作用与制动软管连接器基本相同。相邻车辆的总风主管之间的连接之所以不采用制动软管连接器,主要是因为总风管工作压力最高可达到 900 kPa,而列车管工作压力最高为 600 kPa。

下面着重介绍动车组的压缩空气连接装置。动车组有两类压缩空气连接部分:一为自动车钩压缩空气连接,另一为半永久车钩压缩空气连接。

列车管连接:接头的接口突出车钩连接面约 8 mm,在连挂时被压到对面车钩的接口件上,保证结合面的气密性。自动车钩连挂后,与车钩中心轴同轴连接的凸轮带动管内阀门升降,开启或关闭列车管。车钩在连挂位列车管内阀门开启,列车管连通,在车钩断开的情况下列车管路保持打开状态,启动自动停车动作。非连挂位,列车管内阀门关闭,列车管阻塞。

制动管连接:通过制动管的空气管路进行连接。如图 6-23 所示,制动管的空气管路连接设置在车钩连接面上并安装在罩壳内。接头的接口突出车钩连接面约 8 mm,在连挂时

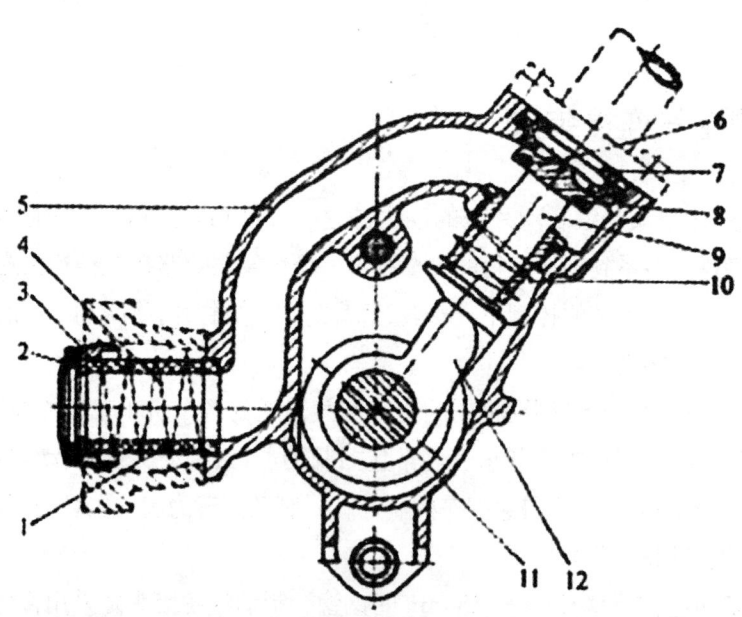

图 6-23 制动管连接
1—内衬管;2—接口密封件;3—止挡;4—止挡弹簧;5—制动空气管道;6—阀门;
7—密封件;8—阀门锁卡;9—阀门连接杆;10—压缩弹簧;11—中心轴销;12—钩锁铁

被压到对面车钩的接口件上,保证了结合面的气密性。空气管路接头配有一个由钩锁铁控制的阀门,阀门保证制动管在连接和解钩时的自动开关。在车钩断开的情况下,制动管保持打开状态,启动自动停车动作。

总风管连接:如图 6-24 所示,总风管路和解钩管路的空气管路连接设置在车钩连接面并安装在一个腔室内。接头的接口突出车钩连接面约 8 mm,在连挂时被压到对面车钩的接口件上,保证了结合面的气密性。自动车钩连挂后,总风管接口内的阀杆相互挤压,带动阀门后移,连通了空气管路。

解钩空气管路连接:是通过一个铜质管连接到解钩风缸控制出口端的空气管路上。接头的接口结构与列车管、总风管接头基本相仿。解钩管的空气管路连接只有在解钩时才导入空气。

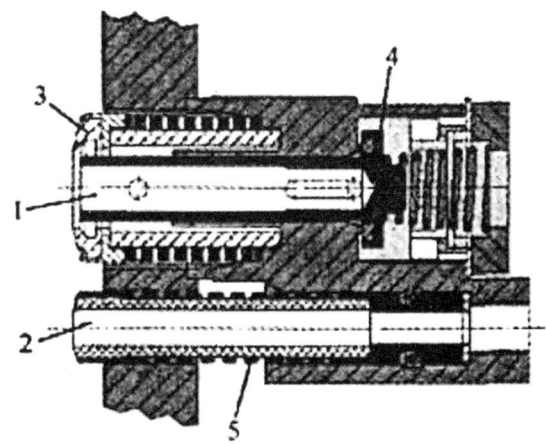

图 6-24 总风管路和解钩管路的空气管路连接
1—总风管;2—解钩管;3—接口密封件;4—阀门推杆;5—压缩弹簧

半永久车钩压缩空气连接:头内不含有压缩空气连接接口,两车辆间的压缩空气需要像普通客车一样使用软管连接。

复习思考题

1. 铁路车端连接装置由哪几部分组成?它们各起什么作用?
2. 试述我国客货车常用车钩类型及结构特征。
3. 何谓车钩的三态作用?说明三态作用原理。
4. 缓冲器的主要性能参数是什么?如何确定缓冲器的容量?
5. 车辆冲击时的车钩力与缓冲器性能有什么关系?缓冲器工作的能量方程是什么?
6. 试述我国客车常用风挡的类型以及结构特点。

Chapter 07

第7章 列车制动

人为地制止列车的运动,包括使它减速、不加速或停止运行等行为,通常称为"列车制动"。在本章中,我们将介绍制动控制系统,包括空气制动控制系统和电空制动控制系统。此外,我们对基础制动以及非黏着制动进行了详细介绍,尤其是摩擦制动材料的选择对于列车制动设计来说格外重要。

当然,列车制动设计也离不开列车制动计算。"列车制动计算"则是指列车在运行中实施制动的相关计算。它也是"列车牵引计算"的一部分,在"列车牵引计算"中称之为"列车制动问题解算"。由于列车牵引计算(包含制动计算)与铁路很多部门都有非常紧密的关系,为了让各部门在计算时有个统一的根据,铁道部曾经多次制定和颁布《列车牵引计算规程》(简称《牵规》),其中规定了计算方法和所用主要技术数据的标准。"列车制动计算"一般包括以下三大内容:制动减速力、常用制动限速和制动距离的计算,其中关键就是制动距离的计算。最后,我们以某地铁列车为例,结合相关车辆数据,给出了列车制动计算的实例。

7.1 制动控制系统

7.1.1 空气制动控制系统

1. 机车制动控制系统

机车制动控制系统主要分为电力机车制动控制系统和内燃机车制

动控制系统两种。性能良好的机车制动控制系统具有以下几个作用：

(1) 保证行车安全；

(2) 充分发挥牵引力，增大列车牵引重量，提高列车运行速度；

(3) 提高列车的区间通过能力。

HXD2 电力机车制动控制系统主要由自动停放制动、电制动、电子控制空气制动等装置组成。司机使用制动控制器实施常用制动进行停车时，机车主处理单元(MPU)能够由停车距离、列车速度等目标值的要求进行计算，若电制动力可以满足列车调速或停车需要，将通过机车牵引控制单元(TCU)命令机车优先上电制动，当机车速度降为 3 km/h 时，空气制动则会替代电制动。假如电制动力不足时，MPU 将通知制动系统命令机车直接上空气制动。

20 世纪 70 年代初，我国自行设计制造了新型空气制动机——JZ-7 型空气制动机。它适用于双端操作的电力机车和内燃机车，也可用在单端操作的其他机车上。

JZ-7 型空气制动机的主要特点：

(1) 客、货车兼用

只要转换客、货车转换阀就可以达到这种要求。客车位和货车位的差别在于客车位能阶段缓解，货车位无阶段缓解。客、货车的转换，主要根据被牵引车列制动机是否具有阶段缓解性能来确定。目前各国客车制动机多是有阶段缓解性能。而货车制动机则不一样，有的国家是阶段缓解型。我国目前客车上的 104 型分配阀及货车上的 103 型分配阀、120 型分配阀均为一次缓解型的，只有客车上装的 F8 分配阀为阶段缓解型的。

(2) 自动保压

JZ-7 型空气制动机不需像 ET-6 型和 EL-14 型空气制动机那样，减压后需将手柄移至中立位，而只需将手柄置于需要减压的位置上，待减压后即可自动保压。客车位时，自动制动阀手柄在制动区，能自动补偿列车管的泄漏，在货车位时，列车管的泄漏就得不到补偿。

(3) 自动制动阀

自动制动阀从最小减压位到最大减压位为一制动区。随着自动制动阀手柄在制动区从左向右移动，列车管的减压量逐渐增大，直到最大减压位。此外过量减压位、手柄取出位、紧急制动位均较制动区有较大的减压量。

(4) 结构的改善

在结构上取消了回转阀、滑阀等研磨件，采用了橡胶膜板柱塞阀、止阀及 O 型橡胶密封圈。延长了检修周期，使制造、运用、维修等工作较为方便。

(5) 分配阀

分配阀是采用了二压力和三压力混合式的机构，既具有阶段缓解作用，又具有一次缓解作用,适用于现代机车不同的制动缸容量的要求,制动缸压力不随制动缸容积变化,不论机车在列车中的联挂位置如何,均得到相同的制动缸压力。当制动缸压力空气泄漏时能自动补充,具有良好的制动不衰性。

JZ-7 型空气制动机的主要性能参数列于表 7-1、表 7-2 中。

表 7-1　单独制动性能表

技 术 项 目	技术要求
全制动位制动缸最高压力(kPa)	300
全制动位制动缸自 0 升到 280 kPa 的时间(s)	2—3
运转位制动缸自 300 kPa 降至 35 kPa 的时间(s)	<4

表 7-2　自动制动性能表

技 术 项 目	技术要求
分配阀工作风缸初充气自 0 上升到 480 kPa 的时间(s)	30—50
分配阀降压风缸初充气自 0 上升到 480 kPa 的时间(s)	50—70
列车管有效局减量(kPa)	25—35
单机列车管减压 20 kPa 前应产生局减作用,同时主阀动作	局减开始,制动缸压力上升
常用全制动后阶段缓解次数(级)	5(客车位)
均衡风缸自 500 kPa 常用减压至 360 kPa 的时间(s)	5—8
常用全制动制动缸最高压力(kPa)	340—360
常用全制动制动缸升压时间(s)	5—7
制动缸自最高压力缓解至 35 kPa 的时间(s)	5—8
紧急制动列车管压力排至 0 kPa 的时间(s)	<3
紧急制动后,制动缸最高压力(kPa)	420—450
紧急制动后,制动缸升至最高压力的时间(s)	4—6

JZ-7 型制动机主要由下述各部分组成:

(1) 空气压缩机(简称风泵)和总风缸

空气压缩机和总风缸是制动系统和其他风动装置的风源。

(2) 自动制动阀(简称大闸或自阀)

它有七个作用位置,由左至右的顺序为:过充位、运转位、最小有效减压位、最大有效减压位、过量减压位、手柄取出位和紧急制动位。自动制动阀主要用来操纵全列车的制动、保压和缓解。

（3）中继阀

它接受自动制动阀的控制而直接操纵列车管的压力变化，从而完成全列车的制动、保压、缓解的作用。

（4）单独制动阀（简称小闸或单阀）

它有三个作用位置，由左至右的顺序为：单独缓解位、运转位和全制动位。用它来单独操纵机车的制动、缓解和保压，与列车中车辆的制动、保压、缓解无关。

（5）分配阀

它是根据列车管的压力变化或者单独制动阀的控制而动作，控制作用阀的供风和排气，使机车得到制动、保压和缓解。

（6）作用阀

它是受分配阀或单独制动阀的控制，使机车得到制动、保压和缓解作用。

除上述外还另有过充风缸、工作风缸、降压风缸、紧急风缸、作用风缸及变向阀、滤尘止回阀、紧急制动阀、管道滤尘器和各种塞门、油水分离器、双针压力表等部件。

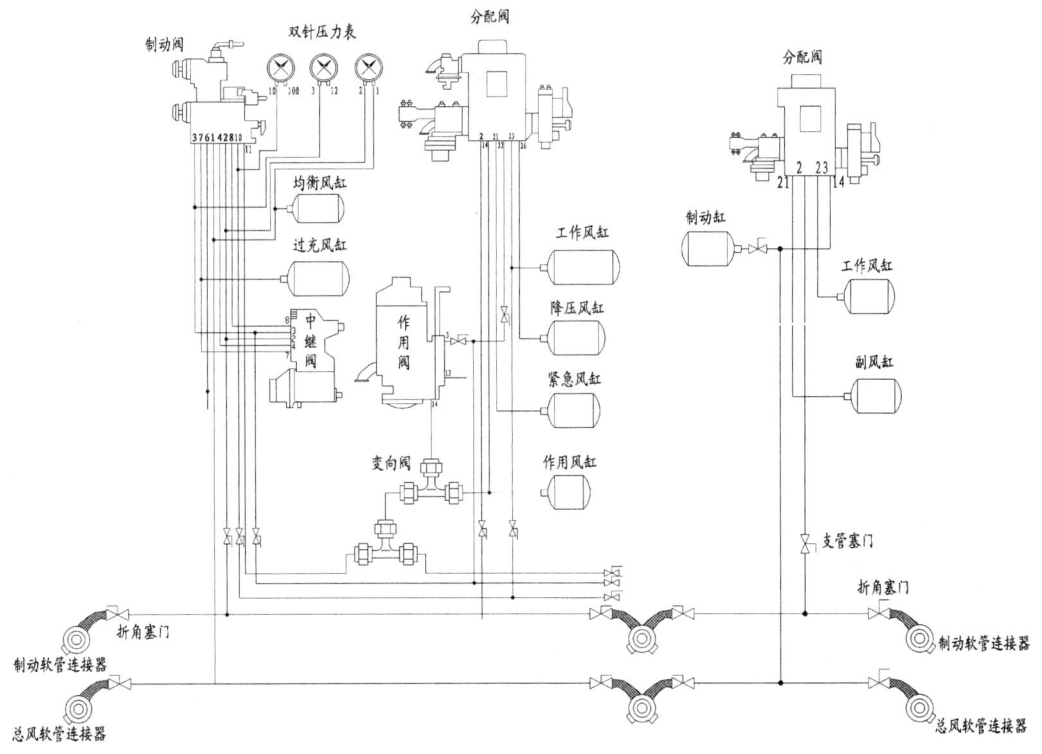

图 7-1 JZ-7 型空气制动机

2. 车辆制动控制系统

车辆制动控制系统主要部件是车辆分配阀。现客车主要采用 104 分配阀和 F8 分配阀。

104 分配阀由下述各部分组成：

(1) 中间体

铸铁制成的安装座，吊装在车体底架上。外有四个安装面，内有三个室。

(2) 主阀

主阀由主活塞、滑阀、节制阀和主阀体等组成，其主要根据 L 与 G 的气压差，推动主活塞上下移动，使分配阀产生充气缓解、制动、保压等动作。

(3) 紧急阀

紧急阀由紧急活塞、安定弹簧、放风阀等组成。当列车紧急制动时，紧急阀协助加快 L 排气速度，使紧急制动动作快速、灵敏、可靠。

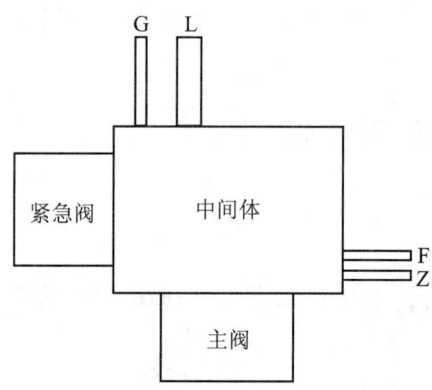

图 7-2　104 分配阀结构组成

3. 动车组制动控制系统

动车组制动控制系统具有空电复合制动功能，空气制动部分由微机控制的直通式制动系统和备用的自动式制动系统组成。前者通过列车网络与硬线传输制动控制指令，后者由列车管传输制动控制指令。

(1) 电气原理

空气制动和电制动的协调由列车中央控制系统(CCU)、制动控制单元(EBCU)和牵引控制单元(TCU)进行控制。在一个牵引单元内(一般为 4 辆车)，牵引单元之间的通信由 WTB 来完成，数据交换由 MVB 完成。

(2) 气路原理

直通式电空制动系统由 EBCU 控制：EBCU 接收并分析来自列车控制系统或制动控制手柄的制动指令,然后控制 PBCU 执行空气制动。在 PBCU 内,常用制动电磁阀把来自 EBCU 的电信号转换成相应的预控制空气压力。常用制动时,制动力随载重变化的调整由 EBCU 进行控制。称重阀可根据载重状况,限制中继阀预控压力的设定值,在制动压力控制电路出现故障时防止制动力过大。

(3) 空电复合方式

空气制动与电制动的制动力分配由 EBCU 控制,EBCU 经 WTB 和 MVB 读取牵引系统再生制动状态信息,同时根据制动指令,按照设定的复合制动模式完成电制动力和空气制动力的分配。

(4) 故障诊断及信息

制动系统通过带电节点的截断塞门和传感器等采集外部设备信息,同时将这些信息输入 EBCU,由其对车辆制动系统状态进行判断,并把故障和制动状态信息通过 WTM 和 MVB 发送到司机显示器,便于控制车辆的运行和故障处理。

制动系统的故障诊断通常包括以下三个方面：

① 影响安全的故障：当严重影响车辆运行安全时,EBCU 会根据故障的重要程度触发制动；

② 制动试验故障：动车组在运行之前,需要对其进行一系列制动试验,来检查车辆制动系统的功能是否正常。

③ 功能监测：司机可以随时掌握车辆制动系统的状态,并为地面维护提供支持。

7.1.2 电空制动控制系统

1. 自动电空制动控制系统

在铁路提速阶段,国内研究了自动式电空制动系统,即在原有空气制动系统(机车 JZ-7 型制动机、客车 F8 型和 104 型制动机)基础上增加电信号线和电磁阀,以加快列车制动速度,保持列车各个车厢制动一致性。

20 世纪 90 年代初为了适应准高速旅客列车的需要又研制了 JZ-7 型电空制动机,它目前仅装配在东风Ⅱ的机车上,JZ-7 型电空制动机是在 JZ-7 型机车制动机的基础上加装电控器件而成,它与车辆上加电空的 F8 分配阀或 104 分配阀配合起来,使列车由传统的空气制动变为电空制动,以实现列车前后制动的一致性,从而大大地减小了列车制动时的纵向冲动,提高了旅客列车的舒适性,同时缩短了空走时间和制动距离。

JZ-7 型电空制动机的特点：

(1) 由于它是在 JZ-7 型空气制动机的基础上增加电控器件而成的,因此未改变 JZ-7

型空气制动机的原有结构,也不影响JZ-7型空气制动机的原有各项性能,乘务人员操纵自动制动阀手柄与JZ-7型空气制动机完全相同。

(2) 乘务人员在操纵时既有电空操纵的制动、保压、缓解功能,又有空气操纵的制动、保压、缓解功能,且在电空操纵作用不切除时,电空操纵和空气操纵的作用同时存在,只是电空操纵作用先于空气操纵作用于车辆制动机。

(3) 切除电空操纵作用功能后,就自动成了JZ-7型空气制动机操纵。

(4) JZ-7型电空制动机不仅能牵引装用加电空的F8分配阀或104分配阀的列车,也能牵引装用不加电空的F8分配阀的客车,但装用不加电空的分配阀的客车必需联挂在装用加电空的分配阀的客车后面。

(5) 电空操纵采用得电制动,得电缓解,得电保压,控制线为五线制:常用制动线,缓解制动线,保压线,紧急制动线,负线。

JZ-7型电空制动机的基本组成:

JZ-7型电空制动机其一部分为JZ-7型空气制动机,另一部分为电控器件,主要有空电转换控制器,压力控制器,电空控制箱,电磁阀,电源开关,电空插座,连接导线等。

图7-3为电力机车管路系统图。

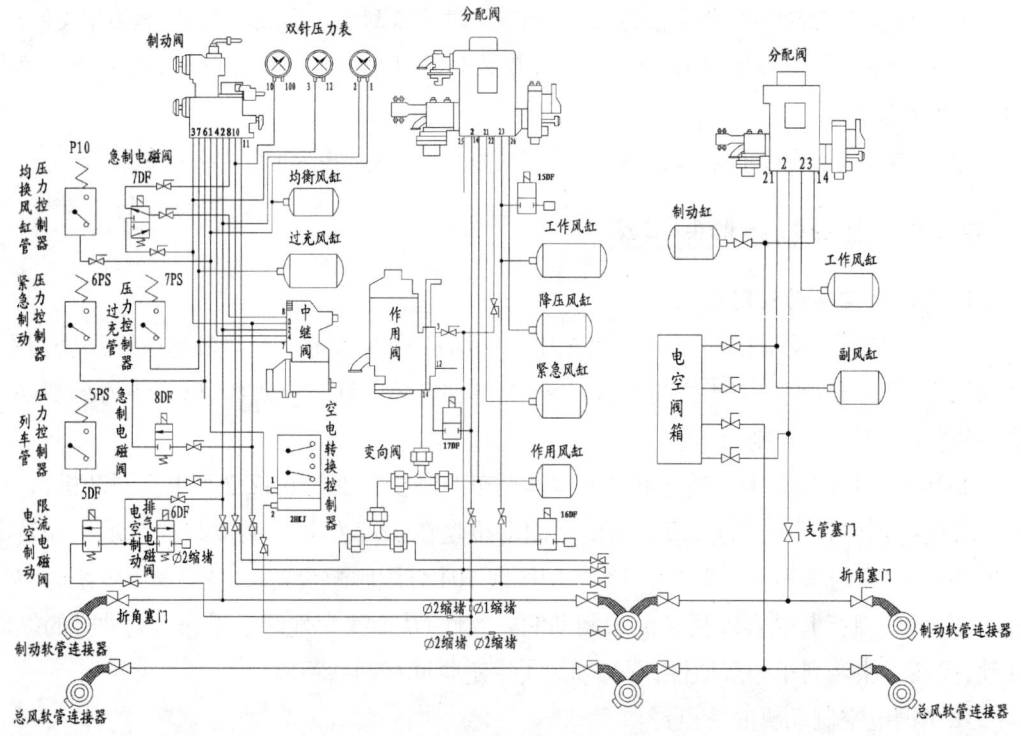

图7-3　JZ-7型电空制动机

2. 直通电空制动控制系统

随着高速列车发展,直通电空制动系统因结构简洁、制动迅速、控制精确等突出优点而大量应用在各种高速电动车组、城市轨道交通列车上。其控制系统可分为电路控制和气路控制两个部分。

直通式电磁空气制动控制系统原理如图7-4所示。

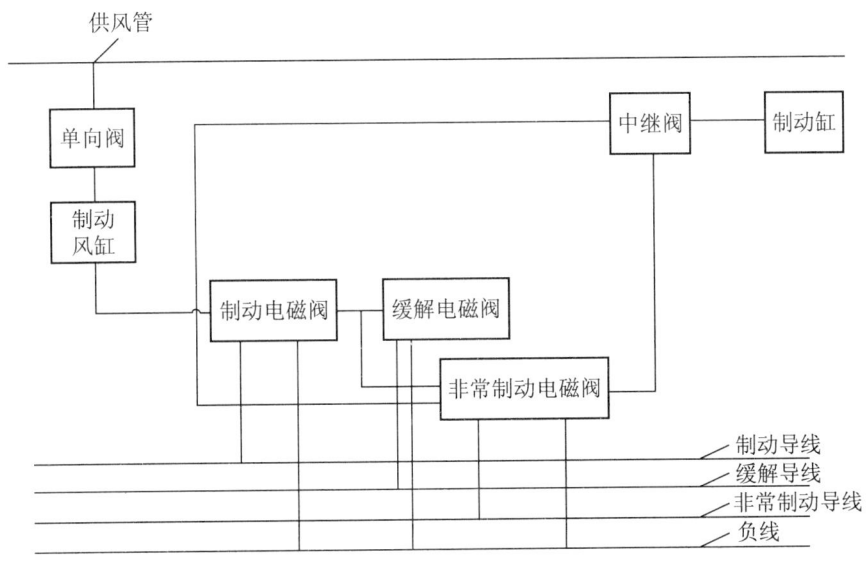

图7-4 直通式电磁空气制动机

直通式电磁空气制动机的制动电磁阀为二位二通常闭型电磁阀,而缓解电磁阀为二位二通常开型电磁阀,非常制动电磁阀为二位三通切换型电磁阀。在正常工作时,非常制动导线为常带电,制动导线和缓解导线均不带电。

在进行制动时,司机操纵制动控制器,令制动导线和缓解导线带电,使制动电磁阀和缓解电磁阀励磁。压力空气从制动电磁阀过来,经过非常制动电磁阀,使中继阀工作。制动风缸中的压力空气经中继阀流量放大后使制动缸充气,列车制动。

在保压时,缓解导线继续得电,制动导线失电。制动电磁阀失磁,中继阀关闭制动缸的充气通路,制动缸处于保压位。

在缓解时,缓解导线与制动导线同时失电,制动缸中的压缩空气经中继阀排向大气,列车缓解。

在司机实施非常制动或列车分离时,非常制动导线失电,非常制动电磁阀失磁。制动风缸中的压力空气直接经非常制动电磁阀,使中继阀动作,制动风缸中的压力空气经中继阀流量放大后使制动缸充气,列车非常制动。

电磁空气制动机结构比较简单,作用灵敏,是电空制动控制系统的基本形式。

7.2 基础制动

7.2.1 单元制动装置

1. 单元制动缸

单元制动缸用于盘形制动机上,列车制动时,通过单元制动缸的作用夹紧制动盘,达到制动的目的。单元制动缸采用橡胶膜板代替活塞,内部装有闸片间隙调整器,能自动地调整闸片与制动盘之间的间隙。单元制动缸主要是由两部分组成。一部分是膜板制动缸,另一部分是闸片间隙调整器。

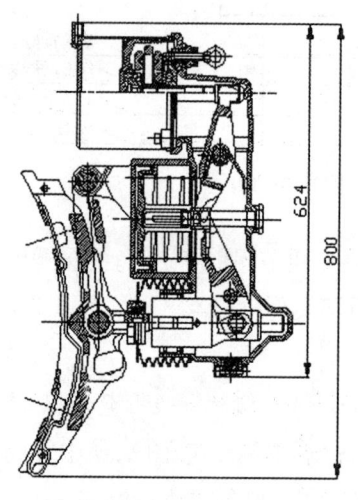
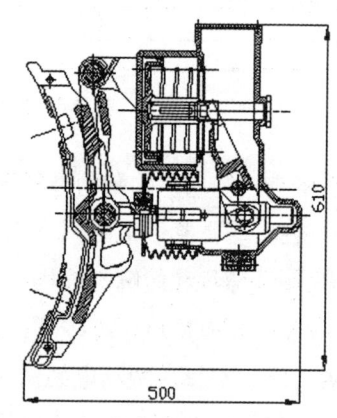

a. 带停放制动单元制动缸　　　　b. 不带停放制动单元制动缸

图 7-5　单元制动缸结构图

2. 停放制动

停放制动缸是采用弹簧蓄能原理,即列车运行时压力空气压缩停放弹簧蓄能,而需要停放制动时,排放压力空气,停放弹簧释放能量推出制动杆,制动杆再推动前置的单元制动缸活塞施行停放制动。当施行停放制动后,在无压力空气时,则可拉动手动缓解机构施行

缓解。停放制动缸工作过程包括以下几种工况。(如图7-6)

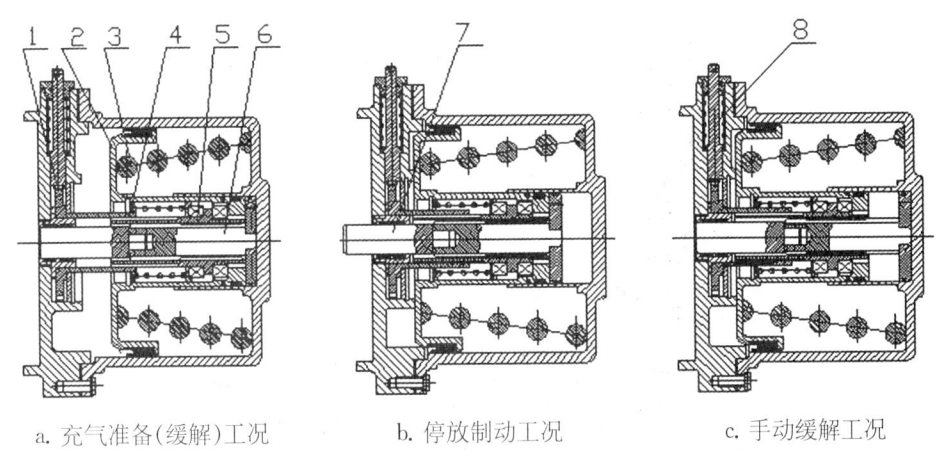

a. 充气准备(缓解)工况　　b. 停放制动工况　　c. 手动缓解工况

图 7-6　停放制动缸的工况
1. 棘轮　2. 停放活塞　3. 停放弹簧　4. 花键　5. 非自锁螺母
6. 丝杆　7. 制动杆　8. 手动缓解拉杆

(1) 充气准备工况

这是在列车整备出车时或在停放制动手动缓解后,列车预备再运行时的准备工况。当给停放制动缸充入压力空气,压力空气推动停放活塞压缩停放弹簧时,只有活塞向缸的另一端运动,而丝杆并不运动,制动缸由完全缓解状态充气至蓄能状态。由于停放活塞推动非自锁螺母正向转动,同时相对丝杆作轴向移动,最终停放活塞相对丝杆有一个最大行程量的位移,如图7-6(a)所示。

(2) 停放制动工况

停放制动工况当前置的单元制动缸和后部的停放制动缸中的压力空气全部排出时,在停放弹簧作用下,停放活塞带动丝杆返回作轴向运动,丝杆前部即制动杆,制动杆被推出顶动前置的单元制动缸中的活塞施行停放制动。由于采用了专门设计的结构,非自锁丝杆螺母此时不能反向转动,停放活塞与其内部螺母和丝杆等零件组成一个整体,相互之间没有运动,因此,制动杆被推出的距离等于前一工况中停放活塞相对丝杆的轴向位移,最大值为制动缸所设计的最大行程量,如图7-6(b)所示。

(3) 充气缓解工况

这是列车运行时的工况。供风管给停放制动缸充气,压力空气通过停放活塞压缩停放弹簧,停放活塞带动丝杆向缸的另一端运动,制动杆缩回。同时,单元制动缸活塞在其自身的回复弹簧的作用下回位,停放制动缓解。由于非自锁螺母已在丝杆端部而不能相对丝杆转动,停放活塞与其内部螺母和丝杆相互之间没有运动,如图7-6(a)所示。

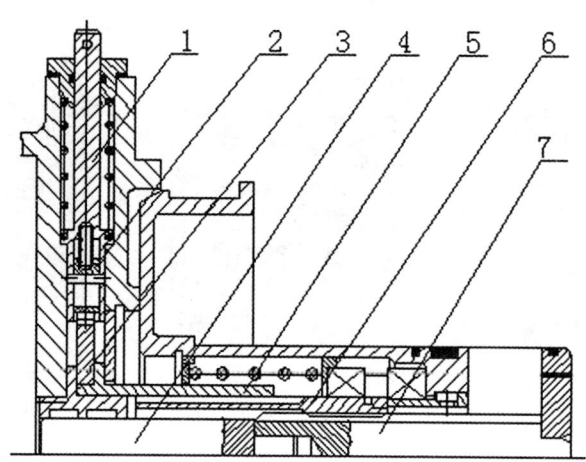

图 7-7　手动缓解机构的组成
1. 手动缓解拉杆　2. 棘爪　3. 棘轮　4. 制动杆　5. 内花键　6. 外花键　7. 丝杆

(4) 手动缓解工况

手动缓解是列车停放制动后在无气源的情况下,手动使停放制动缸缓解。拉动手动缓解拉杆,取消非自锁螺母反向转动的限制。单元制动缸活塞受其回复弹簧恢复力作用,推动停放制动杆回复移动直至缩回原位,停放制动缓解。由于停放活塞在强大的停放弹簧作用力作用下位于原位不动,推动制动杆的轴向作用力作用在非自锁螺母上使之作反向转动,丝杆相对停放活塞作轴向移动,恢复到充气准备前的状态,如图7-6(c)所示。

3. 盘形制动

盘形制动(摩擦式圆盘制动)是在车轴上或在车轮辐板侧面装上制动盘,一般为铸铁圆盘,用制动夹钳使合成材料制成的两个闸瓦紧压制动盘侧面,通过摩擦产生制动力,把列车动能转变成热能,消散于大气中。其实物图可如图7-8所示。

盘形制动主要由以下几个优点:

(1) 可以大大减轻车轮踏面的热负荷和机械磨耗。

(2) 盘形制动的制动盘可以设计成带散热筋的,旋转时它具有半强迫通风的作用,以改善散热性能,为采用摩擦性能较好的合成材料闸片创造了有利的条件,适宜于高速列车。

(3) 制动平稳,几乎没有噪声。

但是,盘形制动也有其不足之处:

(1) 制动盘使簧下重量及其引起的冲击振动增大,运行中还要消耗牵引功率。

图 7-8　盘形制动

（2）车轮踏面没有闸瓦的磨刮,轮轨黏着将恶化,所以,还要考虑加装踏面清扫器,或采用以盘形为主、盘形加闸瓦的混合制动方式,否则,即使有防滑器,制动距离也比闸瓦制动要长。

盘形制动的制动力

$$B = \sum \left(K \times \varphi \times \frac{r}{R} \right) \tag{7-1}$$

式中

K——闸片压力;

φ——闸片摩擦系数;

r——闸片作用半径;

R——车轮半径。

铁路上采用盘形制动已经有 70 多年历史了。起初主要在欧洲动车组上用,后来,随着高速列车的发展,盘形制动也得到了相应的发展。与闸瓦制动相比,盘形制动更适合于高速列车。我国铁路从 1958 年开始,曾先后两次对盘形制动进行研究,并在广深线准高速客车上首先装车应用。

7.2.2　摩擦制动材料

1. 制动盘材料

车辆上使用的制动圆盘材料采用过普通铸钢、普通铸铁、低合金铸铁。由于列车速度不断提高和轻量化的需要，又相继研究开发了特殊合金铸钢、低合金锻钢、铸铁——铸钢（锻钢）组合材料、碳/碳纤维复合材料和铝合金基复合材料。50 年代初，普遍采用普通铸钢制作制动圆盘，但经过一段时间的应用，发现铸钢盘有许多缺陷而改用了铸铁盘，因为普通铸钢的高温强度下降幅度大、摩擦磨损特性较差，抗裂性和抗热冲击性以及机械和工艺性能均不如普通灰口铸铁的好。而且价格也较铸铁的高。日、德、法三国很长时间以来一直采用普通铸铁制动圆盘。除普通铸铁材质外，日本还开发应用了 NCM(Ni-Cr-Mo) 低合金铸铁。Ni-Cr-Mo 低合金铸铁制动圆盘，自日本新干线开业以来就在东海道新干线 0 系和 100 系列车上得到了广泛应用，并一直使用至今。在新干线的使用条件下，制动圆盘并不是因磨耗超限，而是因制动圆盘表面产生热裂纹而更换。因此，提高材质的抗热裂性能已成为重要的研究课题。日本近年来研究开发了蠕虫状(CV)石墨铸铁、低合金锻钢和铸铁——铸钢组合(复层)材料作为新式制动圆盘材质，这是由于它们在抗热冲击方面优于灰口铸铁和 Ni-Cr-Mo 低合金铸铁。

德国除采用普通铸铁盘外，还使用球墨铸铁盘（如 ICE1 列车的拖车）。球墨铸铁制动圆盘可用于 280 km/h 以下速度的制动。此外，德国也在高速列车上应用过铸铁——铸钢组合制动圆盘。近年来，为供 ICE2 高速列车(300 km/h)使用，德国 Knorr-Bremse 集团公司专门开发了一种新型轴装式制动圆盘。其材质为特殊耐热合金铸钢。此种合金铸钢盘应用于德国 ICE2 和法国 TGV-A(第二代)列车上，而且也适用于速度为 300 km/h 的多电流制 ICE-M 列车使用。法国 TGV-PSE(第一代)高速列车的拖车上除使用传统的自通风式铸铁盘外，也使用了铸铁——锻钢组合制动盘。为了提高 TGV-A 的牵引功率，法国国营铁路公司(SNCF)提出采用不通风式 Cr-Mo-V 低合金锻钢制动圆盘，以便使牵引功率损失减至最小。虽然锻造盘的冷却效果差，但由于选用的材料较铸铁可承受更高的温度，因而弥补了上述不足。

随着列车速度进一步提高，车辆的轻量化就变得十分必要，其中减轻簧下重量尤为重要。由于铁系制动圆盘不太可能再有显著的轻量化效果，因此日本和法国研究和开发了碳/碳(C/C)纤维复合材料的制动圆盘，并对其在铁道车辆上的应用进行了深入的研究。C/C 纤维复合材料已在飞机和赛车上得到了应用。它具有轻量、耐热裂和摩擦性能好等优点，但在铁道车辆上使用时，与传统的铁系制动盘相比，在常用制动时磨损量大；摩擦特性易受温度的影响。因此有必要在其结构形状和应用方式上作进一步的探讨。作为轻量化的制动材料，除上述 C/C 纤维复合材料外，还有铝合金基复合材料。日本和德国已分别对这种材料进行了研究，并在日本新干线车辆、德国 ICE 列车及其他国家某些电动车组（含地铁车辆）上试用。但仍存在一些问题，目前，正在对其实用化进行深入研究。各国使用及研究开发的制动盘材质见表 7-3。

表 7-3 各国使用及研究开发的制动盘材质

材料分类	材料名称	特点	强度(MPa)	比重(g/cm^3)	用途	研究的国家
铁系金属材料	片状石墨铸铁	摩擦特性稳定、价廉	250	7.2	客车、动车	世界各国
	低合金铸铁	摩擦特性稳定、合金化	250	7.2	新干线动车	日本
	铸钢	摩擦材料+强度材料复合	200+500	7.2+7.8	新干线动车	日本
	钢	高强度耐热裂	800	7.8	ICE 等	日本、德国
	锻钢	高强度耐热裂	800	7.8	新干线、TGV、ICE	日本、法国、德国
复合材料	非金属系 碳/碳纤维复合材料	重量轻、耐热裂	150	1.6	正在研制并在 TGV 试用	日本、法国、德国、美国
	金属系 铝合金基复合材料	重量轻、耐磨	300	2.9	正在研究开发中	日本、法国、德国、英国、美国

(1) 蠕墨铸铁制动盘

车辆制动盘在使用过程所承受的热疲劳是低周与高周复合热疲劳。在微观尺度上，摩擦表面属于粗糙平面，真正产生摩擦接触的区域是许多微区突出峰。磨损会造成这些突出峰动态变化，也造成了应力的疲劳循环。热疲劳开裂是造成制动盘早期破坏的主要原因之一。蠕墨铸铁是 70 年代投入工业应用的一种新型铸铁材料，其最大的性能优势在于它具有非常优良的热疲劳性能，不同石墨形态铸铁的摩擦磨损性能试验结果表明：蠕墨铸铁具有最低的磨损率与较高的摩擦系数。而且其摩擦磨损性能随速度与接触压力变化时的变化率最小。因此，应用蠕墨铸铁于制动材料，它将具有优良的摩擦磨损性能。所以，蠕墨铸铁是制造车辆制动盘的比较理想的材料。

(2) 铸钢制动圆盘

普通铸钢制动圆盘从 50 年代就开始采用了，但是由于它存在种种缺点，因而被灰口铸铁所取代。然而，德国现有的 ICE 列车上基本都采用了特殊耐热合金铸钢制动圆盘。Knorr 公司曾对铸铁盘和合金铸钢盘进行过比较试验，证明合金铸钢制动盘能够大量吸收较高制动力或制动能量，并具如下特点：

① 较高的温度稳定性和较少的热裂纹趋势；

② 对潮湿环境的敏感性较低;

③ 在高制动力时,闸片磨耗较少(但在低闸片压力时,有较高的磨耗);

④ 在高温时具有较均匀的摩擦系数。

但是,与锻钢盘相比,尽管铸钢盘的制造成本较低,但批量生产时,其质量较难控制。

法国双层客车(V2N)装用的大功率盘形制动装置和粉末冶金材料闸片,牌号 5CDV4.10M 的钢制动盘的化学成分为:碳 0.15%;铬 1%—1.5%;铝 0.85%—1.15%;钒 0.15%—30%。这些添加元素显著提高了材料的机械性能和抗热变形性能。其机械性能如下:R_m = 1 030—1 200 MPa;$R_{p0.2}$≥900 MPa;A≥10%;K≥20 J;布氏硬度 HB = 331—388。

(3) 铸铁——铸钢(锻钢)组合制动圆盘

铸铁——铸钢(锻钢)组合制动圆盘是以铸铁作为摩擦材料制成摩擦盘而以铸钢(锻钢)作为补强材料制成盘毂的制动圆盘。这两种材料组合在一起,从整体上兼顾了铸铁稳定且较高的摩擦性能和钢较好的耐热龟裂特性。德国和法国都采用了这种制动圆盘,只不过德国用铸钢盘毂,而法国则用锻钢盘毂。日本近年来开发了一种组合制动圆盘,其摩擦盘面采用摩擦性能良好的普通片状石墨铸铁。而基体及安装孔周围则采用高强度和高韧性的 Ni-Cr-Mo 低合金铸钢。将这两种材料熔接在一起,则成为铸铁——铸钢复层制动圆盘。这种制动圆盘已在日本 100 系列的新干线车辆上正式使用。

(4) 锻钢制动圆盘

锻钢具有良好的强度和韧性等机械性能,同时具有较高的抗热龟裂性。锻钢制动圆盘在研制初期存在着因制动摩擦热引起变形大的问题,但通过改变形状或施加反应预变形等措施达到实用化程度。目前,这种锻钢制动圆盘正应用于日本新干线车辆和下一代试制车辆上及法国的 TGV-A 高速列车上。

日本新干线车辆用制动圆盘采用制造整体辗钢车轮的 9 000 t 压力机锻压而成。日本高速列车使用的大功率锻钢制动圆盘有带散热片和不带散热片的。

(5) 碳/碳纤维复合材料制动圆盘

C/C 复合材料碳纤维增强碳基复合材料简称碳/碳(C/C)复合材料,它具有较低的密度(仅为铸铁的 1/5)、优异的抗热冲击性和高温强度、在高速下具有较佳的高温摩阻性能等特点,因而在航空、航天领域中备受青睐,多年来一直用作飞机制动盘的摩擦材料。采用 C/C 复合材料作为高速列车制动盘的摩擦材料,不仅可以大大减轻盘型制动器的重量,而且因其热容量大,还可以对超高速列车施行紧急制动。

(6) 铝合金基复合材料制动圆盘

铝合金基复合材料是以铝合金为母材,加入陶瓷粒子并使之均匀分布,以改善其耐磨性。这种材料的制动盘高速摩擦试验结果表明,其磨耗量非常小,摩擦系数与过去的铸铁闸瓦的基本一致,但比重仅为2.9。

这种铝合金基复合材料的制造方法一般有两种:一种是粉末法,就是将铝合金粉末与强化粒子混合后再固化;另一种是熔融法,就是在熔融铝合金中混入强化粒子并搅拌均匀。在该复合材料制动圆盘制造方法中,铸造方法最为经济,但从可靠性方面来考虑还是锻造方法较好。

结合各种材料制动盘在使用寿命、重量、维修次数和对钢轨磨损等方面的情况,发现铝合金基复合材料作为制动盘在高速列车上使用其性能价格比最高,应当优先发展和积极进行技术储备;当列车超高速运行时,C/C复合材料具有其他几种材料无法比拟的性能优势;列车行驶速度在250 km/h以下时,锻钢或蠕墨铸铁制动盘基本可以满足制动要求。

结论:

① 对于行驶时速在200 km/h左右的高速列车,通过提高铸铁或锻钢的摩擦磨损性能和抗热龟裂性,改善制动盘结构及选用合适的摩擦衬片材料,基本可以满足列车的制动性能要求;

② 对于行驶时速在250—300 km/h之间的高速列车,采用价格适中的陶瓷颗粒增强铝合金基复合材料制作制动盘,不仅可以减轻列车自重,而且具有优良的制动性能,需要在降低成本、改善性能及结构匹配等方面进行系统研究;

③ 对于将来研究发展的行驶时速超过350 km/h以上的超高速列车,应采用C/C复合材料制作制动盘,复合材料应采用低廉的工艺方法制备,材料表面应进行致密化处理和抗氧化处理,并应对制动器结构进行改进,以保证材料表面不吸湿、抗氧化,弥补其摩擦系数波动较大等缺点。

2. 制动闸片(瓦)材料

目前常用的铁路车辆摩阻材料包括铸铁闸瓦、粉末冶金闸瓦(片)和合成闸瓦(片)。铸铁闸瓦属于低摩闸瓦,在铁路车辆上使用历史最长,但仅适用于速度110 km/h以下的车辆,粉末冶金闸瓦(片)主要是由铁系金属粉末配加陶瓷或石墨等粉末,通过混合、压制和烧结而成。粉末冶金闸瓦(片)的摩擦系数不受雨雪天气影响,且随列车速度变化小,摩擦系数高而稳定,耐磨性、导热性好。因此法国的TGV、日本的新干线等高速列车均采用了粉末冶闸瓦(片)。但是粉末冶金闸瓦对车轮的磨损较为严重,使用成本高。合成闸瓦使用寿命可达铸铁闸瓦的4倍以上,质量仅为其1/3。

为适应高速列车用的制动闸片所具有较高的摩擦系数和耐热性,制动闸片材料除了以上几种,还主要研究了碳/碳纤维复合材料和陶瓷基复合材料。

(1) 铸铁闸瓦

铸铁闸瓦的摩擦系数不受气候的影响较为稳定,具有"全天候"的特性;它的导热性好,对车轮损害小。如在含磷量较高的闸瓦中进一步加入少量合金元素(如铜、镍、铬、钛、钒等,后三种元素易形成弥散分布的合金碳化物,其硬度可达 HV100),既可进一步提高摩擦系数,又可强化铸铁基体,提高闸瓦的耐热裂性。

铸铁闸瓦采用由片状石墨和珠光体基体组成的普通灰铸铁材料,由于易磨损、寿命短,不但在使用过程中经常需要调整闸瓦间隙,而且更换闸瓦的工作量也很大。但铸铁闸瓦在潮湿条件下摩擦系数稳定、黏着系数高、对车轮无磨耗,比普通铸铁闸瓦的摩擦系数更高,通过改变合金铸铁闸瓦中合金元素种类与添加量,可以提高摩擦系数,或者减少磨耗量。

(2) 合成闸瓦(片)

合成材料闸片是通过把树脂、金属粉末、外加增强材料、摩擦材料等混合在一起,加热后压缩制成的。合成材料闸片近几年来的发展方针主要是研制不含石棉的闸片。采用的石棉代用材料有钢丝棉、铁粉、铜屑、玻璃纤维、碳纤维、钛酸钾晶须、硼酸铝晶须等。

合成闸瓦的特点是:高速区摩擦系数高,且不随列车速度的改变而变化,并可通过改变配方和工艺进行调整;耐磨性好,使用寿命可达铸铁闸瓦的四倍以上,制动时无火花以及质量小(仅为铸铁闸瓦的 1/2—1/3)等。合成闸瓦尚存在几个弱点,一是在润滑状态下摩擦系数大为降低,因而在雨雪天气制动能力下降;二是导热性差,制动时热量难以散发,因而使车轮温度升高,甚至使车轮材料的组织、性能发生变化,导致热裂。此外,这种闸瓦会把车轮踏面磨得光滑如镜,导致黏着系数降低。

(3) 粉末冶金闸瓦(片)

粉末冶金闸瓦主要是由铁系金属粉末配加陶瓷或石墨等粉末,通过混合、压制成型和烧结而成。例如,有一种铁系粉末冶金闸瓦的成分为:特殊铁粉 45%—60%,铜粉 7%—8%,石墨 10%—15%,青铜粉和陶瓷粉若干。粉末冶金闸瓦既具有铸铁闸瓦的摩擦系数不受雨雪天气影响的优点,摩擦系数和合成闸瓦相同,又具有合成闸瓦的摩擦系数不随列车速度变化的优点。

闸瓦烧结材料由金属粉末组成,主要是铜和铁,还包括联化物等其他添加成分,用以调节石墨、硅酸盐、锡和镍的摩擦系数。经过压铸成形、烧结(熔模铸造)和锻造形成粉末冶金闸瓦。青铜基烧结材料的摩擦系数具有良好的稳定性,但其黏着力不如铁基烧结材料。

粉末冶金闸片的使用温度较高,当制动温度小于 500 ℃时,它仍能保持较小的磨损率,具有优良的摩擦特性,可保证列车在恶劣气候条件下安全运行,对制动圆盘的热影响较小。

(4) 碳/碳纤维复合材料闸片

碳/碳纤维复合材料闸片通常与碳/碳纤维复合材料制动圆盘配副,构成碳/碳制动装置,其中的制动盘与制动闸片均为同一种碳/碳复合材料。法国研制的牌号为"Sepcarb SA3D"的碳/碳纤维复合材料,由于其比热大,膨胀系数和弹性模量小,因此具有优良的耐高温特性。它能在 1 000 ℃温度下工作,能承受 2 000 ℃的高温。这种碳/碳盘形制动器已分别在 TGV-PSE 和 TGV-A 列车转向架上试用。

7.3 非黏着制动

7.3.1 磁轨制动

磁轨制动(摩擦式轨道电磁制动)是在转向架的两个侧架下面,在同侧的两个车轮之间,各安置一个制动用的电磁铁(或称电磁靴),制动时将它放下并利用电磁吸力紧压钢轨,通过电磁铁上的磨耗板与钢轨间的滑动摩擦产生制动力,并把列车动能变为热能,消散于大气。其实物图可如图 7-9 所示。

图 7-9　磁轨制动

磁轨制动的制动力

$$B = \sum(K \cdot \varphi) \tag{7-2}$$

式中

K——每个电磁铁的电磁吸力；

φ——电磁铁与钢轨间的滑动摩擦系数。

与盘形制动相比，磁轨制动的优点是，它的制动力不是通过轮轨黏着产生的，自然也不受该黏着的限制。将其用于高速列车上，就可以在黏着力以外再获得一份制动力，使制动距离不至于太长。轨道电磁制动能得到较大的制动力，常被高速列车用作紧急制动时的一种补充制动方式。但这种制动方式的缺点是在制动时容易造成轨道的磨耗，列车运行时其结构复杂的装置增加了列车的重量。

7.3.2　线性涡流制动

线性涡流制动又称轨道涡流制动或涡流式轨道电磁制动。它的工作原理与圆盘涡流制动相同，但结构形式类似轨道电磁制动。在制动时，将安装在转向架构架侧梁下的电磁铁放到离轨道表面上方几毫米的位置，并通电励磁，利用它和轨道的相对运动，在钢轨内部感应出涡流，使钢轨发热，列车动能转化为热能，最终消散于大气。其实物图可如图 7-10 所示。

图 7-10　线性涡流制动

线性涡流制动既不通过轮轨黏着(不受其限制)，也没有磨耗问题。但是，它消耗电能太多，约为磁轨制动的 10 倍，电磁铁发热也很厉害。因此，它只作为高速列车紧急制动时的一种辅助制动方式。

7.3.3 旋转式涡流制动

旋转式涡流制动,又称涡流式圆盘制动,是在牵引电动机轴上装金属盘,制动时金属盘在电磁铁形成的磁场中旋转,盘的表面被感应出涡流,产生电磁吸力,同时发热消散于大气,这样就产生了制动作用。与盘形制动(摩擦式圆盘制动)相比较,旋转式涡流制动(涡流式圆盘制动)的圆盘尽管不是装在轮对上的,但是同样要通过轮轨黏着才能产生制动力。此外,与线性涡流制动相似,旋转式涡流制动消耗的电能也非常多。

7.4 制动减速力和常用制动限速

7.4.1 列车运行阻力及其算式

列车运行中受到的阻力 W 包括机车运行阻力和车辆运行阻力两部分。前者以阻力符号右上角加一撇来表示,后者加两撇,即

$$W = W' + W''(N) \tag{7-3}$$

式中

W——列车运行阻力;

W'——机车运行阻力;

W''——车辆运行阻力。

按阻力发生的情况,它又可分为基本阻力和附加阻力两种。基本阻力是指列车运行中任何情况下都有的阻力,以阻力符号加下角标"0"来表示。附加阻力是只在个别情况下才有的阻力,例如:在通过曲线或隧道时阻力会增大,其因曲线或隧道而增大的部分分别称为曲线或隧道附加阻力,简称曲线阻力和隧道阻力,以加下角标"r"或"s"来分别表示之。

试验表明,作用于机车、车辆和列车的阻力,绝大部分都与它受到的重力成正比。因此,在铁路牵引与制动计算中,将阻力与其相应重力之比称为单位阻力,以英文斜体的小写字母 ω 来表示。一般而言,阻力的单位用 N,重力的单位用 kN,即

$$\text{机车单位阻力 } \omega' = \frac{W'}{P \cdot g}(\text{N/kN}) \tag{7-4}$$

$$\text{车辆单位阻力 } \omega'' = \frac{W''}{G \cdot g}(\text{N/kN}) \tag{7-5}$$

$$列车单位阻力\ \omega\ \frac{W}{(\sum P + G) \cdot g} = \frac{W' + W''}{(\sum P + G) \cdot g}(\text{N/kN}) \tag{7-6}$$

式中

P——机车计算重量(计算质量)(t)；

G——机车牵引重量(牵引质量)(t)；

g——重力加速度,取为 9.81 m/s²。

7.4.2 基本阻力

按产生原因,基本阻力可分为下列五个组成部分:①车轮滚动引起的运行阻力;②冲击和振动引起的阻力;③由轴承摩擦引起的运行阻力;④轮轨间滑动摩擦阻力;⑤空气阻力。

由于影响因素多而复杂,加以条件多变,实际上很难准确得出适应于列车任何工作条件的基本阻力值,所以在计算时通常采用由大量试验综合得出的经验公式。这些公式都是以单位基本阻力为函数,以列车运行速度为自变量的一元二次方程,即单位基本阻力

$$\omega_0 = A + B \cdot v + C \cdot v^2 (\text{N/kN}) \tag{7-7}$$

式中

A、B、C——随机车、车辆类型而异的常数。

(1) 货车单位基本阻力的计算公式

中国货车车型繁多,不同类型的车辆,由于尺寸、外形、轴型、自重、载重等因素的不同,单位基本阻力也不相同。

根据第三个《牵规》的规定,我国铁路货车的单位基本阻力按下列公式计算:

滚动轴承重货车 $\omega_0'' = 0.92 + 0.004\,8v + 0.001\,25v^2$ \hfill (7-8)

滑动轴承重货车 $\omega_0'' = 1.07 + 0.001\,1v + 0.000\,236v^2$ \hfill (7-9)

油罐重车专列 $\omega_0'' = 0.53 + 0.012\,1v + 0.000\,080v^2$ \hfill (7-10)

空货车(不分类型)$\omega_0'' = 2.23 + 0.005\,3v + 0.000\,675v^2$ \hfill (7-11)

对于混编货物列车,可根据其所占比例,按重量加权平均的方法求得其车辆列的单位基本阻力 ω_0'',具体公式如下:

$$\omega_0'' = \frac{\sum(\omega_{0i}'' \cdot G_i \cdot g)}{\sum(G_i \cdot g)} = \sum(\omega_{0i}'' \cdot x_i)(\text{N/kN}) \tag{7-12}$$

式中

ω_i''——各种货车(滚承重车、滑承重车、空货车)的单位基本阻力(N/kN);

x_i——各种货车的总重 G_i 与其总和 $\sum G_i$ 之比。

根据第三个《牵规》的规定,油罐车与其他货车混编时按滚承货车单位基本阻力公式计算。

为了简化计算,也可以预先将各种货车的单位基本阻力公式代入(7-12),求出该混编列车的车辆列单位基本阻力公式,即按各种货车所占的比例,用按重量加权平均的方法预先求出混编的车辆列单位基本阻力公式的下列三个因数:

$$A = \sum (A_i \cdot x_i) \quad B = \sum (B_i \cdot x_i) \quad C = \sum (C_i \cdot x_i) \tag{7-13}$$

式中

A_i、B_i、C_i——各种货车单位基本阻力公式的三个系数。

(2) 客车单位基本阻力的计算公式

客车在运用中载重量变化不太大,而且中国铁路干线客车已全是滚动轴承,所以客车不要分空车、重车,也没有滑承、滚承之分。按第三个《牵规》,客车的单位基本阻力公式如下(单位均为(N/kN)):

21、22 型客车(120 km/h) $\omega_0'' = 1.66 + 0.007\,5v + 0.000\,155v^2$ (7-14)

25B、25G 型客车(140 km/h) $\omega_0'' = 1.82 + 0.010\,0v + 0.000\,145v^2$ (7-15)

单层快速客车(160 km/h) $\omega_0'' = 1.61 + 0.004\,0v + 0.000\,187v^2$ (7-16)

双层快速客车(160 km/h) $\omega_0'' = 1.24 + 0.003\,5v + 0.000\,157v^2$ (7-17)

(3) 动车组单位基本阻力的计算公式

我国 CRH 系列动车组的单位基本阻力公式如下(单位均为 N/kN):

CRH1 $\quad \omega_0'' = 1.12 + 0.005\,42v + 0.000\,146v^2$ (7-18)

CRH2 $\quad \omega_0'' = 0.88 + 0.007\,44v + 0.000\,144v^2$ (7-19)

CRH3 $\quad \omega_0'' = 0.42 + 0.001\,60v + 0.000\,132v^2$ (7-20)

CRH5 $\quad \omega_0'' = 1.65 + 0.000\,1v + 0.000\,179v^2$ (7-21)

7.4.3 附加阻力

1. 曲线(附加)阻力

产生曲线附加阻力的原因有:轮轨间的横向和纵向滑动,轮缘与外轨轨头内侧的摩擦,车辆心盘和旁承因转向架转动而产生的摩擦等。因此,曲线阻力与曲线半径、列车运行速度、车辆轴距等许多因素有关,用理论方法考虑所有这些因素也是很困难的。通常也是按大量试验得出的经验公式来计算单位曲线阻力,而且只以其中最主要的一个因素——曲线半径作为自变量,其形式为

$$\omega_r = \frac{A}{R} (\text{N/kN}) \tag{7-22}$$

式中

R——曲线半径(m);

A——综合反映其他因素的常数,按我国第三个《牵规》,A 取为 600。

2. 隧道(附加)阻力

隧道单位阻力以 ω_s 表示。隧道越长,此阻力越大;列车越长、速度越高,此阻力也越大。另外,隧道附加阻力还与隧道断面积、列车外形等因素有关。这些复杂因素难以从理论上推导,因而通常也采用由试验得出的经验公式来计算。由于试验资料较少,《牵规》中一直没有正式颁布隧道阻力公式,只是在以前的《牵规》解释本中推荐过下列两个参考公式(通常用第二个公式):

隧道内有限制坡道时 $\omega_s = L_s \cdot v_s^2 \cdot 10^{-7} (\text{N/kN})$ (7-23)

隧道内无限制坡道时 $\omega_s = 0.00013 L_s (\text{N/kN})$ (7-24)

式中

L_s——隧道长度(m);

v_s——列车在隧道内的运行速度(km/h)。

为计算方便,通常将单位曲线阻力和单位隧道阻力都看成是相当的单位坡道阻力,并把它和实际的单位坡道阻力相加,总称为"加算坡道阻力",用 ω_{ij} 表示。即加算坡道单位阻力

$$\omega_{ij} = \omega_i + \omega_r + \omega_s (\text{N/kN}) \tag{7-25}$$

由于单位坡道阻力在数值上等于该坡道的坡度千分率,故加算坡道的坡度(简称加算坡度,用 i_j 表示)在数值上就等于加算坡道单位阻力,即

$$i_i = \omega_{ij} \tag{7-26}$$

有了列车单位基本阻力和加算坡度,就可以按下式计算列车总阻力 W:

$$W = W_0 + W_{ij} = [\omega_0(\sum P + G) + i_j(\sum P + G)] \cdot g \tag{7-27}$$

即
$$W = (\omega_0 + i_j)(\sum P + G) \cdot g \text{(kN)} \tag{7-28}$$

7.5 制动距离的计算

7.5.1 空走时间与空走距离的计算

列车在空走时间内惰行,在平道、上坡道或坡度绝对值较小的下坡道,列车速度应逐渐降低,空走距离较短;而在较陡的下坡道,当坡道下滑力大于列车基本阻力绝对值时,在空走时间内列车速度不但不降,反而会逐渐上升,空走距离较长。

为了简化计算,一般假定在空走时间内列车速度不变,始终等于制动初速,对于线路坡度对列车空走距离和速度的影响,采取修正空走时间值的办法来解决。这样,空走距离就可以按照下列简单匀速运动的公式来计算:

$$s_k = \frac{1\,000 \cdot v_0 \cdot t_k}{60 \times 60} = \frac{v_0 \cdot t_k}{3.6} \text{(m)} \tag{7-29}$$

式中

v_0——制动初速(km/h);

t_k——空走时间(s)。

空走时间可按照通过理论推导获得的理论公式计算,也可按照通过试验获得的经验公式计算。

在制定我国第三个《牵规》时,分别对装有不同制动机的客货车辆进行了单独编组试验,整理出了各种制动机的空走时间公式。之后,根据我国现有各种车辆所占百分比进行加权平均,得出统一的客货列车常用的紧急制动时的空走时间公式如下:

货物列车

$$\text{常用制动 } t_k = (3.6 + 0.001\,76r \cdot n)(1 - 0.32i_j)\text{(s)} \tag{7-30}$$

$$\text{紧急制动 } t_k = (1.6 + 0.065n)(1 - 0.028i_j)\text{(s)} \tag{7-31}$$

旅客列车

$$\text{常用制动 } t_k = (4.1 + 0.002r \cdot n)(1 - 0.03i_j)\text{(s)} \tag{7-32}$$

$$\text{紧急制动 } t_k = 3.5 - 0.08 i_j \text{ (s)} \tag{7-33}$$

式中

n——牵引辆数；

r——列车管减压量(kPa)；

i_j——加算坡度千分数，当 $i_j > 0$ 时，规定按 $i_j = 0$ 计算。

电空制动和单机运行不分类型，t_k 均可按下式计算：

$$t_k = 2 - 0.08 i_j \text{ (s)} \tag{7-34}$$

7.5.2 有效制动距离的计算

列车的有效制动过程是在空走时间终了以后，列车在短时间内突增到预定值的制动力和阻力联合作用下急剧减速直至停车或减到预定速度的过程。

把整个列车视为一个刚性系统，则按动能定律，即系统动能的微分等于作用于该系统合力的微分，可以推导出列车运动的微分方程式。

由于列车在整体作平移运动的同时，还有某些部分(如轮对等)在作回转运动，所以列车的动能应由两部分组成，即整个列车的动能

$$E = \frac{M \cdot v}{2} + \sum \frac{I \cdot \omega}{2} \tag{7-35}$$

式中

v——列车运行速度；

M——整个列车的质量；

I——各个回转部分的转动惯量；

ω——各个回转部分的角速度。

令回转部分的回转半径为 R_h，则由 $\omega = \dfrac{v}{R_h}$，上式可改写为

$$E = \frac{M \cdot v^2}{2} + \sum \frac{I}{2} \cdot \left(\frac{v^2}{R_h^2}\right) = \frac{M \cdot v^2}{2} + \frac{M \cdot v^2}{2} \cdot \sum \frac{I}{M \cdot R_h^2}$$

令 $\gamma = \sum \dfrac{I}{M \cdot R_h^2} = \dfrac{\sum \dfrac{I}{R_h^2}}{M}$，即将回转动能的"折算平移质量"与整个列车质量之比，称之为回转质量系数，则上式可写成

$$E = (1+\gamma) \cdot \frac{M \cdot v^2}{2}$$

对上式进行微分,可以得到列车动能增量为

$$dE = (1+\gamma) \cdot M \cdot v \cdot dv$$

动能增量应等于作用于列车的合力所作之功,故可得

$$(1+\gamma) \cdot M \cdot v \cdot dv = C \cdot ds = C \cdot v \cdot dt$$

$$\frac{dv}{dt} = \frac{C}{(1+\gamma) \cdot M} = \frac{C}{(1+\gamma) \times 1\,000 \times (P+G)}$$

令 $c = \dfrac{C}{(P+G) \cdot g}$,且 $g = 9.81 \text{ m/s}^2 \approx 127\,000 \text{ km/h}^2$,则上式可化简为

$$\frac{dv}{dt} = \frac{127\,000}{(1+\gamma) \times 1\,000} \cdot c = \frac{127}{1+\gamma} \cdot c$$

令 $\xi = \dfrac{127}{1+\gamma}$,称之为加速度系数,代入上式即可得

$$\frac{dv}{dt} = \xi \cdot c$$

由此可得

$$v \cdot dt = \frac{v \cdot dv}{\xi \cdot c}$$

$$\int ds = \int \frac{v \cdot dv}{\xi \cdot c} \tag{7-36}$$

由于上式中单位合力是随工况和速度而变得复杂函数,直接解算较为困难。因此,在实际计算时一般采用"分段累计法"来代替"直接积分法",即把列车速度范围划分成若干个速度间隔,并假定在每个速度间隔内单位合力为常数,等于该速度间隔平均速度下的数值 c_p。这样,(7-36)就可写成

$$\int_{s_1}^{s_2} ds = \frac{1}{\xi \cdot c_p} \int_{v_1}^{v_2} v \cdot dv$$

列车在每个速度间隔内的运行距离

$$\Delta s = \frac{v_2^2 - v_1^2}{2 \cdot \xi \cdot c_p}$$

加速度系数 ξ 与回转质量系数 γ 有关，因机车车辆类型而异。为了计算方便，通常规定统一取平均值 $\xi = 120$ 为旅客列车和重货物列车的计算标准（相当于 $\gamma = 0.06$）。故上式可写成

$$\Delta s = \frac{v_2^2 - v_1^2}{240 \cdot c_p} (\text{km})$$

或

$$\Delta s = \frac{4.17 \cdot (v_2^2 - v_1^2)(\text{m})}{cp} \tag{7-37}$$

有效制动距离 $s_e = \sum \Delta s = \sum \dfrac{4.17 \cdot (v_2^2 - v_1^2)}{1\,000 \cdot \varphi_h \cdot \theta_h + \omega_0 + i_j} (\text{m}) \tag{7-38}$

式中 φ_h 和 ω_0 分别为每个速度间隔（v_1 至 v_2）的平均速度 v_p 的闸瓦换算摩擦系数和列车单位基本阻力。

为了进一步简化运用中的有效制动距离计算，还可以假定制动时的单位基本阻力和闸瓦换算摩擦系数在制动过程中都不随速度而变，用制动距离等效的常量 φ_s 和 ω_s 来代替 φ_h 和 ω_0，这样，(7-38)就可以改写为

$$s_e = \frac{4.17 \cdot (v_0^2 - v_z^2)}{1\,000 \cdot \varphi_s \cdot \theta_h + \omega_s + i_j} (\text{m}) \tag{7-39}$$

式中

v_0——制动初速（km/h）；

v_z——制动终速（km/h），紧急制动时 $v_z = 0$；

φ_s——距离等效摩擦系数；

ω_s——距离等效单位基本阻力（N/kN）。

这种求有效制动距离的方法称作为"等效一次计算法"，它比"分段累计法"显然要方便得多。但关键是要求出等效值 φ_s 和 ω_s。

由(7-38)和(7-39)，同时将坡度和阻力的影响先忽略不计，可得

$$\varphi_s = \frac{v_0^2 - v_z^2}{\sum \dfrac{v_2^2 - v_1^2}{\varphi_h}} \tag{7-40}$$

由(7-38)和(7-39)，同时将坡度和制动力的影响先忽略不计，可得

$$\omega_s = \frac{v_0^2 - v_z^2}{\sum \dfrac{v_2^2 - v_1^2}{\omega_0}} \tag{7-41}$$

7.6 列车制动计算实例

7.6.1 车辆参数信息

在本章节中,我们以某地铁列车为例,研究六节编组的列车在不同制动工况下,列车相关制动装置的计算与变化情况。列车的编组及各车相关参数分别如图 7-11 和表 7-4 所示。

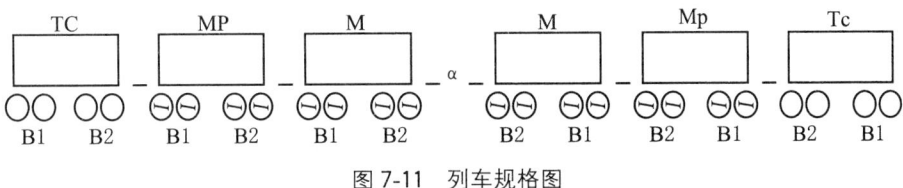

图 7-11 列车规格图

表 7-4 车辆相关参数信息

	M-B2	M-B1	MP-B2	MP-B1	TC-B2	TC-B1
n_R	2	2	2	2	2	2
n_P	2	2	2	2	2	2
n_SP	2	2	2	2	2	2
D_R	840	840	840	840	840	840 mm

每个转向架的质量

$$m = \frac{M \cdot LV}{n\_R} \tag{7-42}$$

式中

M——车辆总质量;

LV——每个转向架的静载荷分布;

n_R——转向架数量。

每个转向架的制动部分质量

$$w = m + m\_r \tag{7-43}$$

式中

m——每个转向架的质量;

m_r——每个转向架旋转部分质量。

车辆旋转部分质量总和

$$M\_r = \sum (n\_R * m\_r) \tag{7-44}$$

车辆制动部分总质量

$$W = M + M\_r \tag{7-45}$$

将相关车辆参数信息代入(7-42)、(7-43)、(7-44)以及(7-45)后,计算结果可如表7-5所示。

表7-5 车辆相关参数计算结果

	M-B2	M-B1	MP-B2	MP-B1	TC-B2	TC-B1
m	23 549	23 549	23 749	24 049	22 300	22 800 kg
w	25 549	25 549	25 749	26 049	23 140	23 640 kg
M_r	19 360 kg					
W	299 352 kg					

7.6.2 不同工况下的列车制动计算

1. 停放制动

每个转向架上的支承力

$$F\_H = F\_B * n\_sp * \mu\_Bs * (2 * r\_m / D\_R) \tag{7-46}$$

式中

F_B——每个车轮闸瓦力;

n_sp——每个转向架停放制动车轮数量;

μ_Bs——静摩擦系数;

r_m——平均摩擦半径;

D_R——车轮直径。

相关车辆数据并将其代入(7-46)后所得到的计算结果可如表7-6所示。

表 7-6　车辆相关数据及计算结果(停放制动)

	M-B2	M-B1	MP-B2	MP-B1	TC B2	TC B1
F_B	22 977	22 977	22 977	22 977	22 977	22 977 N
n_sp	2	2	2	2	2	2
μ_Bs	0.28	0.28	0.28	0.28	0.28	0.28
r_m	420	420	420	420	420	420 mm
D_R	840	840	840	840	840	840 mm
F_H	12 867	12 867	12 867	12 867	12 867	12 867 N

2. 紧急制动

每个车轮闸瓦力

$$F\_B = P\_C * i\_D + j\_D \tag{7-47}$$

式中

P_C——制动缸压力；

i_D——压力比；

j_D——附加值(对活塞运动起作用)。

每个转向架的制动力

$$F\_V\_EP = F\_B * \mu\_Bd * n\_S * (2 * r\_m / D\_R) \tag{7-48}$$

式中

F_B——每个车轮闸瓦力；

μ_Bd——动摩擦系数；

n_S——每个转向架制动圆盘数量；

r_m——平均摩擦半径；

D_R——车轮直径。

相关车辆数据并将其代入(7-47)和(7-48)后所得到的计算结果可如表 7-7 所示。

表 7-7　车辆相关数据及计算结果(紧急制动)

	M-B2	M-B1	MP-B2	MP-B1	TC-B2	TC-B1
P_C	4.68	4.68	4.71	4.77	4.26	4.34 bar
i_D	6 854.44	6 854.44	6 854.44	6 854.44	6 854.44	6 854.44 N/bar

续表

	M-B2	M-B1	MP-B2	MP-B1	TC-B2	TC-B1	
j_D	−1 339	−1 339	−1 339	−1 339	−1 339	−1 339	N
F_B	30 735	30 735	30 975	31 336	27 837	28 438	N
μ_Bd	0.3	0.3	0.3	0.3	0.3	0.3	
n_S	4	4	4	4	4	4	
r_m	420	420	420	420	420	420	mm
D_R	840	840	840	840	840	840	mm
F_V_EP	36 882	36 882	37 170	37 603	33 404	34 126	N

复习思考题

1. 自动电空制动控制系统和直通电空制动控制系统各有何特点？
2. 针对高速列车(时速大于350 km/h)该选取哪种摩擦制动材料？
3. 非黏着制动有哪几种？并简述它们各自的工作原理。
4. 何谓"基本阻力"？制动计算时为什么可按通用的公式计算列车单位基本阻力？
5. 有效制动距离计算的"等效(一次计算)法"的实质是什么？等效值 ω_s 和 φ_s 是如何求出来的？

Chapter 08

第8章 列车微控制系统

8.1 微控制系统结构

列车微机控制系统是列车的核心部件,它包括能实现各种功能控制为目标的单元控制机、实现车辆控制的车辆控制机(列车控制机)和实现信息交换的通信网络。

列车对微机控制系统的基本要求可以归结为控制的实时性、系统的高可靠性、环境的强适应性以及结构的开放性和标准化。

实时性是运行控制的基本要求,即微机系统能对运行过程中所发生的各种事件和变化有迅速和及时的反应能力,使列车能安全运行,这就要求微机系统需具有时间驱动和事件驱动的能力,为此配置实时多任务操作系统是较好的选择。

高可靠性是车载微机系统的最基本要求,一般来说要求高的运行效率(约>90%以上);低故障率,平均故障间隔时间MTBF要求大于1万小时以上;而为了减少故障修复时间MTTR,冗余技术得到了普遍的应用。

环境适应性即为系统的抗干扰性和抗污染性。列车的微机系统必须要有宽的工作温度范围-25 ℃—70 ℃和极高的电磁兼容性能,尤其要有很高的EMI性能。

开放性是现代工业控制用计算机的一个十分重要的概念,特别对于需要编组的城市地铁与轻轨列车来说尤为重要。开放性首先是指结构和器件,即在系统的结构设计上要兼顾通用的基本设计和用户的特殊要求设计,并且在器件上能有向上的兼容性,在结构上能自由伸缩,以适应器件的不断更新和用户要求的提高。其次,开放性是向不同用户层次开放,使不同要求的用户和不同的功能实现均能配置成各种层次的系统。

结构的标准化是保证开放性的前提和措施,结构的标准化包括:总线的标准化,即采用标准化总线;机械结构的标准化,功能模板的标准化,即按通用功能来划分和设计模板。结构的标准化也十分有利于系统的调试和维修。

8.2 列车通信网络(TCN)

8.2.1 TCN 标准

列车通信网络(英语:Train Communication Network,简称 TCN),是一种以计算机网络为核心的分布式网络控制系统,作为铁路机车车辆的控制、检测和诊断系统;该国际标准由国际电工委员会(IEC)和国际铁路联盟(UIC)联合制定,即 IEC 61375,同时电气电子工程师学会(IEEE)也引用该项标准作为列车通信网络标准,即 IEEE 1473-T。

1988 年,国际电工委员会第九技术委员会(TC9),与世界上 20 多个主要铁路运营部门和机车车辆制造厂家代表,以及国际铁路联盟的代表,共同组成第 22 工作组(WG22),其任务是制订一个开放的通信系统,从而使得各种铁道机车车辆能够相互联挂,并且车上的可编程电子设备能够互换,并以具有多年应用经验的"SIBAS"和"MICAS"微机控制系统作为雏形。1992 年 6 月,第 22 工作组以委员会草案(Committee Draft)的形式向各国发出列车通信网络的征求意见稿,该稿分成四个部分:第一部分为总体结构,第二部分为实时协议,第三部分为多功能车辆总线(MVB),第四部分为绞线式列车总线(WTB)。

经过多年的努力,第 22 工作组在西门子公司和 Adtranz 公司(瑞士布朗·勃法瑞公司于 1988 年被 Adranz 收购)原有技术方案的基础上,共同开发出了一套系统标准。1994 年 5 月至 1995 年 9 月,欧洲铁路研究所(ERRI)在瑞士因特拉肯至荷兰阿姆斯特丹之间的铁路,对瑞士联邦铁路(SBB)、德国铁路股份公司(DB)、意大利国家铁路(FS)、荷兰铁路(NS)的车辆编组而成的试验列车进行了全面的 TCN 实验。

1999 年 6 月,TCN 标准草案 61375-1 正式成为国际标准。在 61375-1 中,除了以上四个部分外,还有第五部分(列车网络管理),附录 A(列车通信网导引)和附录 B(一致性测试导则)。

TCN 网络是一种现场通信网络。现场通信网络又称为广义的现场总线,是广泛应用于计算机测控领域的串行双向数字通信网络。其功能是实现对现场(或底层)数据的收集和执行设备的控制,完成系统管控设备与现场设备之间、现场设备相互之间的信息交换。安装在列车上的计算机局域网络系统 TCN,负责对整列车各个部分信息的采集与传递,它将整列车连成一个整体,司机对整列车的控制命令通过 TCN 网络传送到列车的每节车辆车上,而每节车辆的工作状态通过 TCN 传送到司机显示屏,使整列车有效安全地运行。

列车通信网络可分为三个层次,即列车总线、车辆总线和设备总线。TCN 网络总体结构包含两级总线层次架构,分别为可用于连接各节可动态编组车辆间的绞线式列车总线(Wire Train Bus,WTB),以及用于连接一节车辆或一组车辆单元内部各种设备的多功能车辆总线(Multifunction Vehicle Bus,MVB)。在车辆总线下面还可设置第三级,由安装在同一车辆上的传感器执行机构构成,这一级不受列车控制网络的限制,可被认为是车辆总线设备的一部分。

一列列车中只能有一条列车总线,但可以有多条车辆总线。列车总线连接不同车辆(单元)中的网络节点(网关);车辆总线连接同一车厢或固定车组内部的各种可编程终端装置。

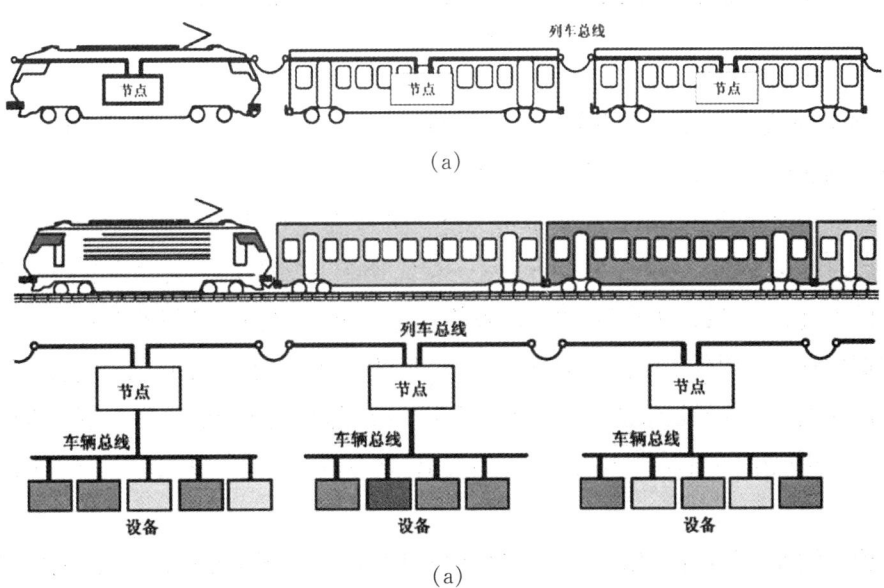

图 8-1 列车通信网络结构示意图

列车通信网络的结构示意如图 8-1 所示，TCN 连接整个列车，每节机车或车辆的车辆总线通过网络节点与 TCN 连接。机车或车辆上的各种设备则直接挂在车辆总线上。这样，车辆的控制、检测、故障诊断等信息的传输，都可以方便地通过列车总线和车辆总线及其对应的节点传输到需要这些信息的设备。列车通信网络结构并不是绝对的，整个列车的组成可以灵活多样，一节车厢内可以有一条或多条车辆总线，也可以没有；车辆总线也可以在固定编组的情况下跨接几节车厢。如果整列车是固定编组，则列车并不需要对节点进行连续编号，这时车辆总线可以起到列车总线的作用。

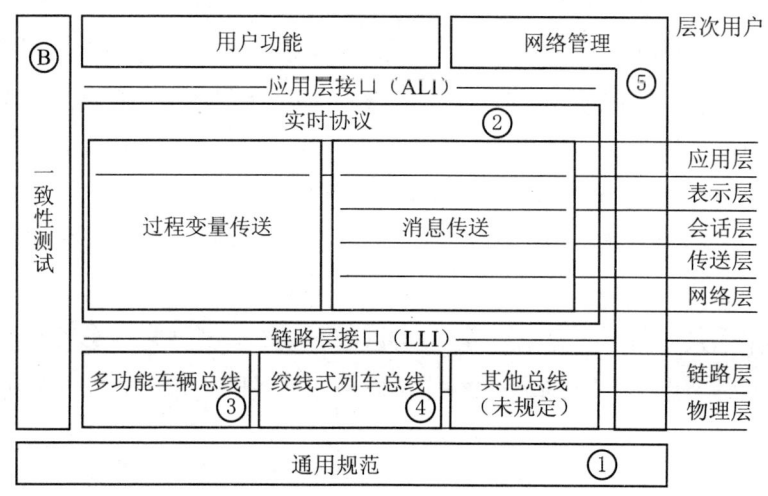

图 8-2　TCN 分层

TCN 标准遵循实时协议(RTP)，用于 TCN 中的所有设备在 MVB、WTB 或其他总线上进行数据通信，实时协议 RTP 规定了 TCN 提供的应用接口。

实时传输协议(Real-time Transport Protocol 或简写 RTP)是一个网络传输协议，它是由 IETF 的多媒体传输工作小组 1996 年在 RFC 1889 中公布的。实时传输协议(RTP)为数据提供了具有实时特征的端对端传送服务，如在组播或单播网络服务下的交互式视频音频或模拟数据。应用程序通常在 UDP 上运行 RTP 以便使用其多路结点和校验服务；这两种协议都提供了传输层协议的功能。但是 RTP 可以与其他适合的底层网络或传输协议一起使用。如果底层网络提供组播方式，那么 RTP 可以使用该组播表传输数据到多个目的地。

尽管在物理层与在链路层不同，WTB 和 MVB 遵循的都是相同的传输协议。TCN 定义了三类在网上传输的数据，即过程数据、消息数据和管理数据。过程数据采用变量传输，消息数据和管理数据采用消息传输,如图 8-3 所示。

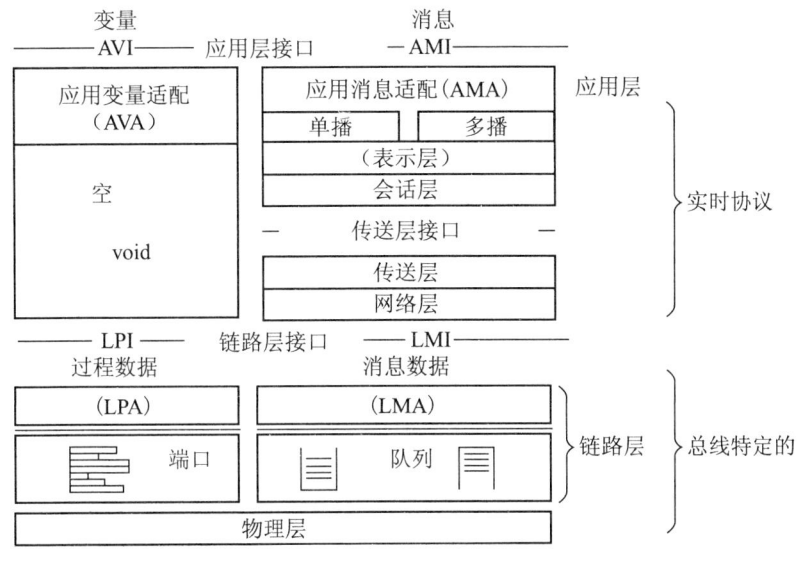

图 8-3　实施协议分层

（1）过程数据反映列车状态,如速度、电动机电流、操作员的命令。过程数据的传送时间必须短而确定。对于车辆总线上所有的重要变量,从一个应用到另一个应用的确定性传送的传送时间必须保证在 16 ms 以内;而通过 WTB 从车辆总线到车辆总线的确定性传送的传送时间则必须保证在 100 ms 以内。为了保证这个时延,过程数据被周期性地发送。

（2）消息为不频繁传送、但可能冗长的信息,例如诊断或旅客信息。消息的长度在几个字节到几千个 8 位字节之间。消息的发送时延必须短,但允许变化。因此,消息数据按需要发送,并且可以分帧发送。

（3）管理数据是在相同总线内用来监视设备状态、检测沉寂的设备、总线主权转移、总线初运行等方面的数据。某些管理数据是周期性传送的,但另一些管理数据是按需传送的。严格来说,过程数据也可作为偶发性数据按需传送,但由于这种服务不可靠,TCN 标准不支持这种发送方式;同样消息数据也可以周期性地传送,TCN 标准也不予支持。

TCN 把网上的信息传输分为变量传输和消息传输。变量传输为周期性传输,消息传输为非周期传输。列车总线的传输周期最低为 50 ms,而车厢总线的传输周期则取决于变量传输中最大的特征周期。

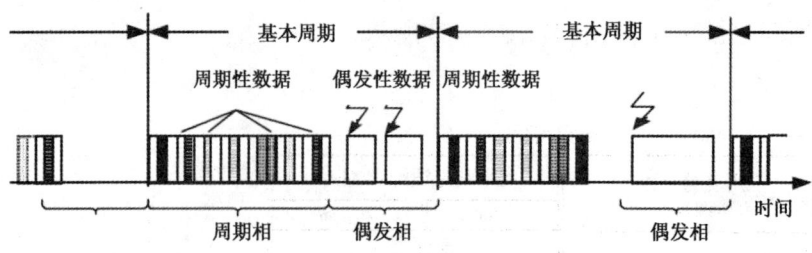

图 8-4 TCN 周期传送与非周期传送

TCN 具有组态功能,其主要包括以下情况:

(1) 无车辆总线或与非 MVB 的车辆总线连用的 WTB;

(2) 无列车总线或与非 WTB 的列车总线连用的 MVB;

(3) RTP 使用于与非 WTB 或非 MVB 的其他总线。

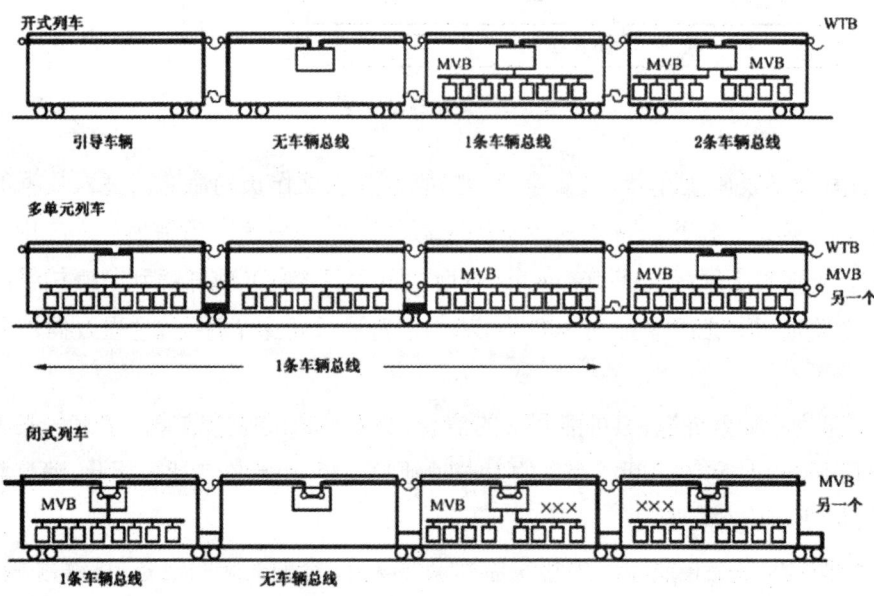

图 8-5 TCN 的组态

如图 8-5 所示,对于需要对于自动组态的开式列车,如 UIC 列车。WTB 作为标准的列车总线。它最多支持 32 个节点,每一列机车车辆可没有或有一个,或有更多的节点,每个节点最多可挂 15 个车辆总线或其他总线;两个相连的闭式列车,当这些闭式列车需要经常连接和解连时,可使用 WTB 作为标准的列车总线。但如果可以用其他方法组态时,也可以用其他总线如 MVB 来代替,车辆总线可以穿越几个车辆;RTP 用于其他非 WTB 或非

MVB 的总线时，MVB 既能作为列车总线，也可以作为车辆总线。

8.2.2 相关总线

1. MVB 总线

多功能车辆总线(MVB)是一种串行数据通信总线，它主要是为(并非专用)有互操作性和互换性要求的互连设备而设计的。MVB 总线在机车、车辆或正常操作期间不分开的车厢组中时标准的传送载体。它即提供可编程设备之间的互连，也提供可编程设备与其传感器和执行机构之间的互连。和列车总线不同，车厢总线具有固定的结构和地址，且拓扑结构为一对多点的主从方式。在一定的周期内，由一个总线管理器(Bus Administrator)负责管理整个车厢总线，完成控制命令、状态采集及其他各种功能。必要的时候，总线管理器

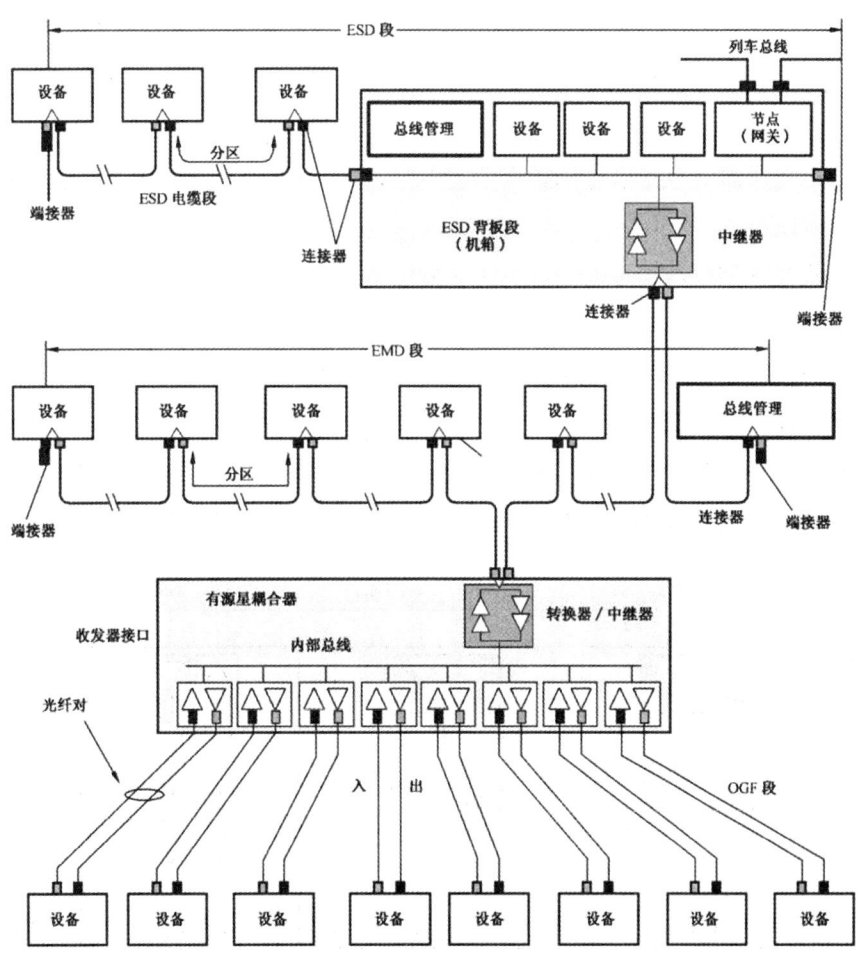

图 8-6　MVB 网络配置

也可以进行切换。由于列车的干扰状况和运行环境的恶劣程度是其他工业场合不可比拟的,所以车厢通信总线的可靠性要求极高。同时,车厢总线要求通信具有强实时性,能在规定的采样周期内,及时响应操作命令,及时采集机车的工况参数,及时给出控制和指令等。

MVB 以在瑞士 Lok460 机车上创始的总线为基础,并已在很多车辆使用过。车辆总线的引入可以显著地减少电缆使用,并且可以通过使用光缆增加了可靠性。TCN 规定了多功能车辆总线(MVB)作为连接车辆内设备,以及在固定编组的列车组中连接各车辆间设备的车辆总线。MVB 传输速率 1.5 Mbit/s,可使用 3 种介质工作:

(1) ESD:单线结构用于短距离传输的电介质。(RS-485,20 m)

(2) EMD:用于中距离传输的电介质。(变压器耦合,200 m)

(3) OGF:用于长距离传输的光介质。(光纤,2 km)

收发器接口是一种定义为采用二进制编码信号操作的电气接口。MVB 总线的收发器接口均采用两种不同的电平,即高电平和低电平实现数据的传输。对每种介质,高、低电平都有定义。收发器接口包括如下信号:

(1) TxS:发送器信号此信号控制介质的电平,介质处于低电平(LOW)时为"0";介质为高电平(HIGH)时为"1"。

(2) TxE:发送器使能信号此信号为 1 时发送器有效。光纤传输无需此信号。它的定时对每种介质都有定义。

(3) RxS:接收器信号此信号表示介质的状态。当传输线为低电平时此信号为 0,当传输线为高电平时此信号为 1。

对于未定义的电平信号,接收器认为要么是高电平要么是低电平。当没有一个发送器处于活跃状态时就不存在所定义的电平,尽管此时有些介质定义了空闲状态电平(通常为低电平)。

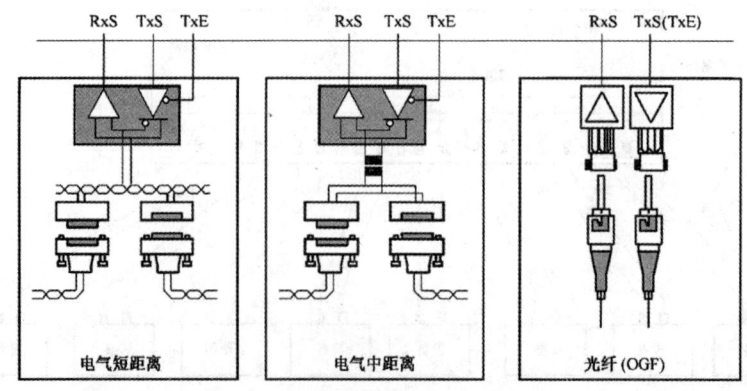

图 8-7 收发器接口

不同的介质可以直接通过耦合器互相连接。MVB 由一个集成的总线协议控制器支持,它能够构成简单的设备而无需处理器。MVB 控制器在物理层提供冗余:一个设备在两个互为冗余的线路上发送,但仅从一条线路上接收,同时监视另一条线路。MVB 具有高度完整性,以防止数据错误,并采用可靠的曼彻斯特编码以及其校验的方式。

ESD 电气短距离介质,最多可同时连接 32 个设备,在无需电气隔离的情况下传输距离可达 20 m。实际传输距离以及设备的数量受到电缆、连接器和设备的接地质量、干扰引起的信号畸变所限制。若采取电气隔离措施则可使传输距离以及设备的数量得以提高。

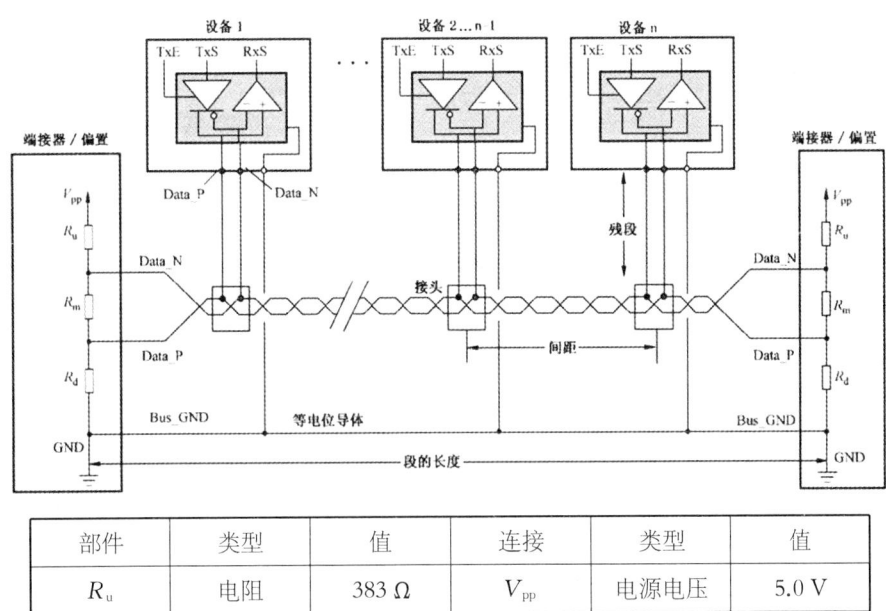

部件	类型	值	连接	类型	值
R_u	电阻	383 Ω	V_{pp}	电源电压	5.0 V
R_m	电阻	143 Ω	GND	基准电压	0.0 V
R_d	电阻	383 Ω			

图 8-8 ESD 连接范例

EMD 电气中距离介质,最多可同时连接 32 个设备,传输距离可达 200 m。但实际的传输距离受电缆、连接器和设备引起的畸变所限制,同时也受到接地质量和干扰等级的影响。设备之间连接方式如下图所示。

光纤总线通过星耦合器覆盖达 2 000 m 的传输距离。实际的传输距离受到光纤、连接器、中继器及星耦合器的特性所引起的失真的限制。光纤既可以直接对设备进行连接,也可以通过星耦合器来连接。

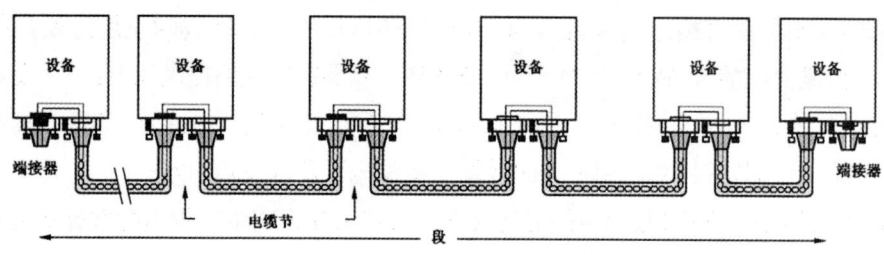

图 8-9 双路冗余 EMD 连接

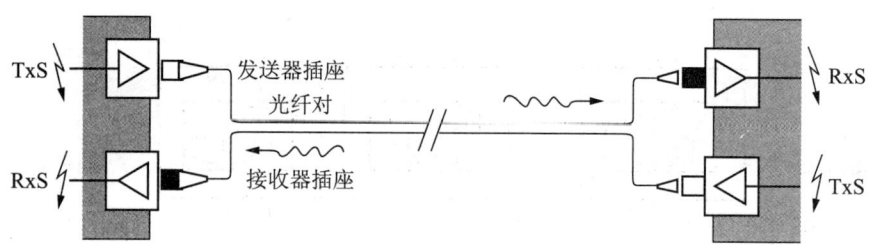

图 8-10 OGF 光纤连接

2. 以太网总线

以太网的标准 IEC61375-3-4-2014 中规定了列车通信网络中以太网通信网络 (Ethernet Consist Network ECN) 的标准。由于目前列车通信的数据量剧增，传统列车总线无法满足大数据量传输，所以新增了采用以太网总线进行通信，从而满足数据的传输要求。比如车载广播系统、视频系统、下载固件程序等，由于其在价格相对 MVB，较低廉，速度快，数据量大等优点，使之成为未来 TMS 网络发展的一个重要方向。

以太网过去被认为是一种"非确定性"的网络，作为信息技术的基础，是为 IT 领域应用而开发的，在工业控制领域只能得到有限应用，这是由于：(1) Ethernet 的介质访问控制 (MAC) 层协议采用带碰撞检测的载波侦听多址访问 (CSMA/CD) 方式，当网络负荷较重时，网络的确定性不能满足工业控制的实时性要求；(2) Ethernet 所用的接插件、集线器、交换机和电缆等是为办公室应用而设计的，不符合工业现场恶劣环境要求；(3) 在工厂环境中，Ethernet 抗干扰 (EMI) 性能较差，若用于危险场合，以太网不具备本质安全性能；(4) Ethernet 不能通过信号线向现场设备供电问题。随着 IT 技术和总线技术的发展，上述问题在实时以太网中正在迅速得到解决，并使以太网全面应用于工业控制领域成为可能。

工业以太网的技术优势包括应用广泛、通信速率高、成本低廉、资源共享能力强、可持续发展潜力大、实时以太网的关键技术、实时通信技术、总线供电技术、远距离传输技术、网络安全技术、可靠性技术。

列车的以太网总线采用4芯以太网连接线进行连接,并规定使用M12连接器,通过差分信号进行数据的发送与接收。

差分传输是一种信号传输的技术,区别于传统的一根信号线一根地线的做法,差分传输在这两根线上都传输信号,这两个信号的振幅相同,相位相反。在这两根线上的传输的信号就是差分信号。信号接收端比较这两个电压的差值来判断发送端发送的逻辑状态。其抗干扰能力强,因为两根差分走线之间的耦合很好,当外界存在噪声干扰时,几乎是同时被耦合到两条线上,而接收端关心的只是两信号的差值,所以外界的共模噪声可以被完全抵消;能有效抑制EMI,同样的道理,由于两根信号的极性相反,他们对外辐射的电磁场可以相互抵消,耦合的越紧密,互相抵消的磁力线就越多。泄放到外界的电磁能量越少;时序定位精确,由于差分信号的开关变化是位于两个信号的交点,而不像普通单端信号依靠高低两个阈值电压判断,因而受工艺,温度的影响小,能降低时序上的误差,同时也更适合于低幅度信号的电路。

列车以太网物理接口定如下所示:

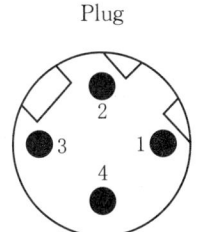 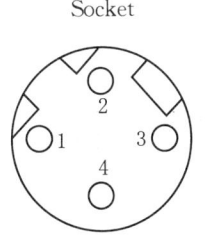

Pin	Signal
1	TD+
2	RD+
3	TD−
4	RD−

图8-11 列车以太网物理接口(M12)引脚定义

(1) TD+:Tranceive Data+(发信号+);

(2) RD+:Receive Data+(收信号+);

(3) TD−:Tranceive Data−(发信号−);

(4) RD−:Receive Data−(收信号−)。

以太网的收发单元通过双绞线连接。收发单元接收到信号后,通过MAU将信号转化为差分传输数据信号,并将差分信号在放大器(amplifier)中被提升,其变为信号TDRD+和TDRD−后被引导到网络变压器(transformer)。传输信号和接收信号在放大器输出端复用,同时作为是电平调节器的输入端。

网络变压器起传递电压信号的作用,其一,可以增强信号,使其传输距离更远;其二,使芯片端与外部隔离,抗干扰能力大大增强,而且对芯片增加了很大的保护作用(如雷击);其三,当接到不同电平的网口时,不会对彼此设备造成影响。

双绞线由两根具有绝缘保护层的铜导线组成,是一种综合布线工程中最常用的传输介质的。把两根绝缘的铜导线按一定密度互相绞在一起,每一根导线在传输中辐射出来的电波会被另一根线上发出的电波抵消,有效降低信号干扰的程度。

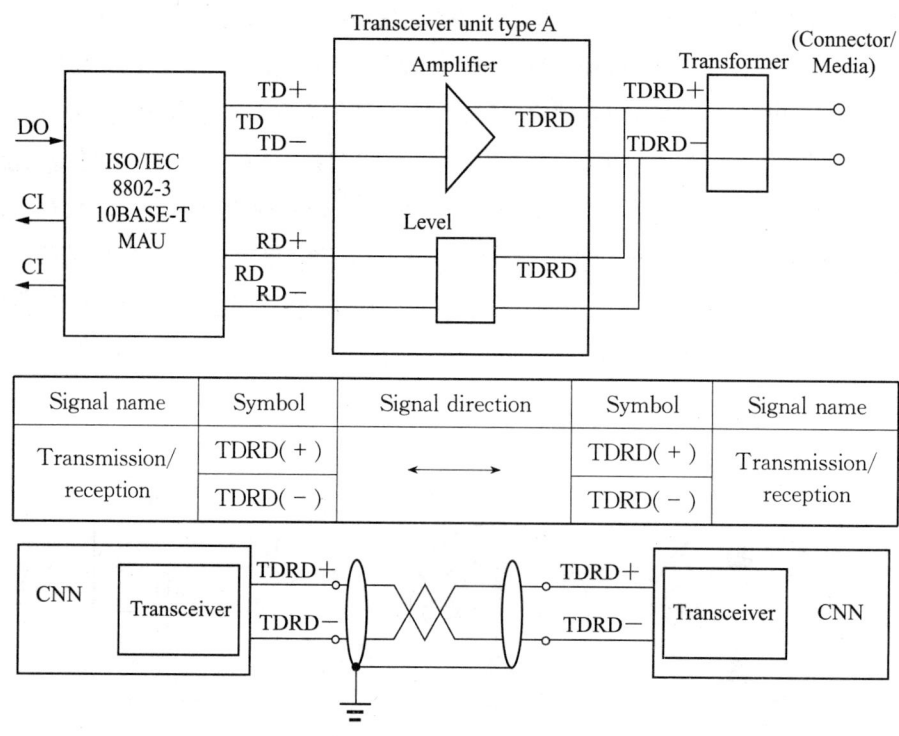

图 8-12　单个双绞线连接的收发器单元的工作模式

TRDP(Train Real-time Data Protocol)协议,用于轨道交通实时以太网络,对于铁路用以太网,提高实时性、确保可靠性也是必不可少的条件。研究表明,铁路控制系统需要确保延迟时间在 50 ms 左右,使用以太网 TRDP 协议即可满足这一要求。标准将通过行业团体"TCNOpen",以开源的形式公开。其目的在于促进相应产品的开发,以及铁路用以太网的普及,同时削减铁路运营商和铁路车辆企业采购构件的成本。

TRDP 组件包括 PDCom,MDCom,TRDP Light,VOS(虚拟 OS)和实用程序。PDCom 处理过程数据,MDCom 处理 TCN 上的消息数据通信。TRDP 与网络的其他用户共存,例如,流式通信(如 TCP/IP)和基于尽力而为的通信(如 UDP/IP)。TRDP 由两个级别组成 TRDP Light 和完整 TRDP。这两个级别都由不同的可选实用程序支持用于编组/解组,读取 TRDP XML 配置,转换 IP/URL 地址,安全数据传输支持,列车拓扑信息访问。因此,TRDP 为使用 TRDP Light 的低端设备提供可扩展性,使用完整的 TRDP 接口。流程数据是在许多应用程序中循环分布的数据。有效载荷大小限制为 1 436 字节(没有 SDT)。消息数据是从一个应用程序发送到一个或多个其他应用程序的事件驱动的数据。使用 UDP 或 TCP 的有效负载最高可达 65 388 字节。TRDP 处理网络通信的所有方面,例如,缓冲,发送/接收,可选编组,可选流量整形和数据完整性。使用 TRDP 的应用程序可以以透明的方式在终端设备,组件或列车内部或外部相互通信。

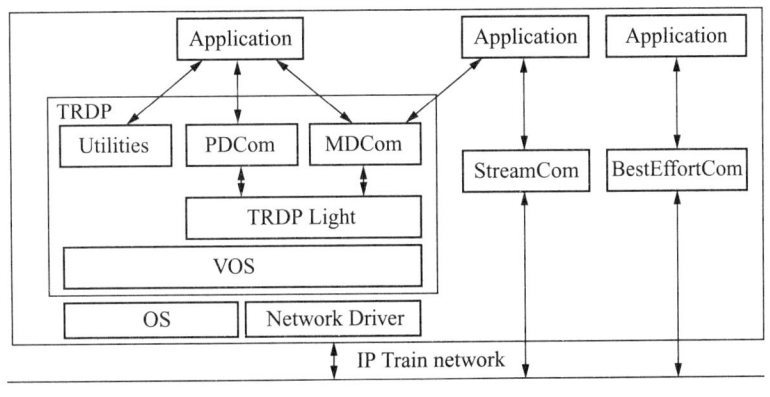

图 8-13 TRDP 架构

TRDP 采用推拉的通信机制。在推送模式中,发送端(publisher)以固定周期发布到给定的目的地址(范围)。使用此地址或在此地址范围内的任何应用程序都可以在成功建立通信后接收数据。在拉模式中,发送端仅在收到请求报文后发送。请求报文本身包含请求的接口 ID,并且还可以包含目标地址(范围)和数据。如果报文报匹配的通信完成,则可以接收数据。如果没有给出目标地址,则接收到的请求电报的源 IP 地址将被视为目标地址。

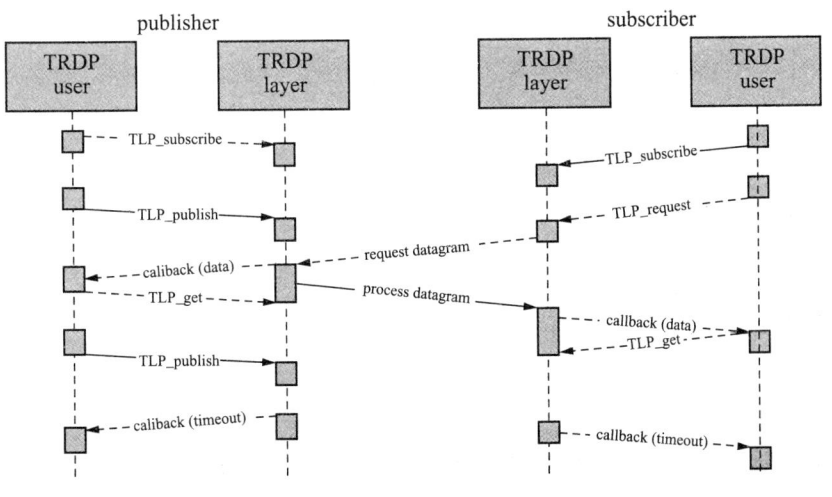

(a) 拉模式

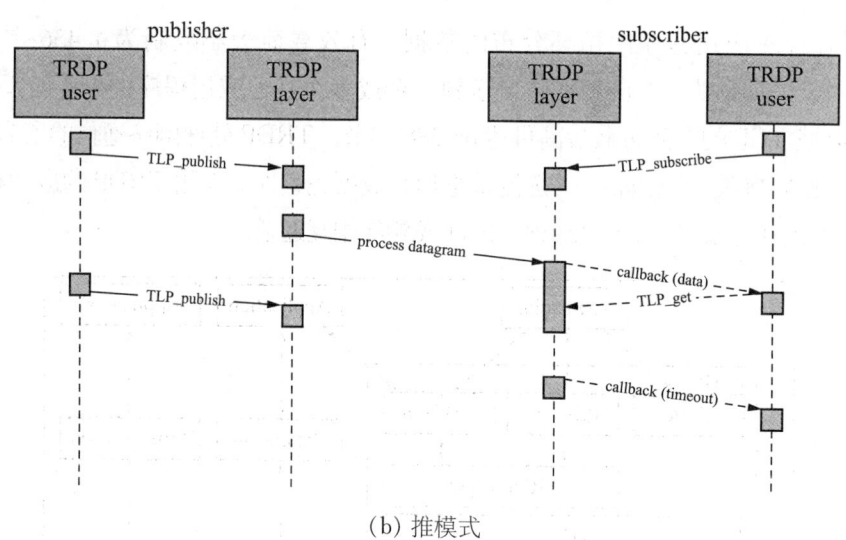

(b) 推模式

图 8-14 推拉通信机制

除了上述总线外,常用的总线或协议还包括 WoldFIP 协议、LongWorks 总线、ARCNET 总线等。有兴趣的同学可自行查找资料,具体细节不在本书中逐一描述。

3. WTB 总线

列车总线 WTB 由各个车厢内固定安装的电缆通过车厢之间的互连而构成。列车总线上连接的设备称为节点,每个车厢上可能有一个以上的节点。节点可能没有连接车厢总线,也可能由几个车厢总线合接而成。连接有车厢总线的节点可作为列车总线和车厢总线之间的网关。通常将有动力装置的车厢(动车或机车)内的节点称为主节点(Master Node),无动力装置的车厢内的节点称为从节点(Slave Node)。列车总线的拓扑结构采用物理上的总线型和逻辑上的环型。由于是共享总线,每一列车在一次运行中必须由一个且只有一个控制列车总线工作的节点,称为控制节点。控制节点必须是主节点,一般情况下以前导机车的主节点为控制节点,称为总线主设备(Bus Master)。在一个运行周期内,由总线主设备管理列车总线的运行,必要的时候总线主设备可以切换。列车总线是自组态的,当列车编组改变时,列车总线自动重新构成,得到一个总线主设备,并自动指定各节点地址、位置及识别运行方向。其连接方式如图 8-15 所示:

WTB 是专为铁路列车车辆重联而开发的高可靠和实时的现场总线,它特别适合用于需要动态编组的开式列车(也同样适合于固定编组的闭式列车),其具有如下特点:

(1) 据传输波特率为 1 Mbps,信号采用双向 L 型差分曼彻斯特编码,数据帧格式为 HDLC;

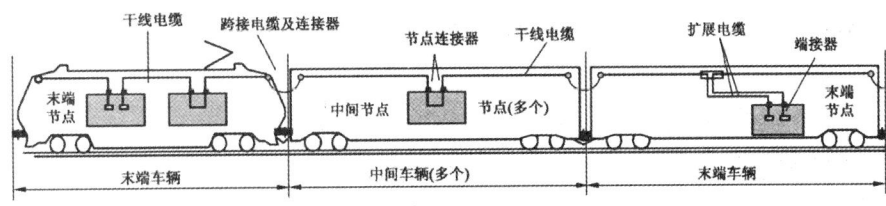

图 8-15 列车总线 WTB 编组

(2) 采用 16 位的循环冗余校验方式;

(3) 物理层采用变压器耦合的双绞屏蔽线,传输通道可配置为冗余或非冗余方式,不需中继器传输距离可达 860 米(22 节车辆或 32 个节点);

(4) 当采用冗余设计时,如果正在工作的一组列车总线出现问题时,网关能自动控制切换到另一组工作;

(5) 网络拓扑为简单的总线型结构,方便车辆间布线;

(6) 具有列车初运行功能,支持列车的动态编组;

(7) 数据链路层支持两种基本的数据传输模式:过程数据、消息数据;

(8) WTB 通过本身两个通道进行冗余,重要的 I/O 采用双份,冗余切换过程将在尽量短的时间内进行。

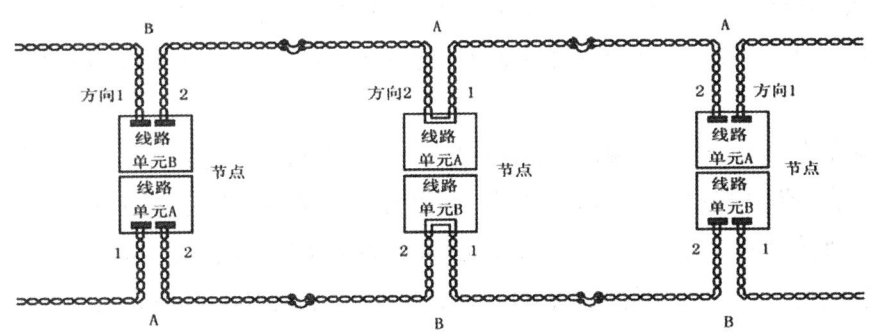

图 8-16 列车总线 WTB 连接方式

WTB 最显著的(在行业中独特的)特色,是它具有以连续顺序给节点自动编号和让所有的节点识别何处是列车的右侧或左侧的能力。每当列车组成改变时(例如连挂或摘除车辆),列车总线各节点执行"初运行"过程,该过程在电气上将各节点连接起来,并给每个节点分配连续地址,于是列车总线的各节点被连续地编号。通常每节车辆有 1 个节点,但也可能有 1 个以上的节点或没有。初运行后,所有车辆均获得列车的结构信息,包括以下几点:

(1) 相对于主节点,它们各自的地址、方向(左/右)和位置(前/后)。
(2) 列车中其他车辆的数量和位置。
(3) 其他车辆的型号和种类(机车、客车等等)及支持的功能。
(4) 各车辆的动力学特性(例如,是否存在传动装置)。

这些信息可以帮助制动计算机推算列车长度和重量。

8.2.3 TCMS 系统

网络控制系统(以下简称 TCMS)通过贯穿列车的总线实现信息传输,对车辆运行和车载设备动作的相关信息进行集中管理,为司机和乘务员的操作提供有效指导,为设备的维护保养和乘客的服务提供支持。TCMS 具有信息传输、逻辑控制、画面显示、故障诊断和用户支持五大功能。TCMS 体系结构基于具有高冗余度的标准 TCN。该体系结构使用 2 个标准的 TCMS 模块,每半列车(称为车组)一个。TCMS 体系结构沿用了 HV 结构(每个牵引变压器有一个 TCMS 模块)。两个模块使用网关通过列车总线进行通信。

TCMS 系统主要组成设备为中央控制单元模块(CCU 或 EVCM)、网关模块(GW 或 EGWM)、输入输出模块(DXMe/DIMe/AXMe)、事件记录模块(EDRM 及 WTD)、中继器模块(REPs)、以太网交换机模块(ECNN 及 ETBN),以及人机交互显示屏模块(HMI)。TCMS 系统由两套可实现的功能一致,能够相互替代,且异构系统所组成。异构即各子模块间的功能分配因设计思路的不同存在而一定差异。图 8-17 为我国标准动车组 TCMS 系统组成。

该动车组为固定的 8 辆编组形式,同时具备最多 2 列重联编组的能力,其网络控制系统采用符合 IEC81375 标准的 TCN 网络。动车组的通信网络划分为两级:车辆级和列车级。列车级采用 WTB 总线贯穿全车,并且承担重联时网络互联互通功能。列车级还采用以太网环网贯穿全车,并且预留重联接口,以太网主要承担维护、检修以及信息化功能;整列车分为两个单元,每 4 节车为一个单元。单元级采用 MVB-EMD 总线,每节车设置一个中继器,(其中头车设置 2 个);车辆级采用 MVB-EMD 总线,网络内部各设备以及第三方设备均连接至 MVB-EMD 总线上。智能设备(包括中央控制单元、网关、显示器、WTD、TCU 和 ACU 等)均采用以太网连接到交换机上;两个 DIMe-L 模块采集司控器级位信号,互为冗余;两个 DIMe 模块采集司机室关键控制信号,互为冗余。

不论是列车级总线还是车辆级总线,均采用通信线路双通道冗余设计,当某一路通信线路出现故障时,系统可以自动切换到另一路通信线路。对于关键的网关及中央控制单元,由于其兼具车辆控制和总线管理功能,因此在每一个动力单元中对网关及中央控制单

第8章 > 列车微控制系统

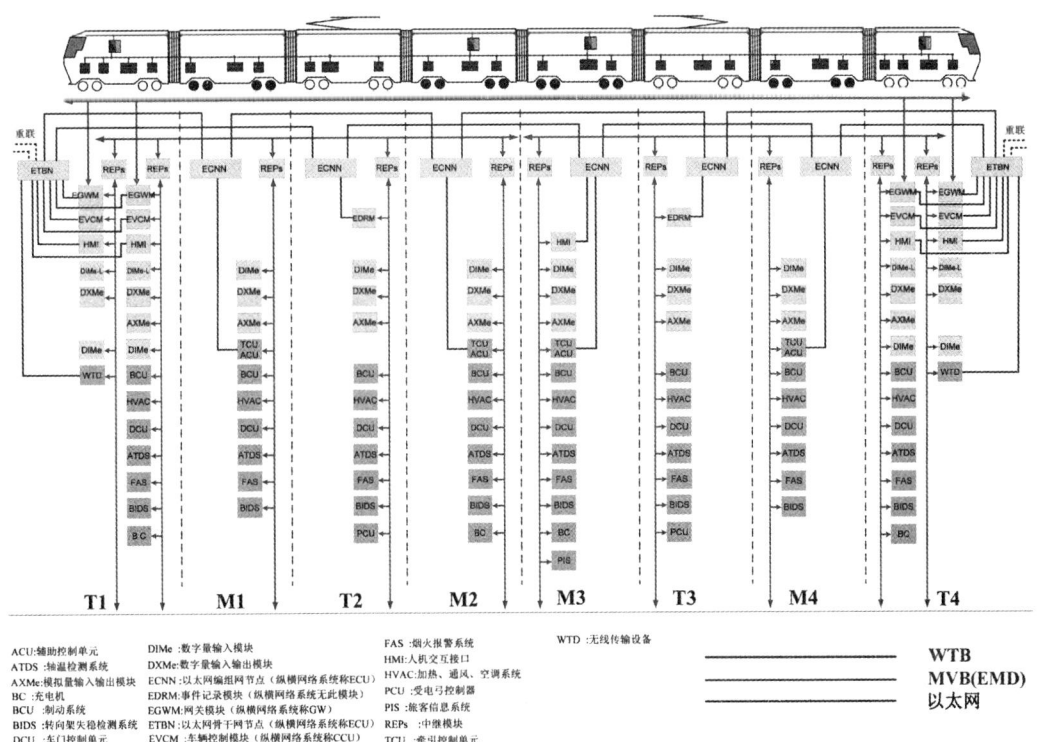

图 8-17 中国标准动车组网络控制系统拓扑图

元做了热备冗余配置。对于 WTB 总线,中央控制单元通过底层协议芯片的竞争机制自动选取一个为主设备,其他为备用主,实时监视当前主设备的工作状态。当主中央控制单元出现故障时,备用中央控制单元将接管主设备的职责,行使 WTB 总线管理和控制功能。主权的切换为自动切换方式,不需要人工干预,并且主权的切换不会导致列车控制功能的中断和故障。对于 MVB 总线,每个动力单元为一个独立的 MVB 网络,在每个 MVB 网络内部的总线管理、冗余和切换机制与 WTB 一致。

网络控制系统采用分布式控制技术,即分布采集及执行,中央集中控制与管理的模式。

由网络控制模块、数字量输入输出模块 DXMe、数字量输入模块 DIMe、模拟量输入输出模块 AXMe 和智能显示单元等组成,通过 MVB 与传动控制单元 TCU,制动控制单元 BCU 等进行通信。

1. EGWM 模块

EGWM 模块为网关及车辆控制模块。EGWM 通过多功能车辆总线 MVB(EMD)与其他设备通信,通过列车总线 WTB 与其他动力单元进行通信。EGWM 是 TCMS 的核心模块,具备如下功能:

➢ 车辆级过程控制:执行诸如牵引/制动控制、空电联合控制和空调顺序启动等一系列控制功能;

➢ 通信管理:具有多功能车辆总线 MVB 的管理能力,并且能够进行被动的主权转移功能;

➢ 显示控制:与 HMI 显示有关的数据传输;

➢ 故障诊断:状态数据、故障数据的采集处理,并通过 HMI 报告司机。

2. CCU 及 GW 模块

CCU 及 GW 为网络系统车辆控制单元及网关模块。纵横机电的中央控制单元机箱内含网关板卡、CPU 处理板卡、IOM 管理板卡、MVB 通信板卡、数字量输入输出板卡、电源板卡等组成;同时扩展可实现网侧电流、变压器差分电流、网压、蓄电池电压等模拟量采集功能。并可实现 WTB、MVB/ETH 的通信功能。

中央控制单元作为动车组网络控制的核心单元,采集与车辆运行状况有关的各种信息,并对这些数据进行逻辑判断处理后,发送到牵引、制动、辅助供电等子系统,从而对各子系统进行控制、监视和故障诊断。

3. DXMe 模块

数字量输入输出模块 DXMe 通过多功能车辆总线 MVB(EMD)与 GWM 模块交换数据。模块可以实现开关数字量状态信号的采集处理和网络控制指令的输出,并通过车辆总线与 MVB 中的设备互连,具备如下功能:

➢ 输入信号采集:将车辆间电气信号转换成控制信号,经由列车控制网络传送给 GWM 模块,完成各种控制功能;

➢ 控制信号输出:将网络控制信号转换成电气信号,控制诸如指示灯、继电器等设备;

➢ 设备地址输入:通过外部跳线配置设备地址,维护过程异常容易。

数字量输入输出模块 DXMe 由 MVB 板和 I/O 板两块单板组成。MVB 板包括以下三个部分:分布式 DC/DC 电源、MVB 物理介质接口电路和 MVB 协议控制器。

分布式 DC/DC 电源:完成车载 DC110 V 电源输入,到一路隔离的 DC5C 电源输出和一路隔离的 DC24 V 电源输出的转换。

MVB 物理介质接口电路:采用基本的光电隔离 RS485 接口。MVB 接口连接器包括隔离+5 V 电源引脚,可配套使用外部终端器。该物理接口支持 MVB 通信线 A/B 双线冗余,MVB 协议控制器能根据 A/B 线信号输入 ICA/ICB,实现双线通信状态判断与处理。

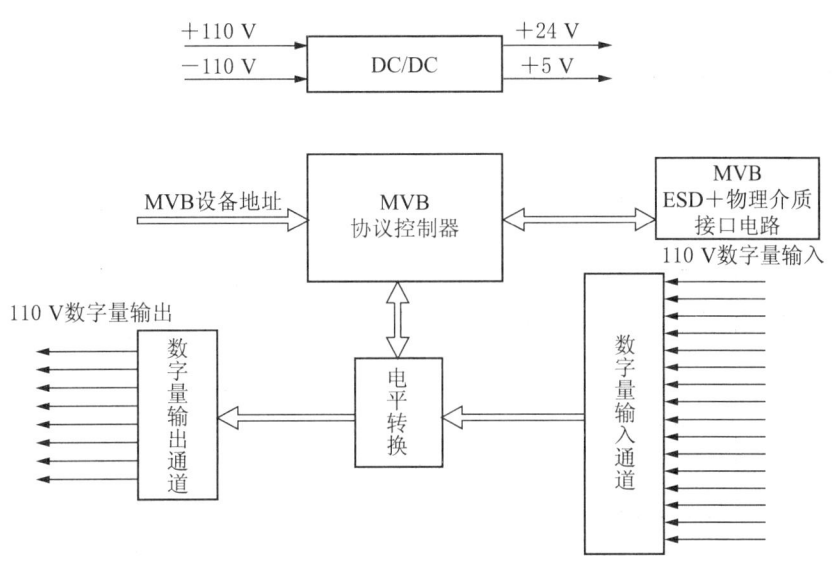

图 8-18 DXMe 模块功能图

MVB 协议控制器：实现 MVB 的通信链路层控制、MVB 与输入/输出通道间信息交换、通道自检处理与结果反馈以及网络故障安全导向处理。MVB 设备地址的定义通过外部连接器插头的引脚配置输入到 MVB 协议控制器实现。MVB 的 1 类设备地址低 4 位固定为 0，高 8 位由外部输入配置。输入/输出通道的自检由 MVB 协议控制器周期性的控制执行，并将反馈状态进行处理。

I/O 板包括三个部分：通道自检电路、数字量输入通道和数字量输出通道。

通道自检电路：MVB 协议控制器能对每个输入通道通过硬件实现自检，自检模式时外部输入信号不能测量；

数字量输入通道：输入信号电压达到限制值时，测量信号变为高电平；输入信号电压低于限制值时，测量信号变为低电平；

数字量输出通道：包含 8 路独立的开关电路，其中 6 路通过隔离变压器与外电路隔离，2 路通过继电器与外电路隔离。实现外部负载与工作电源间开关控制。

4. AXMe 模块

AXMe 实现模拟量信号的采集输入和控制输出，通过 MVB 与 EGWM 模块通信。具备如下功能：

输入信号采集：将车辆间电气信号转换成控制信号，经由列车控制网络传送给 EGWM 模块，完成各种控制功能；

控制信号输出：将网络控制信号转换成电气信号，控制诸如仪表等设备。

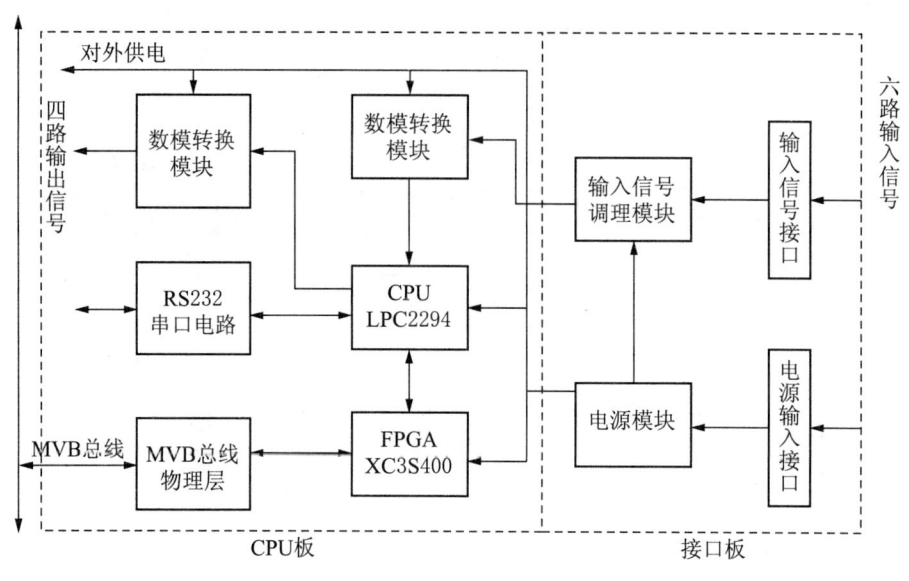

图 8-19 AXMe 功能图

模拟量输入输出模块 AXMe 由 CPU 板和接口板两块单板组成。其中 CPU 板包括以下四个部分：CPU 系统、MVB 物理介质接口电路、MVB 协议控制器和模拟量输出电路。

CPU 系统：主要是控制数据的采集和数据的输出，以及完成与 MVB 协议控制器之间的数据交换。

模拟量输出电路：可以根据 MVB 主设备发送过来的数据经过 MVB 协议控制器和 CPU 系统之后进行数据输出，可以输出电压型和电流型信号。

MVB 物理接口电路：采用基本的光电隔离 RS485 接口。MVB 接口连接器包括隔离的 +5V 电源引脚，可配套使用外部终端器。该物理接口支持 MVB 通信线 A/B 双线冗余，MVB 协议控制器能根据 A/B 线信号输入 ICA/ICB，实现双线通信状态判断与处理。

MVB 协议控制器：实现 MVB 的通信链路层控制、MVB 与输入/输出通道间信息交换以及网络故障安全导向处理。MVB 设备地址的定义通过 RS232 接口配置输入到 MVB 协议控制器实现。MVB 的 1 类设备地址低 4 位固定为 0，高 8 位由外部输入配置。输入/输出通道的自检由 MVB 协议控制器周期性的控制执行，并将反馈状态引回处理。

接口板主要包括：信号调理电路以及 DC/DC 电源。

信号调理电路：主要是将信号进行增益和滤波的调整，使调整之后满足对输入信号的要求。

DC/DC 电源：完成车载 DC110 V 电源输入到一路 DC5 V 的电源输出和 DC15 V、DC-

15 V、DC24 V 电源输出的转换。

5. EVCM 模块

EVCM 为车辆控制模块,通过 MVB 和以太网传输和处理部分送显的数据。

6. EDRM 模块

EDRM 为电气网络系统的事件记录模块,主要用来实现故障记录和事件记录,具有大容量的 NAND FLASH,用于存储大量的各种数据、诊断数据和环境数据。EDRM 通过 MVB 及以太网与其他设备通信。EDRM 是数据转储的关键部件,具备如下功能:

数据记录:司机操作数据、故障数据、事件数据的记录。

数据转存:通过车载信息网(工业以太网)将记录的数据下载,供便携式维护工具分析。

EDRM 提供 4 组 LED 指示灯,用于模块状态指示。

7. REPs 模块

中继器具有信号中继功能,它将一个车辆单元的智能设备通过 MVB 总线连接到列车通信网。

8. ECNN、EBTN 及 ECU 模块

ECNN 为时代电气网络系统的编组网交换机,主要用来连接中央控制单元及辅助控制单元等智能设备的以太网接口,担任传输显示数据及显示数据冗余备份的功能,还实现通过以太网对各设备进行维护及诊断。

ETBN 为时代电气网络系统的骨干网交换机,用以实现以太网重联和搭建以太网环网的功能。

ECU 为纵横机电网络系统的交换机,其能够实现同时实现 ECNN 及 ETBN 的功能。

8.3 车载微机 MCV

8.3.1 MCV 功能结构

列车微机控制系统是由一个一个的控制微机构成的,在列车上使用的控制微机我们称之为车载微机 MCV(Micro Computer on Vehicle)。车载微机属于工业控制计算机范畴,是工业控制计算机在列车这个特定环境下运用的一类控制微机。车载微机在系统组成方面最大的特点在于要求有各种各样的丰富的 I/O 功能,我们称之为 I/O 子系统;另外由于用途和使用环境的特殊性，所以在系统结构、设计思想、使用方法、开发工具等方面都有鲜明的特征。

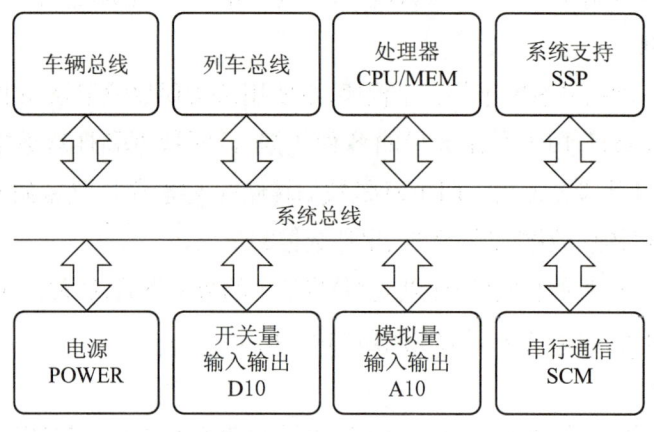

图8-20 车载微机功能结构

处理器单元中的核心是 CPU 车载微机的 CPU 经历了 8 位。16 位和 32 位的运用过程，其中 16 位处理器在相当长的段时间内得到应用；20 世纪 90 年代以后逐步向 32 位 CPU 过度，目前列车控制系统已经基本都是 32 位的处理器，如 Motorola 公司的 68040、Intel 公司的 80486 等。

存储器的要求是在够用的前提下尽可能减小容量。MEM 一般采用 EPROM (FlashROM)和 SRAM 构成，基本不采用动态 RAM(DRAM)。CPU 和存储器 MEM 可以合成在一个功能单元内，也可以把 MEM 单独成为一个功能子单元，或者还可以在 CPU 单元内设置一些 MEM，再加上 MEM 子单元共同构成系统的存储器单元。

系统支持功能主要包括监控定时器(Watchdog)、电源掉电检测、安全的后备存储器、实时日历时钟、总线匹配等。监控定时器主要作用是当系统因干扰或软故障原因出现异常时，监控定时器可以使系统自动恢复运行，从而提高系统可用性；电源掉电检测可以及时发现运行过程中出现电源掉电故障，并能保护当前运行中的主要数据和寄存器状态，且供电恢复后微机能从断点处继续运行；安全的后备存储器的容量不大，但需要和基本存储器物理上分开，这部分的存储记录必须是非挥发性的，安全后备存储器用于监控定时器和掉电检测中需要保留的数据的安全存放体；实时日历时钟是系统的基本参数，也应是非挥发性的，因为控制微机般都需要具有时间驱动能力和事件的时间记录功能；而总线匹配是使系统总线可靠运行的些辅助措施，例如 OC 门总线上的上拉电阻、用以克服传输过程中的信号反射和干扰信号的总线滤波网络等。

MCV 的系统电源是一般采用 DC/DC 变换技术的电源,将列车上产生的 110 V 直流电源转化为微机所使用的 5 V、12 V、24 V 等电源,主要取决于系统的设计。系统电源的输入输出之间需要具有良好的电气隔离,同时还需要有良好的电磁兼容性(EMC)性能。

列车总线单元和车辆总线单元分别是列车网络和车辆网络的接口单元,即网络适配器,不同的列车控制网络需要采用不同的网络适配器。目前列车总线运用比较广泛的是绞线式列车总线 WTB,车辆总线则普遍采用多功能车辆总线 MVB。

串行通信 SCM 单元主要是 RS-485 串行通信和 RS-232 串行通信的接口,另外也包括一些现场总线的通信接口,如 CAN 总线。这些串行通信接口用于 MCV 与那些没有车辆总线接口的设备进行信息交换。SCM 单元不是 MCV 的必需单元,取决于系统设计。

I/O 子系统是 MCV 与现场直接联系的界面,包括了 A/D,D/A 和开关量 I/O。主要完成车载微机 MCV 与外部的数据信息交换以及控制功能的实现。I/O 子系统内的功能单元一般按信号的传输方向和信号性质来划分,即开关量输出(DD)、开关量输入(DO)、模拟量输入(AD)、模拟量输出(DA),也可以将输入输出合在一个功能单元中。

任一种 I/O 功能单元,基本上都应包含如下部分。(1)信号的隔离为了保证 MCV 系统工作的可靠性,避免现场产生的各种干扰进入 MCV 系统,必须使 MCV 系统在电气连接上与现场的对象断开,即 MCV 系统不能与现场环境在电气上有任何直接连接。电气隔离的方式有:光电隔离、变压器隔离、继电器隔离等。(2)信号匹配 I/O 子系统的信号匹配主要包括三方面内容:各种电平间的互相转换,如,TTL 电平与 CMOS 电平的转换,信号调理,即现场信号与 I/O 功能单元之间的信号配合;输出信号的与驱动。(3)信号的缓冲与读/写控制。

MCV 系统与现场情况是不可能同步的,而且现场的运行过程相对比较慢,因此在 I/O 功能单元能单元中必须设置缓冲器。以便与系统进行同步。I/O 功能单元还必须提供必需的读/写物制,使系统能正确地与外界交换信号。

图 8-21 为一种包含自检功能的 I/O 单元五路数字量读取(DI)电路示意图,来自 CN1 的 110 V 开关量输入后通过 U5—U11 光耦对输入进行隔离。当 U5—U11 光耦的输入侧 I+、I− 存在 110 V 电势差时,光耦导通,即 C、E 两端是作为短路。C 侧通过上拉电阻连接到 3。3 V 电源,E 侧经过三极管 Q1—Q6 接地。系统不断给与三极管基极脉冲电平而控制 E 端是否与 GND 相连。当系统检测到 C 端由高电平脉冲时,说明读取到 110 V 高电平信号;当系统读取到持续高电平信号时,说明读取到 110 V 低电平信号输入;当系统读取到持续低电平信号时,说明系统故障。该系统通过光耦现外部输入量和 MCV 内部电路电器隔离;通过检测通过电平脉冲实现故障自检功能;当系统发生故障时,系统逻辑判断将导

向低电平信号输入侧,实现故障导向安全功能。

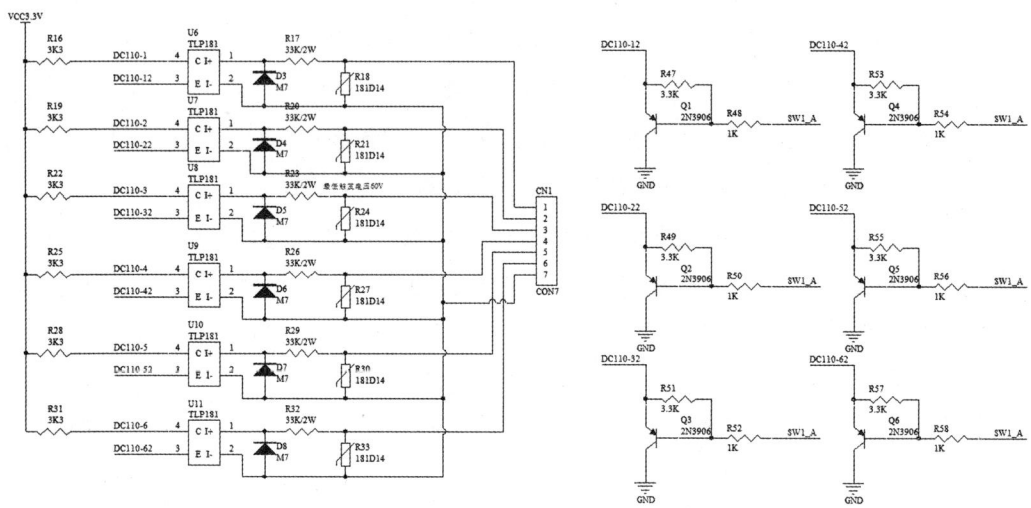

图 8-21 IO 功能单元信号电路原理示意图(DI)

系统总线是车载微机 MCV 的重要组成部分,一般可以认为系统总线的性能决定了车载微机 MCV 的性能,几乎现在所有的 MCV 都采用总线结构形式,因为这是成为开放式系统,简化设计和产品标准化的唯一方法。总线是一组信号线的集合,是一种传送规定信号的公共通道。系统总线的作用是将各个单元模块连成一个整体,各模块通过总线相互影响。为了在总线上有效、可靠地进行信号交换而对总线信号及其传送规则和传输这些信号的物理介质做了系列规定称为总线规约。MCV 的生产商可以自行制定总线规约,从而获得这种系统总线的 MCV,但这种方法不利于系统的开放性;系统总线可以采用一些标准总线,即国际组织制定的总线标准,例如国际电工委员会 IEC(International Electric Commission)标准、电子电气工程师协会 IEEE(Institute of Electrical and Electronics Engineers)标准、美国国家标准协会 ANSI(American National Standard Institute)的总线。目前在车载微机 MCV 上运用的总线标准有 ISA 总线、PCI 总线、VME 总线等。

8.3.2 MCV 机械结构

车载微机的机械结构方式一般都采用总线母板和功能单元插件板构成,总线母板就是按照各类总线定义的线数实现一个公共通道,将各模板插座上的数据线、地址线、控制线以及电源线和地线,对应地连接起来。对总线母板的要求是不失真地传送各类信号。因此在设计总线母板时要考虑的因素为低阻抗,即连线的宽度和电源容量;总线母板的分布电容,即降低线间耦合和串扰;总线母板的终端阻抗,即需要减小信号反射。

图 8-22　机箱插板及总线母板

早期总线母板时采用双面印制板,电源线和地线呈粗线或栅格状分配,进一步采用信号线与地线间隔分布。现在总线母板一般都采用多层母板,中间两层为大面积的电源和地线面,电源线,地线和信号层面采用多点连接,减小电源压降。四层母板可以运用于高速时钟和多 CPU 系统。

插板结构现在通用欧洲标准的模板(Eurocard),要采用的模板有 3U,6U 和 4U 结构的模板。插板采用连核器(插针)与总线母板连接主要有 96 pin 和 45 pin 两种连接器。目前车载设备一般使用 3U 或 6U 结构的机箱。在机箱中 U 用来表示机箱的高度,hp 用来表示机箱板卡面板的宽度,其中 1U = 4.445 cm,1 hp = 5.08 mm。不论是 3U,6U 和 4U 的机箱,其机箱宽度均为 19 英寸,其中可以能够插板卡的宽度一共 84 hp,在机箱设计时需考虑每个插板面板所占宽度。

插板结构的优点是便于系统的模块化,一个功能单元集中在块模板上,对于功能单元的设计、改进提高极为方便,并且有利便于组成开放式系统,每个功能单元相对独立,组成一个系就只要选择运用的模板插入到总线母板上。对于不同的系统可以有不同的模板选择,同时十分有利于系统的改进和提高。另外插板结构还非常有利于系统的调试和维修。系统的调试可以分解为模板调试和系统调试,在保证每块模板工作正常的情况下,系统调试就很简单和方便了;维修则归结为模板的替换和维修,因此方式简单、方便。

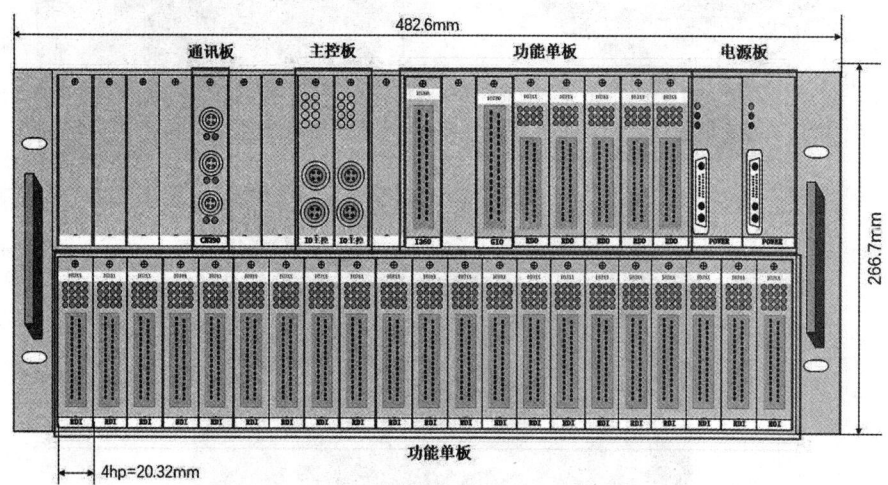

图 8-23　标准机箱结构示意图(6U)

8.3.3　MCV 软件结构

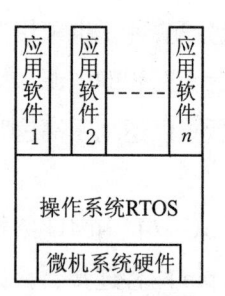

图 8-24　软件结构示意图

　　MCV 软件的基本结构为:系统软件 + 应用软件,如左图所示。系统软件即为操作系统(OS)软件、应用软件是面向控制功能的使用软件,应用软件必须建立在操作系统的基础上。车载微机的操作系统基本上要求采用实时多任务操作系统(RTOS)。

　　操作系统其本质是一组计算机程序的集合,用来有效地控制和管理计算机的硬件和软件的资源,即合理地对资源进行调度,并为用户提供应用接口。操作系统能够为应用软件提供运行环境,即为应用程序的编写提供开发环境,主要是对编程、调试的支持和用户文件的管理。而实时多任务操作系统除了具有一般操作系统的功能外。其主要特点是具有实时性,系统对任何激励的响应都能在一个有确定上限的时间内实现。实时多任务操作系统这种功能是由系统内部的事件驱动方式和任务调度机制所决定的。通过高效的实时多任务调度、中断管理,实时的系统资源管理以及实时的任务间通信,从而达到应用软件的要求。

列车控制系统中常用的 RTOS 有 VRTX、PSOS、QNX、VxWorks 等。这些 RTOS 的内核很小,一般只有几十 K 甚至十几 K,只占用了很小的存储空间;并且系统具有高度的可裁减性,保证了系统能以较高的效率运行。

应用软件是针对控制对象的控制软件,其本质是一个数字控制器的工程实现。列车上的数字控制器基本上都采用闭环系统,其算法基本为 PID。PID 数字控制器的工程实现可以分为 5 个基本环节,即给定值处理环节、控制量(反馈量)处理环节、差值处理环节、控制算法环节和输出控制量处理环节。

复习思考题

1. 列车的微机控制系统具备哪些特性?
2. TCN、WTB、MVB 之间的关系是什么?
3. MVB 的工作介质有哪些,以及其相应的特点?
4. 以太网总线的优势有哪些?
5. 车载微机的组成单元有哪些?
6. 车载微机 I/O 模块需要包含的功能有哪些?
7. 列车上常用的机箱包含哪些尺寸,U 和 hp 所代表的物理意义是什么?

Chapter 09

第9章 列车环境友好型设计

城市轨道交通具有安全舒适、快速环保、运能大和耗能少的特点,已经成为解决大城市交通拥堵问题的首选措施。轨道交通的一座座车站、一条条线路正在改写城市环境风貌,直接影响了以人为中心的城市生态系统。怎样建设使人们生活的生态环境更加友好的轨道交通系统,成为了备受关注的热点问题。

本章从设计选型的角度出发,对列车的防火控制、电磁兼容控制、噪声控制这三个问题进行了阐述和分析,并分析了选型设计中应该注意的问题。

9.1 列车防火设计

列车防火安全是以发生火灾时保护乘客和乘务人员的安全为目标,通过危害识别和风险评估分析,并根据潜在火焰和火焰扩展传播途径,从防止火焰扩展、切断阻隔传播途径方面提出车辆防火解决措施,将风险降低到许可范围内。使车辆在非金属材料防火、结构耐火、消防设施、烟火报警、紧急报警、应急要求和疏散措施等方面均要符合相关标准。

9.1.1 火灾基本理论

1. 火灾蔓延理论

火灾蔓延实质是热传播的结果。火灾的蔓延方式包括热传导、热对流及热辐射等,通常这几种形式会混合或者同时发生。

热传导是介质内无宏观运动时发生的传热现象,在固体、液体和气体中都有发生的可能。热传导遵循傅立叶定律:

$$q = -\lambda \frac{dt}{dx} \tag{9-1}$$

式中:q——热流密度,W/m^2

λ——导热系数,$W/(m·K)$

热对流是通过流体的运动来传播热量的现象,是火灾蔓延的主要形式之一。它伴随着火灾燃烧的整个过程,而在火灾发展初期,热对流对火灾的发展影响较大。单位固体表面、单位时间和单位流体之间的热交换,与流体的运动状态、流体与固体壁面温度差和流体的热物性有关。这是决定对流换热过程的3个基本因素。对流传热遵循牛顿冷却公式:

$$q = h\Delta T \tag{9-2}$$

式中:h——对流换热系数,$W/(m^2·K)$

ΔT——流体与壁面的温差

热辐射是指物体以电磁波的形式向外传递能量的现象。热辐射是火灾中最主要的传热方式,决定了火灾的发展和蔓延。辐射换热过程伴随着两次能量形式的转化,即物体的部分内能以电磁波的形式发射出去,电磁波被另一物体表面吸收时,电磁波中的能量又转化成物体的内能。根据Stefan-Boltzman方程,物体的辐射能与温度的四次方成正比,即:

$$E = \varepsilon\sigma T^4 \tag{9-3}$$

式中:ε——辐射系数;

σ——Stefan-Bolyzman常量,$W/(m^2·K^4)$

T——热力学温度,K。

2. 火灾燃烧控制形式

列车发生火灾时,一方面,由于列车自身密封性好,随着车内氧气的消耗,燃烧速率会受到空气进入车厢的速率的影响,热释放速率的大小取决于开口通风情况,此时列车火灾的类型属于通风控制型火灾。另一方面,当玻璃破碎形成开口时,随着开口数量的增多,燃烧速率对开口通风的依赖程度逐渐减小,热释放速率的大小由可燃物的性质决定,此时列车火灾类型属于燃料控制型火灾。因此,列车内部的燃烧状态及热释放速率的大小与通风开口情况有着密切的联系。

通常可以根据耗氧原理分析客室内开口情况与火灾热释放速率之间的关系。大多数有机物燃烧释放的热量与燃烧消耗的氧气量之间的关系为：

$$\dot{Q} = E\dot{m}_O \tag{9-4}$$

式中：$\dot{Q}$——热释放速率，kW；

　　　E——比例系数，一般取 13.1 MJ/kg；

　　　$\dot{m}_O$——氧气质量消耗速率，kg/s。

根据受限空间通风口进出流体的质量守恒可获得进入受限空间内空气的质量流量为：

$$\dot{M}_a = 0.5 A_0 \sqrt{H_0} \tag{9-5}$$

式中：$\dot{m}_a$——空气质量消耗速率，kg/s；

　　　A_0——开口面积，m²；

　　　H_0——各个垂直开口的高度，m。

因此，对于通风环境下的燃烧，假设流入空气中的氧气全部参与燃烧，空气中氧气质量分数为23.1%，利用氧耗原理可以求得燃烧由燃料控制型向通风控制型转变的热释放速率阈值可以近似表示为：

$$Q_V \approx 1\,500 A_0 \sqrt{H_0} \tag{9-6}$$

3. 材料火灾危险性

根据对列车特别是高速列车地板、侧墙、内装、顶板等区域非金属材料的调研分析，列出高速列车部分主要可燃材料清单如表 9-1 所示。

表 9-1　列车部分主要可燃材料

部位名称	部件名称	材料成分
地板	木地板	胶合板
空调	风道保温材连接软管	三聚氰胺氯丁橡胶
座椅	坐垫垫材扶手装饰壳座椅海绵组件	聚氨酯高发泡碳纤维增强塑料冷发泡聚氨酯
侧墙防寒材	岩棉沥水板高性能保温棉	FLAMMAFUR 聚合物二己酸纤维聚酯纤维
电线电缆	电缆	交联聚烯
平顶	平顶板	HPL(防火贴面 + 蜂窝)
间壁	间壁	HPL + 胶合板
门窗	密封胶条填充材料	硅橡胶三元乙丙

将材料火灾危险性分为材料燃烧的热危险性和材料燃烧烟气危险性两个方面，一般通

过五个评价指标对材料火灾危险性进行评估。

(1) 热危险性

点燃指数(TI):材料点燃时间(TTI)经过处理的对数值。点燃指数越大,材料越容易被点燃。其表达式为:

$$TI = \log\left(\frac{1}{TTI}\right) \qquad (9\text{-}7)$$

火灾增长指数(FGI):材料热释放速率的峰值(PHRR)与其峰值出现时间(T)的比值。材料的火势增长指数表示材料火灾增长速度的快慢,其数值越大,材料火灾危险越大。其表达式为:

$$FGI = \frac{PHRR}{T} \qquad (9\text{-}8)$$

放热指数(THRI):实验中前15 min内总热释放量($HRR_{15\,min}$)经过处理的对数值。其数值越大,材料单位时间内释放的热量就越大,材料火灾危险性越大。其表达式为:

$$THRI_{15\,min} = \log(HRR_{15\,min} \times 0.9) \qquad (9\text{-}9)$$

(2) 烟危险性

发烟指数($TSPI_{15\,min}$):实验前15 min内发烟量总和(SEA)与质量损失速率(MLR)的乘积经过处理的对数值。其数值越大,在规定时间内燃烧所产生的烟气量越多。其表达式为:

$$TSPI_{15\,min} = \log(SEA \times MLR \times 90) \qquad (9\text{-}10)$$

毒气产率指数($ToxPI_{15\,min}$):实验前15 min内CO的生成速率(COY)与质量损失速率(MLR)的乘积经过处理的对数值。其表达式为:

$$ToxPI_{15\,min} = \log(COY \times MLR \times 1\,000) \qquad (9\text{-}11)$$

五种列车常用材料的指标数据如表9-2所示。

表 9-2 列车常用材料火灾危险性指标

样 品	THRI	FGI	TI	TSPI	ToxPI
聚氨酯泡沫	1.83	1.05	-0.6	3.98	2.55
HPL+胶合板	1.89	0.1	-1.48	3.05	2.02
胶合板	2.15	0.36	-1.36	4.52	2.11
HPL+蜂窝	1.84	1.35	-1.49	5.47	1.93
碳纤维增强塑料	2.24	2.14	-1.67	5.66	2.95

9.1.2 防火及火灾控制

1. 列车防火标准

我国的列车防火标准主要有以下几个：

GB 6771《电力机车防火和消防措施的规程》

——主要对电力机车的电气设备、电缆、地板等构件结构的防火性能做出规定；

TB/T 2640《铁道客车防火保护的结构设计》

——对铁道客车、动车组材料的阻燃性、防火隔断、结构设计、电气设备等都做出要求；

CJ/T 416《城市轨道交通车辆防火要求》

——对城市轨道车辆的材料、构件、结构的防火要求做出规定；

TB/T 3138《机车车辆阻燃材料技术条件》

——对铁路车辆的材料防火性做出要求；

TB/T 3237《动车组用内装料阻燃技术条件》

——对动车组的材料防火性能做出要求；

国外的列车防火标准主要有美国标准 NFPA 130、法国标准 NFF 16-101/102、国际铁路联盟标准 UIC 564-2、德国标准 DIN 5510 以及欧盟标准 UIC 564-2，这些标准的试验方法及试验内容虽然各不相同，但总的来说都从燃烧性、烟雾情况方面进行研究。这些标准都根据列车的不同运行环境划分不同的防火等级，进而区分不同的防火要求。各国标准所包含的规范内容不同，德国标准和欧盟标准较别的标准系统、全面，关于材料的防火性能有明确规范要求，并有详细的试验方法、评价指标。另外，除美国标准及国际铁路联盟标准外，其他标准都对毒性有明确要求。总体上看，各国标准中，最为系统和全面的为欧盟标准系列及德国标准系列，且随着国外研究的不断深入，这些标准都被不断地更新和完善。

2. 火灾危害等级

无固定逃生区域的隧道和高架线路对发生火灾的列车有着极大的不利影响，因此无固定逃生区域的隧道越长，造成的火灾危害越严重。火灾危害程度与车辆本身属性也息息相关，无人驾驶的列车、逃生困难的双层列车、乘客警觉性低的卧铺列车，发生火灾后造成的危害较其他列车要更严重。火灾危害程度越严重，对车辆非金属材料的阻燃性能、防火隔断布置、火灾下的牵引能力、蓄电池容量等方面的要求也就越严格。定义列车的火灾危害等级，是开展列车防火设计的前提。

3. 起火原因和防火隔断

列车起火原因主要可以分为以下三个方面：

(1) 列车电气设备及电气线路故障造成火灾。高速列车电气化程度较高,当用电设备负载变化异常或线路短路时,都有可能使配电室、车内线路等关键部位发生故障,引起列车火灾。

(2) 乘务人员和乘客吸烟、乱扔烟头等无意识的行为造成列车火灾。

(3) 可燃的液体和易燃的气体造成列车火灾。这些液体和气体主要存在于内燃车辆的动力包、油箱和烹饪区域。

对于火灾风险高的装置或区域,应布置防火隔断结构予以保护,当发生火灾后,防火隔断可有效阻止火焰和热量的快速传播,从而给乘客的疏散逃生赢得时间。需布置防火隔断保护的位置主要包括:底部安装有高功率设备的车辆底架地板结构、司机室后端整体隔墙、乘客室整体隔墙、安装有高功率设备的电气屏柜、密封的行李柜等。

防火隔断的隔断性能包括两方面:其一是完整性,完整性体现的是防火隔断结构一侧受火以后承受一定的高温,持续一段时间后结构的另一侧没有明显的火焰出现,具有的火焰阻断能力;其二是隔热性,隔热性体现的是防火隔断结构一侧受火以后承受一定的高温,持续一段时间后结构的另一侧的平均温升和最大温升控制在较低温度下的能力。这两项能力保证了列车在火灾发生后,特定区域的火焰和热量的扩散受到阻隔,有效保护司机和乘客的安全。

4. 火情监控

运行中的列车处在火灾探测系统的监控之中,以保证及时发现并传递车辆的意外火情。火灾探测系统由感烟/感温探头、感温电缆等火灾探测器和火灾报警控制器组成,实时探测区域内的烟雾浓度或温度,同时输出火警状态给司机。不同类型的车辆,火灾探测系统的配备要求略有不同。一般情况下,客室乘客区域、列车连接过道处、卫生间、乘务人员区域、餐饮烹饪区域、内燃机布置区域、含牵引设备的技术柜、行李厢等需考虑探测器的配备。对于火灾探测器探测到的火情,根据不同车辆设计类别的不同,列车需在限定时间内产生一定的自动反应。图9-1是对火灾探测器反应时间的测试示意图,起火点是图中叉号处,①②③是探测器位置,能否在有限时间内检测到火情,是该检测器是否有效的衡量标志。一般来说,这个时间是 1—2 min,根据不同的标准和不同的火灾等级而略有不同。

对于空调通风控制系统、光点触发的车内防火门、广播系统(自动列车)和固定消防设备,相应区域检测到火灾后,这些系统需对火灾探测信息作出关闭空调、防火门、启动广播和消防设备等自动反应,协助乘客及时、安全地逃生,相应系统进行功能设计时应予以考虑。

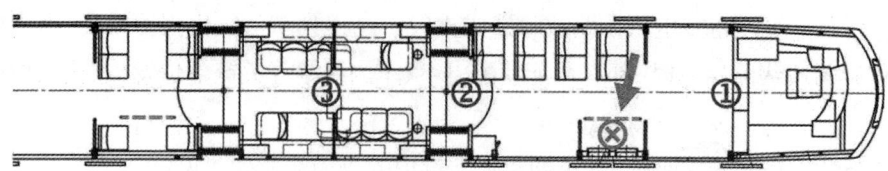

图 9-1　探测器位置和起火点测试

5. 逃生疏散

列车的紧急逃生出口主要包含客室车门、客室紧急逃生窗、司机室门、司机室窗等。为了保证车上人员的快速疏散，车门设计应该方便不同位置上的乘客能够在短时间内从离自己最近的出口逃生，总体设计阶段需对逃生出口的距离进行测量和审核。

现阶段，可以利用计算机动态模拟技术，用材料的燃烧特性参数建立火灾场景模拟模型，对选择不同车用材料时的燃烧速度、温度、烟气浓度等状态参数在车内空间的分布进行动态模拟，可以定性、定量地评估选用不同车用材料对列车可提供的疏散时间的影响程度，如图 9-2 所示为某高速列车乘客在发生火灾时疏散的仿真推演。

乘客室门具有紧急机械解锁装置，当车速降至规定速度范围时，如果车门无法远程被司机打开，乘客可通过安装在客室内车门附近的紧急解锁装置手动打开车门逃生；在列车外部也安装有客室车门紧急解锁装置，以供救援人员在火灾等紧急情况下从外部打开客室门疏散乘客。

图 9-2　高速列车中部着火时乘客疏散过程仿真推演

车辆的一些紧急系统为乘客的逃生疏散或等待救援提供必要条件。空调具备紧急通风模式，关闭新风进入并打开废排系统，或直接关停受火车厢的空调；紧急照明系统为乘客逃生提供一定时间的低照度照明支持；烟雾探测、广播、紧急对讲等系统在主电路失效后具有一定时间内的持续工作能力。这些紧急系统的持续工作能力是蓄电池容量设计时应予以考虑的重要因素。

6. 电气安全及列车着火运行能力

电气火灾是动车组火灾的常见发生形式，因此，在进行动车组防火设计时，应全面考虑电气设备的过载保护、大功率电缆的铺设，以及对可能产生的飞溅电弧的保护，另外，电气设备的外壳、电缆槽、电池、开关装置、屏蔽接地及电阻器和加热装置需按照相关标准的具体要求进行防火防护设计。

在无固定逃生区域的隧道和高架线路上，乘客的逃生疏散较为困难，所以列车需要具有在火灾情况下继续运行的能力，以安全驶出隧道或高架线路到安全的疏散区域实施救援。

列车着火运行能力主要从以下三个方面考虑：

其一，列车需具备牵引冗余，当一个动力单元受到火灾侵害发生功能失效后，车辆可对该动力单元进行切除，然后冗余动力继续牵引列车驶出危险的隧道或高架线路到达安全区域(对于单一牵引单元的列车，需在牵引单元处配备固定消防设备)。

其二，当列车位于隧道内、高架线路上或其他远离站台的位置时，车辆配备的乘客紧急制动装置不得使列车自动停车。紧急装置被触发后，应根据列车的具体位置产生不同的反应，当列车在站台处或刚驶出站台时，列车将自动停车；当列车驶离站台较远时，列车将不自动停车，而是将紧急制动信号传递到司机，让司机根据实际线路情况决定是否停车。

其三，为保证列车在火灾下的运行能力，需保证列车总线控制、牵引、制动等关键控制系统、车门紧急出口控制系统以及紧急通信、紧急照明和火灾探测等系统所采用的电缆均为特殊耐火电缆，可在火灾高温环境下正常持续工作一定时间，以保证车辆发生火灾后继续运行时相关关键系统和功能不受火灾影响，利于人员疏散。

9.2 列车电磁兼容设计

9.2.1 电磁干扰及控制基本原理

科技的发展使得各行各业都必须大量采用电子或电气设备，例如通信、电子输配电系统、自动化工程、计算机科技、医疗器材、测量仪器等；或因使用场合的需要，而需各种设备相互配合使用，导致电路间互相干扰的问题。其中电磁干扰及噪声颇令设计工程师感到困扰，当然干扰及噪声的起因大部分是因为电路元器件的分布密度过高，加上模块电路大大缩小了电子设备的体积。但电路变得越灵巧，就会有更多的元器件集中在一个小空间内，从而增加了干扰的机会。

现在的电子工程师及电路设计者，除了要确认其设计的电路能工作于理想的验室环境外，还要使这些电路能工作在有电磁干扰或噪声的实际环境中。即设计好的电路或仪器设备在工作中不得被外来的噪声所干扰，而且本身也不得成为噪声干扰源。如何消除或避免电磁干扰，已经成为当今电路设计的一个主要课题。

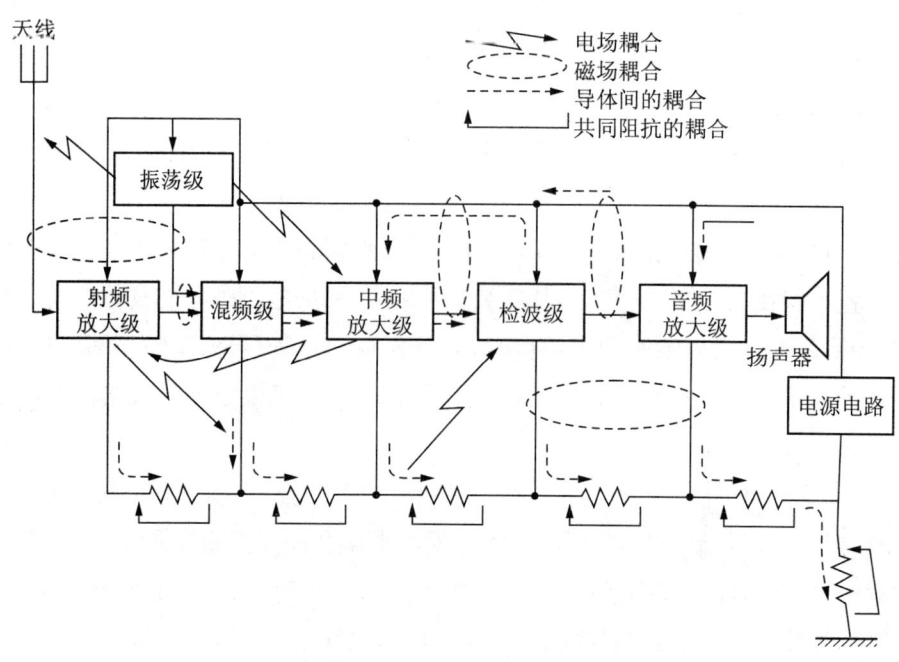

图 9-3　电气设备(如无线电收音机)各元器件减相互干扰的途径

图 9-3 收音机方块图例子说明了电子仪器内可能发生的干扰种类，譬如各电路级的连线很容易导入噪声，而有些电路级也会产生噪声。此外，各级的地电路都流经同一接地电阻，使地环路产生可观的噪声电位。当收音机(电气设备)置于实验的环境中工作时，它还可能遭受外来的噪声源干扰，如图 9-4 所示。外来的噪声电流可能经由交流电源引入列车电气设备中，而且列车也可能将暴露在充斥着电磁辐射信号的恶劣环境下，这些噪声源都不是电气设备设计者所能控制的。然而不管环境如何，电气设备设计者都要使它能在此类实际环境中正常工作。

第 9 章 > 列车环境友好型设计

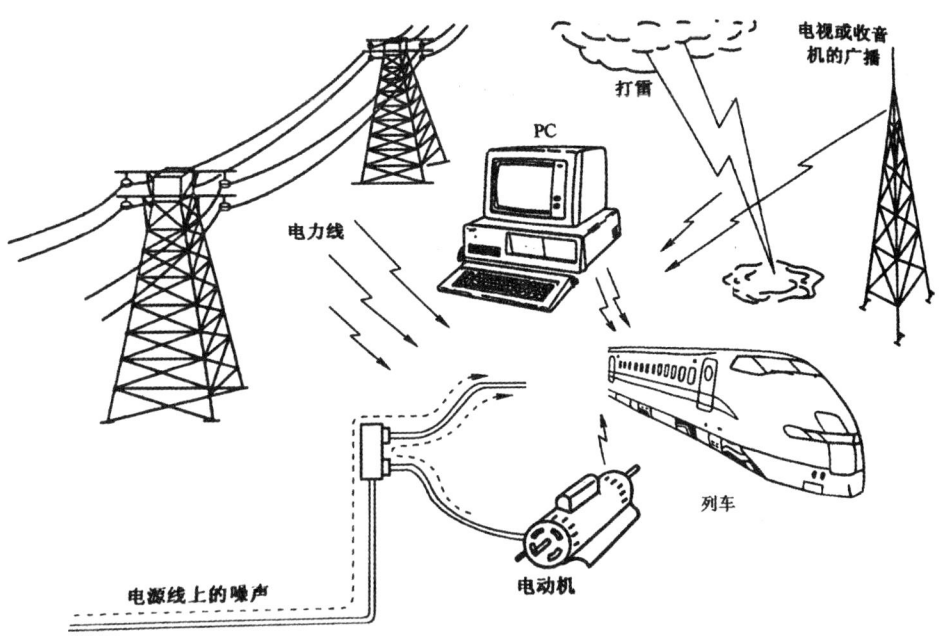

图 9-4 列车电气设备可能要承受各类不同的电磁噪声的干扰

电磁兼容性是指仪器设备在可能的电磁干扰环境下仍然能正常工作的能力。电路设计之初一定要先考虑其电磁兼容性，否则在产品测试阶段才发现问题，或许要花更高的代价和精力才能解决部分问题，有时还无法彻底解决这些问题。

分析问题的第一步就是要先定义问题，因此要了解噪声源是什么，传导路径有哪些，而哪些才算是噪声的感受体，然后，才能将噪声问题分段解决：

1. 尽量把噪声抑制在噪声源附近；
2. 降低感受体对噪声的反应；
3. 减少传导路径的噪声传输量。

如图 9-5 所示，屏蔽良好的直流电动机接于驱动电机上的电路，电动机产生的噪声会干扰到同一设备内的低功率或低信号强度电路。电动机电刷产生的噪声经由导电端子穿透金属屏蔽设施辐射到低信号强度电路上，同时经由源驱动信号传导回路送回驱动电路。在此例中，噪声源为电动机电刷产生的电弧；传导路径为接到电动机的导线和导线端子产生的辐射场；感受体为低信号电路及电动机驱动电路。

最明显的干扰方式为导线经过噪声的环境而受到干扰，进而影响到其他电路的工作情况。防范的方法是避免导线接收到不必要的噪声，或将导线移离噪声环境，或利用去耦电路使噪声不会干扰到受害电路。

辐射的电场或磁场也会对工作中的电路产生干扰。电荷在电路元器件中运动时会产生辐射的电磁场，而这些电磁场能量会影响到其他电路的工作。

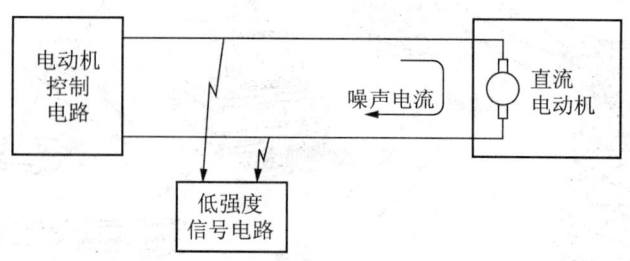

图 9-5 直流电动机应用电路

9.2.2 电磁兼容设计

设计者首先需要知道有关电磁兼容干扰问题的资料以及控制电磁干扰所采取的步骤可能受到的限制。输入的电磁干扰相关参数有干扰信号的强度、受干扰者的特性以及各个可能的干扰路径，其中干扰信号的参数包括该信号的电压或功率大小、频率或脉冲的宽度以及脉冲上升时间；受干扰者的特性包括响应频带的敏感度(噪声大小)、通带的截止频率、非通带的最小衰减量。

第二步是定义特定电磁能量下的工作环境，包括此工作环境的电磁强度或磁通密度、电压或电路，以及对应于辐射或传导干扰的各类参数。

输入有关电磁干扰问题的参数、控制电磁干扰所采取步骤可能的受到的限制以及电磁工作环境参数后，接着要考虑的是可能导致电磁干扰的途径。

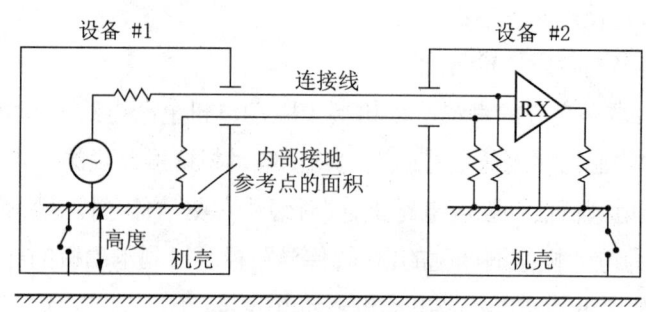

图 9-6 两种设备的接线情况

若干扰途径不止一种，则被干扰的放大器输入端的噪声电压为这些干扰信号的合成信号的电压。原则上可挑两条或三条路径加以考虑,而不必同时考虑全部干扰路径所造成的影响。

综合各干扰路径到受害放大器输入端的干扰信号后,此合成噪声进入放大器中,而受干扰者是以其通带敏感度、截止频率处的斜率及高于截止频率处的衰减量等因素来描述其性质的。

图9-6是两组设备间的简化方块图,它们之间有不同的干扰路径。图中的接地点可能是最大的电路模板或单体上的印刷电路板。包住整个设备的机壳可直接接地,或不接地。

如果图9-6上设备♯2内的放大器不止一个,则设备♯2用敏感度最大的放大器为代表,以建立受干扰者的模式。一般无法轻易得知敏感度的绝对值,然而,可用敏感度的度量值求出对应的敏感度。最大敏感度指数(Receptor Susceptibility, RS)的计算值有助于决定谁具有最大的敏感度。数字系统的 RS 定义为:

$$RS_d = 20\lg\left(\frac{B}{N_{nil}}\right) dBR \tag{9-12}$$

式中,RS_d——数字电路的敏感度指数

B——逻辑电路的宽度,大小等于$1/\pi\tau_r$。τ_r 为逻辑电路由低电位上升至高电位的时间

N_{nil}——逻辑电路的噪声抗扰度

dBR——高出参考值多少分贝

模拟系统中(包括信号放大器及接收器类的设备),RS 的定义为:

$$RS_d = 198 + 10\lg\left(\frac{B}{RF}\right) dBR \tag{9-13}$$

式中,RS_d——模拟电路的敏感度指数

B——模拟电路的频宽

R——受干扰者的输入阻抗

F——噪声指数的反对数值。对于未知的情况噪声指数定为 10 dB

屏蔽是将金属物件置于空间的两个区域中,以控制某一区域的电场或磁场不任意散播到另一区域中。为了对屏蔽问题有具体的概念,首先将两个设备间的干扰以集总电容和电感的模式分析,使普通的网络理论能应用于这些干扰模式中。

三种基本的干扰模式包括:第一类为电容性干扰,起因于电路间电场的相互作用,有时称为静电干扰;第二类为电感性干扰,起因于两电路间磁场的相互作用;第三类为电场及磁

场的混合作用的干扰,最适于称为电磁干扰。

1. 电容性噪声干扰

图 9-7 为两导体间的电容性噪声干扰模式。其中电容 C_{12} 为导体 1 和导体 2 间的分布电容。C_{1G} 为导体 1 与地间的电容量；C_{2G} 为导体 2 与地间的电容量；电阻 R 为接于导体 2 的总电阻值,并不包括电路的电阻；而 C_{2G} 为接于导体 2 与地间的电容和分布电容的总和。

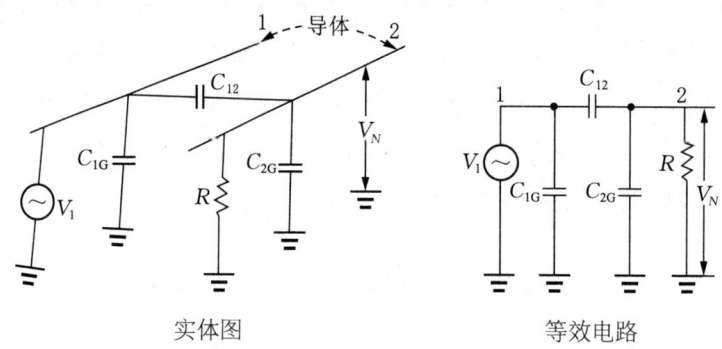

图 9-7　两导体间的电容性干扰

图 9-7 的右边为其等效电路。若导体 1 上的电压 V_1 为干扰源,而导体 2 为被干扰的电路,则直接跨于导体 1 与地间的电容,因其不产生任何影响,响应可略去不计。产生于导体 2 及地间的噪声电压可表示为：

$$V_N = \frac{j\omega\left[\dfrac{C_{12}}{(C_{12}+C_{2G})}\right]}{j\omega + \dfrac{1}{R}(C_{12}+C_{2G})} V_1 \tag{9-14}$$

若 R 为低阻抗的,且小于分布电容 C_{12} 和 C_{2G} 之和,即

$$R \ll \frac{1}{j\omega(C_{12}+C_{2G})} \tag{9-15}$$

则可简化为

$$V_N = j\omega R C_{12} V_1 \tag{9-16}$$

这是导线对导线干扰的一个重要公式,上式指出了干扰电压 V_N 与各参数间的关系。V_N 正比于噪声源的信号频率,受干扰电路阻抗 R,导体 1 与导体 2 间的电容 C_{12} 及电压 V_1 的值。

2. 电感性噪声干扰

电流 I 在一封闭的电路中流动时,将会产生磁通 Φ,其值正比于电流的大小,此比例常数称为电感 L,即:

$$\Phi = LI \tag{9-17}$$

电感值与电路的形状及磁场内包含的材质的磁性质有关。电感只在封闭的电路中才有意义,但讨论到电感时,我们通常是指电路的某一部分对整个封闭的电路所产生的影响。

当电流在电路中流动时,会在另一电路上产生磁通,故两个电路间的互感的定义为:

$$M_{12} = \frac{\Phi_{12}}{I} \tag{9-18}$$

符号 Φ_{12} 为电路 1 的电流 I_1 在电路 2 产生的磁通。

磁通密度为 $\overline{\overline{B}}$ 的磁场在面积为 $\overline{\overline{A}}$ 的封闭回路上产生的电压 V_N 为:

$$V_N = -\frac{d}{dt}\int \overline{\overline{A}} \cdot \overline{\overline{B}} \tag{9-19}$$

其中,$\overline{\overline{A}}\overline{\overline{B}}$ 为向量;如果封闭回路为静止,且磁通密度为正弦时变的,可以化简为:

$$V_N = j\omega BA\cos\theta \tag{9-20}$$

其中,A 为封闭回路的面积,B 是频率为 ω/s 的磁通密度,而 V_N 为感应电压的均方根值。此关系也能以两路间的互感 M 表示:

$$V_N = j\omega MI_1 = M\frac{di_1}{dt} \tag{9-21}$$

因为两个接地点的电位很少有相同的,故接地位置有好几处时,接地点间的电位差将反映到电路中。图 9-8 中,点 A 为信号源的接地点,而点 B 为放大器的接地点,V_G 为 A 点与 B 点间的地电位差。图 9-8 中使用了两个接地符号,表明这两个接地点可能有不同的地电位。R_{C1} 和 R_{C2} 为信号源接至放大器的导线的阻值。

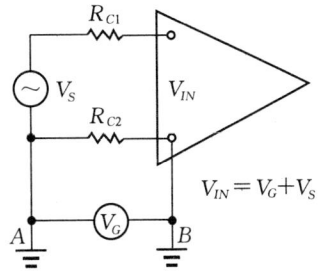

图 9-8　若接地点多于一处时的噪声电压将干扰到放大器电路

图 9-8 中，放大器的输入电压为 $V_S + V_G$，若想去除噪声，则需去掉其中一个接地点。如果去掉接地点 B，则放大器运行于未接地的电源供应系统，此法是一个可行办法，但去掉接地点 A 可能更容易。

若 $R_{C2} \ll R_S + R_{CI} + R_L$，放大器输入端的噪声电压 V_N 为

$$V_N = \left(\frac{R_L}{R_L + R_{CI} + R_S}\right)\left(\frac{R_{C2}}{R_{C2} + R_G}\right)V_G \tag{9-22}$$

若 $R_{C2} \ll R_S + R_{CI} + R_L$，且 $Z_{SG} \gg R_{C2} + R_G$，则放大器输入端的噪声电压为：

$$V_N = \left(\frac{R_L}{R_L + R_{CI} + R_S}\right)\left(\frac{R_{C2}}{Z_{SG}}\right)V_G \tag{9-23}$$

9.2.3 列车电磁兼容设计

1. 列车电磁兼容的国内外标准

在轨道交通领域，国际上制定相关电磁兼容标准的主要组织有国际电工委员会(IEC)、国际铁路联盟(UIC)、欧洲电工技术标准委员会(CENELEC)、国际电信联盟(ITU)、欧洲电信标准协会(ETSI)等，还有一些地区性标准化组织。国外轨道交通列车电磁兼容主要标准见表 9-3。

表 9-3 国外轨道交通列车电磁兼容主要标准

标准号	标 准 名 称
EN 50121	2006 轨道交通电磁兼容
IEC 62236	2008 轨道交通电磁兼容
UIC 704	1996 铁路交通系统—电磁兼容性
ITU-T K.26	1988 抵抗来自电气化铁路危害的通信线防护
ETSI EN 302 6 08:2008	电磁兼容性及频谱 短距离设备用于铁路系统信标的无线设备
EN 50155	2007 轨道交通机车车辆电子装置
IEC 60571	2006 轨道交通机车车辆电子装置
EN 50343	2003 铁路应用机车车辆布线规则
GE/RT8015	2002(英国行业标准)铁路基础设施与列车之间的电磁兼容性

在我国，列车电磁兼容的相关标准主要是铁道行业标准。我国轨道交通列车电磁兼容主要标准见表 9-4。

表 9-4　我国轨道交通列车电磁兼容主要标准

标准号	标准名称	备注
GB/T 24338	轨道交通电磁兼容	共 5 个部分,6 个标准
TB/T 3153—2007	铁路应用机车车辆布线规则	非等效采用 EN 50343:2003
GB/T 25119—2010	轨道交通—机车车辆电子装置	修改采用 IEC 60571:2006

下面以典型的 EN50121 为例,介绍一下电磁兼容标准包含的内容。EN50121-1 是整个系列标准的总则部分,定义标准的适用范围,描述轨道交通产品及系统的电磁兼容特性,规定性能判据。标准的附录介绍了轨道系统的电磁兼容特性,如耦合机制、电磁现象、不同牵引系统描述、电磁噪声源等。EN50121-2 规定包括轨道车辆在内的整个铁路系统的发射限值,给出测量方法,详细规定检波方法、测量带宽、测试布局、环境条件和换算等方面的要求。标准的附录介绍了测量方法的背景以及不同电气化系统产生的典型最大电磁场。EN50121 的第 3 部分包括 2 个子标准,这 2 个标准是对轨道交通机车车辆电磁兼容性的具体要求。规定了机车车辆的发射要求,包括对基础设施,如信号、通信等系统,但由于信号、通信等系统的具体要求在不同的线路可能是不同的,因而标准并没有给出实际的限值。标准明确给出了列车静态以及慢速运行时的骚扰发射限值。

2. 列车电磁兼容设计

车辆的电磁干扰主要分为来自车辆系统外部的干扰和系统内部的干扰两类。电磁干扰以辐射耦合和传导耦合的方式进入车辆系统内部,影响设备的正常运行。

外部干扰是指列车外部环境和运行条件所引起的干扰,主要包括以下几种干扰源:

(1) 受电弓与接触网之间产生的频繁的火花放电,主要是在列车过分相区时产生电弧放电和列车在高速运行时弓网离线产生火花放电干扰。

(2) 辐射干扰,主要是由无线电广播、电视发射台、移动通信设备及车内常用的电子设备产生的电磁场,为列车上潜在干扰源。

(3) 牵引电路电流与轨道电路电流在钢轨上电导性耦合产生的干扰。

(4) 环境噪声,如雷击闪电和静电放电等等。

内部干扰指车辆系统内部各种设备产生的干扰,主要包括以下几种干扰源:列车牵引系统、辅助供电系统以及其他电气设备。不同线路之间、线路与器件及器件与器件之间相互耦合形成的差模干扰和共模干扰通过地线、电源和传输导线的阻抗互相耦合,或导线之间的互感造成的干扰。

为使列车既能在复杂的电磁环境下可靠工作,又不对外界环境产生过分的电磁干扰,基本措施就是从电磁兼容三要素出发,抑制干扰源、切断电磁干扰的耦合途径、提高设备和系统的抗干扰能力。干扰源和设备的抗干扰能力与电气设备有关,耦合途径又与列车的设计结构紧密关联。只有通过合理的电气设备设计和合理的结构布局设计才能达成列车的整体电磁兼容性能。

(1) 布局设计

对于轨道列车来说,车载电气、电子设备很多,在进行布局设计的时候不仅需要满足机械安装要求,而且要尽可能地利用好空间,将设备按照电磁干扰度和敏感度大小进行布局设计。电磁干扰比较大的设备应远离比较敏感的设备,以减少敏感设备受到干扰的可能性,如图9-9所示。

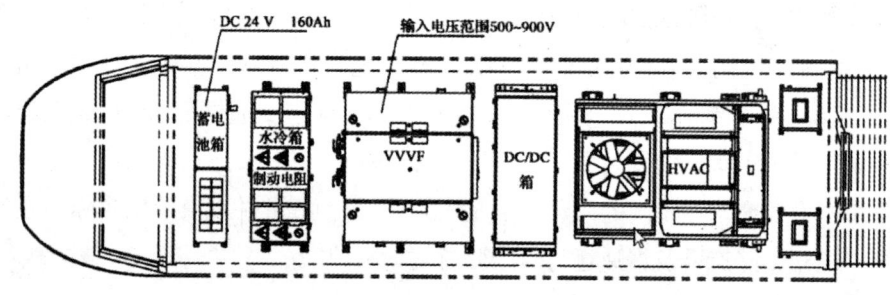

图9-9 某有轨电车设备布置图

(2) 电缆分类和敷设

连接电缆可能会把干扰从一个电路或部位传输到别的地方。干扰可能来自电缆的辐射,也可能由外界引入电缆内部。一旦由于辐射或其阻抗线路元件把干扰引入到电子或电气设备的电缆线后,它便会通过电缆将干扰传导到其他各设备。而且,电缆引线或其他的电缆附件由于电路间电磁能量的交换可能在电缆内部或电缆间产生串扰。合适的电缆敷设可以有效地减少外部环境对信号的干扰以及各种线缆之间的相互干扰,提高车载设备运行的可靠性。同时,也便于查找故障原因和维护工作,提高产品的可用性。

(3) 接地系统设计

工作接地可以使列车电气设备正常工作,保护接地可以确保人身安全,屏蔽接地可以提高电磁兼容性。图9-10为接地方案图。

整列车的工作接地与车体保持绝缘,分布在Mc车与M车,直接分配在轮对的运行接地触点上。如果可能,与车轮接地触点的连接都应具有相同的长度。如果不能做到,长度的不同必须通过选择合适的连接电缆横断面补偿,到 2 个车轮接地触点的连接电阻实质上相等。

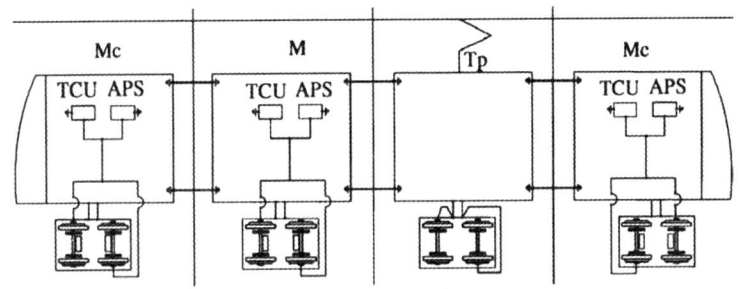

图 9-10　某有轨电车接地方案图

钢轨的杂散电流可能流经车体,虽然不会损坏车体,但如果对地电流较大,接地装置的寿命和转向架轴承的寿命会受到影响。为此,整列车的车体的保护性接地集中设置在 Tp 车,并通过每辆车之间的 2 条低阻抗连接使整列车为一个等势体。

影响屏蔽电缆屏蔽效果的主要因素是屏蔽层的接地形式。电缆屏蔽层接地方式主要有 2 种:单端接地和双端接地。

单端接地:单端接地实施简单,地线上的电流不会耦合进入屏蔽层。对于 1 MHz 以下的低频电路,电缆屏蔽层单端接地能起到很好的效果。100% 低地板现代有轨电车上,音频和视频电缆采用单端接地。

双端接地:对于高于 1 MHz 的高频电路,电缆屏蔽层采取双端接地,不论对高频电场还是对高频磁场都有很好的屏蔽效果。100% 低地板现代有轨电车上,列车网络总线屏蔽层采用双端接地。

3. 列车静电电压测试

ESD(静电放电)现象是工业现场普遍存在的疑难问题,特别地,电子产品在静电的影响下存在放电甚至击穿的风险。为了确定车上设备表面的静电电压是否会对设备的正常工作产生不可忽视的干扰,可通过静电电压测量试验来实现。

利用静电测量仪测量待测设备表面的静电电压值,通过将该测量值和待测设备本身生产阶段得到的安全电压等级比较,判断设备是否存在静电放电甚至击穿的风险。在此仅以某种静电电压检测表为例说明,其示意图如图 9-11 所示,其主要参数如表 9-5 所示。该设备简单便携,操作方便。

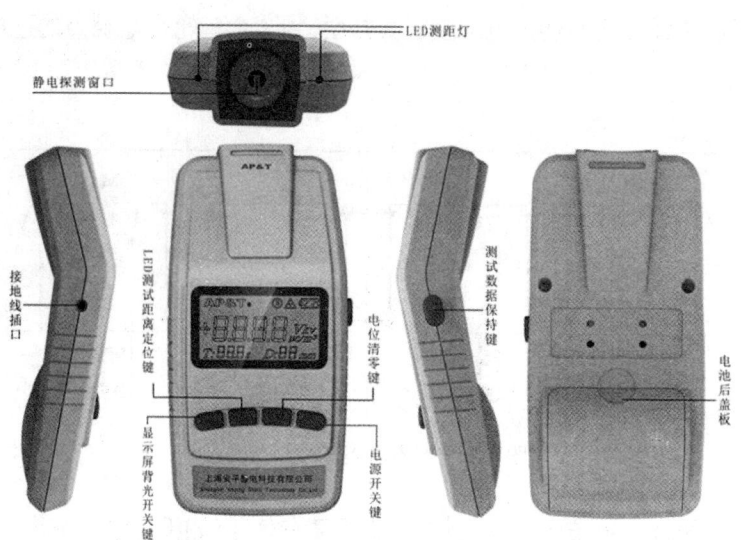

图 9-11　某品牌静电电压检测表示意图

表 9-5　某品牌静电电压检测表主要参数

检测范围	0.01 kV—5.00 kV
检测精度	±5%
检测距离	25 mm±1.0 mm
工作温度	−18 ℃—50 ℃
工作湿度	0—85%RH

试验流程如下：

(1) 根据车内电气设备布置图,确定需要进行静电电压测量的设备;

(2) 使用静电电压检测表测量静电电压值,具体检测方法为:使用时,使检测仪的静电探测窗口与被测物体面平行,按下激光测距键,前后移动检测仪,使得两激光内外亮斑重合在被测物体所在测试面上,即为标准检测距离 25 mm,此时所显示的检测数据最为准确。测得数据后,可轻按一下数据保持键便可保持所测数据,方便操作人员记录测量数据;重复按下数据保持键,检测仪即可恢复检测状态。

(3) 将试验记录数据和相应设备的安全电压等级比较,得出结论,判断设备是否存在静电放电甚至击穿的风险。

通常需要进行静电测试的设备有:空调控制器、电器控制盒、配电柜、探伤机柜、空压机控制盒、隔离变压器、蓄电池箱、库电控制盒、列车线接线盒、分线盒、操作台金属部位、空调机身金属部位、探伤机柜柜体金属部位、端门边金属部位、发电机间隔门金属部位、端门边金属部位、座位金属部位、扶手金属部位、发电机机身金属部位、车身金属部位等。

4. 列车电磁兼容设计实例

(1) 计算要求

计算某地铁(如图 9-12 所示)对外部电磁波的屏蔽。计算覆盖主要民用通信频段：800 MHz—2 500 MHz。在 800 MHz—2 500 MHz 频段内,使用数值算法计算车厢的屏蔽效能。

(2) 计算步骤

1) 划分网格

2) 设置外部干扰,在此例中干扰源为 1 V/m 均匀平面波

3) 设置算法为多层快速多极子算法

4) 计算车内电磁分布

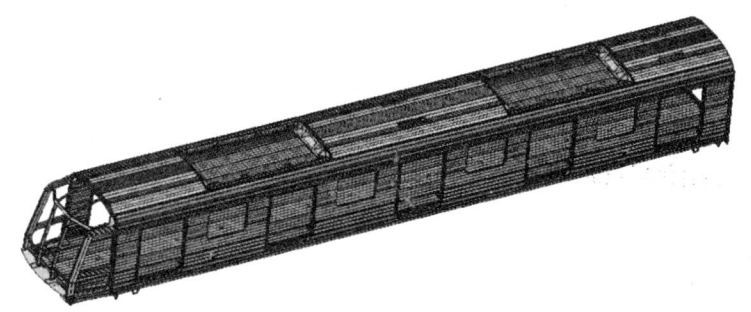

图 9-12 某地铁车机械模型

(3) 计算结果

以 800 MHz 为例,车内电场分布如图 9-13 所示,车内中线电场分布如图 9-14 所示。

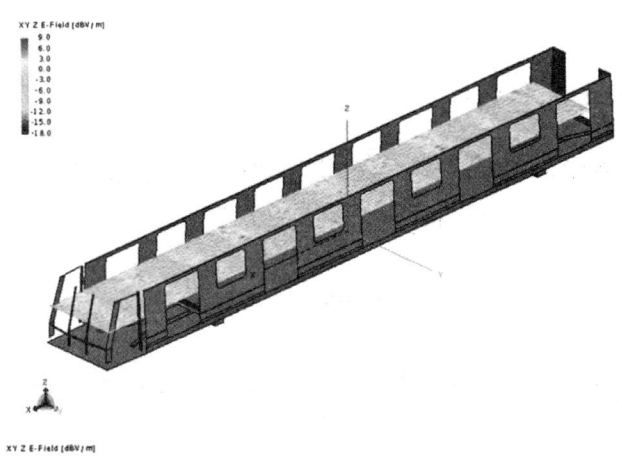

图 9-13 某地铁车车内电场分布

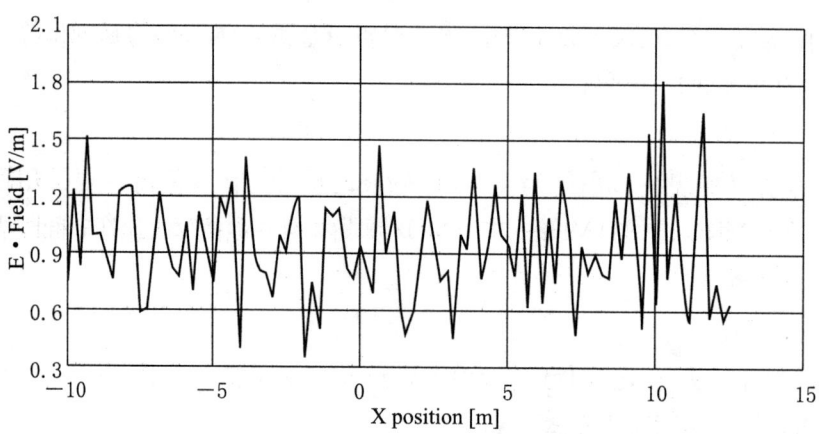

图 9-14 某地铁车车内中线电场分布

9.3 列车噪声控制

由于城市轨道交通处于人口密集的地区,列车运行中产生的噪声对周围环境及轨道交通系统本身的影响均不可忽视。对线路周围居民而言,噪声会影响日常生活,干扰身心健康,甚至引发疾病;对城市交通设计部门而言,控制噪声在有关的法定限度内,有利于新线的顺利规划和修建,为城市提供高标准的运输系统,有利于与其他交通模式的竞争;对沿线周围的商业设施而言,控制噪声能使周围环境更舒适,提高设施的商业价值,因而控制噪声是必要的。

9.3.1 噪声的声学量化

为便于计算且考虑人耳对声音的敏感度,一般把音压取常用对数,并以分贝为单位。将某一声音的音压与基准音的音压之差称为声强 Lp,即:

$$L_p = 20\lg\left(\frac{P}{P_0}\right)(\text{dB}) \tag{9-24}$$

式中:P_0 为声压标准值,当声音在空气中传播时,这个值为 2×10^{-5} Pa;P 为当前声压值。

人耳对声音的感觉会随着频率及音压的变化而变化,为了使被测的声压级与人耳的响度相对应,有四种标准化的加权曲线在频率域施以加权:其中加权曲线 A 用于低音量水平;加权曲线 B 用于 55—85 dB 音量水平;加权曲线 C 用于超过 85 dB 音量水平;加权曲线 D 用于飞机噪声水平。

但这不是评定噪声的唯一方法,因为噪声的持续时间、发生次数及变化规律等都是重要的因素,因而还有 L_{Amax}(最大噪声水平)、L_N(测定期间内 N% 数值超过此值的噪声水平)、$L_{Aeq,T}$(均能音量)等指标来评价不同性质的噪声。

在某些声场中,声压比不等于声功率比的平方根,因此严格地说不能用分贝表示,但可以引申地使用分贝。例如 1 Pa 的声压为 94 dB,听力正常的人在 1 kHz 频率时能感受到的最弱声压约是 $2\times10^{-4}\mu Pa(1\ \mu Pa = 0.1\ N/m^2)$,即零分贝。使用分贝可以压缩比例尺度,例如,可听声低达 0 dB,高达 120 dB,这个范围内的比值达 10^6∶1。

在自由声场条件下,点声源的声波遵循着球面发散规律,按声功率级作为点声源的评价量,其衰减量公式为:

$$\Delta L = 10\lg\left(\frac{1}{4\pi r^2}\right) \tag{9-25}$$

式中:ΔL——距离增加产生衰减值,dB;
R——点声源至受声点的距离,m。

在距离点声源,r_1 处至 r_2 处的衰减值为:

$$\Delta L = 20\lg(r_2/r_1) \tag{9-26}$$

不同声源噪声的叠加公式:

$$L_p = 10\lg(10^{\frac{L_{p1}}{10}} + 10^{\frac{L_{p2}}{10}} + \cdots + 10^{\frac{L_{pn}}{10}}) \tag{9-27}$$

式中:$L_{p1}\cdots\cdots L_{pn}$ 表示声源 1 到声源 n 在 p 点的噪声声压级。

9.3.2　噪声来源及控制

轨道交通的噪声一般可以分为六大类:滚动噪声、冲击噪声、曲线高频噪声、设备噪声、桥梁噪声和气动噪声。

1. 滚动噪声是由于车轮与轨道表面不平引起的,噪声的强弱与列车的速度、车轮重量和钢轨表面不平顺程度有关,是一种持续的噪声。

2. 冲击噪声是车轮在钢轨上跳跃,以较大的能量冲击轨道而产生的,一般出现在钢轨接头处、钢轨或车轮表面有偏斑、钢轨表面有波浪形磨耗的状况下。它的强弱与车辆的速度、轨道的弹性有关,是一种周期性的噪声。

3. 曲线高频噪声是车辆经过曲线轨道时产生的,常称为啸叫声,它是由内外轮与内外轨相互滑动(蠕滑)并产生振动,通过钢轨和车轮将声音发射出去的,是一种单一的噪声。

4. 设备噪声是由车辆上的各种电器、动力机械等设备产生的,在某些特定条件下,会引发车辆结构的共振,是一种持续的噪声。

5. 桥梁噪声是列车与桥梁共同作用,通过桥梁发射出去的噪声。

6. 气动噪声是车辆与空气相互作用产生的,它与车辆外轮廓和速度有关。

噪声的防治主要通过衰减振源、避免结构共振、隔离传播途径、吸声等方法进行,应根据不同的防治目标确定最佳的防治措施。

轮轨噪声的控制主要是控制轨道结构,具体控制措施如下:

1. 应尽量不采用小半径曲线轨道设计;

2. 采用重型减噪措施,如普通碎石道床,比混凝土整体道床,减少 2—3 dB;

3. 铺设超长无缝线路、减振扣件等都能有效减少噪声。据国外测试资料统计,铺设无缝线路后轮轨噪声平均降低 7 dB;如法国的轻轨车轮中镶有一层弹性硬橡胶,轨道下设有弹性垫层,因而车辆运行平稳,当列车以 70 km/h 速度行驶时,车厢内噪声只有 68 dB;

4. 从轮轨垂向振动体系分析来看,在钢轨与轨枕、轨枕与道床之间增加弹性垫层可以有效地减少噪声;

5. 定期打磨钢轨顶面,消除轨顶不平顺。据统计,当钢轨出现深达 0.5 mm 以上的波形磨耗时,轮轨噪声迅速增大,打磨后噪声可降低 10 dB 左右。

控制滚动噪声的一种有效方法是给车厢加裙边,这样利用车厢裙边吸收噪声来增大声能量的传播损失,从而达到降噪的目的。如果在车厢裙边内侧安装吸声材料,则能减小铁路旁的噪声约 2 dB。裙边向内侧弯曲,这样能吸收车轮的辐射噪声,对啸叫噪声的控制更好。对于整体道床,车厢裙边的降噪效果比有碴轨道更好。在车厢底部安装吸声材料,能降低车厢内外的噪声约 2 dB,但是车厢底部安装吸声材料后对车厢底部的维修和保养增加了困难。

滚动噪声主要是轮辋的径向振动所引起的轰鸣声,过小半径曲线时轮轨间横向滑动要引起轮辋和辐板的轴向振动,发出尖啸声。采用径向和轴向组合的谐振消声器将能同时衰减这两种噪声。

车轮平滑化,通过采用弹性车轮、阻尼车轮和车轮踏面打磨等车轮平滑措施,可有效降低车辆振动强度,从而降低噪声。采用盘式制动方式,在闸瓦制动中由于闸瓦对轮对踏面的摩擦,使轮对踏面的平顺度恶化,欧洲的应用实际表明采用盘式制动可以降低噪声 10 dB。

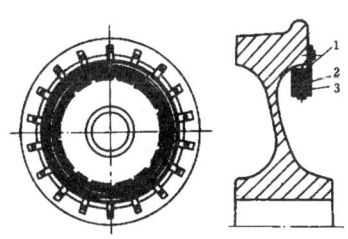

图 9-15　扇形盘式消声器
1—消声器　2—基体　3—阻尼材料

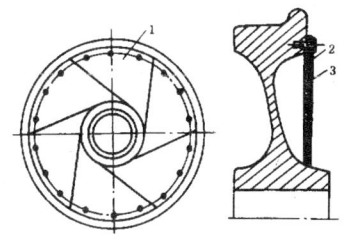

图 9-16　环形叠板式消声器
1—安装座　2—消声器基体　3—阻尼体

车体隔音装置对减小车内噪声很有帮助，车体隔音装置主要包括车厢体、地板、车窗、车门及转向架和车体的连接部位。车体使用两层隔音材料，并在车厢内衬以玻璃纤维吸声材料，用弹性地板层组成复合地板，用密封玻璃窗和橡胶条等可以大大降低车厢内噪声。

空气动力噪声主要与列车运行速度、车体外形以及凸出于车体表面的部件如动车受电弓等有关。空气动力噪声的控制是通过设计使车头流线化，车头有大鼻式，后仰式等外形；此外列车外表面尽量平滑无突出部分，如门、窗、扶手、饰带等不要突出车外；车辆间通过台处加以封闭，以降低空气动力噪声。对受电弓而言，用单臂受电弓替代菱形受电弓，以降低受电弓部件的空气动力噪声。由于受电弓的变换也使受电弓罩也有改进，也降低了受电弓罩本身的空气动力噪声。各车端部的超压母线采用直接头，改进侧罩，并采用底罩。

控制车体本身的结构噪声的方法是：利用接合面间摩擦阻尼和材料内摩擦阻尼抑制车体结构振动，阻止声发射。一般可采用损耗因子较高的阻尼浆喷涂于车体壁内侧，可抑制并部分吸收车体振动能量并减弱车体二次辐射噪声。

轨道车辆采用的基础制动型式对噪声的控制影响很大。铸铁闸瓦制动可使踏面粗糙度增大，制动尖叫的声级高。采用盘形制动或高磷闸瓦制动均可减少踏面粗糙度，尖叫声明显降低。与铸铁闸瓦相比，前者可降噪 10 dB(A)，后者可降噪 5—7 dB(A)。采用高分子的合成闸瓦，虽对降噪有效，但因散热条件不利，易造成踏面出现毛细裂纹。国外装车试验表明：在车轮轮辐某一半径处，等距离装设粘弹性衰减振动阻尼器(或装阻尼环)，制动噪声下降约 20 dB(A)。

9.3.3　噪声计算及仿真

1. 噪声理论计算

噪声计算需要知道声源声压级，传播过程中的物体的隔声量和噪声测量点的距离，计算方法如下：

(1) 根据设备布置图,确定噪声源的位置和尺寸、传播途径;

(2) 确定噪声源产生噪声大小,以及车门、车窗、地板、车顶等降噪大小;

(3) 计算噪声传播过程中的衰减;

(4) 计算不同声源产生噪声的叠加。

实例:计算图 5 中车内测点 1 的噪声,已知声源有:司机室空调噪声为 76.7 dB,客室空调噪声为 35.3 dB,蓄电池箱噪声为 70 dB,辅助逆变器噪声为 82.4 dB,车体上板隔声量为 42 dB,车体底板隔声量为 46 dB。

计算步骤如下:

(1) 司机室空调噪声

传入正下方车体内:$76.7 - 42 = 34.7$ dB

传至测点 1 的距离为:$\sqrt{535^2 + 1\,612^2} = 1\,698.5$ mm

传至测点 1 的噪声衰减至:$L_{p1} = 34.7 - 20\lg(1\,698.5/1\,000) = 30.1$ dB

(2) 客室两空调噪声

传入正下方车体内:$77.3 - 42 = 35.3$ dB

传至测点 1 的距离分别为:$\sqrt{535^2 + 3\,976^2} = 4\,011.8$ mm,$\sqrt{535^2 + 13\,842^2} = 13\,852.3$ mm

传至测点 1 的噪声衰减至:$L_{p2} = 35.3 - 20\lg(4\,011.8/1\,000) = 23.23$ dB,

$L_{p3} = 35.3 - 20\lg(13\,852.3/1\,000) = 12.47$ dB

(3) 蓄电池箱噪声

传入正上方车体内:$70 - 46 = 24$ dB

传至测点 1 的距离为:$\sqrt{1\,600^2 + 8\,989^2} = 9\,130.3$ mm

传至测点 1 的噪声衰减至:$L_{p4} = 24 - 20\lg(9\,130.3/1\,000) = 4.79$ dB

(4) 辅助逆变器噪声

传入正上方车体内:$82.4 - 46 = 36.4$ dB

传至测点 1 的距离为:$\sqrt{1\,600^2 + 11\,312^2} = 11\,424.6$ mm

传至测点 1 的噪声衰减至:$L_{p5} = 36.4 - 20\lg(11\,424.6/1\,000) = 15.24$ dB

叠加得:$L_p = 10\lg(10^{\frac{30.1}{10}} + 10^{\frac{23.23}{10}} + 10^{\frac{12.47}{10}} + 10^{\frac{4.79}{10}} + 10^{\frac{15.24}{10}}) = 31.10$ dB

2. 噪声仿真计算

传统的数值计算方法,如有限元(FEA)方法和边界元(BEA)方法对应力和振动建模取得了巨大的成功,由于低频噪声主要来源于车体等大质量结构的振动,因此 FEA 方法和 BEA 方法在低频噪声领域具有可应用于工程的精度,但对高频噪声的计算存在一定的局限。因为许多有限单元结构模型的精度在大约一二十阶模态后变得过低。而重要的声学频率范围常常超过 100 阶模态。由于这一原因引进了统计能量分析(Statistic Energy Analysis, SEA)技术。在 SEA 的标准形式里应用是否成功有赖于高的模态密度、高模态重叠和短的波长,这些恰好是造成 FEA 方法不精确的因素。在 50—20 000 Hz 人耳可听见的频率范围中,受重视的频率大多是中高频范围,在此范围内,传统仿真方法常受到限制,统计能量法更具有明显优势。

(1) 低频噪声仿真

低频噪声主要来源于车辆的结构振动,可采用测试得到的振动加速度作为激励进行有限元分析;或者通过仿真途径,以模态分析得到的结果为结构基础,以输入力作为激励,得到振动加速度响应。

以车体的低频噪声仿真为例,实际中,车体结构由大量中空型材、加筋板等组成,同时还会存在许多加强筋、倒角、圆角以及安装孔洞等细小特征。若将此类细小结构特征均进行建模,单元质量往往得不到保证,同时也会导致模型过大;因此为了避免抽取中面以及后期对中面模型进行修补的繁琐工作,在建模时忽略车体型材的实际厚度,仅以车体中空型材和内饰层结构的轮廓进曲面建模,并进行适当简化,建模同时建立了大量的几何切分面,并对模型进行网格划分。

进行几何清理和网格划分时需要注意的是,为保证计算精度,在声学有限元模型中,应保证在每个波长内的单元个数不少于四个。同时应保证单元的最大尺寸不大于材料内弯曲波长的四分之一。

在有限元中建立简化后车模型并进行各种前处理之后,将实验中测得的数据作为激励导入该车体中进行频率响应计算得到模型在各个频率下的振动响应。简化后的有限元仿真模型如图 9-17 所示。

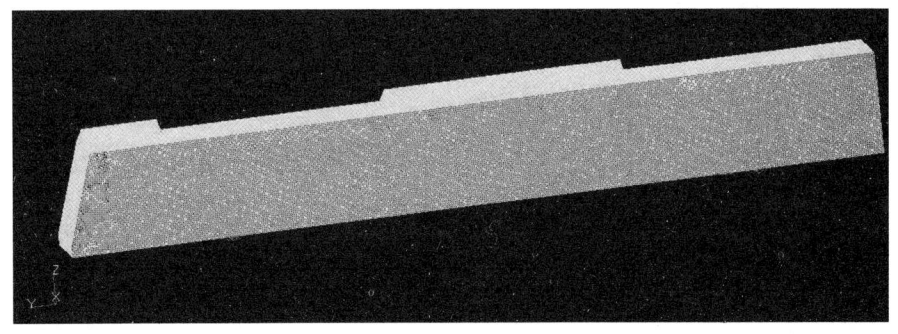

图 9-17 某列车 TC 车有限元仿真计算模型

在仿真软件中导入车体频响、车内空气有限元网格及评测点网格等并进行噪声前处理,最终得出整个车内声腔的噪声分布云图及评测点的噪声结果。

(2) 高频噪声仿真

SEA 方法把复杂结构的振动频率、模态阵型、模态阻尼等参数看做是随机变量,这也导致其计算结果具有统计意义,即 SEA 方法虽然不能预测某个精确位置的局部响应,但是可以从统计的角度预示整个子系统的平均响应。因此,如果子系统包含的范围过大,结构比较复杂,那么得到的统计结果就无法准确地表示复杂系统之间的响应结果的差异。

SEA 预测噪声振动的过程:

1) 将整个复杂系统分解为简单子系统;

2) 每一个子系统代表一组模态;

3) 每一子系统耗散和传递能量(内部阻尼及耦合);

4) 应用能量守恒原理于每子系统及整个系统。

利用相关的前处理软件对整车模型进行合理的前处理,然后将其导入到仿真软件中,根据统计能量分析模型的基本假设和建模原则,同时考虑车辆的对称性以及仿真的计算量,建立 SEA 模型。在建立整车 SEA 模型的过程中,首先需要进行合理的子系统划分。在软件中建立整车的模型时,利用模态相似群法将整车模型进行简化。整车车体结构用平板和单曲面板子系统进行模拟,车体铝型材采用等效隔声处理的方式,包括顶板、侧墙以及地板。车内外声场环境利用三维声腔子系统进行模拟,同时外部声腔子系统连接半无限流体,模拟无反射的外部声场环境。

噪声主要来源有司机室空调、客室空调、空气压缩机、制动电阻、电机和齿轮箱。加载方式都是利用理想噪声源加载在车体底部和车体顶部相应位置的声腔上。图 9-18 是建立的某地铁列车声学仿真模型。

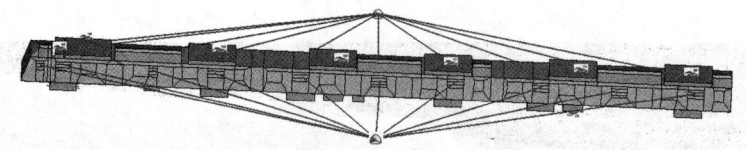

图 9-18 整车声学仿真计算模型(车内)

9.3.4 噪声测试

1. 噪声测试标准

城市轨道交通列车噪声分为车内噪声和车外噪声,相关标准如表 9-6 所示。

表 9-6 噪声测试标准

名字/标识	描 述
IEC61672-等级 1	声音水平计
IEC61260	电声学—倍频程和分数倍频程过滤器
ISO/FDIS1996-1	声学—环境噪声的描述、测量和评价—部分 1:基本工程量和评价程序
ISO31/7	声学的质量和单位
ISO131	声学—空气中的声音或噪声的物理表示和主观重要性
ISO140-系列	声学—建筑物和建筑物部件的隔音测量
ISO3740，ISO3741，ISO3742，ISO3743-1，ISO3743-2，ISO3744	噪声源声音功率水平的确定
ISO1680/1	声学—用于旋转电子机器发出的机载噪声测量的试验
ISO9614	使用声音强度的噪声源声音功率水平的确定
ISO15186-2	声学—建筑部件内声音的隔离测量—部分 2:现场
ISO5348	机械振动和冲击—加速计的机械安装
ISO354	声学—在回响室内声音吸收的测量
ISO2041	振动和冲击
ISO3381:2005	声学—在轨道车辆内的噪声的测量
ISO3095:2005	声学—由轨道车辆发出的噪声的测量
ISO7779:1999	由信息技术和通信设备发出的机载噪声的测量

以 ISO3381 标准为例,在 ISO3381 标准规定的测试条件下,列车静止、辅助系统正常运行情况下,在车辆中心离地板面高 1.2 m、1.6 m 处分别测得的客室内 $L_{pAeq,T}$ 不超过 69 dB(A);司机室内 $L_{pAeq,T}$ 不超过 65 dB(A)。列车在自由声场中以最高运行速度±5 km/h 速度运行时,在车辆中心离地板 1.2 m、1.6 m 高处分别测得的客室内 $L_{pAeq,T}$ 应不超过 74 dB(A)、司机室内 $L_{pAeq,T}$ 应不超过 72 dB(A)。其中,1.2 m 对应乘客坐下时耳朵的高度,1.6 m 对应乘客站起时耳朵的位置。这个高度在不同的标准里有略微的不同。

实验时应保证车门全部关闭,辅助设备全部打开,并且背景噪声要比实验噪声低 10 dB 以上,否则要按标准里进行背景噪声的修正。

图 9-19 和图 9-20 表示某地铁车内和车外噪声测试的测点分布图,车内噪声测点分布在转向架中心的上方和车厢中间位置的上方。车外测点布置在距车外表面 7.5 m 处,并且传声器指向车体外表面。

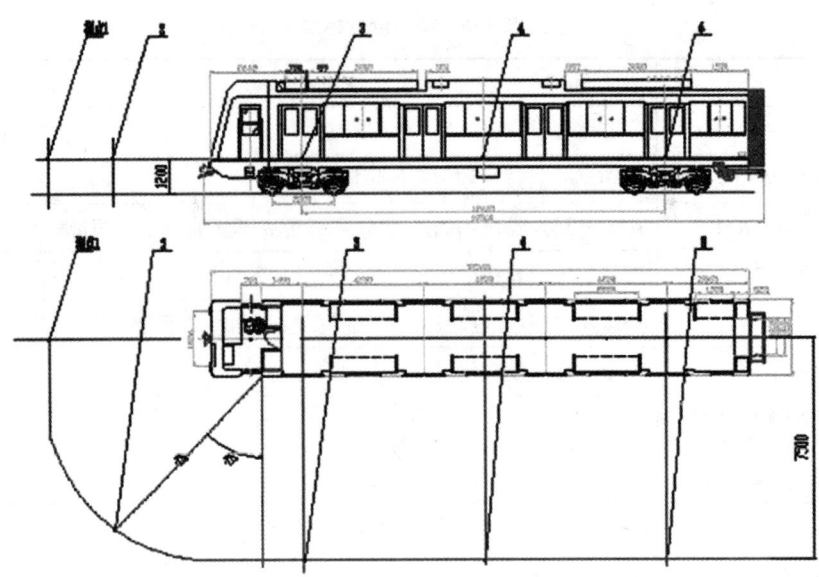

图 9-19 某地铁车 T_C 车外测点布置图

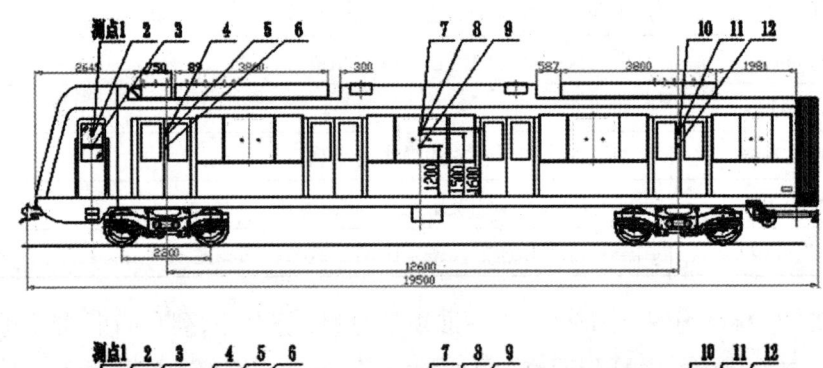

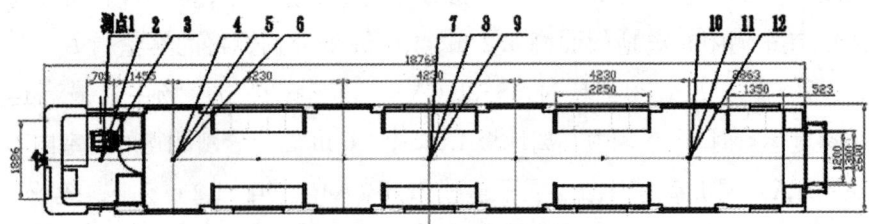

图 9-20 某地铁车 T_C 车内测点布置图

2. 隔声量测试

声波在传播过程中遇到障碍物时,部分声波会发生反射,部分发生透射。将入射到结构上的声能量和透过结构的声能量比值的分贝数,称为传递损失(Sound Transmission Loss,简记为 STL),常称作隔声量,记为:

$$STL = 10\lg\left(\frac{Wi}{Wt}\right) \qquad (9\text{-}28)$$

工程中常常需要根据结构的隔声量,对结构进行声学设计,使结构有好的隔声性能,更好的满足使用性能。

将待测试件的两侧分别看做发声室与接收室,在发声室放置声源,同时用传声器分别采集试件两侧的声音信号并传输到数据采集终端,通过相应计算,可得出试件的隔声量。工程中有声压法和声强法两种方法。对于声压法,可按下式计算:

$$STL = L_1 - L_2 + 10\lg\left(\frac{S}{A}\right) \qquad (9\text{-}29)$$

其中,L_1 是发声室的平均声压级,L_2 是接收室的平均声压级,S 为试件的面积,A 为接收室的吸声量。

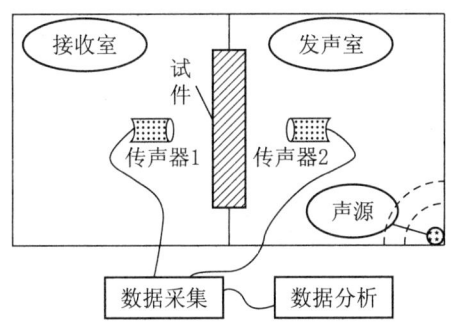

图 9-21 双混响室法隔声测试示意图

如图 9-21 所示,为实验室双混响室法隔声测试示意图。
实验测试应注意以下几点:
(1) 保证声场内各个位置处的声压分布均匀;
(2) 待测试件表面声压级应至少高出环境噪声 10 dB;
(3) 试验中声强探头距被测试件表面不少于 0.1 m,且探头轴向应尽量垂直于试件表面。

实例

问题描述:在设计车体结构的过程中,也需要考虑车体材料及结构对隔声效果的影响。目前,我国高速动车组车体底板多为铝合金结构。当运行的车体受到外部噪声源的激励时,铝型材是重要的传播途径之一。铝型材的隔声量是整车噪声控制中的重要参数,其隔声参数一般通过实验室方法测试。某地铁车辆逃生门门页框架选用壁厚 5 mm 铝型材,通过受力分析及计算,型材结构优化,改选用 3 mm 壁厚铝型材。铝型材厚度的减少有利于实现车体的轻量化,而这也会造成车辆隔音性能的改变。

实验测试:分别把白噪声和粉红噪声作为声源,分别对 3 mm 铝板和 5 mm 铝板进行隔声测试。白噪声和粉红噪声均是广泛用于环境声学测量的声音。白噪声是指一段声音中的频率分量的功率在整个可听范围(20—20 000 Hz)内都是均匀的。由于人耳对高频噪声较为敏感,这种声音听上去是很躁耳的沙沙声。粉红噪声是自然界最常见的噪声,能量集中在低频段。瀑布声和小雨声都可称为粉红噪声。

实验结果:当噪声源为白噪声时,3 mm 铝合金板和 5 mm 铝合金板总隔音量相当,而 1 mm 铝合金板的隔声性能最差;铝合金板在 2 500,3 150 Hz 两个频段上对白噪声的隔音量达到最大。当噪声源为粉红噪声时,随着铝合金板厚度的增加,总隔音量也随之增大;铝合金板在 1 000,2 500 Hz 两个频段上对粉红噪声的隔音量达到最大。在满足车辆运行安全的前提下,针对不同特征的环境噪声,选择合适厚度的铝合金板,不仅可以达到最佳的隔音效果,还有利于节省材料、降低成本、实现车体轻量化。

结果如图 9-22、图 9-23 所示。

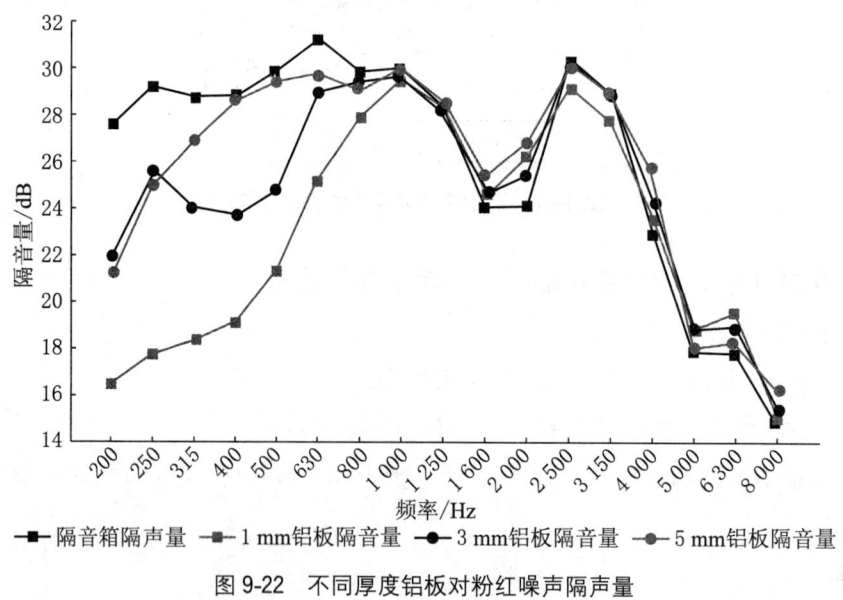

图 9-22 不同厚度铝板对粉红噪声隔声量

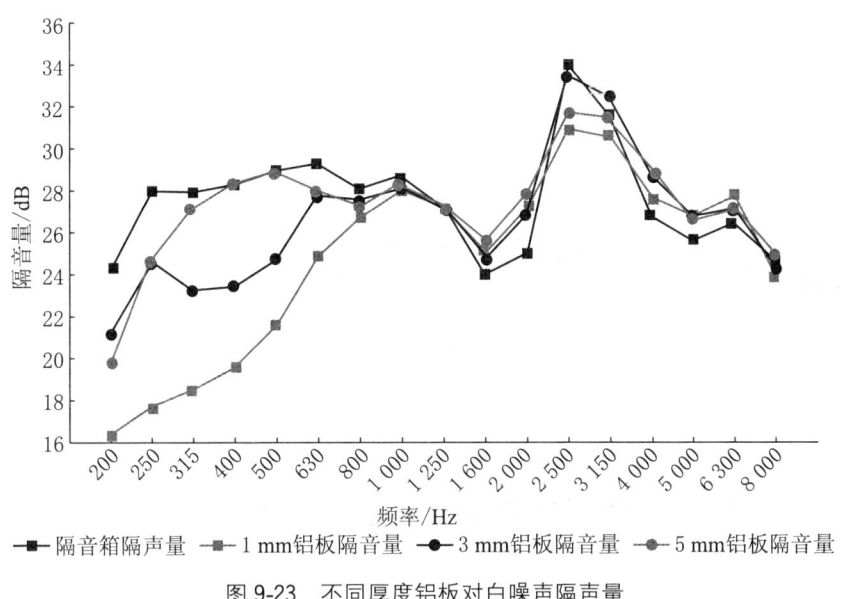

图 9-23　不同厚度铝板对白噪声隔声量

复习思考题

1. 你认为火灾探测器需要安装在列车的哪些位置才能在最短时间内检测到火情并最大程度地减少人员伤亡和财产损失？

2. 如何通过实验检测材料的火灾危险性？给出具体说明。

3. 列车上的电气设备的可能受到哪些因素的电磁干扰？

4. 列车的电磁兼容实验有哪些？给出简要描述。

5. 高频噪声和低频噪声仿真的方法相同吗？为什么？

6. 你认为列车上有哪些结构需要进行隔声量测试？

7. 除了书中的三种环境友好型设计，还有其他建设环境友好型轨道交通需要考虑的因素吗？请举例说明。

第 10 章 列车纵向动力学

10.1 轨道车辆的牵引制动与黏着控制

从轨道车辆诞生以来,其牵引方式经历了从马拉、蒸汽机、内燃机、旋转电机直到近三十来年采用线性电机驱动的过程。铁路作为雏形问世时,由马拉的单个车辆总重很轻,并没有建立黏着概念的意识。把摩擦力作为车辆驱动功能的基础,要追溯到 1804 年特里维西克的试验,他由试验领悟到,两个相对光滑的表面间的摩擦力可以为车轮牵引和制动提供足够力源。正是这个启迪,乔治·史蒂芬森在 1825 年建成了真正意义的铁路。从那以后,轮轨间的黏着状态(运动中的摩擦力概念)逐渐受到高度重视,在现代,这种黏着力概念被理解为轮轨间相对蠕滑产生的蠕滑力。蒸汽动力功率的提高,使牵引多个车辆的列车成为可能,从此牵引重量逐渐变大的单个机车开始牵引起更多个车辆,而黏着力不足则是增大牵引重量时需克服的首要矛盾。

除了线性电机牵引,现有的铁路无论是牵引或制动工况一般都通过在轮轨之间存在的黏着力传递切向动力。车轮与轨道接触处的黏着状态好坏影响着牵引与制动力的产生,由于机车牵引与车辆紧急制动时所利用的黏着系数往往达到或超过允许的临界值从而产生车轮空转或滑动,影响到牵引和制动能力的正常发挥,同时还会产生非正常的轮轨磨耗和相应的轮轨冲击力,影响乘坐舒适性及列车运行安全。随着铁路运输重载与高速化的发展,黏着不足成为一个重要控制因素。近年来,频频出现的轨面擦伤及车轮踏面剥离之类的损伤,引起噪声、振动和冲击载荷的加大,并使车轮、车轴、轴承和钢轨寿命降低。因此提高黏着利用率,在提高列车动力性、舒适性、安全性等方面均有着巨大作用。本节将阐述牵引、制动、黏着的概念,并给出牵引时的防空转与制动时防滑控制系统的机理。

10.1.1 牵引与黏着力

1. 黏着概念

黏着力是机车或动车的动轮在其承受的载重 P 和驱动力矩 M 的作用下,在发生弹性变形的轮轨接触区沿着纵向产生的切向力 F。F 力是驱使动轮纵向前进的轮周牵引力,见图 10-1。在线性电机投入使用前,轨道车辆牵引力都是通过轮轨间的纵向黏着力(蠕滑力)而形成的。其他条件决定后,牵引力的大小由轮轨间的纵向蠕滑率所决定。蠕滑概念在第 4 章已进行了详细介绍。通常轨道车辆从静态起动时产生牵引力的正常条件是:由动力装置提供的动轮驱动力矩应该与轮轨正压力下轮轨接触产生的黏着力(即蠕滑力)对轮心的力矩相平衡,否则车轮将迅速转动并产生空转。如果轮轨间黏着状态变化引起黏着力减小,必须相应调低驱动力矩,以避免打滑甚至空转,这一过程就是黏着控制。由于对蠕滑理论的正确理解和实践,现代机车的黏着控制已获得了很大的进步,增大了机车的牵引能力。实现黏着控制,关键是对黏着—蠕滑特征曲线的监控。它的重要特征是,当黏着系数随蠕滑率的增大而达到最大值 μ_{max} 时,若继续增大蠕滑率,反而会使黏着系数快速下降,如图 10-2 中蠕滑率大于 15% 时的特性。为保证列车运行过程中牵引力和黏着力之间处在合理的平衡关系上,机车应实现在当前黏着状态的最大黏着系数下运行,以实现黏着最大化的利用。

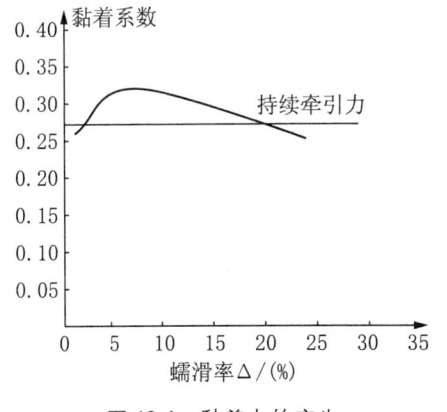

图 10-1 黏着力的产生　　图 10-2 黏着与蠕滑的关系曲线

为了使机车能够牵引比自身重很多的多个车辆组成的列车,在车辆间采用了有间隙的车钩,因为,只有存在车钩间隙时,机车才可以逐个地拖动后面的车辆,最后机车使所有车辆获得了初速度而慢慢地向前运行。

提高黏着水平不仅可以有效地提高列车的加速性能,缩短制动距离,而且还减少车轮的空转和滑行,避免轮轨严重擦伤,并延长轮轨的使用寿命,改善乘车舒适性。在当前列车运能运量迫切需要提高,实现重载高速的趋势下,准确地控制列车牵引的黏着性能,实现纵向蠕滑控制,达到最大化黏着利用率,是提高机车牵引能力的关键。

轮轨之间的可用黏着系数是由轮轨材质与它们之间的物理接触状态决定的,然而还受到机车运用条件和本身结构及动力装置特性的影响,如轮轨表面状态、轴重转移、轮径、机车速度、电机特性等因素。

因此在运用中具有很大的随机性,一般需求的是它的平均(期望)值,称计算黏着系数 μ_j。欧洲铁路常用计算公式为

$$\mu_j = \frac{7.5}{v+44} + 0.161 \tag{10-1}$$

我国电力机车 μ_j 的计算公式为

$$\mu_j = \frac{12}{8v+100} + 0.24 \tag{10-2}$$

我国电传动内燃机车 μ_j 的计算公式为

$$\mu_j = \frac{5.9}{20v+75} + 0.248 \tag{10-3}$$

v 为速度(km/h),在小曲线上通过时因为轮轨之间加大了横向蠕滑,μ_j 将会下降。

了解下面这些影响因素对以动力学观点研究和设计机车车辆的黏着控制系统具有重要的指导意义。

(1) 轮轨表面状态

轮轨表面状态决定于机车的运用条件,这些条件包括气候、污染等。通常情况下,干燥的轨面黏着系数较大,对于完全洁净的轨面,可用黏着系数甚至可以达到 $\mu_{max} = 0.6$—0.7。当轨面经历小雨、露水或者油脂污染时,会产生一层黏性膜,黏性膜隔离了干净金属表面接触,使得黏着系数变小。油污引起的黏着下降的程度更严重,应避免润滑油粘在轮轨表面上。潮湿的气候也是高黏着的大敌,通风良好的隧道,黏着条件较好。最不利的是潮湿气候下的轨面落叶层,甚至可以使黏着系数下降至 0.013—0.058,见图 10-3。

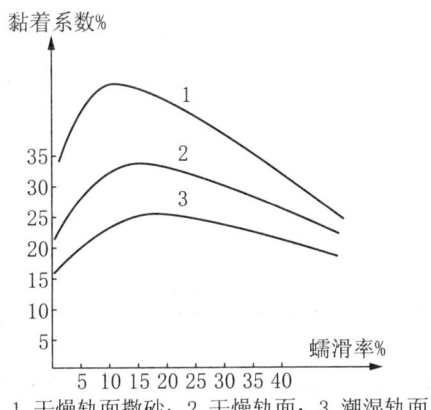

1. 干燥轨面撒砂；2. 干燥轨面；3. 潮湿轨面

图 10-3　不同轨面状态蠕滑率/黏着系数曲线

(2) 轴重(轴载荷)转移

蒸汽机车的动力从蒸汽机传到多个动轮时是不能对它们独立调整的。当机车车钩受到后面列车的数十吨拖力 P 时,该力与机车朝前的轮轨黏着力 N_f 形成的力矩将使原来平均分配的蒸汽机车轮重力(轴重)产生了偏重,即轴重转移,靠后的轮对获得一个附加轮重,而前部车轮减载。减载车轮容易产生打滑,这就使蒸汽机车动轮组设置在机车偏后部,这样动轮的轴重差异较小,再加之动轴之间是刚性重联,所以牵引吨位不大时黏着可以获得充分利用。但是内燃机车,电力机车是转向架式机车,几乎每个轮对都是动轮,其轮重(轴重)是平均的。在起动时,由于前后车体间的车钩牵引力高度与车体相对构架的纵向牵引点高度之差产生的力矩使车体重量在前后转向架的垂直载荷产生了差异,如图 10-4 所示。同样的原因,每个转向架内的前后轮对的轮重间也存在着差异。

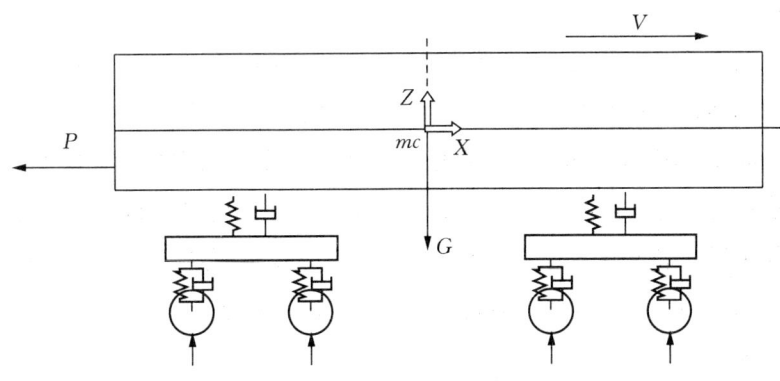

图 10-4　轴重转移示意图

如果每个轮对获得的扭矩相同,某个垂向减载过大的轮对的轮轨黏着阻力矩会小于扭矩而首先产生打滑。为了解决这个问题,某些机车在走行部设置了解决轴重转移的机构,如图 10-5 所示,纵向连接机车与构架的转向架牵引拉杆是一个斜杆,其延伸线与轨面的接触点恰好在转向架所承受重量的投影点处,这就使牵引拉杆产生的向上分力处于对称位置,而不会在转向架内再次产生轴重转移。

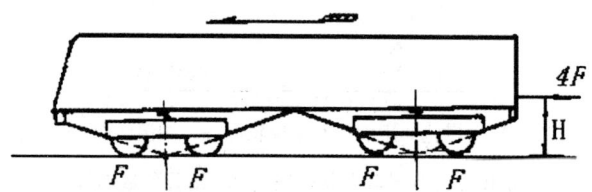

图 10-5 牵引斜杆对轴重转移的抑制

由于各个驱动电机在动车或转向架中布置的前后位置不同,由电机与动轮间的垂向驱动力在转向架内并不完全对称,在局部产生了垂向附加效应,故而轴重转移也与之有关。当然旁承也是传递垂向和纵向力的,不同布置也有一定影响。这些将不在本文中详述。

从设计角度考虑,黏着系数会随着轴重升降而变化,因此,机车垂向动力学对黏着利用起着很重要的作用。轴重降低而牵引力不变时,黏着系数减小,无疑会使空转易于发生。如果在设计时把黏着系数置于黏着极限,那么轴重的少量减载就会破坏黏着,从而过大的牵引力矩将引起轮对加速,并导致空转。这会引发机电振荡,严重时产生轨头波浪形磨耗。

(3) 轮径

车轮直径大小直接影响到轮轨接触面的大小。车轮直径大,轮轨接触斑的面积就大,能传递较大的切向力。对于轮径较大的电力机车,黏着系数可以较轮径小些的内燃机车增大 5% 左右,同时其牵引电机的扭矩—转速特性较陡,有利于抑制空转。除此之外,同一轮对及同一牵引单元的轮对轮径应该尽量保持相等,否则由于轮径差 Δr_0 引起的附加滑动会使轮轨实际能传递的最大牵引力减少,降低了可利用的黏着系数。另外轮对踏面横断面的轮廓与轨头轮廓的贴合程度也可以增大接触斑的面积从而提高黏着系数。

(4) 机车速度

当机车速度提高时,可用黏着系数会略有下降。随着速度增加,机车横向振动加剧,此时轮轨间产生一定的横向蠕滑和蠕滑力。如果机车纵向蠕滑力还保持在之前的水平,则纵横向蠕滑力合成的总的蠕滑力将超出黏着系数的允许值,此时必须减小纵向蠕滑力(即机车牵引力),才能防止空转。

不同的速度也影响轮轨间切向力的传递。UIC 的 ORE 组织的实车试验表明,当速度作为独立参数时,随着速度的增加,可用黏着系数有所下降,与启动时的黏着对比,$v=140$ km/h时的可用黏着系数减小约10%。根据日本的试验,速度对可用黏着的影响与轨面状态有关。在潮湿的轨面上,速度变化引起的黏着率的变化比干燥时的轨面要大得多。

(5) 曲线运行

在第 4 章可以知道,曲线运行时,需要轮对的横向导向力来引导转向架通过曲线,此时横向蠕滑力的增大将削弱纵向蠕滑力,从而使机车在曲线上的牵引能力不足。因此在小曲线上重载列车临时停车不易于重新起动,一般要求撒砂以助于黏着。

(6) 电机特性

除了外部黏着状态,机车最佳黏着的利用还取决于驱动转矩和速度间的关系。正确处理这种关系,有使产生了滑动的部分轮轴具有重建黏着平衡的能力。电机特性愈陡,重建黏着的能力愈强,这是一种自调节能力。然而在经常需要保持大牵引力,又有频繁滑动的条件下,由于 $\dfrac{d\mu}{dt}$ 总是比 $\dfrac{dF}{dt}$ 更陡,即黏着系数随速度而下降的斜率比动力调低的斜率更陡,这种电机的硬特性也并不总能确保重建驱动与黏着的平衡。因此,必须另有专门调控系统,以便利用自调节和外调节的综合结果,来建立电机和轮对间动态传递特性的函数关系。

(7) 电振荡作用

在轨道车辆驱动能量的传递系统中,不应允许存在由发动机产生的机械自激振动,因为它会引发黏着破坏;也不应该存在电设备,如变阻器、变压器、扼流器、电容器以及电机等产生的电振荡。在一定条件下,这些电振荡将转移成机械振动。而电振动幅度愈低,系统愈能接近于黏着极限,就愈能获得高平均牵引力,否则就易于破坏黏着。

牵引力的调节幅度取决于电机的挡数与换挡的次数。采用变频连续调速控制比大分级起动要更好,最大黏着系数可提高 0.02—0.07。提高牵引力调节速度只能增加产生最大滑动的可能性,而不能提高黏着系数。图 10-6 表明,当档位升高一挡时,立即就会出现较大的滑动,然后就稳定在一个较低的滑动水平,换挡太快对维持黏着条件并不有利。为有利于重建驱动力矩与轮对牵引黏着力的平衡,最好应该对每台电机实行独立供电,而它们的控制系统是相互关联的。

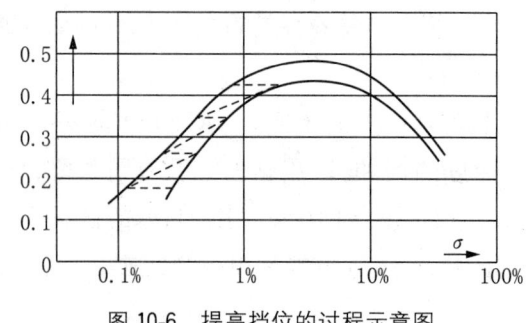

图 10-6　提高挡位的过程示意图

(8) 驱动与传动装置的扭转振动

当机车牵引电机的电枢轴产生很大的驱动力矩时,传动系统中将存在扭转弹性变形,如果黏着遭到了破坏,此时机械传动系统扭转势能将驱使车轮正向快转,削弱黏着,然后又反向倒转,重建黏着。这种交替进行产生自激的扭转振动,附加动载荷可能引起零部件的破坏,此时应该迅速采取措施使振动衰减。研究表明机械传动系统中的扭转刚度影响最大。

(9) 轨道弹性引起的垂向力波动

轨道弹性小也易于引起轨道垂向力变化,同样产生黏着力变化引起的传动系统的扭振。由于整个驱动系统各部分都具有一定的转动惯量和扭转刚度,当作用在驱动系统上的轮对外载荷突然变化时,就可能使传动系统发生扭转振动。这种振动传递至轮轨表面时,很容易周期性地破坏轮轨之间的黏着平衡,形成轮轨间的黏滑振动。扭振能以大齿轮作为弹性构件出现在轮对和电机之间,也可以以车轴为弹性构件出现在左右两个车轮之间。为了使轮对驱动系统不易发生由黏滑导致的扭转振动,应该适当提高系统的扭转刚度。

对于一般的抱轴式牵引电动机,轮对传动系统的扭转刚度较大,不易发生黏滑振动,在一般运用条件下不易引发黏滑振动而恶化机车的黏着性能。全悬挂牵引电动机的驱动系统的情况则不同,从电枢轴至车轴的整个驱动传动系统中,弹性环节较多,如为减少机车的簧下质量,轮对驱动采用多个弹性转臂,因而系统具有较大的扭转弹性,存储过多的弹性能,容易发生黏滑振动从而诱发动轮空转。此时,确保驱动系统的黏滑振动稳定性成为设计中的关键。为此,必须尽可能增大驱动系统中各弹性环节的扭转刚度,注意系统中各扭转刚度的合理匹配。即便如此,有些全悬挂电机驱动系统在大牵引力下难免会发生黏滑振动而导致空转,这种机车的黏着利用率就较低。

为了避免传动装置的这种扭转振动,对电气和机械耦合系统提出下列要求:

(1) 电机特性曲线比较陡,使 $\alpha = -\dfrac{dM}{d\varphi}$ 尽量高,其中 φ 为扭转角;

(2) 在蠕滑特性曲线的下降段,应有平坦些的 $k = -\dfrac{d\mu}{d\varphi}$ 特性;

(3) 系统零部件的转动惯量应较大;

(4) 为使振幅小而稳定,扭转刚度应较高。

10.1.2　机车牵引时的黏着控制与动态模型

如何克服空转与打滑,一直为工程师们所关注。蒸汽机车时代由于牵引功率有限,不足以威胁轮轨间正常黏着传力,运行中的重点主要是克服恶劣气候及轨面污染造成的黏着下降而使机车无法起动或迅速停车的问题,撒砂是主要措施,在机车车轮踏面前后端设置了喷砂装置来提高黏着系数,近年来在一些机车的动轮表面上增加了常接触的固体增粘块,也可以有效提高黏着系数。

电力与内燃机车问世以来,由于每根动轴获得的扭转力矩足够大,在起动和牵引运行过程中都会使黏着利用接近极限,即轮轨间的蠕滑率接近曲线的顶点区域。由于运行中轮轨表面附着或黏着条件具有一定的随机性,一旦出现黏着下降,轮子将在轨道上空转,从而产生危害很大的轨面擦伤。频繁的空转也会引起动力与传动装置的损伤。单纯撒砂不再是改善黏着的唯一手段,利用动力学研究成果,在现代机车车辆中,一种黏着控制(蠕滑控制)的技术得到了大量推广和应用。

黏着控制系统其作用主要是在机车运行中线路状况不断变化的情况下,使机车能够在线路当前实际黏着系数下输出可能的最大力矩并安全地运行。只有能避免车轮空转,才能获得最大的黏着利用率。如图 10-7 所示。

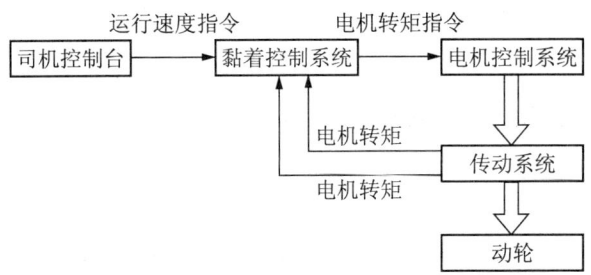

图 10-7　黏着控制系统示意图

1. 黏着控制的基本原理

黏着特征可由黏着系数和蠕滑率之间的关系来表示。在各种路况下黏着系数都存在该工况对应的最大值 μ_{max}，令其对应的蠕滑率为 γ_0，并称 (γ_0, μ_{max}) 为黏着峰值点。只有当黏着系数取最大值 μ_{max} 时，传递的牵引力才能达到最大值。黏着控制基本原理就是在机车运行过程中，监测车轮的蠕滑状态，使车轮的蠕滑率尽可能的低，而可用的黏着系数尽量等于当时路况的黏着系数最大值 μ_{max}，从而获得最大的平均牵引力。见图 10-8，轮轨间的最大牵引力 $F_{max} = P\mu_{max}$，式中 μ_{max} 为最大可用黏着系数，P 为轮轨正压力，对应的蠕滑率为 γ_0。为防止空转发生并有一定的黏着裕量，实际牵引力 $F'_{max} < F_{max}$，$\gamma' < \gamma_0$。黏着控制装置可使机车在接近 F 峰值附近工作，使机车能利用的黏着系数接近可用黏着系数 μ_{max}，充分发挥轮轨黏着的潜力。

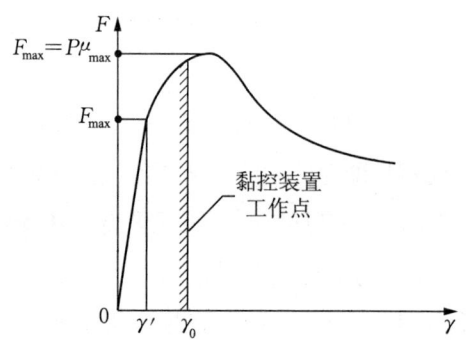

图 10-8 黏着控制原理图

在机车运行中，当轨面状态恶化即将空转时，黏控装置已检测到蠕滑率增大，即迅速削减牵引电机电流，制止空转发展，快速重建黏着。蒸汽机车时代司机依赖实践经验，适当改变蒸汽控制阀门开启度来降低蒸汽机的输出扭矩以减小动轮的滑动或空转，发现黏着力不足还需采取撒砂措施。随着电传动机车的出现，无论是内燃还是电力机车都采用了电传动以便对牵引动轮进行调速调矩控制。在电传动黏着控制的最初阶段，控制的主要方法是在发生空转和滑行后，通过削减电机转矩来实现黏着利用，其过程如下：

(1) 根据轮对间转速差，轮对转动加速度及加速度的变化率，检测空转或滑行程度；

(2) 根据开始空转或滑行的程度，削减电机转矩值并维持一定时间，以待完全消除；

(3) 在空转或滑行结束后，按一定时间常数的指数规律，逐渐地增加电机转矩，直至空转或滑行时电机转矩值的 80%；

(4) 在一段时间内，保持上述电机转矩不变；

(5) 如果在上述时间内未发生空转或滑行,表明黏着是稳定的,则在保持时间结束后,再按一定的指数规律增加电机转矩,直至达到由司机手柄对应的电机转矩值。如果再次发生空转或滑行,则返回(2)循环处理。

早期的黏着控制其实是在发生一定程度的滑动或者空转时才减小牵引力或再生制动力,动力系统因而频繁地削减和增加电机转矩,这样,黏着无法维持在黏着峰值附近,很难达到高黏着利用率。相比传统的黏着控制方法,现代黏着控制方法的一个显著特点是能够自动搜寻黏着峰值点,使黏着利用处在峰值点附近,并保持在一定的稳定区域,从而获得较高黏着利用。

2. 最佳黏着下控制牵引力

要在最大黏着极限值下利用黏着,必须把牵引力作为瞬时黏着系数的函数实现连续调节。最理想的应该是把每一根动轴的牵引力作为瞬时机械滑动量值的函数进行连续调节。这就必须对轮轨相对速度或轮轴平均转速做出检测,一旦测定存在相对滑动量,就可判定为打滑,从而使控制系统动作。监控蠕滑率的临界位置是现代机车或动车粘控系统应具备的主要功能。

目前国内外防空转系统主要有两类:一是校正型;二是蠕滑率控制型。

校正型防空转系统是通过各动轮间的线速度差 Δv 及每个动轮的线加速度 $\frac{dv}{dt}$,甚至加速度的微分值 $\frac{d^2v}{dt^2}$ 来判断其空转程度。当动轮牵引力超过最大黏着值,空转或空转趋势达到一定程度时,则快速削减动轮驱动转矩,即迅速降低该动轮的牵引电机电流,使空转得到强烈的抑制。黏着恢复后,又迅速加大电流以求恢复牵引力;当回升到空转前转矩的75%—90%时,再以缓慢速率增长,以便寻找下一个黏着极限点,不让空转再次发展。

蠕滑率控制型是利用安装在机车底部的分米波无线电雷达,经过频谱分析的数据处理系统,得到精度1%以内的机车平移速度,将每个轮对转速与之比较,得出蠕滑率值,并根据各电动机电流(相当于轮轨驱动力),测量出蠕滑特性梯度,并判断是接近还是离开最大黏着值,通过快速但幅度较小的牵引力校正以使轮对接近最大黏着值,但又不会跨越到大空转的不稳定区。只有当轨面黏着突然大幅度降低才会对转矩深度减载一次,虽然系统较复杂,但平均黏着利用比校正型还提高了10%—20%,且大大减少了深度减载的频度。它是以充分利用黏着来达到防空转的目的。但在低速起动或者恶劣天气,雷达测速精度太低,须用校正系统作后备。

就电机驱动特性而言,传统的串励电机具有显著的空转倾向。然而交流异步牵引电机具有很陡的扭矩—转速特性,能在一定程度上自动抑制空转。国外曾采用一种单独励磁电机的 B_0-B_0 轴式机车,可以不需要测定轮轨绝对速度。它用一个测定黏着极限的系统来控制调节。这种系统在接近黏着极限的上限时,可根据检测到的扭转振动共振频率使黏滑控制装置开始作用。

采用变频异步电机是较为完善的解决办法,因为这种电机的转矩特性是旋转磁场转速与转子转速差的函数,并受电滑动的控制。此外,异步电机的转矩特性与黏着—蠕滑特性极其相似。但由于切向力仍然是轮轨机械滑动的函数,在没有实测的轮轨绝对速度时,仍是未知的。这样,就不能确定必需的瞬时电机转矩,从而也就不能用电滑动来控制转矩。

3. 提高机车黏着利用率的其他考虑

(1) 轴间机械连接

用中间轴把同一转向架的前后两根轴连接起来,就可以用一根轴的惯量抑制另一轮对的滑动,减少黏着下降时的轮对滑动量。不过未产生滑动的前者本身的切向力要充分地低于它自己的黏着极限,这样有一定的黏着裕量,才不至于被滑动轮对拖入不利状态,才有可能避免总体滑动。

当所有轴的总黏着重量保持不变时,还可能利用瞬时负荷的转移产生的轴重变化来给予力矩补偿,使黏着利用得以改善。通过控制和调节轮对的瞬时转速,可以使驱动力矩平衡轮轨摩擦力矩,改善黏着条件。只要能在牵引力损失的同时,使轴的滑动得以避免,并有足够的时间使黏着恢复,就是好的方案。当然,轴间机械连接提高总黏着系数的效果,还要取决于运用条件和机车的具体结构。

(2) 采用径向转向架

自导向径向转向架通过曲线时靠轮对内外轮上的纵向蠕滑力所形成的力偶使轮对自动向径向位置调节,能够接近径向位置,冲角大为减小(向零接近)。横向蠕滑与冲角成正比,随着冲角的大为减小,横向蠕滑及横向蠕滑力也大为减小,使轮轨间能传递的纵向牵引力和直道上差不多,因而径向转向架的曲线黏着下降很小,与常规转向架相比,提高了曲线上的黏着利用率。

(3) 踏面清扫闸瓦

在黏着下降时使用这种闸瓦,可以改善踏面的表面状态,提高黏着系数。

4. 黏着控制系统的具体实现

对机车黏着利用率的重视,使得黏着控制系统经历了从内燃电力机车电子励磁系统、AC 牵引电机、独立牵引电机功率控制等阶段的发展。这些发展不仅与对蠕滑机理的认识有关,而且与机车的电气性能和控制技术发展紧密相关。美国 GM 公司电气动力部早于三十年前就对轮轨间蠕滑特性进行了广泛深入的研究和试验,从而设计开发了"超级系列"黏着控制系统。该系统利用可控蠕滑控制,黏着利用率提高了33%—50%,这是铁路牵引史上的一次革命性突破。随后生产的多个重载机车上都采用可控蠕滑的超级控制系统。

虽然黏着控制系统的形式多种多样,但其主要工作原理基本相同,整个系统大体上可以划分为三个紧密相关的组成部分,分别是:防滑状态检测装置,电子控制单元(ECU)和粘控执行装置。

采用粘控装置后内燃机车的牵引潜力得到了发挥。表 10-1 为我国几种机车功率与牵引系数的具体情况。从中可以知道相近的机车功率采用黏控技术的起动牵引与持续牵引能力都有很大提升。

表 10-1 几种机车功率与牵引系数比较

类别	型号	生产国别	持续功率(kW)	计算轮周功率(kW)	持续速度(kM/h)	牵引力(kN) 起动	牵引力(kN) 持续	设计牵引系数 启动	设计牵引系数 持续	由牵规公式计算得到的持续黏着系数	黏控装置
内燃机车	DF4-B	中国	2 426	1 837	21.9	412.6	301.8	0.305	0.223	0.265	无
	DF8	中国	3 309	2 665	30.2	444.0	317.5	0.329	0.235	0.261	无
	ND4	法国	3 650	2 026	24	411.6	303.8	0.304	0.225	0.264	无
	ND5	美国	2 757	2 220	22.2	534	360	0.395	0.266	0.265	有
	DF4-D	中国	—	2 426	22.5	534	360	0.395	0.266	0.265	有
	SD50	美国	2 698	2 229	19.9	644	403	0.476	0.298	0.266	有
电力机车	SS1	中国	3 780	3 795	48	529.2	279.3	0.391	0.207	0.265	无
	SS3	中国	4 350	4 239	48	470.9	317.8	0.348	0.235	0.265	有
	6G	法国	5 400	5 000	51	519.4	352.8	0.384	0.261	0.264	无
	8K	法国	6 400	6 283	48	628.0	471.0	0.348	0.261	0.265	无
	8G	苏联	6 400	6 266	50	627.4	451.0	0.348	0.251	0.264	无
	6K	日本	4 800	4 735	48	530	355	0.392	0.262	0.265	有

设计粘控装置时需要考虑的因素有:①车辆的轴重、轮径、电机、轴重转移、轮轨几何关系等因素;②运行中黏着的环境;③运用因素。

一般地纵向蠕滑率定义为:$\Delta\% = (V_L - V_C)/V_C$,$\Delta\%$ 为纵向蠕滑率,V_L 轮对接触点线速度,V_C 机车运行速度。利用蠕滑率的量值变化,可以把轮对在钢轨上的运动情况分类。GM 公司认为当蠕滑率 $\Delta > 35\%$ 时应视为黏着破坏,将进入宏观空转界限,此时随蠕滑率增大,黏着系数明显下降到 0.25 以下,表 10-2 给出了轮轨蠕滑现象与黏着系数的一般关系及轮对与钢轨作用情况表。

表 10-2　轮对与钢轨黏着作用情况分类

	正常运行	稳态运行	非稳态运行	轮轴滑行
现象与蠕滑率量值估计	轻度蠕滑 $\Delta \leqslant 1\%$	蠕滑率可检测分辨，Δ 为 $10\%—25\%$	空转与黏着交换变化，已有黏滑振动，$\Delta > 35\%$	轮轴开始打滑，车速下降，转速明显高于车速
特征	黏着系数逐渐线性上升	黏着系数很高，接近最大值，蠕滑率较稳定	黏着系数下降，轮对受扭矩作用加速自转和振荡	滑动磨擦系数产生的阻力矩低于扭矩，轮对空转

一个优良的黏着控制装置应该达到以下条件：

(1) 黏着利用率＝轮轨实际黏着利用平均值/牵引系数值，该利用率应高；

(2) 不会造成宏观空转，造成装备损坏；

(3) 可靠、灵敏、造价低、易于使用。

下面给出了一个机车粘控装置的基本组成和原理：

(1) 轮对转速信号采集系统：有一个轮轴转速检测系统，基本的检测方法有光栅方式、霍尔方式。此系统应能提供转速及其相关的一二阶导数。而普通测速系统的分辨率不够，不能获得准确的数值。

(2) 制动时有一个微处理器，处理出轮对转速、负加速度、制动负加速度导数、机车的运行速度、滑行信号、风管滞后补偿、风管滞后补偿量，能补偿电机制造公差、车轮磨耗后滚动圆半径尺寸变化，以及探测头如雷达的安装角误差，能对速度和电流的回馈信息作附加处理。在未空转时，来自雷达或光栅的速度信号自动地与电机速度信号进行比较，电机速度信号由电机特性 E/n 的计算获得，然后系统进行调整使检测的信号与计算值一致。

有以下几种测速方法和检测装置：①雷达测速，用开普勒效应原理测量移频判定车速；②车轴端头测速电机；③牵引电机处测定齿轮转速。

通过黏着控制试验研究得到以下概念，对具体选择的控制模型有很高的参考价值。

(1) 轮轨接触时，黏着力与蠕滑率曲线实际上是多因素影响的宽带曲线，见图 10-9；

(2) 如果允许蠕滑率提高到 1% 以上，则黏着力会有很大的提高，而 1% 是一般校正型控制系统采用的允许值。从图中可知，在干燥轨面以 7% 的蠕滑率运行，黏着力可以提高 35%；在潮湿轨面以 15% 蠕滑率运行，也比 1% 提高 47%；有油污时，以 15% 蠕滑率运行也可以提高 50%；当撒砂时，高的蠕滑率反而使黏着利用率下降了，但总体水平得到提高；

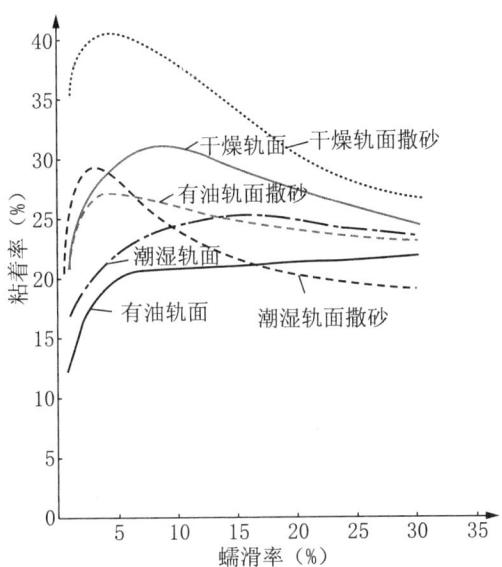

图 10-9　不同轨面的蠕滑率与黏着率的关系

(3) 黏着力—蠕滑曲线的峰值在 10%—15% 左右,故高于 15%;

(4) 对黏着利用率没有多少好处。轨面污染将使曲线峰值位置下降,但偏至蠕滑率较大的区域,严重污染时,蠕滑率从 15%—30% 间黏着力有缓慢上升;

(5) 在良好的轨面条件下,黏着—蠕滑曲线形状似乎不受机车速度的影响;

(6) 前导轮有较高蠕滑时,将改善轨面状态,会提高后继轮对的黏着条件。

5. 动轮黏滑仿真的基本动力学模型

为了改善粘控系统,往往需采用数学模型进行过程动态仿真,以模拟不同控制参数下黏着条件降低时粘控系统的防空转效果。下面给出一个基本的仿真模型。

$$\left.\begin{array}{l} I_w \ddot{\theta}_w + [F_{br}(\mu_r, N_r, \theta_w, \dot{x}_w - \dot{\varphi}_w b) + F_{bl}(\mu_l, N_l, \theta_w, \dot{x}_w + \dot{\varphi}_w b)] r_0 \\ + K_\varphi (\theta_M/n - \theta_w) = 0 \\ I_M \ddot{\theta}_M - K_\varphi (\theta_M/n - \theta_w) - M_M(\theta_M, I) = 0 \end{array}\right\} \quad (10\text{-}4)$$

式中,$I = f(\theta_M, \theta_w, \dot{x}, \ddot{x}, \dot{\theta}_w, \ddot{\theta}_w, \theta_M)$;$I_w$,$I_M$ 为轮对、电机(含传动系统)转动惯量,θ_w,θ_M 为它们的转速,φ_w 为轮对摇头角,K_φ 为传动系等效扭转刚度,n 为转速比,$\dot{x}_w$ 为轮对纵向速度,r_0、b 为滚动圆半径及横向间距,μ_r,μ_l,N_r,N_l 分别为左右轮的黏着系数以及正压力,F_{bl},F_{br} 黏着力函数,I 为电机电流,f 为控制函数,M_M 为电机的输出力矩。

6. 机车粘控下的动态过程

这里给出机车牵引时空转与粘控措施下的动态过程。图 10-10 是一个内燃机车在 26.4% 的坡道起动,黏着条件差而产生空转的动态过程。在 2.4 s 的时间内机车轮周最大线速度迅速达到了 87.5 km/h,在开始的 0.3 s 时间内瞬时线速度极快地升到了 34 km/h,由于打滑,起动时的牵引力下降了 80% 多。整个历程仅 3 s,如果没有防空转措施,列车将很难在坡道起动。

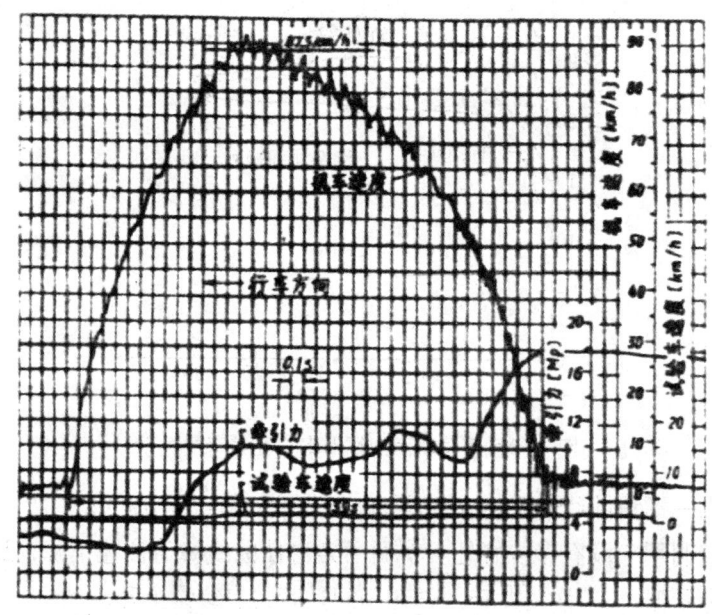

图 10-10　机车坡道起动时空转动态过程

图 10-11 是一个内燃机车在 1 s 多产生了空转,空转时牵引力从 210 kN 下降至 80 kN,防空转系统检测后随即发出防空转指令脉冲并减少供油量,同时减少发动机转速。这期间机车车轮转速与机械系统的自振频率耦合发生振荡,然而黏着力恢复至 150 kN。

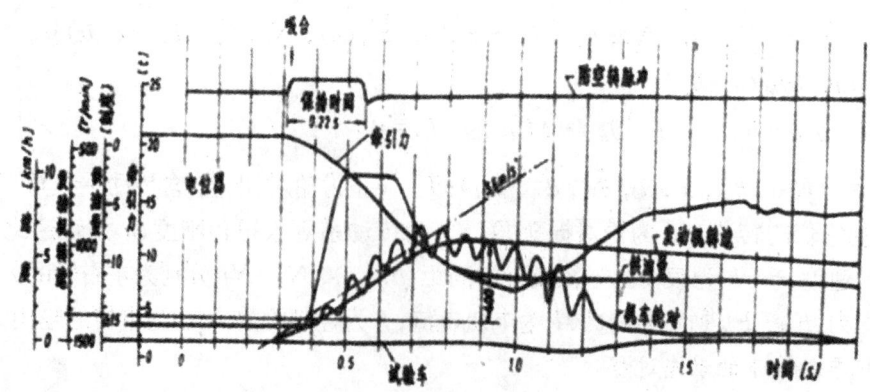

图 10-11　某内燃机车防空转系统工作过程

图 10-12 是内燃机车起动产生空转后,粘控装置作用的情况,启动后 0.02 s,通过速度检测已获取空转迹象,并发出防空转脉冲信号,至 0.08 s,柴油机燃油供油量突然下降,到 0.15 s 时发动机转速下降,至 0.23 s 动轮转速开始下降。此时防空转脉冲信号消失,而到了 0.5 s 时柴油机转速开始回升,到 1 s 时黏着基本恢复正常。因此防空转过程很短,需要电子检测与计算、并给出迅速应急措施。

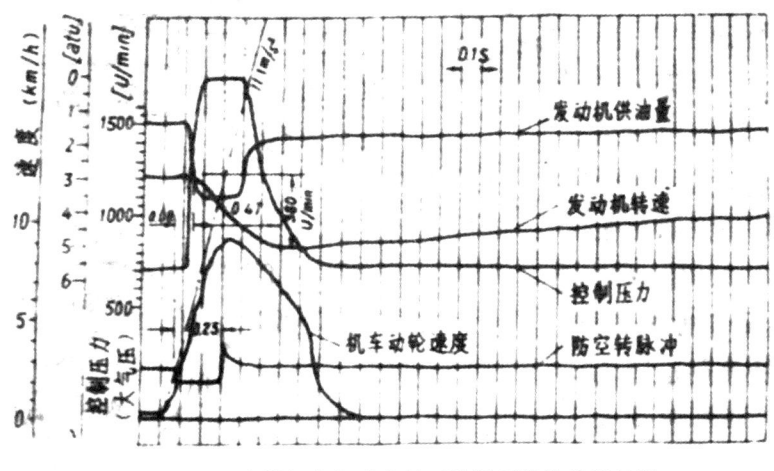

图 10-12 内燃机车起动空转时防滑系统的作用过程

10.1.3 制动防滑系统

1. 制动防滑系统的需求

随着铁路车辆重载高速化的发展,列车制动性能经凸显为与行车安全相关的重要因素。

列车制动时,轮轨间能提供的最大黏着力决定其最大制动减速度。由于制动力过大或轮轨间可用黏着系数降低,车轮在轨面上产生滑动甚至被闸瓦抱死,引起踏面擦伤。车轮滑动时轮轨黏着力反而下降,产生了制动距离延长的风险。对于地铁车辆,动车牵引力大,速度高,行车区间短,要求制动力大,制动距离短,停车迅速。而对重载列车而言,空重车重量变化大,同样的制动减速度要求,切向制动力相差很多,即使采用了空重车调整阀,车轮抱死打滑导致踏面擦伤的现象时而发生,擦伤产生过大的轮轨冲击力,损坏转向架部件和钢轨、轨枕。

如前所述,轮轨黏着条件受多种因素影响而复杂多变,要设计良好的制动系统,需要深入了解制动时的黏着机理和列车动力学理论。列车通过轮轨间接触斑而利用的切向力(黏着力、制动力、摩擦或蠕滑力)不会超过 μMg。式中 μ 为黏着系数或极限摩擦系数,Mg 为列车重量。如果列车减速度为 b,列车所有轴均为制动轴,则黏着系数为 b/g(g 为重力加速度)。当部分轴为制动轴的情况下,则要求的黏着系数为 $\mu = b/g(1+\rho)$,其中 ρ 为非制动轴的轴重之和与制动轴的轴重之和之比例,当列车中各轴分配的制动力不均匀时,需要的黏着系数将会更高。

在城轨交通中制动减速度通常较大,这样很容易产生制动时黏着不足的问题。为防止由此产生的严重问题,现代城轨动车组大都采用了制动防滑系统。

动车组由动车与拖车组成。拖车只有空气制动,而动车设有空气制动和电制动两种方式。在自动行车系统或司机发出制动手柄指令之后,制动系统的微处理器依照预先设定的程序(依车辆轴重等变化),开启制动阀,使制动缸在受控风压下对闸瓦施加压力以获得目标制动力矩。在该力矩下车轮开始减速,并使轮轨蠕滑率变大,轮轨切向力随之增大以获得理想的制动力。当压力达到目标值,在调压阀作用下气压保持稳定。

电制动则是控制程序使电机电枢中产生与驱动时方向相反的电流,由此产生阻碍车轮转动的制动力矩。电制动的工作方式依条件不同可有两种选择:再生式或电阻式。再生式制动将电枢电流能量输回电网,电阻式则将能量消耗在动车的电阻内。

2. 制动时滑动的产生

轮轨黏着力是蠕滑率、接触斑大小和几何形状、正压力等因素共同决定的。当制动力矩逐渐增大,黏着力矩也逐渐上升,它们的差值决定了车轮减速度。如果制动力矩上升速率超过黏着力水平,则车轮很快减速并趋于抱死,如果这一过程产生的 $\frac{dN}{dt}$(N 为车轮的转速)很大且超过某一门槛值,就意味着即将打滑。当轮轨制动力下降较多时,防滑系统即刻发出减少制动力的指令,在短时缓解后车轮转速升高而黏着将恢复正常。

为了能达到目标制动距离,制动时的黏着利用率有可能处在最大极限值附近,这种条件下车轮很容易引起打滑,进而导致可利用黏着降低,制动距离延长,形成了不安全因素。研究制动时的打滑机理对制动安全有极大的意义。

这里首先给出闸瓦制动时最简单的方程:

$$\left. \begin{array}{l} F_s r_0 - F r_0 = - I_\theta \ddot{\theta} \\ F + M_e \ddot{x} = 0 \end{array} \right\} \tag{10-5}$$

其中 $F = f_w\left(\frac{\dot{x} - \dot{\theta} r_0}{\dot{x}}, P_w\right)$,闸瓦力 $F_s = f_s(\dot{x}, p_s)$,其中 f_w、f_s 是黏着特性函数与闸瓦特性函数。

列车正常运行时,黏着力 F、闸瓦制动力 F_s、惯性力 $M_w \ddot{x}$ 及惯性力矩 $I_\theta \ddot{\theta}$ 在动态中达到平衡。在制动力矩 $F_s r_0$ 加上后,随着车轮的减速,蠕滑率增大,黏着力也随之增大。如果制动力比黏着力略大,假设此时黏着力已工作在最大值附近,车轮以一定的减速度运行,使轮周线速度略小于车辆运行速度,从而形成向前的蠕滑,对应的黏着力(蠕滑力)是阻止车轮前进的。如果黏着下降,黏着力减少,则平衡破坏。轮对角减速度将很快增大,或减速度导数加大,使纵向蠕滑量加大,因黏着—蠕滑特性曲线的缘故,黏着水平反而下降,这会使黏着力继续减少,车轮角减速度继续加大,轮对线速度大大小于车辆速度,从而车轮开始在轨面上形成打滑,这就是打滑机理,可以用方程(10-2)的简单动态关系来开展仿真。

3. 制动防滑系统的机理

防滑系统的目的是防止上述的打滑和随之引起的擦伤,其原理是适时地检测出轮子抱死的趋势,即探查轮对角减速度快速增大的趋势,及时地减少制动机施加的制动力矩,使轮轨间恢复正常的黏着状态,然后视状态再适当增大制动力矩。

防滑系统的工作原理:

(1) 监测制动时车轮的减速状态,判断车轮制动过程中的抱死状态。

(2) 迅速释放超额的部分制动力,恢复车轮的一定黏着,避免擦伤,维持足够的制动能力。

防滑系统是一个由微控制器控制的闭环控制系统,由转速检测装置、中央控制单元及防滑电磁阀三部分组成。速度检测装置的作用是将车轴的转动速度变换成与它对应的正弦电信号,通过屏蔽线送到车上的中央控制单元。中央控制单元是整个列车防滑系统的核心部分,它利用微处理器对速度检测转子送来的车轮转动信号进行分析判断,根据结果对防滑电磁阀实施各种控制。防滑电磁阀是防滑系统的执行机构,它可根据中央控制单元送来的不同控制信号对制动单元施加不同的力,达到防滑的目的。其系统原理图如图10-13。

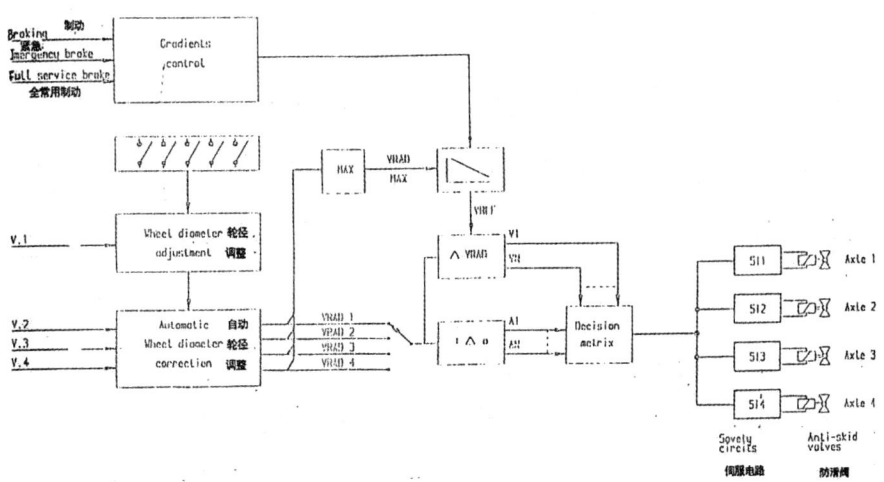

图10-13 防滑系统的工作原理图

某地铁车辆的轴端转速传感器是一个圆圈栅脉冲发生器,计算机根据接收到的每个轮子的脉冲数和轮径可以计算出它们的轴转速,从而得到它的圆周速度。当车轮的蠕滑率接近蠕滑率极限时即认为车轮即将产生滑行。

4. 滑动的判定方法

目前已有的制动防滑系统在判定滑行时采用了多种判据,主要有轮对转速差、减速度、滑移率、减速度微分等,其中速度差和减速度判据采用的较为普遍。防滑系统根据减速度和速度差等的变化相应控制制动力增减以避免车轮滑行。但无论采用哪一种判据,都应该把防滑和充分利用黏着作为控制目的。

(1) 速度差判据

列车制动过程中,当某个轮对发生滑行时,该轴的速度必然低于其他未滑行轴的速度,对各轴速度进行比较并判定滑行轴的速度与车辆参考速度的差值,当此差值大于一定标准时便判定为滑行,相应车轴立即降低制动力,进而实现再黏着控制。

(2) 减速度判据

当多根轴以接近的速度同时滑行时,用它们的速度差是难以判定出滑行状态的,这时可以采用减速度判据进行控制。当车轮即将发生抱死滑行时,车轮速度发生突变,减速度值相应增大,大于预定值时便判定为滑行,应采取措施控制制动力,以实现黏着恢复并尽可能充分利用黏着。减速度标准是单轴独立的标准与其他轴无关,其应用较为广泛。

(3) 减速度微分判据

采用减速度判据时,当减速度达到标准,防滑装置开始动作,经过微小时间段的延迟后,制动力才开始变化。正由于制动力控制存在一定延时,会因为减速度变化快慢不同而导致控制效果不一,减速度变化快的防滑效果不好,而变化慢的黏着利用不好。为此,引入减速度微分控制,就有可能解决这一问题。减速度微分控制判据是根据$\left(a+\dfrac{da}{dt}\times\Delta t\right)$达到一定值便判断为滑行,这种判断方式对防滑系统的要求很高,其控制单元必需有相当快的计算速度。

(4) 蠕滑率判据

由黏着系数—蠕滑率曲线的特点可以看出,蠕滑率与黏着利用密切相关,把蠕滑率控制在黏着利用峰值点附近就能达到充分利用黏着的目的,实现性能更好的蠕滑控制,这对系统的处理速度和控制精度要求很高。蠕滑率判据的滑行判断标准是,当某一轴的蠕滑率达到一定值时就认为发生滑行。其控制的基本思想是,根据蠕滑率控制制动力,反过来通过控制制动力使车轮蠕滑率保持在一定范围内,可在防止滑行的条件下充分利用黏着,防止制动距离过大。

5. 制动时防滑系统中机电耦合的动力学模型

为了改进制动防滑系统,缩短研究进程,可以建立防滑系统车轨机电耦合动力学方程组,模拟防滑系统的工作过程。

$$\left.\begin{array}{l} M_w \ddot{X}_w + F_{bl} + F_{br} + N_{sl} + N_{sr} + 2K_{px}(X_w + X_t) = 0 \\ M_w \ddot{Y}_w + F_{Yl} + F_{Yr} + 2K_{py}(Y_w - Y_t) = 0 \\ M_w \ddot{Z}_w + 2K_{pz}(Z_w - Z_t) + 2C_{py}(\dot{Z}_w - \dot{Z}_t) + N_l + N_r \\ \quad + F_{sr} + F_{sl} + F_{dr} + F_{dl} + F_M = 0 \\ I_w \ddot{\theta}_w + F_{sl}r_0 + F_{sr}r_0 + \sum M_d - F_{bl}r_0 - F_{br}r_0 + M_{Mb} - M_{Md} = 0 \\ I_{w\varphi} \ddot{\varphi} + F_{br}b - F_{bl}b + 2K_{px}b_1^2(\varphi_w - \varphi_t) + (N_{sl} - N_{sr})b \\ \quad + M_{dl}(\dot{\varphi}_w, \dot{\varphi}_t, \dot{\theta}) + M_{dr}(\dot{\varphi}_w, \dot{\varphi}_t, \dot{\theta}) = 0 \\ I_{w\psi} \ddot{\psi}_w + (N_l - N_r)b - 2K_{pz}b_1^2(\psi_w - \psi_t) + 2C_{py}(\dot{\psi}_w - \dot{\psi}_t)b_1^2 \\ \quad + (F_{sr} - F_{sl})b + (F_{dr} - F_{dl})b_2 = 0 \end{array}\right\} \quad (10\text{-}6)$$

右踏面纵向蠕滑力:$F_{br} = f_{br}(N_r, \dot{x}, \dot{\varphi}_w, \dot{\theta}_w, \dot{Y}_w)$,横向蠕滑力:$F_{yr} = f_{byr}(N_r, \dot{x}, \dot{\varphi}_w, \dot{\theta}_w, \dot{Y}_w)$,左踏面纵向蠕滑力:$F_{bl} = f_{bl}(N_l, \dot{x}, \dot{\varphi}_w, \dot{\theta}_w, \dot{Y}_w)$,横向蠕滑力:$F_{yl} = f_{byl}(N_l, \dot{x}, \dot{\varphi}_w, \dot{\theta}_w, \dot{Y}_w)$,右闸瓦制动力:$F_{sr} = \mu_r N_{sr}$,左闸瓦制动力:$F_{sl} = \mu_l N_{sl}$,左右制动盘垂向剪切力:$F_{dr}$、$F_{dl}$,左右盘缸对蛇形的回转力矩:$M_{dl}$、$M_{dr}$,盘型制动闸片总的阻力矩:$\sum M_d$,左右闸瓦压力分别为:$N_{sl}$、$N_{sr}$,再生电机制动力矩:$M_{Mb}$,电机牵引力矩:$M_{Md}$。

式中,$\dot{\theta}_w$、$\ddot{\theta}_w$、$\dddot{\theta}_w$ 为轮对自转速度,减速度与减速度导数;$\dot{x}$ 为雷达测速系统提供的轮对相对轨面的水平速度,如果无法测定,将由一辆车的平均转速通过 $\ddot{x}$ 修正以后近似代替,Y_t 为轮对上方构架的运动,F_M 为驱动齿的垂向力,N_r、N_l 为轮对垂向赫兹接触力,由轮对与轨道之间的相对运动决定。

6. 轨道车辆制动时的防滑

这里给出某城轨动车制动防滑系统的工作情况。每辆车有四台牵引电机,共用一个变频器调速,不像拖车的空气制动,那里的每根轴都可以独立控制。如果有一个轮对速度下降得厉害,只针对该轮对调整,无需同时减少制动力矩,因而动车防滑效率低于拖车。从图中可以看出四个轮对打滑程度不一,但采用同一个控制指令。在发现转速突然下降时,应立即减小电流,到减速度为零时开始停止减小电流,直至轮对转速与车速一致时,黏着恢复,驱动电流开始重新增大,但 0.4 s 后又发生打滑,则又开始减小电流,整个过程明显打滑至少七次。在此期间车辆速度斜线下降,而纵向加速度又多次振荡。

图 10-14 给出了四个轮子的减速情况,在打滑时曲线 1、2、3、4 表示 4 个轮对速度所反映的打滑程度。曲线 A 表明与再生制动有关的电机电流目标值,而曲线 B 表明了主控电路根据 $\frac{dN}{dt}$,Δv 以及 V-Factor 做出的控制信号。

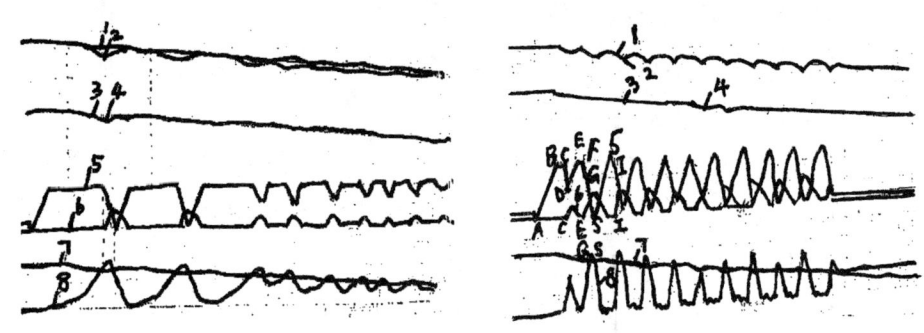

图 10-14　某型地铁车辆制动防滑工作机理

电动车组(轨道车辆)惰行时,车轮与轨道间存在着小量蠕滑,对应产生较小的纵向蠕滑力,克服车轮中仍然存在的小量阻力矩以减速。制动时,电机、闸瓦闸片产生的制动力矩将减小车轮转速,增大车轮纵向蠕滑率,形成与制动力矩相反的轮轨黏着(蠕滑)切向力矩,并与减速的惯性力矩平衡,同时轮轨黏着力对车辆运动开始减速,见前面方程。

由于制动指令发出后闸缸充气与防滑指令发出后的缓解都有指令后的升降压过程,同样电机从牵引状态的电流方向转到再生制动状态的电流方向时受电枢的电磁场与变流源内的影响逐渐完成,再生制动力矩变化与电机电源、转速等有关,是非线性的时变关系。闸片、闸瓦处的切向力与黏着系数、压力有关,黏着系数在轮对转速高低时有一定的差异,它可以用 1∶1 试验台数据提取整理后作为数据库输入。

图 10-15 给出某高速机车制动时某种结构简单尚未成熟的防滑系统工作过程。制动过程的减速度是速度下降曲线的瞬时斜率,在测到减速度达到 2 m/s² 时,防滑系统发出打滑撒砂脉冲,撒砂阀随即启动进行撒砂以便改善表面黏着状态,由于黏着改善并未很快见效,检测系统已测到 4 m/s² 的超值限,发出打滑保护脉冲信号 0.17 s 之后,制动缸减压阀使缸压迅速削弱,在打滑保护启动后 0.5 s 时车轮减速度已恢复正常,并随缓解继续加速,直到恢复黏着。打滑保护工作 0.63 s 之后结束,缓解工作约 0.7 s 后结束,制动缸升压,撒砂约 1.9 s 后撤销,仅 0.4 s 后,又出现减速度加大,表明制动力应该调整在更低值才行,第二次缓解后,缸压没有恢复到第二次缓解前的工作压力。

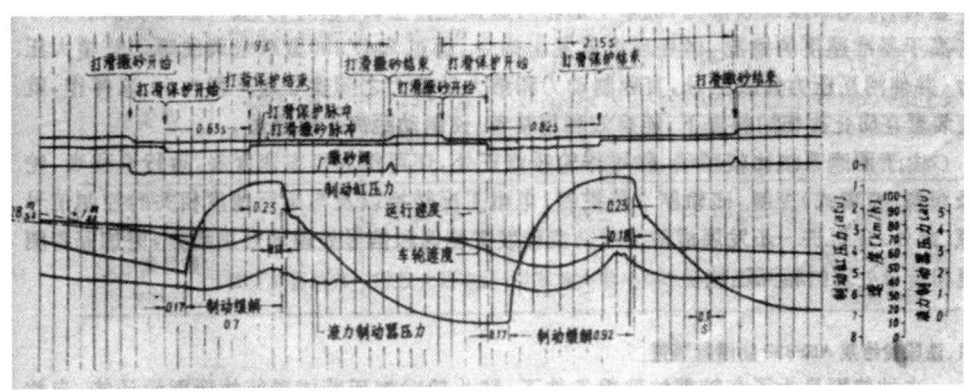

图 10-15　某型高速机车制动防滑系统的动态过程

10.2　列车纵向动力学基础

10.2.1　概况

现今列车的总重和单个车辆的重量都有了快速的增长,我国已在开行万吨与 2 万吨级的重载列车。在不利工况时,列车内部的纵向冲击可能高于过去的设定水平。由于急需提高货物运输和车辆周转的效率,在调车作业中提高调车速度同样会引起车辆纵向冲击力的增大。另一方面,重载列车牵引时打滑与制动时闸瓦抱死产生的踏面擦伤,也引起了运用问题。而在高速客运及城市轨道交通领域,也存在着列车纵向动力学的类似问题。这些都值得引起进一步重视。

由机车(若干动车)及若干车辆(拖车)通过车钩与缓冲器串联而成的列车,是一个移动的复杂机械振动系统。随着线路纵横走向的变化和列车加减速时的牵引或制动力的变化,列车的纵向运动状态将产生相应变化,同时各个车辆之间在纵向也发生振动与相互作用。除此之外,车组在编组调车作业中发生的冲击也引起参与撞击车辆的瞬态振动,而车辆间的车钩缓冲器在这些工况下都承受着变化的巨大纵向力。

列车的纵向运动可大致分为稳态和非稳态(瞬态)两类。

在稳态运动时,列车在纵向牵引(制动)常力或变化缓慢的纵向牵引(制动)力的作用下作等速或等加速运动。如果牵引力稳定,车辆所受阻力、坡道阻力基本不变,此时车辆之间车钩力保持不变或变化缓慢,缓冲器近似停止动作。在这种条件下,车钩力由保持不变的牵引力和制动力、运行阻力、车辆的惯性力所确定。此时列车中各车辆之间的纵向相对运动很小或基本不变，因而列车状态将以统一的整体运动表现出来。基于这种条件，我们可以进行列车牵引计算，计算列车在线路上通过各个站点的运行时分。稳态运动时车辆间的车钩力较小，因而不是考核车辆强度时所用的工况。在非稳态时，列车内部在纵向发生剧烈振动，主要起因是列车突然起动或制动。司机的操纵骤然变化引起的牵引力与制动力数值突变，调车时车辆纵向发生的巨大冲击，都是瞬态运动的起因。在列车纵向非稳态运动过程中，列车各车辆外部施加的牵引力、制动力发生动态变化，使车钩纵向力围绕稳态值产生波动。非稳态过程将随外部起因消失而停止，在这个过程中车辆间的纵向相对冲击被车钩缓冲器所吸收从而逐渐衰减，最后重新进入稳态过程。这是一个非线性的多体多参数时变瞬态响应过程，只能在时域内进行仿真分析。

列车纵向动力学涉及列车组成、机车车辆形式、线路条件、车钩缓冲装置特性、制动装置特性与系统指令传输、司机操纵方法等多个方面，是一个复杂的系统工程，必须进行综合性研究。单纯依靠现场试验是耗费人力物力与时间的方法，而结合试验大力发展的仿真技术是未来的方向。由于列车操纵影响到重载长大列车的纵向力冲动，采用高精度的计算机动态仿真技术与制动操纵硬件系统的混合模拟的方法在长大列车司机操纵技术培训中逐渐受到重视。

由于处理非线性制动力、阻力变化带来的计算工作量和难度很大，早期列车纵向动力学要么将列车模型视作头部为集总质量的匀质连续弹性杆，要么视为无间隙弹性连接的若干离散质量块的组合进行计算。

随着现代算法及计算机的发展，更准确的列车纵向动力学模型仿真已成为可能。美国、加拿大、澳大利亚、中国等国家都开发了不同的计算程序，并进行了试验验证。有的国家甚至开发了数字——模拟一体的重载列车驾驶操纵仿真器来进行司机培训。培训高水平司机需要提高仿真装备的技术水准，在这一过程中面临的主要问题是如何对制动过程与制动力、车钩缓冲器特性等进行更精确的描述。

列车运行模拟主要分为简化的牵引仿真计算、多质量联挂列车系统实时仿真模拟和智能化的优化操纵技术仿真等几种类型。仿真模型中重载列车被视为采用非线性的车钩缓冲器连接的多质点纵向振动系统。制动机与列车制动系统特性、列车编组、列车牵引特性、线路状态、司机操纵状态均被建立为数字化模型并形成一个综合仿真系统。

从现代观点看，研究列车纵向动力学不仅分析列车在牵引力、制动力变化及调车作业中车辆间纵向动态作用力变化的过程与规律，以此掌握改善列车纵向动力作用和运行性能的方法与途径，还应研究制动条件下纵向冲动引起车辆在曲线通过时的横向安全性问题,特别是空车的脱轨问题,更复杂的则是列车脱轨引起紧急制动后造成的 Z 字形脱轨灾难。

10.2.2 车钩缓冲装置特性

车钩缓冲器是连接车辆的重要部件,因而在建立列车纵向动力学模型时有必要先了解车钩缓冲器的性能与特点。车钩是列车中连接车辆的基础器件,为了缓解或吸收车辆在纵向的冲动或振动,在车钩后部一般都应安装缓冲器。列车对车钩缓冲装置的基本要求是:

(1) 有充裕的破坏强度,可以承受并传递列车内足够大的纵向拉伸与压缩载荷;

(2) 有良好的耐冲击韧性,能承受得起列车紧急制动时的附加纵向加速度作用产生的纵向冲击;

(3) 应该具备足够的容量,较低的初压力、合理的缓冲行程和变刚度特性、较高的能量吸收率;

(4) 连挂后只存在很小的间隙,动作灵活,不易卡滞,性能稳定,可靠性高;

(5) 主要零部件、易损件易于安装、更换与检修。

缓冲器种类有弹簧摩擦式,橡胶摩擦式,胶泥弹簧式及液压缓冲式等,它们都具有弹性缓冲和吸收振动能量的双重功能,图 10-16 是一个弹簧摩擦式缓冲器的理想特性曲线,其加载(压缩)与卸载(回弹)时的名义载荷与位移关系曲线为 ON_0、ON'_0(两线差值为两倍摩擦力)。压缩和回弹表观刚度为斜线 ON_0 和 ON'_0 的斜率 K_L 和 K_U,平均刚度 $K_0 = (K_L + K_U)/2$。缓冲器工作时摩擦力与变形时的弹性力成正比,故定义缓冲器相对摩擦系数为

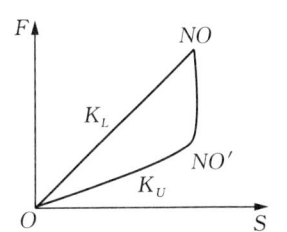

图 10-16 缓冲器理想特性曲线

$$\phi = \frac{K_L - K_u}{K_L + K_u} \tag{10-7}$$

由于 N_0 是缓冲器最大行程 X_0 时的压缩力,故缓冲器容量 A_0 则是指缓冲器达到最大行程 X_0 时的压缩功,数值上为 $\triangle ON_0X_0$ 的面积: $A_0 = \int_0^{x_0} N(x)dx$,$A_0$ 包含了弹簧的势能与摩擦功。缓冲器工作位移至 X 时,$\triangle ON_xX$ 面积 $A = \int_0^{x} N(x)dx$,是缓冲器变形阻力达到 NX 时对外吸收的压缩能量。在缓冲器达到行程 X 时的往复行程中,耗散的摩

擦功 ΔA 为 $\triangle ON_xN_x'$ 的面积，则缓冲器吸收率 η 定义为

$$\eta = \frac{\Delta A}{A} \times 100\% \tag{10-8}$$

由于摩擦式缓冲器采用原理类似斜楔或斜形套环等结构形式的变摩擦性能并不是完全理想的，特别在斜楔运动的折返点处存在弧状而非锐角的特性。但上述摩擦式缓冲器的优点是缓冲阻力与位移成近似线性关系，而与工作速度基本没有关系。这样在过大的冲击速度下不会形成太高的冲击力，因而不易造成准刚性冲击而损坏车体。一些缓冲器在初始受压时，往往呈现较小刚度，这样在缓冲器中产生了似乎设置空行程的间隙效果。为了克服这个问题，不少缓冲器设置了预压装置，使缓冲器一旦受压立即产生较大的反力，这样也就提高了它的容量。而对胶泥与液压式缓冲器，如果没有设计卸荷环节，就会在过快的冲击下形成非常大的冲击力。

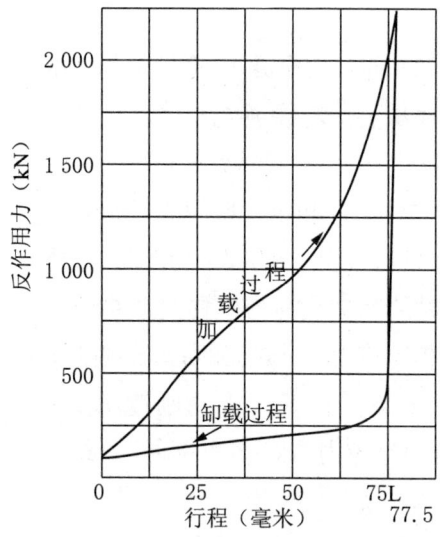

图 10-17　某型缓冲器试验曲线

图 10-17 是国内某个摩擦式橡胶缓冲器所作的落锤冲击载荷试验曲线，因冲击速度较大，橡胶缓冲器的动刚度较大，在小行程范围时其摩擦力具有随弹性力线性上升的特点，超过该范围，橡胶进入第二级刚度范围，其刚度迅速增大，因而使摩擦力很快增大，加大了总阻力。在到达折返运动点前，缓冲器运动速度放慢，橡胶的动刚度减少，产生下弯的尾部。

MARK50 缓冲器则提高了橡胶刚度及摩擦力比例，在 20 mm 内刚度快速上升，然后是一个刚度下降的柔性过程，超过 70 mm 的最后阶段又是一个刚性很大的行程，这样

MARK50 的容量得以合理的提高。

表 10-3 给出了国内几种常见缓冲器的性能参数。

表 10-3 缓冲器性能参数

缓冲器型号	最大阻抗力 100 kN	行程 mm	容量 kJ	吸收率%	有无预压缩装置
2 号	11—13	64—68	24—30	60	无
MX-1	15—18	50—67	35	90	无
MT-2	≤20	83	54—64	90	有
Mark-50	22.7	83	53.8	86	有
MT3	≤20	83	≥45	90	有
3 号	9	56—60	18—20	80	无
G2 号	13—16	≤73	48—55	60	无

10.2.3 稳态下纵向移动的列车模型

列车行驶时,任何情况均存在的纵向阻力为基本阻力 W_0(单位质量),它由滚动(滑动)轴承、轮子滚动阻力、空气阻力合成。一般表述为

$$Aw_0 + Bv + Cv^2 \tag{10-9}$$

式中前二项为滚动阻力,后一项为空气阻力。表 10-4 为几种代表性机车车辆的基本阻力系数。

表 10-4 机车车辆的基本阻力系数

机车车辆		A	$B \times 10^{-4}$	$C \times 10^{-6}$
SS1、SS3、SS4		2.25	190	320
SS7		1.4	38	348
SS8		1.02	35	426
DF4、DF4B、DF4C		2.28	293	178
DF8		2.4	22	391
DF11		0.86	54	218
ND5		1.31	167	390
货车(滚动轴承)	空车	2.23	530	675
	重车	0.92	48	125

续表

机车车辆	A	$B \times 10^{-4}$	$C \times 10^{-6}$
快速双层客车(160 km/h)	1.24	35	157
快速单层客车(160 km/h)	1.07	11	236
高速列车—日本 200	1.175	15.4	90
高速列车—法国 TGV	0.62	81.6	140
高速列车—德国 ICE	1.062	53.4	120

该表数据主要从速度大于 10 km/h 的试验中获得,而更低速时的阻力系数则可用速度为 10 km/h 时的代用。实际上运行速度低于 10 km/h 时,轴承阻力与轮轨阻力将放大;列车起动时阻力则更大些。

列车稳态运动时各车辆上的作用力,主要有曲线阻力 F_c、制动力 F_b 或空气阻力 F_a、坡道阻力 F_g、轴承与轮轨滚动阻力 F_r,车钩上传递的车辆间牵引力 F_t 和制动力 F_b、并与机车车辆的惯性力平衡。动车组则还应加上自身的轮轨牵引力 F_d 和驱动传动系统中的阻力矩。

列车在运行线路无坡度变化时,整个列车作为整体在 M 对轮周牵引力 $\sum_{i=1}^{M} T_i$、n 节车辆的运动阻力 $\sum_{i=1}^{n} M_i \omega_i$、制动力 $\sum_{i=1}^{n} B_i$、惯性力 $\sum_{i=1}^{n} M_i \frac{dv}{dt}$ 合成作用下,列车稳态运行运动方程式为

$$\sum_{i}^{M} T_i - \sum_{i=0}^{n} M_i \frac{dv}{dt} - \sum_{i=0}^{n} (M_i \omega_i + B_i) = 0 \tag{10-10}$$

在惯性力中可以加入机车车辆转动部分的等效惯量。由该式求出列车稳态运行时的加速度

$$\frac{dv}{dt} = \frac{\sum_{0}^{m} T_i - \sum_{0}^{n} (M_i \omega_i + B_i)}{\sum_{0}^{n} M_i} \tag{10-11}$$

若整列车是统一的相同型号的车辆,其各类阻力包括曲线、坡道等因素相同,则列车中的牵引力从首至尾逐渐线性下降,因此牵引时的最大车钩力在机车后第一位车钩。

10.3 调车作业中的非稳态冲击工况

重载货物列车在一些枢纽站往往要进行编组调车作业,为了提高运输效率,减少作

业停留时间的重要手段是提高调车作业时车辆的速度。在这种情形下,即使设置了缓冲装置,一辆或几辆车以较高速度与其他车辆连挂时会产生很大的纵向冲击载荷,特别在载重量增加时,甚至造成货物的损坏车体的损和伤。因而有研究和理解这些过程的必要。

10.3.1 调车中两车冲撞时的缓冲器作用

带有弹性和阻尼特征的缓冲器在货车纵向调车冲击过程中既不是完全弹性也不是完全塑性的,它是一种非完全弹性冲击。根据动量守恒定理: $\sum_{i=1}^{n} M_i V_i = C$。当质量为 M_1、M_2 的两车以不同速度 V_1、V_2 相碰撞($V_1 > V_2$),碰撞后的动量与开始前的总动量相同,均为 $M_1 V_1 + M_2 V_2$。但是总动能不能全部恢复,它的一部分动能已由缓冲器中的阻尼所消耗。两车互相冲击的第一阶段结束时,两车速度均为 V_0,此时,缓冲器被压缩至某压缩量,然后缓冲器回弹,两车开始分离,第二阶段结束时,两车可以完全分离,速度为 U_1、U_2。因而第一阶段各车辆动量变化为冲量 I_1, $I_1 = M_1(V_1 - V_0) = M_2(V_0 - V_2)$。第二阶段冲量 $I_2 = M_1(V_0 - U_1) = M_2(U_2 - V_0)$。

可解得:

$$V_0 = \frac{M_1 V_1 + M_2 V_2}{M_1 + M_2}, \quad I_1 = \frac{M_1 M_2 (V_1 - V_2)}{M_1 + M_2}。$$

定义 $C = \frac{I_2}{I_1}$ 为冲击过程中的恢复系数。如果 $C = 0$,则没有恢复回弹过程($I_2 = 0$),整个过程为塑性冲击;如果 $C = 1$ 则只有纯弹性碰撞才可能使第二阶段回弹的动量变化与第一阶段相同。另外从能量观察整个碰撞过程

冲击前总能量 $\qquad A_b = \frac{1}{2} M_1 V_1^2 + \frac{1}{2} M_2 V_2^2 \qquad$ (10-12)

冲击后总能量 $\qquad A_b = \frac{1}{2} M_1 U_1^2 + \frac{1}{2} M_2 U_2^2 \qquad$ (10-13)

两者之差为缓冲器损耗能量

$$\Delta A = A_b - A_e = \frac{1}{2}(1 - c^2) I_1 (V_1 - V_2) = \frac{1}{2}(1 - c^2) \frac{M_1 M_2}{M_1 + M_2} (V_1 - V_2)^2$$

第一阶段结束时缓冲器贮藏能量为 $A = \frac{1}{2} \frac{M_1 M_2}{M_1 + M_2} (V_1 - V_2)^2$。

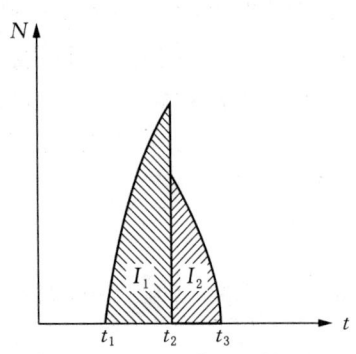

图 10-18 两车冲击时的冲量示意图
(I_1 为加载情况,I_2 为卸载情况)

因而当 $C = 0$ 时,$A = \Delta A$,这是一个塑性碰撞,弹性恢复力被摩擦阻力所平衡而无法产生回弹过程。当 $C = 1$ 时,$\Delta A = 0$,此时没有能量损耗,是一个弹性碰撞。因而缓冲器吸收率定义为 $\eta = (\Delta A/A) \times 100\% = (1 - c^2) \times 100\%$。

动量变化 I_1 和 I_2,即冲量($\int F dt$)值可以从冲击试验数据中获得。图 10-18 为两车冲击时的冲量图,从而可以推算出两车连接处缓冲器吸收率。缓冲器实际吸收率为(面积 I_2/I_1)。

10.3.2 调车作业引起的纵向作用力

1. 两车对撞情况

两个车辆连接时产生的冲击力可达 100—200 余吨,此时除了两个缓冲器产生位移外,车体也有弹性变形。因而车辆间的纵向连接刚度在考虑这些因素后可等效为 $K_e = \dfrac{K_b K_c}{K_b + K_c}$,其中 K_c 为缓冲器刚度,K_b 为车体的纵向刚度。由于车体刚度比缓冲器刚度大很多,通常可以忽略。最大冲击力发生在压缩过程的结束时刻,冲击过程应该考虑缓冲器的摩擦因素,采用压缩行程刚度分析,其压缩行程的刚度为 K_p。分析质量为 M_1、M_2 的两车,冲击前沿着同一方向运动,以 V_1、V_2 的速度发生冲击,其压缩行程的方程为

$$\begin{cases} M_1 \ddot{x}_1 + K_p(x_1 - x_2) = 0 \\ M_2 \ddot{x}_2 + K_p(x_2 - x_1) = 0 \end{cases} \tag{10-14}$$

其中 x_1、x_2 分别为两车重心的纵向绝对位移。以上两方程两边分别同时除以 M_1、M_2,并以 $\ddot{x}_1$ 方程减去 $\ddot{x}_2$ 方程,则上述方程可改为两车相对运动方程:$\ddot{q} + K_p \left(\dfrac{1}{M_1} + \dfrac{1}{M_2} \right) q = 0$,其连挂后的纵向振动频率为:$p = \sqrt{\dfrac{K_p(M_1 + M_2)}{M_1 M_2}}$。

设冲撞接触时刻,$x_1 = x_2 = 0$,$\dot{x}_2 = 0$,$\dot{x}_1 = v$,则解为 $q = \dfrac{v}{p} \sin pt$,$\dot{q} = v\cos pt$,故冲撞力 $N = K_p \dfrac{v}{p} \sin pt$,其最大值发生在 $\sin pt = 1$ 时,即压缩过程的结束时刻。最大冲撞力为

$$N_{\max} = K_p \frac{v}{p} = v\sqrt{K_p \frac{M_1 M_2}{M_1 + M_2}} \qquad (10\text{-}15)$$

(1) 如果对撞车辆质量相同 $M_1 = M_2 = M$，则 $N_{\max 1} = v\sqrt{\dfrac{K_p M}{2}}$；

(2) 如果 M_2 质量无穷大，例如装有车钩缓冲器的止冲墩，则 $N_{\max 2} = v\sqrt{K_p M}$；

(3) 如果止冲墩无缓冲器，则连接刚度扩大一倍，则 $N_{\max 3} = v\sqrt{2K_p M}$。

由此可知，最不利情况载荷将扩大一倍，一辆货车与机车或长大列车冲击时产生的纵向力值将处于 $N_{\max 1}$—$N_{\max 3}$ 之间。

假设缓冲器是纯弹性组件，一辆初速为 V_0 的车辆撞向质量相同的初速为零的静止车辆时，按动量守恒，可知在两车速度一致时，速度为 $V_0/2$，很明显第一辆车失去 3/4 的动能而第二辆车得到了它的 1/4 动能，其余 1/2 动能已转换为缓冲器的压缩能量。

2. 多车相撞情况

如果一辆车撞向已连挂完的两辆车时，则方程可表述为

$$\begin{cases} \ddot{q}_1 + K\left(\dfrac{1}{M_1} + \dfrac{1}{M_2}\right)q_1 - \dfrac{K_1}{M_2}q_2 = 0 \\ \ddot{q}_2 + K_2\left(\dfrac{1}{M_2} + \dfrac{1}{M_3}\right)q_2 - \dfrac{K_2}{M_2}q_1 = 0 \end{cases} \qquad (10\text{-}16)$$

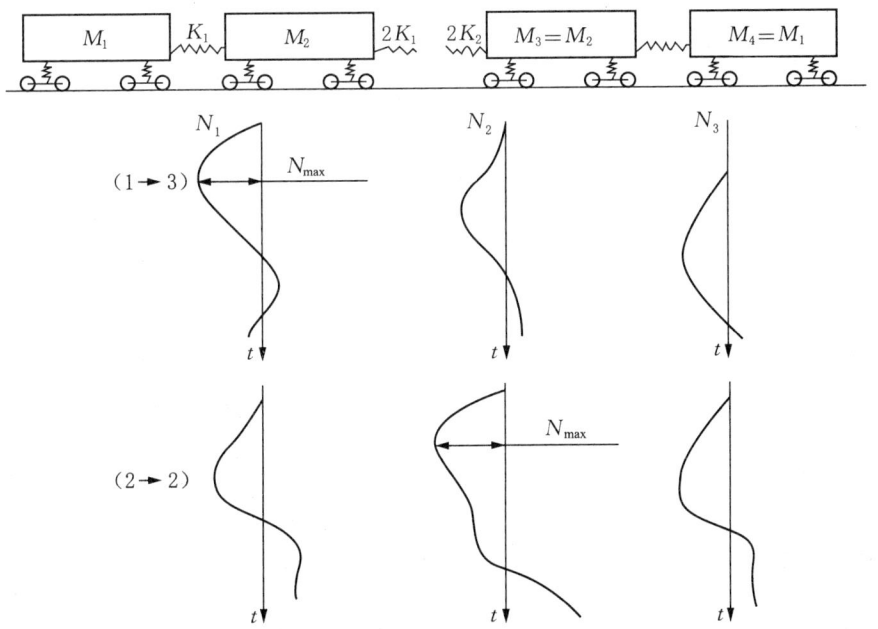

图 10-19 一辆车向三辆静止车及两辆车向两辆静止车冲击时的作用力图

这是三车相连纵向振动方程，K_1、K_2 为三车之间的两个连挂刚度。因此两个纵向相对运动的振动方程具有两个自振频率，如果车辆的质量与缓冲器参数相同，最大纵向作用力将作用于直接参与冲击的两辆车间。如果二辆车冲击二辆车，或一辆车冲击三辆车，最大冲击力仍然作用在直接发生冲击的两车之间，并且其数值几乎是一样的，见图10-19所示。

因此在上述条件下，只要相互冲击的车辆和缓冲器参数相同，不论多少车参加冲击，车辆连结处产生的最大纵向力在直接冲击处并且大小相等。如果冲击时冲击力高于缓冲器定额，则缓冲器压死，余下的冲击能量将全部由车体纵向刚度承受并引起刚性冲击力。

图10-20给出了两辆车相对冲击速度超过了缓冲器容量承受能力时，不同速度时的冲击力结果。图10-21则给出了缓冲器容量不同时冲击力随冲击速度的变化曲线。从两副图中可知，缓冲器的容量大，不致引起车体刚性碰撞的车辆冲击速度 V_r 就越高。冲击速度超过 V_r 时就发生刚性冲击，因此如果需要提高碰撞速度或车辆总重，就必须提高缓冲器容量，这就是目前我国货车缓冲器容量亟待增大的原因。

采用摩擦式缓冲器后，两辆车冲撞力的最大值与缓冲器刚度及相对摩擦系数形成的压缩曲线有关。但两辆车形成的车组冲撞两辆车组的冲撞力最大值却扩大了15%左右，其原因是车组中车间缓冲器的摩擦力增加了碰撞阻力，或者说增大了直接碰撞车辆的当量碰撞质量。带斜楔方式的摩擦减振器的摩擦力与弹性力成正比。为防止冲击速度过大而产生巨大冲击力，液压式缓冲器设置了卸荷阀。

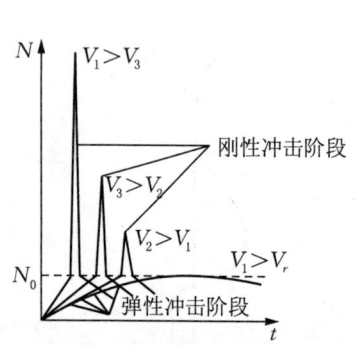

图10-20 两辆车以不同速度冲击时冲击力随时间的变化曲线

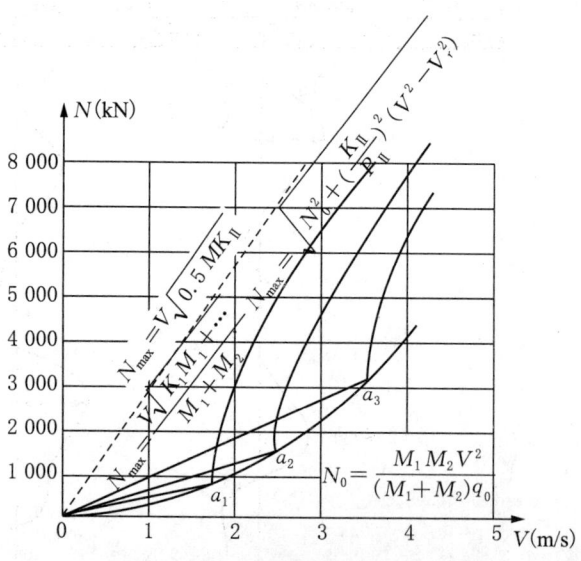

图10-21 不同容量缓冲器时冲击力随冲击速度的变化

10.4 列车非稳态运行时的纵向动力学

10.4.1 动态列车纵向动力学模型

我国的万吨重载列车总长达 1—2 公里,空气管传递制动信息产生的制动力不可能同步施加在各个车辆上,制动波需数十秒从机车传至列车尾部,如果信号变化使司机变换操纵手柄将引起明显的列车冲动。当操纵方法不对又有坡道变化时,列车冲动之大可以拉断车钩,造成事故。不仅如此,重载列车的冲动产生的过大纵向压力会引起编组中的空车产生很大的横向挤压分力,从而引起脱轨。如果脱轨拉断风管,就会引起从脱轨处发生并传播的紧急制动力,结果引起一串车辆的 Z 字形转向和翻车。这在北美已发生过多起,造成极大损失。因而制动引起的巨大纵向冲动是安全行车的大敌。

建立全面的动态列车纵向动力学模型来研究这种非稳态过程、改进操纵方法是非常迫切的。在建立列车纵向动态模型时一般有以下假设:

(1) 车辆装载物与车体间无相对滑动,两者质量可合并一体来考虑,转向架质量因心盘约束也纳入车辆考虑。

(2) 只考虑车辆纵向运动,暂不考虑曲线上的摇头运动产生的牵连运动。

(3) 忽略轨道不平顺的作用和影响。

(4) 车底架及其他质量部分的弹性影响被纳入缓冲器内一并考虑。

(5) 车辆重心近似在车钩中心面,不考虑车体点头。

列车中动车(机车)与车辆的各个轮周存在着变化的牵引力与制动力,列车行进途中顺序通过不同的坡道和曲线,不同的坡道阻力与曲线阻力从列车头部逐渐向尾部推移。由于车体纵向刚度远大于缓冲器的刚度,车体间的纵向作用力将由缓冲器的相对位移或速度来决定。因此,车钩力的瞬时值与缓冲器的状态息息相关。每辆车的制动力将根据该车辆在列车中的位置,按制动波速、制动机结构和工况、车辆速度、闸瓦特性与压力而变化。闸瓦与踏面之间的摩擦系数是随着速度的变化而变化。见图 10-22。

每辆车的运动方程为:$M_i \ddot{x}_i = T_i + F_i - F_{i+1} - B_i - \omega_i$,其中 T_i 为轮周牵引力,F_i 和 F_{i+1} 为前后车钩力,B_i 为制动力,ω_i 为其他的阻力之和,所有的力都是随时间变化的函数。由于这些力随时间变化的复杂性,求解这些车辆的动态过程通常采用数值积分的仿真方法,仿真的优点是可以给出不同条件下,列车各个断面的车钩力、车辆纵向速度和加速度的时间变化历程。

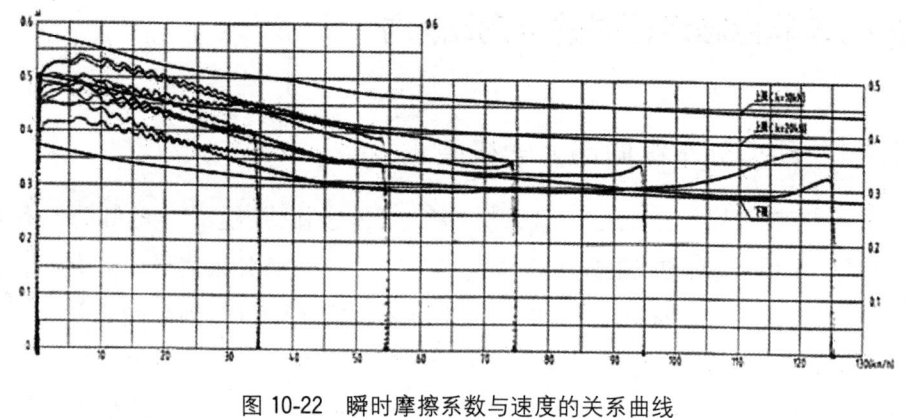

图 10-22　瞬时摩擦系数与速度的关系曲线

10.4.2　列车纵向动力学动态仿真与试验

这里将分别介绍在不同的制动工况下列车纵向动力学性能。先给出某高校针对我国一 5 000 吨载重列车纵向动力学模型仿真计算结果,并与铁科院环形线制动试验结果进行对比。这里对列车常用制动时产生的动态过程进行分析。制动信号发出后,从机车开始,前部车辆首先依次产生制动力,使前部车辆开始减速,立即引起后续车辆向前涌动并产生车钩压缩力,当前部产生制动力的车辆越多,并且减速度越来越大,它们对后部车辆的阻挡力越强,这就使最大车钩压缩力逐渐由前部向后移动,并逐渐增大。图 10-23 给出不同初速度下常用制动时的列车断面最大车钩力分布图。从机车后车钩起计,每 10 辆车位处的车钩最大测试载荷与仿真结果作对比。随着前部参加制动的车辆的增多,向前涌动的后部车辆数量开始随时间递减,因而阻挡能力越强,而涌上的惯性力减少,故在后部某个位置压钩力达到最大。压钩力随后开始减少,并向后递减。此前列车前部各车位压钩力已从最大值开始减小,并形成松开趋势,松开趋势也从列车头部向后传递,列车后部则在制动力到达尾部时开始放松。如果列车在制动达到低速时采取缓解,则在上述的列车头尾放松阶段时,从头部逐步释放制动力,这样头部加快松钩,引起松钩力从头部向后传。列车前部阻力减小而产生减速过程停下,而列车后部仍在制动力下减速,这样产生的最大拉钩力从头部向中部传,并逐渐增大,最后头尾部放松的过程传至中部某位,产生了列车最大拉钩力。

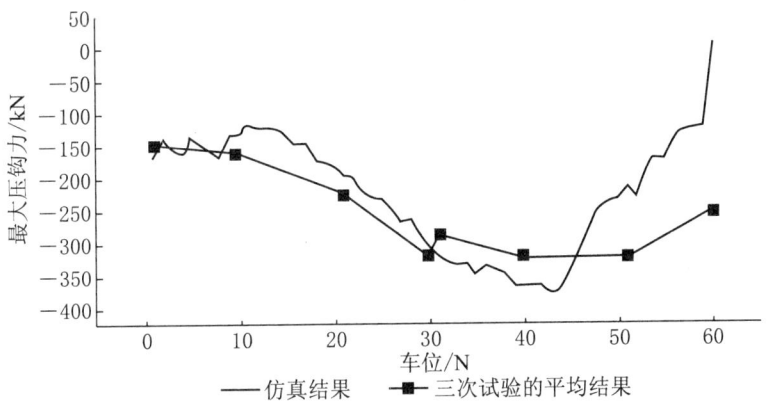

(a) 制动初速 80 Km/h 时各车位最大压钩力

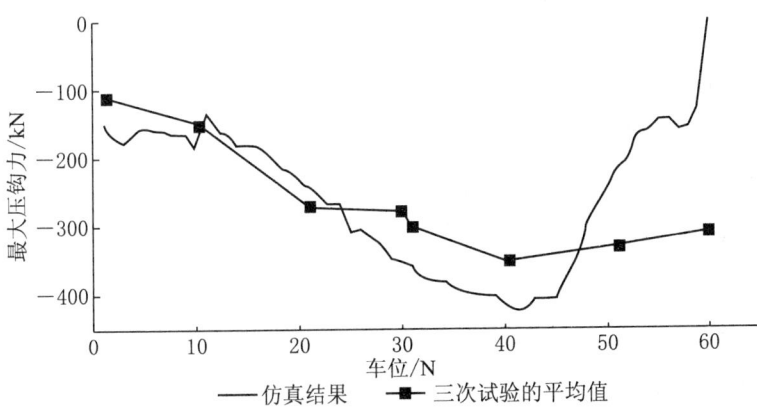

(b) 制动初速为 60 Km/h 时各车位最大压钩力

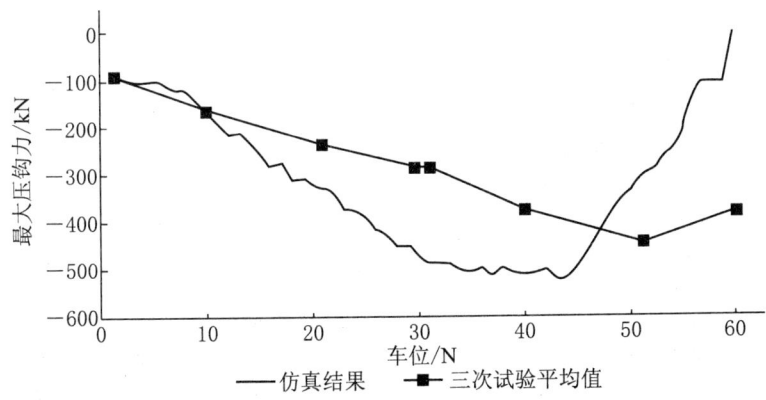

(c) 制动初速为 20 Km/h 时各车位最大压钩力

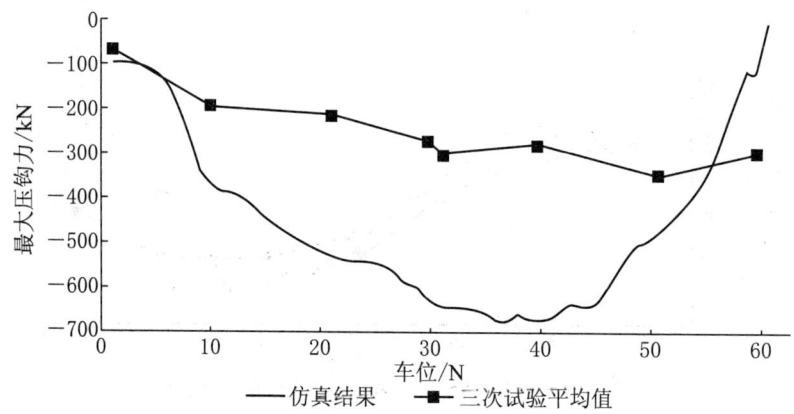

(d) 制动初速为 10 km/h 时各车位最大压钩力

图 10-23　不同初速度下常用制动时的压钩力图

紧急制动是列车运行过程中重要的工况,用于列车遇到紧急事件时,需要在规定的时间(距离)内实现紧急停车,关系到列车运行安全。在紧急制动过程中,列车制动缸压力上升很快,车所受制动力急剧增大,造成很大的冲击。图 10-24 是环形线试验紧急制动初速 80 km/h 及 60 km/h 工况下,从机车后车钩起计,每 10 辆车位处的车钩最大测试载荷与仿真结果的对比。

从中可以知道轴重 21 吨的 60 辆相同型号载重货车组成的列车在紧急制动时,最大车钩压缩力发生在列车后部 45 辆与 50 辆之间,而列车纵向动力学模型的仿真结果显示的最大压缩车钩力约在 43 辆与 44 辆车钩连接处,预测最大冲击力发生位置较为准确。图 10-25 是紧急制动初速为 10 km/h 的仿真曲线与试验值的对比情况。

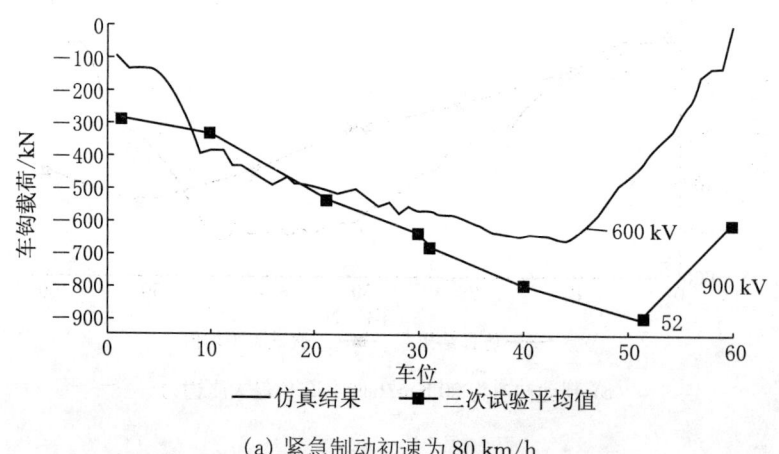

(a) 紧急制动初速为 80 km/h

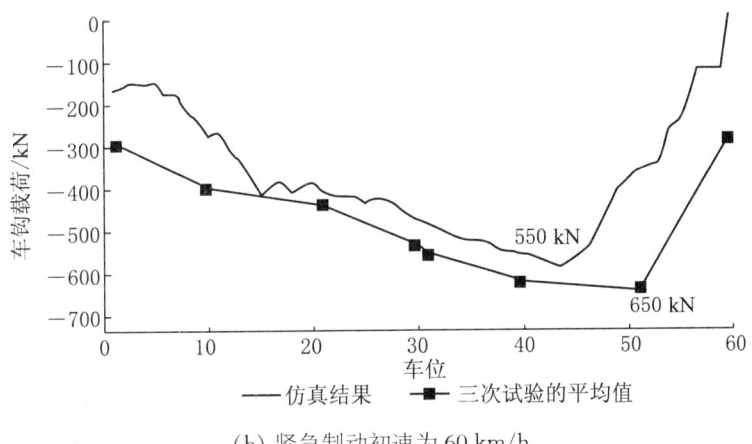

(b) 紧急制动初速为 60 km/h

图 10-24 紧急制动初速为 80 km/h 和 60 km/h 的车钩力仿真曲线

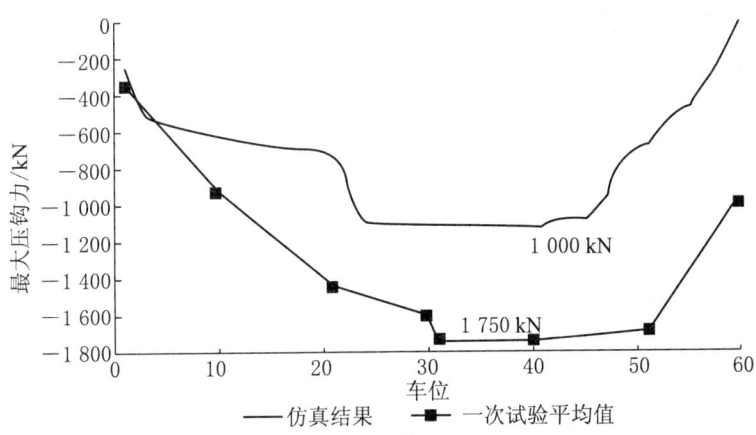

图 10-25 紧急制动初速为 10 km/h 的仿真曲线

最大车钩力从机车起随车位线性增加是因为在紧急制动开始时,制动波从前往后传递使列车前部逐辆先受到制动力,从而逐辆减速,未承受制动力的列车后部推压前部,在惯性力作用下,而使从前至后的车钩受到的压缩量逐渐增大。这一递增过程随时间往后传递,直到近后部时由于制动波已传到列车尾部,并使列车后部车辆也获得制动力,从而迅速减速,并使压缩力递增的过程开始因后部减速而依次递减。从而形成了一个近似 V 形的分布曲线。这一机理表明,制动波速越快,将可能使线性递增的车钩压缩力及早获取逆向减压的过程,从而使最大压缩力出现在中部甚至更早的区段。这样最大压缩力的实际增加幅度就会减小。另一方面,重载列车的组成车辆越多越长,也会使车钩力递增的过程推迟转向车钩力递减的过程。从而增大了最大压缩车钩力。

由制动工况的仿真与试验结果,可知仿真与试验数据的变化趋势基本一致。试验表明,由于常用制动减压量减少使制动力减小,机车后车辆的最大制动力减少一半,而列车最前半部分车辆车钩最大压缩力增幅平缓,至 10 辆后加快提高,到 30 位车辆处,就已接近整个列车车钩最大值区段,并缓慢变化,至最后 10 辆减少较快。与紧急制动不同,仿真常用制动时出现的最大压缩力值较试验数据偏大,特别是低速 10 km/h 的工况,仿真值偏离较远。试验中列车最大压缩车钩力为机车位的 2—3 倍,并随制动初速降低而提高,甚至达到六倍以上。而这些仿真中列车最大压缩车钩力则为试验的 66%—85%,与试验比,仿真结果偏小。制动初速较高时,试验与仿真结果均表明最大车钩压缩力从列车头部向尾部呈线性增大的趋势,直到尾部才迅速递减。在 10 km/h 低速紧急制动时,试验与仿真结果都显示了一个最大压缩力饱和的平坦变化过程。试验呈现在中后部 30—50 辆处,最大车钩压缩力都在约 180 吨左右。虽然车钩力分布形状的仿真结果与试验有类似之处,但数值偏差达 40%,说明在仿真时制动摩擦力所取的具体数值比实际值偏小,另外则是仿真的制动波速度偏快。这二个因素使仿真与实际有偏离,导致最大车钩力偏小。

制动时纵向动力学仿真的首要难点是不能准确地掌握列车各车钩缓冲器的初始状态和制动缸压力,闸瓦摩擦系数的取值也不易符合实际状况。另外的原因是不能准确地掌握以下随机分布的非线性特性。因而纵向动力学的仿真难度较大。以下几点是决定仿真准确性的重要因素:

(1) 缓冲器的非线性特性;
(2) 车钩间隙的非线性;
(3) 制动波的传递特性及制动阀特性;
(4) 闸瓦摩擦力与轮轨黏着力的非线性特性。

应用仿真程序就不同类型的车钩缓冲装置对列车纵向冲击的影响展开了研究,表 10-5 给出了不同型号钩缓装置在不同的制动工况下车钩力的大小情况。

表 10-5 仿真不同缓冲器时车钩力计算值(kN)

制动速度 与制动类型	车钩力车钩 型号					
	2 号	MX-2	Mark50	3 号	改 2 号	机后位
30 km/h 紧急制动	2 647	2 117	1 858	3 424	2 009	55
40 km/h 紧急制动	2 447	1 384	1 329	3 210	1 304	55
30 km/h 常用全制动	574	662	694	536	649	60

从表中可知,Mark50 容量较大,车钩力就较小,3 号缓冲器容量最小,冲击力最大。表 10-6 给出了 5 000T 列车紧急制动时的最大压钩力,表明 5 000T 列车紧急制动的仿真结果

与试验有较好的吻合。

表 10-6 5 000T 列车紧急制动的最大压钩力

列车牵引重量(t)/ 列车编组数量(辆)	初速度(km/h)	车钩力实测值(kN)	车钩力电算值(kN)
5 000/60	80	1 130—1 263	1 139—1 601
	60	1 462—1 554	1 150—1 534
	40	1 201—1 601	1 153—18 23
	30	1 568 1 668	2 317 2 780
5 500/71	74.7	1 147	—
	75.5	1 566	

表 10-7 为坡道紧急制动试验与仿真中的最大车钩力表，由表可知，速度较高时一致性较好，这是因为摩擦力数值仿真的部分比较准确，而速度较低时，电算值偏大。

表 10-7 坡道紧急制动时的最大车钩力

初速度(km/h)	坡道(‰)	最大车钩力(kN)	
		试验值	电算值
30	+2	1 265	1 589
62.5	-12	1 048	1 165
38.7	-4	1 048	1 434

表 10-8 给出了 120/103 型制动机在不同制动工况时的制动波速，仿真时可采用或作参考。

表 10-8 120/103 型制动机的制动波速(单位:m/s)比较

编组条件	辆数	60	72			120	
	阀型	103	103	103 混 120	120	103	120
紧急制动		245(196)	254	255	273	247	272
常用制动		231(155)	228	—	210	231	252
缓解		103(88)	118	—	186	102(87)	183
试验地点/ 试验时间(年)		环形线/ 1992	试验台/ 1988	试验台/ 1990	试验台/ 1990	试验台/ 1990	大秦线/ 1990

注:()中的数值代表包括机车计算。

制动波速越快，制动力不均产生的不均衡惯性力越小，从而使车辆纵向动态车钩力减小。如果制动波速快至能使制动力同步产生，则车间动态压缩力就减小很多。制动初速减小，摩擦副的摩擦系数增大，从而使每辆车所受制动力扩大，这就引起从列车头部至尾部传递的车钩力递增幅度加大。车钩力增大至中部时,制动波已使列车后部大部分制动力相同,从而减速度相同,内部车钩力趋向一致。

仿真及试验表明,重载列车在紧急制动时,列车内部的冲动往往发生在列车后部 2/3 处,一个 8 000 吨列车在该处产生的冲击力幅值高达 190 吨。因而在重载车辆设计中必须考虑车钩、缓冲器、车辆底架的承受能力等因素。

常用制动后缓解时,将使列车前部车辆先解除制动力,从而前部车钩缓冲器先行从压缩状态松开转为拉伸状态,但此时缓冲器所受的拉力数值不大,拉力逐渐向后递增,但列车制动波到达后部后,各个车钩力从中部的最大拉力开始感受到列车后部制动力去除时产生的向前的压力,故这些拉力又很快开始递减。对环形线进行了四次 20 km/h 的缓解试验,其试验条件是列车先以 60 km/h 的稳定速度运行,然后实施常用制动,待 48 秒后列车速度降为 20 km/h 时实行缓解,图 10-26 是四次试验中最大拉钩力的平均值结果的比较。

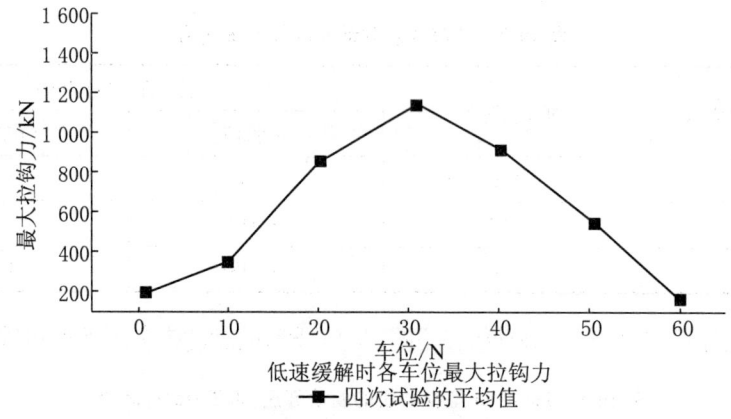

图 10-26 低速缓解时各车位最大拉钩力图

表 10-9 为低速缓解时试验值与仿真取得的最大车辆拉钩力的比较,仿真的最大拉钩力偏高。

表 10-9 低速缓解时的最大车钩力

列车牵引重量(T)	缓解初速度(km/h)	最大车钩力(kN)	
		试验值	电算值
6 000	20	760	973
6 000	27	709	916
5 000	25	608	938
万吨组合	20	809	—

我国在开行 2 万吨重载列车时采取了组合列车的方式,每 50 辆由一个机车牵引,分为 4 段共 200 辆,单车总重 100 吨(25 吨轴重)。由于每个机车的制动指令基本同步,制动波从各机车向前后两侧同时传递。不像在单机牵引工况,制动时列车后部有很大的前压趋势,从而在列车后部形成很大的压缩力。在组合工况下,在整个列车长度内,分成四组,除了尾段外,各由两端产生制动波。这样产生前后挤压的车辆数量减少了,因而减少了最大车钩力。图 10-27 是初速分别为仿真 80 km/h、10 km/h 时制动的车钩力情况。

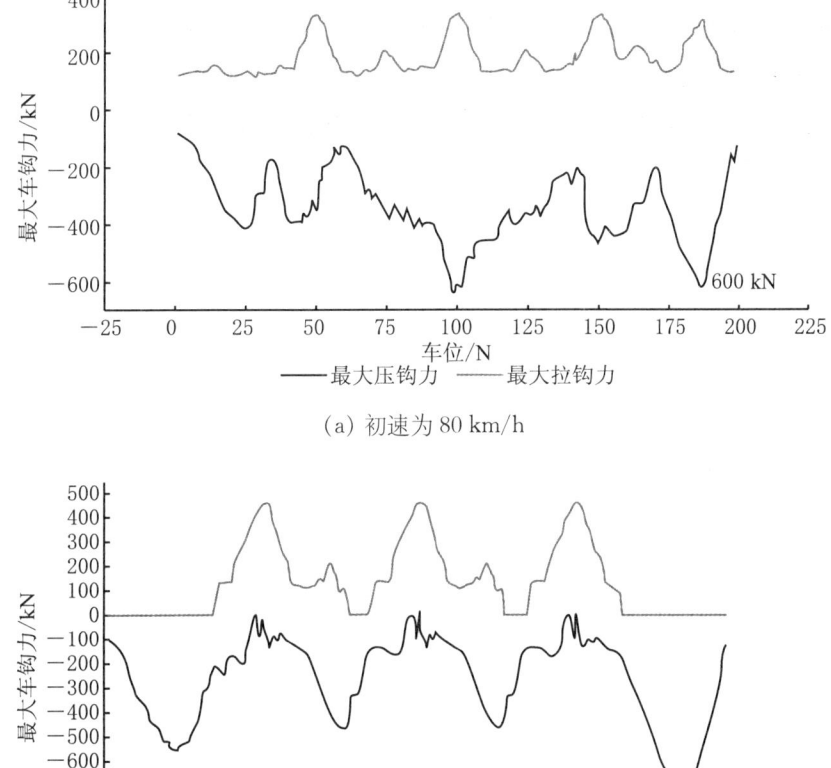

(a) 初速为 80 km/h

(b) 初速为 10 km/h

图 10-27　仿真初速分别为 80 km/h、10 km/h 制动时的车钩力分布

10.4.3　列车在纵向冲动中产生的横向作用力

重载货物列车在曲线运行时采取不当制动操作时有可能导致列车内部产生过大横向

力而产生脱轨掉道事故。由于同时涉及多辆车的纵向与横向耦合冲动,仿真难度很大。为减小难度,可以通过仿真列车纵向非稳态工况求解产生的过大车钩缓冲装置作用力,再结合准静态的曲线通过来求解车辆的横向力。由于这部分内容庞大,这里不作详述。

复习思考题

1. 请简述机车起动时产生牵引力的正常条件。
2. 请简述影响黏着系数的因素,以及各因素对黏着系数的影响关系。
3. 请简述制动防滑系统的工作原理。
4. 请简述列车稳态运行时,各车辆上作用力的构成情况,并列出列车稳态运动时车辆的运动方程。

参考资料 Reference

[1] 佟立本.铁道概论(第二版).北京:中国铁道出版社,2012.

[2] 严隽耄,傅茂海.车辆工程(第三版).北京:中国铁道出版社,2008.

[3] 林宏迪.漫话机车.北京:中国铁道出版社,2009.

[4] 亚牛,廉洁.漫话车辆.北京:中国铁道出版社,2009.

[5] 杨中平.漫话高速列车.北京:中国铁道出版社,2013.

[6] 梁建英,杨中平,张济民.高速列车.上海:上海科学技术文献出版社,2019.

[7] 陈振虹.CRH高速动车组技术原理与趣谈.北京:中国铁道出版社,2013.

[8] 赵洪伦.轨道车辆结构与设计.北京:中国铁道出版社,2009.

[9] 鲍维千.机车总体及转向架.北京:中国铁道出版社,2010.

[10] 张效融,朱喜峰.电力机车总体及转向架(第二版).北京:中国铁道出版社,2011.

[11] 王伯铭.高速动车组总体及转向架(第二版).成都:西南交通大学出版社,2014.

[12] 王伯铭.城市轨道交通车辆总体及转向架.北京:科学出版社,2013.

[13] 张卫华.动车组总体与转向架.北京:中国铁道出版社,2011.

[14] 杨新斌.中低速磁浮交通技术.上海:同济大学出版社,2017.

[15] 魏庆朝,孙永健,时瑾.磁浮铁路系统与技术(第二版).北京:中

国科学技术出版社,2010.

[16] 饶忠.列车牵引计算(第三版).北京:中国铁道出版社,2010.

[17] 马国忠.轨道交通运载工具与列车牵引计算.成都:西南交通大学出版社,2011.

[18] 饶忠.列车制动(第二版).北京:中国铁道出版社,2010.

[19] 任尊松.车辆动力学基础.北京:中国铁道出版社,2009.

[20] 胡用生.现代轨道车辆动力学.北京:中国铁道出版社,2009.

[21] 沈钢.轨道车辆系统动力学.北京:中国铁道出版社,2014.

[22] 姚建伟,孙丽霞.机车车辆动力学.北京:科学出版社,2014.

[23] 连级三.电传动列车概论.北京:中国铁道出版社,2011.

[24] 谢维达.电力牵引与控制.北京:中国铁道出版社,2010.

[25] 冯晓云.电力牵引交流传动及其控制系统.北京:高等教育出版社,2009.

[26] 张曙光.HXD1型电力机车.北京:中国铁道出版社,2009.

[27] 倪文波,王雪梅.高速列车网络与控制技术.成都:西南交通大学出版社,2010.

[28] GB 12525-1990,铁路边界噪声限值及其测量方法.

[29] GB 14892-2006,城市轨道交通列车噪声限值和测量方法.

[30] GB/T 16904-2006,标准轨距铁路机车车辆限界检查.

[31] GB/T 5600-2018,铁道货车通用技术条件.

[32] GB/T 12817-2004,铁道客车通用技术条件.

[33] GB/T 7928-2003,地铁车辆通用技术条件.

[34] GB/T 33194-2016,铁路应用机车车辆车体结构要求.

[35] GB/T 25334-2010,铁道机车车体技术条件.

[36] GB/T 32182-2015,轨道交通用铝及铝合金板材.

[37] GB/T 25332-2010,机车转向架技术条件.

[38] GB/T 25024-2010,铁道货车二轴转向架通用技术条件.

[39] GB/T 3316-2019,内燃机车功率确定方法.

[40] GB/T 3319-2015,电力机车和电动车组额定功率的确定.

[41] GB/T 21413,轨道交通机车车辆电气设备.

[42] GB/T 28029,牵引电气设备列车总线.

[43] GB/T 32595-2016,铁道客车及动车组用电气控制柜.

[44] GB/T 34119-2017,轨道交通机车车辆用电连接器.

[45] GB/T 6771-2000,电力机车防火和消防措施的规程.

［46］GB/T 24338-2018,轨道交通电磁兼容.

［47］GB/T 25119-2010,轨道交通机车车辆电子装置.

［48］GB/T 13669-1992,铁道机车辐射噪声限值.

［49］GB/T 3450-2006,铁道机车和动车组司机室噪声限值及测量方法.

［50］GB/T 5599-1985,铁道车辆动力学性能评定和试验鉴定规范.

［51］TB/T 1807-2002,货车车体静强度试验方法.

［52］TB/T 1806-2006,铁路客车车体静强度试验方法.

［53］TB/T 2740-2003,内燃机车转向架技术条件.

［54］TB/T 1490-2017,机车车辆转向架客车转向架.

［55］TB/T 2231,铁道车辆制动系统.

［56］TB/T 1407.1-2018,列车牵引计算第1部分:机车牵引式列车.

［57］TB/T 2640-1995,铁道客车防火保护的结构设计.

［58］TB/T 3138-2018,机车车辆阻燃材料技术条件.

［59］TB/T 3237-2010,动车组用内装料阻燃技术条件.

［60］CJ/T 416-2018,城市轨道交通车辆防火要求.

［61］ISO 3381-2005,铁路设施声学有轨车辆内部噪音的测量.

［62］ISO 3095-2013,铁路设施声学有轨车辆发出的噪音的测量.